国际结算教程

（修订本）

主编　王学惠　王可畏

清华大学出版社
北京交通大学出版社
·北京·

内 容 简 介

《国际结算教程》秉承了实务性、新颖性、可操作性等特点。本书包括13章内容，全面介绍了国际结算业务的基本常识、清算系统、票据、单据、传统结算方式、担保类金融产品、进出口货物贸易融资、贸易服务平台与银行付款责任、国际保理及跨境人民币结算。书中穿插了大量真实单据和图表，方便读者更直观地学习国际结算的具体业务。

本书可供高等院校金融学、国际经济与贸易、财务管理、会计等专业教学使用，也可供从事国际结算业务和国际贸易实务工作的人员参考。

本书封面贴有清华大学出版社防伪标签，无标签者不得销售。
版权所有，侵权必究。侵权举报电话：010-62782989　13501256678　13801310933

图书在版编目（CIP）数据

国际结算教程/王学惠，王可畏主编. —北京：北京交通大学出版社：清华大学出版社，2017.11（2020.7重印）
　ISBN 978-7-5121-3412-6

Ⅰ.①国… Ⅱ.①王… ②王… Ⅲ.①国际结算-高等学校-教材 Ⅳ.①F830.73

中国版本图书馆 CIP 数据核字（2017）第 268585 号

国际结算教程
GUOJI JIESUAN JIAOCHENG

责任编辑：孙晓萌
出版发行：清华大学出版社　　　邮编：100084　　电话：010-62776969
　　　　　北京交通大学出版社　邮编：100044　　电话：010-51686414
印　刷　者：北京时代华都印刷有限公司
经　　　销：全国新华书店
开　　　本：185 mm×260 mm　印张：19.5　字数：486 千字
版　　　次：2017 年 11 月第 1 版　2020 年 7 月第 2 次印刷
书　　　号：ISBN 978-7-5121-3412-6/F·1746
定　　　价：49.00 元

本书如有质量问题，请向北京交通大学出版社质监组反映。对您的意见和批评，我们表示欢迎和感谢。
投诉电话：010-51686043，51686008；传真：010-62225406；E-mail：press@bjtu.edu.cn。

前　言

近年来，国际结算领域又有了新的变化，出现了一些修订或新制定的国际惯例，也出现了新型的结算方式和融资产品。这些新的变化主要体现在以下方面。

(1) 国际商会（ICC）2013 年发布了新的《关于审核跟单信用证项下单据的国际标准银行实务》（ISBP 745），取代了原来的 ISBP 681。

(2) 2013 年 1 月 1 日起 ICC 和 ITFA（International Trade and Forfaiting Association）共同制定的《福费廷统一规则》（URF 800）开始生效。

(3) 2013 年，ICC 又制定了第 750 号出版物《银行付款责任统一规则》（URBPO）。

(4) 我国跨境人民币结算又有了新的政策和变化。

在此背景下，本着服务于读者的宗旨，《国际结算教程》应运而生，并具有如下特点：

(1) 各章所涉及的内容均匹配最新的国际惯例。

(2) 在国际结算的资金清算方面着重介绍了美元的资金清算，便于读者理解资金从付款人转移到收款人的清算过程。

(3) 由参与开发推广贸易服务平台（TSU）与银行付款责任（BPO）的银行专业人士编写相关内容，开创了同类教材中的先河，领先于其他同类教材。

(4) 贸易融资的内容全面、贴近银行的融资产品现状。

(5) 按最新版 ISBP 745 介绍了跟单信用证项下银行审单实务，内容贴近现在的银行实务。

(6) 在汇款和托收方面，设有案例分析，对银行在这些传统结算方式下可能面临的风险及防范措施也作了必要的介绍。

(7) 在保函和备用信用证方面，介绍了保函的格式模板，使读者更直观地了解银行开立保函的基本格式。

(8) 详细介绍了跨境人民币结算的政策和内容。

(9) 设计了团队合作与演示的题目，鼓励读者培养独立思考、团队合作和表达的能力。

理论来源于实务，同时又指导实务，二者是相互螺旋上升的，没有绝对的对与错。因此，读者在回答各章节的习题时，不一定要拘泥于本书所叙述的内容。

本书在编写过程中得到中国农业银行国际金融部杨吉聪的无私帮助，其悉心审阅了第 10 章和第 13 章，并提出了宝贵意见。中国民生银行贸易金融部南京分部的陶富对本书的第 8 章进行了审阅，并提出了很多建设性建议。此外，感谢三菱东京日联银行（中国）有限公司上海分行行长助理夏晴女士、三菱东京日联银行（中国）有限公司上海分行国际结算课课长谈亦滋女士、中国农业银行安徽分行的赵芳女士和魏长征先生为本书在编写过程中提供的支持。

本书的编写人员及分工重新做了调整,具体为:王学惠(安徽农业大学经济与管理学院)负责第1、3、4、5、6、9章和第12章的编写,王可畏(三菱东京日联银行(中国)有限公司上海分行国际结算课)负责第2、7、8、10、11章和第13章的编写。本书由王学惠和王可畏共同对全部章节进行了审核和修改,由王学惠进行总纂。我们深知,尽管修订过程力求内容更加完善,但是问题和错误都在所难免。因此,欢迎广大读者提出宝贵意见和建议,以便我们今后继续改进。

王学惠、王可畏
2017年9月

作者简介

王学惠，女，毕业于江西财经大学对外贸易专业，现就职于安徽农业大学经济与管理学院。主要研究信用证业务及相关惯例。先后以第一作者发表论文近50篇，其中发表在《国际商报》11篇，国际商会国际结算专业刊物 *DC Insight* 9篇，美国 International Institute of Banking Law & Practice 项下刊物 DCW（*Documentary Credit World*）10篇，有4篇英文文章分别被收录于 International Institute of Banking Law & Practice 出版的电子年刊 *Annual Review of International Banking Law & Practice* 2010、2011、2012年和2014年中。此外，在《中国外汇》和《进出口经理人》上也有多篇论文发表。发表的中英文文章有多篇还被收录于《国际结算名家名篇·国际结算焦点实务与风险技术案例》，阎之大编，中国文献出版社，2012年。担任主编的教材有《国际贸易实务》（英文版），中国农业大学出版社，2008年；《国际结算》（第1版），清华大学出版社、北京交通大学出版社，2009年；《国际结算》（第2版），清华大学出版社、北京交通大学出版社，2011年；《进出口贸易实务》（英文版），格致出版社、上海人民出版社，2012年；《国际结算实验教程》，中国科学技术大学出版社，2014年。

王可畏，男，毕业于吉林大学国际金融专业，先后在中国农业银行大连分行、美国银行上海分行、三菱东京日联银行（中国）有限公司上海分行从事国际结算业务，具有丰富的国际结算实务经验。合著有《最新信用证典型案例解析与操作实务》，经济日报出版社，2013年。担任副主编的教材有《国际结算实验教程》，中国科学技术大学出版社，2014年；《国际结算》（第1版），清华大学出版社、北京交通大学出版社，2009年；《国际结算》（第2版），清华大学出版社、北京交通大学出版社，2011年。译作有《跟单信用证项下银行间偿付统一规则(URR 725)》，中国民主法制出版社，2008年。在 *DC Insight*、《中国外汇》、ISTF 等杂志发表专业文章多篇，分别被收录于 International Institute of Banking Law & Practice 出版的电子年刊 *Annual Review of International Banking Law & Practice* 2010年和《国际结算名家名篇·国际结算焦点实务与风险技术案例》，阎之大编，中国文献出版社，2012年。

目 录

第1章 国际结算概述 (1)
  1.1 国际结算的概念和特点 (1)
    1.1.1 国际结算的概念 (1)
    1.1.2 国际结算的特点 (2)
  1.2 国际结算的学习内容 (5)
    1.2.1 国际结算概述 (5)
    1.2.2 国际结算的资金清算 (5)
    1.2.3 国际结算的工具 (5)
    1.2.4 国际结算的单据 (5)
    1.2.5 国际结算的方式 (5)
    1.2.6 信用证项下银行审单实务 (6)
    1.2.7 担保类金融产品 (6)
    1.2.8 国际结算的融资业务 (6)
    1.2.9 新型结算方式 (6)
    1.2.10 综合性金融产品 (6)
    1.2.11 跨境人民币结算 (7)
  1.3 国际结算的历史演进 (7)
    1.3.1 现金结算 (7)
    1.3.2 非现金结算 (7)
    1.3.3 电子结算 (8)
  1.4 国际结算中的往来银行 (9)
    1.4.1 代表处 (9)
    1.4.2 海外联行 (9)
    1.4.3 子公司或附属机构 (10)
    1.4.4 代理行 (10)
  ◇ 本章习题 (11)

第2章 国际结算的资金清算 (13)
  2.1 清算和清算系统 (13)

  2.1.1 清算的基本概念 …………………………………………………… (13)
  2.1.2 清算系统的基本概念 ………………………………………………… (14)
 2.2 清算系统的"公益性"和参与者 …………………………………………… (15)
  2.2.1 清算系统的"公益性" ……………………………………………… (15)
  2.2.2 清算系统的参与者 …………………………………………………… (15)
 2.3 清算系统的分类 ……………………………………………………………… (16)
  2.3.1 按照运营主体分类 …………………………………………………… (16)
  2.3.2 按照清算方式分类 …………………………………………………… (16)
  2.3.3 按照清算频度分类 …………………………………………………… (16)
  2.3.4 按照清算资金量分类 ………………………………………………… (17)
  2.3.5 按照清算日期分类 …………………………………………………… (17)
  2.3.6 清算系统的综合分类 ………………………………………………… (17)
 2.4 清算风险 ……………………………………………………………………… (18)
  2.4.1 什么是清算风险 ……………………………………………………… (18)
  2.4.2 清算风险的分类 ……………………………………………………… (18)
  2.4.3 清算风险的案例 ……………………………………………………… (19)
 2.5 美元清算系统介绍 …………………………………………………………… (19)
  2.5.1 Fedwire 的运作模式 ………………………………………………… (19)
  2.5.2 CHIPS 的运作模式 …………………………………………………… (20)
 2.6 其他清算系统简介 …………………………………………………………… (22)
  2.6.1 TARGET 2 ……………………………………………………………… (22)
  2.6.2 EBA ……………………………………………………………………… (23)
  2.6.3 CHAPS …………………………………………………………………… (23)
  2.6.4 ACH ……………………………………………………………………… (23)
  2.6.5 FXYCS …………………………………………………………………… (23)
  2.6.6 BOJ-NET ………………………………………………………………… (24)
  2.6.7 Zengin System ………………………………………………………… (24)
  2.6.8 CNAPS …………………………………………………………………… (24)
  2.6.9 CFXPS …………………………………………………………………… (24)
  2.6.10 CIPS …………………………………………………………………… (24)
 ◇ 本章习题 ……………………………………………………………………………… (25)

第3章 国际结算的票据 ……………………………………………………………… (26)

 3.1 票据概述 ……………………………………………………………………… (26)
  3.1.1 票据的概念 …………………………………………………………… (26)
  3.1.2 票据的特征 …………………………………………………………… (26)
  3.1.3 票据的作用 …………………………………………………………… (27)
 3.2 票据立法 ……………………………………………………………………… (28)
  3.2.1 英国票据法 …………………………………………………………… (28)
  3.2.2 日内瓦统一票据法公约 ……………………………………………… (29)

  3.2.3 联合国国际汇票和国际本票公约 ………………………………………… (29)
  3.2.4 中华人民共和国票据法 …………………………………………………… (30)
 3.3 汇票 ………………………………………………………………………………… (30)
  3.3.1 汇票的定义 ………………………………………………………………… (30)
  3.3.2 汇票的基本项目 …………………………………………………………… (30)
  3.3.3 汇票的当事人 ……………………………………………………………… (36)
  3.3.4 汇票的票据行为 …………………………………………………………… (36)
  3.3.5 汇票的贴现 ………………………………………………………………… (43)
  3.3.6 汇票的种类 ………………………………………………………………… (44)
 3.4 本票 ………………………………………………………………………………… (46)
  3.4.1 本票的定义 ………………………………………………………………… (46)
  3.4.2 本票的必要项目 …………………………………………………………… (46)
  3.4.3 本票的当事人 ……………………………………………………………… (47)
  3.4.4 本票的种类 ………………………………………………………………… (47)
 3.5 支票 ………………………………………………………………………………… (49)
  3.5.1 支票的定义 ………………………………………………………………… (49)
  3.5.2 支票的必要项目 …………………………………………………………… (49)
  3.5.3 支票的当事人 ……………………………………………………………… (50)
  3.5.4 支票的种类 ………………………………………………………………… (51)
  3.5.5 支票的止付与退票 ………………………………………………………… (53)
 3.6 汇票、本票和支票的比较 ………………………………………………………… (54)
 ◇ 本章习题 …………………………………………………………………………… (54)

第4章 国际结算的单据 …………………………………………………………………… (56)
 4.1 单据概述 …………………………………………………………………………… (56)
  4.1.1 单据的概念 ………………………………………………………………… (56)
  4.1.2 单据的作用 ………………………………………………………………… (57)
 4.2 主要单据 …………………………………………………………………………… (57)
  4.2.1 发票 ………………………………………………………………………… (57)
  4.2.2 包装单据 …………………………………………………………………… (58)
  4.2.3 运输单据 …………………………………………………………………… (59)
  4.2.4 保险单据 …………………………………………………………………… (62)
  4.2.5 原产地证书 ………………………………………………………………… (64)
  4.2.6 其他单据 …………………………………………………………………… (65)
 ◇ 本章习题 …………………………………………………………………………… (67)

第5章 汇款 ………………………………………………………………………………… (68)
 5.1 汇款概述 …………………………………………………………………………… (68)
  5.1.1 汇款的定义 ………………………………………………………………… (68)
  5.1.2 汇款的当事人 ……………………………………………………………… (68)

5.2 汇款的种类及业务流程 …………………………………………………… (71)
　5.2.1 电汇 ………………………………………………………………… (71)
　5.2.2 票汇 ………………………………………………………………… (76)
5.3 汇款的退汇 ………………………………………………………………… (77)
　5.3.1 汇款人提出退汇 …………………………………………………… (77)
　5.3.2 收款人提出退汇 …………………………………………………… (78)
　5.3.3 汇入行提出退汇 …………………………………………………… (78)
5.4 汇款的修改 ………………………………………………………………… (78)
　5.4.1 汇出汇款的修改 …………………………………………………… (78)
　5.4.2 汇入汇款的修改 …………………………………………………… (78)
5.5 汇款在国际贸易中的应用 ………………………………………………… (79)
　5.5.1 预付款 ……………………………………………………………… (79)
　5.5.2 赊销 ………………………………………………………………… (79)
　5.5.3 预付款和赊销的结合 ……………………………………………… (80)
5.6 国际货物贸易采用汇款结算的风险及防范措施 ………………………… (80)
　5.6.1 汇款的主要风险 …………………………………………………… (80)
　5.6.2 风险防范措施 ……………………………………………………… (81)
5.7 汇款案例分析 ……………………………………………………………… (82)
◇ 本章习题 ……………………………………………………………………… (82)

第6章 托收 …………………………………………………………………… (84)

6.1 托收概述 …………………………………………………………………… (84)
　6.1.1 托收的定义 ………………………………………………………… (84)
　6.1.2 托收统一规则 ……………………………………………………… (85)
6.2 托收中的单据 ……………………………………………………………… (85)
6.3 托收的当事人 ……………………………………………………………… (86)
　6.3.1 委托人 ……………………………………………………………… (86)
　6.3.2 托收行 ……………………………………………………………… (87)
　6.3.3 代收行 ……………………………………………………………… (87)
　6.3.4 付款人 ……………………………………………………………… (89)
6.4 托收的种类 ………………………………………………………………… (89)
　6.4.1 光票托收 …………………………………………………………… (89)
　6.4.2 跟单托收 …………………………………………………………… (91)
6.5 托收的交单方式及业务流程 ……………………………………………… (92)
　6.5.1 付款交单 …………………………………………………………… (92)
　6.5.2 承兑交单 …………………………………………………………… (93)
　6.5.3 按其他条款和条件交单 …………………………………………… (93)
6.6 托收中的利息、费用及其他条款 ………………………………………… (94)
　6.6.1 利息 ………………………………………………………………… (94)
　6.6.2 费用 ………………………………………………………………… (95)

  6.6.3 其他条款 ·· (95)

 6.7 托收的特点、风险及风险防范措施 ·· (96)

  6.7.1 托收的特点 ·· (96)

  6.7.2 托收的风险 ·· (97)

  6.7.3 托收的风险防范措施 ··· (98)

 ◇ 本章习题 ··· (100)

第 7 章 信用证 ·· (101)

 7.1 信用证的定义 ··· (102)

  7.1.1 承付 ··· (102)

  7.1.2 相符交单 ·· (102)

  7.1.3 不可撤销 ·· (102)

 7.2 跟单信用证统一惯例 ··· (103)

 7.3 信用证的当事人 ··· (104)

  7.3.1 申请人 ·· (104)

  7.3.2 开证行 ·· (105)

  7.3.3 通知行 ·· (107)

  7.3.4 受益人 ·· (108)

  7.3.5 议付行 ·· (110)

  7.3.6 被指定银行 ·· (111)

  7.3.7 保兑行 ·· (111)

 7.4 信用证的主要内容及开立形式 ·· (112)

  7.4.1 信用证的主要内容 ·· (112)

  7.4.2 信用证的开立形式 ·· (113)

  7.4.3 SWIFT 开立信用证实例 ·· (113)

  7.4.4 SWIFT 修改信用证实例 ·· (117)

 7.5 信用证的种类及业务流程 ·· (119)

  7.5.1 即期付款、延期付款、承兑和议付信用证 ··· (119)

  7.5.2 直接承付信用证 ·· (124)

  7.5.3 保兑信用证 ·· (124)

  7.5.4 跟单信用证和光票信用证 ··· (125)

  7.5.5 可转让信用证 ··· (126)

  7.5.6 其他类型的信用证 ·· (128)

 7.6 信用证项下银行间偿付 ·· (132)

  7.6.1 银行间偿付的主要当事人 ··· (133)

  7.6.2 偿付前提和时间 ·· (134)

  7.6.3 偿付费用 ·· (134)

  7.6.4 有偿付行的一般信用证业务流程 ·· (134)

 7.7 信用证的特点和作用 ··· (135)

  7.7.1 信用证的特点 ··· (135)

  7.7.2 信用证的作用 ……………………………………………………………… (136)
 7.8 信用证的局限性和风险 ………………………………………………………… (137)
  7.8.1 出口商面临的局限性和风险 …………………………………………… (137)
  7.8.2 进口商面临的局限性和风险 …………………………………………… (137)
  7.8.3 开证行面临的局限性和风险 …………………………………………… (138)
  7.8.4 被指定银行面临的局限性和风险 ……………………………………… (138)
 7.9 信用证风险的防范措施 ………………………………………………………… (138)
  7.9.1 出口商的风险防范措施 ………………………………………………… (138)
  7.9.2 进口商的风险防范措施 ………………………………………………… (138)
  7.9.3 开证行的风险防范措施 ………………………………………………… (138)
  7.9.4 被指定银行的风险防范措施 …………………………………………… (138)
 ◇ 本章习题 ………………………………………………………………………… (139)

第8章 信用证项下银行审单实务 ………………………………………………… (140)
 8.1 审单原则和基本方法 …………………………………………………………… (140)
  8.1.1 "单证相符、单单一致"的原则 ……………………………………… (140)
  8.1.2 "实质相符"的审核方法 ……………………………………………… (141)
 8.2 一般问题的审核 ………………………………………………………………… (142)
  8.2.1 审单时间 ………………………………………………………………… (142)
  8.2.2 交单时间 ………………………………………………………………… (142)
  8.2.3 单据的货物描述 ………………………………………………………… (143)
  8.2.4 单据表面上应满足其功能 ……………………………………………… (143)
  8.2.5 信用证未要求的单据 …………………………………………………… (143)
  8.2.6 非单据条件 ……………………………………………………………… (143)
  8.2.7 申请人和受益人的联络细节 …………………………………………… (144)
  8.2.8 单据的名称 ……………………………………………………………… (144)
  8.2.9 联合单据和多页单据 …………………………………………………… (144)
  8.2.10 单据的语言 ……………………………………………………………… (145)
  8.2.11 单据的修正和变更 ……………………………………………………… (145)
  8.2.12 单据的签署 ……………………………………………………………… (145)
  8.2.13 单据的日期 ……………………………………………………………… (146)
  8.2.14 拼写错误 ………………………………………………………………… (147)
  8.2.15 单据的正本与副本 ……………………………………………………… (147)
  8.2.16 单据的出单人 …………………………………………………………… (148)
  8.2.17 数学计算 ………………………………………………………………… (148)
  8.2.18 单据的唛头 ……………………………………………………………… (148)
  8.2.19 不适用 UCP 600 运输单据条款的单据 ……………………………… (149)
  8.2.20 缩略语 …………………………………………………………………… (149)
  8.2.21 快递收据、邮政收据或投邮证明 ……………………………………… (149)
  8.2.22 斜线"/"和逗号"," …………………………………………………… (150)

8.2.23　一般性的定义与词语解释 …………………………………………………… (150)
8.3　商业发票的审核 ……………………………………………………………………… (151)
　　8.3.1　发票名称 ……………………………………………………………………… (151)
　　8.3.2　出具人和抬头 ………………………………………………………………… (152)
　　8.3.3　货物描述 ……………………………………………………………………… (153)
　　8.3.4　发票的金额 …………………………………………………………………… (155)
　　8.3.5　发票金额的浮动与溢短装 …………………………………………………… (156)
　　8.3.6　发票和产地证的认证 ………………………………………………………… (156)
　　8.3.7　分期装运 ……………………………………………………………………… (157)
8.4　运输单据的审核 ……………………………………………………………………… (158)
　　8.4.1　提单 …………………………………………………………………………… (158)
　　8.4.2　涵盖至少两种不同运输方式的运输单据 …………………………………… (169)
　　8.4.3　租船提单 ……………………………………………………………………… (172)
　　8.4.4　空运单据 ……………………………………………………………………… (174)
　　8.4.5　公路、铁路和内河运输单据 ………………………………………………… (177)
　　8.4.6　快递收据、邮政收据或投邮证明 …………………………………………… (179)
8.5　保险单据的审核 ……………………………………………………………………… (179)
　　8.5.1　根据信用证要求提交相应的保险单据 ……………………………………… (179)
　　8.5.2　保险单据的出具 ……………………………………………………………… (179)
　　8.5.3　提交所出具的全套正本 ……………………………………………………… (180)
　　8.5.4　按信用证要求的形式出具，必要时应恰当背书 …………………………… (180)
　　8.5.5　保险单据的日期 ……………………………………………………………… (181)
　　8.5.6　投保比例和金额 ……………………………………………………………… (181)
　　8.5.7　承保险别 ……………………………………………………………………… (182)
　　8.5.8　除外条款和免赔率条款 ……………………………………………………… (182)
　　8.5.9　其他 …………………………………………………………………………… (182)
8.6　原产地证明的审核 …………………………………………………………………… (183)
　　8.6.1　原产地证明必须清楚地注明产地 …………………………………………… (183)
　　8.6.2　原产地证明的出具人 ………………………………………………………… (183)
　　8.6.3　对原产地证明的基本要求 …………………………………………………… (183)
8.7　汇票的审核 …………………………………………………………………………… (184)
　　8.7.1　汇票的期限 …………………………………………………………………… (184)
　　8.7.2　议付信用证和承兑信用证项下的汇票 ……………………………………… (185)
　　8.7.3　其他问题 ……………………………………………………………………… (185)
8.8　装箱单/重量单的审核 ………………………………………………………………… (186)
　　8.8.1　基本要求和出单人 …………………………………………………………… (186)
　　8.8.2　单据的内容 …………………………………………………………………… (186)
8.9　受益人证明的审核 …………………………………………………………………… (186)
8.10　其他证明书的审核 …………………………………………………………………… (187)
　　8.10.1　基本要求和功能体现 ………………………………………………………… (187)

  8.10.2 出单人 ……………………………………………………………………… (187)
  8.10.3 内容 …………………………………………………………………………… (187)
 8.11 不符点及其处理 ……………………………………………………………………… (188)
  8.11.1 不符点 …………………………………………………………………………… (188)
  8.11.2 不符点的处理 …………………………………………………………………… (188)
  8.11.3 银行的拒付通知 ………………………………………………………………… (189)
 ◇ 本章习题 ………………………………………………………………………………… (191)

第9章 银行保函和备用信用证 (192)

 9.1 银行保函概述 ………………………………………………………………………… (192)
  9.1.1 银行保函的定义 …………………………………………………………………… (192)
  9.1.2 银行保函的实质 …………………………………………………………………… (192)
  9.1.3 银行保函的属性 …………………………………………………………………… (193)
 9.2 银行保函所适用的国际规则 ………………………………………………………… (193)
  9.2.1 合约保函统一规则 ………………………………………………………………… (193)
  9.2.2 见索即付保函统一规则 …………………………………………………………… (194)
  9.2.3 合同保函统一规则 ………………………………………………………………… (194)
  9.2.4 联合国独立保证与备用信用证公约 ……………………………………………… (195)
 9.3 银行保函的当事人及开立方式 ……………………………………………………… (195)
  9.3.1 银行保函的当事人 ………………………………………………………………… (195)
  9.3.2 银行保函的开立方式 ……………………………………………………………… (196)
 9.4 银行保函的主要内容和种类 ………………………………………………………… (198)
  9.4.1 银行保函的主要内容 ……………………………………………………………… (198)
  9.4.2 银行保函的种类 …………………………………………………………………… (200)
 9.5 银行开立保函实务 …………………………………………………………………… (204)
  9.5.1 银行保函的申请 …………………………………………………………………… (204)
  9.5.2 银行保函的审查 …………………………………………………………………… (205)
  9.5.3 银行保函的开立 …………………………………………………………………… (206)
 9.6 银行保函案例 ………………………………………………………………………… (206)
  9.6.1 见索即付保函客户纠纷案 ………………………………………………………… (206)
  9.6.2 转开保函案 ………………………………………………………………………… (208)
 9.7 备用信用证 …………………………………………………………………………… (209)
  9.7.1 备用信用证的起源 ………………………………………………………………… (209)
  9.7.2 备用信用证的定义 ………………………………………………………………… (209)
  9.7.3 备用信用证的国际规则 …………………………………………………………… (209)
  9.7.4 备用信用证的主要当事人 ………………………………………………………… (210)
  9.7.5 备用信用证的种类 ………………………………………………………………… (210)
  9.7.6 备用信用证的特点 ………………………………………………………………… (211)
  9.7.7 备用信用证与跟单信用证的比较 ………………………………………………… (212)
  9.7.8 备用信用证与银行保函的比较 …………………………………………………… (213)
  9.7.9 备用信用证的相关案例 …………………………………………………………… (215)

◇ 本章习题 ··· (217)

第10章 国际贸易融资 ·· (218)
10.1 国际贸易融资概述 ··· (218)
10.1.1 国际贸易融资的定义 ·· (218)
10.1.2 国际贸易融资的特点 ·· (219)
10.1.3 国际贸易融资的一般流程 ··· (220)
10.2 传统国际贸易融资产品 ··· (220)
10.2.1 针对出口商的融资产品 ·· (220)
10.2.2 针对进口商的融资产品 ·· (228)
10.3 国际贸易结构性融资 ·· (231)
10.3.1 结构性融资概述 ··· (231)
10.3.2 结构性贸易融资与大宗商品融资 ·· (231)
10.3.3 大宗商品融资的独有特点 ·· (232)
10.3.4 结构性贸易融资的应用 ··· (233)
10.3.5 结构性贸易融资和传统贸易融资的比较 ·· (239)
10.4 国际贸易融资产品的综合应用——供应链融资 ··· (239)
10.4.1 供应链管理概述 ··· (239)
10.4.2 供应链融资概述 ··· (239)
10.4.3 供应链融资模型 ··· (240)
◇ 本章习题 ··· (241)

第11章 贸易服务平台与银行付款责任 ··· (243)
11.1 贸易服务平台 ··· (244)
11.1.1 贸易服务平台的概念 ·· (244)
11.1.2 TSU的产生 ·· (244)
11.1.3 TSU的基本运行模式 ··· (244)
11.1.4 TSU银行支付模式 ·· (246)
11.2 银行付款责任 ··· (246)
11.2.1 银行付款责任的定义 ·· (246)
11.2.2 BPO的基本运行模式 ··· (247)
11.2.3 关于BPO的国际惯例 ··· (248)
11.2.4 BPO业务的主要特点 ··· (249)
11.3 基于TSU/BPO的进口服务 ·· (250)
11.3.1 TSU反融资 ··· (250)
11.3.2 TSU买方融资 ·· (250)
11.4 基于TSU/BPO的出口服务 ·· (252)
11.4.1 TSU装船前融资 ··· (252)
11.4.2 TSU装船后融资 ··· (253)
11.4.3 TSU应收账款催收服务 ·· (253)

11.4.4　BPO保兑业务 ………………………………………………… (254)
　11.5　BPO的优势及局限性 ………………………………………………… (255)
　　11.5.1　BPO的优势 …………………………………………………… (255)
　　11.5.2　BPO的局限性 ………………………………………………… (256)
　◇ 本章习题 ………………………………………………………………… (257)

第12章　国际保理 ………………………………………………………… (259)
　12.1　保理业务概述 ………………………………………………………… (259)
　　12.1.1　保理业务的定义 ………………………………………………… (259)
　　12.1.2　国际保理机构 …………………………………………………… (260)
　　12.1.3　国际保理所适用的规则 ………………………………………… (261)
　12.2　国际保理业务的当事人 ……………………………………………… (261)
　12.3　国际保理业务的种类 ………………………………………………… (263)
　　12.3.1　国际保理和国内保理 …………………………………………… (263)
　　12.3.2　融资保理和非融资保理 ………………………………………… (263)
　　12.3.3　有追索权和无追索权的保理 …………………………………… (263)
　　12.3.4　公开型保理和隐蔽型保理 ……………………………………… (264)
　　12.3.5　定期保理和预付保理 …………………………………………… (264)
　12.4　国际双保理的业务流程 ……………………………………………… (264)
　12.5　国际保理业务的优势 ………………………………………………… (266)
　12.6　国际保理业务的风险及防范措施 …………………………………… (266)
　　12.6.1　国际保理业务的风险 …………………………………………… (266)
　　12.6.2　国际保理业务的风险防范措施 ………………………………… (267)
　12.7　国际双保理业务案例 ………………………………………………… (268)
　　12.7.1　案情介绍 ………………………………………………………… (268)
　　12.7.2　分析 ……………………………………………………………… (269)
　◇ 本章习题 ………………………………………………………………… (269)

第13章　跨境人民币结算 ………………………………………………… (271)
　13.1　跨境贸易人民币结算概述 …………………………………………… (271)
　　13.1.1　跨境贸易人民币结算的含义 …………………………………… (271)
　　13.1.2　跨境贸易人民币结算的意义 …………………………………… (272)
　13.2　跨境贸易人民币结算的历史沿革 …………………………………… (273)
　　13.2.1　早期的进出口贸易人民币结算 ………………………………… (273)
　　13.2.2　跨境贸易人民币结算试点启动前的准备阶段 ………………… (273)
　　13.2.3　跨境贸易人民币结算试点正式启动阶段 ……………………… (274)
　　13.2.4　跨境贸易人民币结算试点扩大阶段 …………………………… (274)
　　13.2.5　跨境贸易人民币结算地区扩大至全国 ………………………… (274)
　13.3　跨境贸易人民币结算试点方案的主要内容 ………………………… (275)
　　13.3.1　跨境贸易人民币结算中的银行 ………………………………… (275)

  13.3.2 对境内结算银行和境内代理行的要求 …………………………… (277)
  13.3.3 银行进行人民币跨境清算的渠道 ………………………………… (277)
  13.3.4 境内企业从事跨境贸易人民币结算的要求 …………………… (277)
  13.3.5 境内企业办理跨境贸易人民币结算需提供的资料 …………… (278)
 13.4 清算行模式与代理行模式介绍 ………………………………………… (279)
  13.4.1 清算行模式流程图 ………………………………………………… (279)
  13.4.2 代理行模式流程图 ………………………………………………… (280)
 13.5 跨境服务贸易及其他经常项目人民币结算 …………………………… (281)
 13.6 资本项目项下跨境人民币结算业务 …………………………………… (281)
 ◇ 本章习题 ……………………………………………………………………… (282)

附录 A 相关单证 …………………………………………………………………… (283)
 A.1 对外付款/承兑通知书 ………………………………………………… (283)
 A.2 开证申请书 ……………………………………………………………… (284)
 A.3 信用证通知书 …………………………………………………………… (286)
 A.4 信用证修改通知书 ……………………………………………………… (287)
 A.5 客户交单联系单 ………………………………………………………… (288)
 A.6 跨境业务人民币结算收款说明 ………………………………………… (289)
 A.7 跨境业务人民币结算付款说明 ………………………………………… (290)

参考文献 …………………………………………………………………………………… (291)

第1章

国际结算概述

本章要点
(1) 国际结算的概念；
(2) 国际结算的特点；
(3) SWIFT通信系统和其他支付系统；
(4) 国际结算的历史演进；
(5) 国际结算中的往来银行。

1.1 国际结算的概念和特点

1.1.1 国际结算的概念

国际结算是指通过银行等金融机构的货币收付对国际债权债务关系进行清偿的行为。

不同国家或地区之间，由于政治、经济、文化及事务性的交往和联系，均会产生债权债务关系或资金授受行为，而国际结算则是不同国家或地区的当事人通过银行等金融机构合法办理的跨国境货币收支业务，用以清偿国际债权债务关系及实现资金授受的转移，是不同国家或地区之间的综合经济活动在货币收支方面的体现。国际结算包括货物贸易产生的国际结算，服务贸易（包括加工服务、运输服务、旅行服务、建设服务、保险服务、金融服务、计算机和信息服务、其他商业服务、文化和娱乐服务、维护和维修服务、知识产权使用费、政府货物和服务）产生的国际结算，资本流动（包括资本转移、直接投资、国际借贷、证券投资等）产生的国际结算及官方转移等其他原因所产生的国际结算。以这些为基础发生的货币收支都是通过各种国际结算方式来完成的。其中，国际货物贸易结算相对来说更为复杂；而服务贸易、资本流动和官方转移等其他原因产生的国际结算相对简单，结算方式主要集中在汇款项下。

1.1.2 国际结算的特点

1. 使用可兑换货币结算

国际结算涉及不同国家或地区之间的债权债务清偿活动。因此，需要使用到不同的货币。但是由于各国货币政策和汇率的差异，国际结算应尽可能使用可完全自由兑换且币值相对较稳定的货币用于清偿。美元、欧元、英镑等都是可自由兑换的货币。我国国际结算业务中长期使用美元作为结算的主要货币，但人民币汇改，尤其是2007年以来对美元的汇率大幅升值，对出口企业的远期收汇产生了较大的负面影响。因此，改用对人民币汇率相对稳定且有一定升值预期的货币作为结算货币将更加有利。跨境人民币结算自2009年开始试点，至今已全面实行，本书专门在第13章对此作了介绍。

2. 货物贸易凭单结算

国际货物贸易中大量使用FOB、CFR或CIF等贸易术语。这些贸易术语除要求卖方履行交货和买方接受相符货物等基本义务外，还具有"卖方凭单据履行交货义务、买方凭单据履行付款义务"的特点。因此，银行为进出口商所提供的国际结算业务也具备了"凭单结算"的特点。这一特点尤其体现在跟单信用证业务中，开证行或被指定银行付款的前提条件就是受益人（出口商）提交的相符单据。托收业务也多为跟单托收，即出口商向银行提交一套单据以通过银行向进口商收取货款。汇款业务中，进口商也可以要求在收到运输单据的传真或收到正本后才向出口商电汇款项。因此，国际货物贸易结算中，单据也是重要内容之一。而服务贸易和资本项目等非货物贸易项下除发票、付款指令（payment order）或者借记通知（debit note）外，一般不使用商业单据。

3. 依据国际惯例处理争议

由于不同国家或地区的立法习惯和相应的商业规则不尽相同，很容易给国际结算带来诸多争议。为此，一些国际组织或机构，如国际商会（International Chamber of Commerce，ICC）、国际保理商联合会（Factors Chain International，FCI）、国际福费廷协会（International Trade and Forfaiting Association，ITFA）等，不断制定和完善专门针对国际结算的一些国际惯例或规则，来规范具体实务操作。这些惯例或规则虽不是法律，不具强制性，但在长期的实践中已逐渐被大多数国家或地区所接受，而且也是处理争议或诉讼时的重要参考依据。与国际结算有关的国际惯例主要包括：

①《托收统一规则》（URC 522）；
②《国际备用证惯例》（ISP 98）；
③《跟单信用证统一惯例》（UCP 600）；
④《跟单信用证统一惯例关于电子交单的附则》（版本1.1）（eUCP 1.1）；
⑤《关于审核跟单信用证项下单据的国际标准银行实务》（ISBP 745）；
⑥《跟单信用证项下银行间偿付统一规则》（URR 725）；
⑦《国际保理业务通用规则》（GRIF）；
⑧《见索即付保函统一规则》（URDG 758）；

⑨ Incoterms 2010；
⑩《福费廷统一规则》（URF 800）；
⑪《银行付款责任统一规则》（URBPO）。

4. 电子化程度日益加深

随着科学技术的日益发展和计算机技术在各个领域的广泛应用，银行的国际结算业务也发生了新的变化。银行可以通过计算机技术处理复杂的资金调拨和代理行之间的联系等，从而提高业务处理能力和速度，加快资金的转移，更迅速地与代理行进行快速、便捷的联系。具体而言，国际结算电子化主要体现在以下几个方面。

1) SWIFT 网络系统

SWIFT 是"环球同业银行金融电信协会"（Society for Worldwide Interbank Financial Telecommunication）的简称，是一个向全球开放的为银行同业间提供安全、快速的电子通信服务的国际合作组织，总部设在比利时的布鲁塞尔，并在全球各地的金融中心和发展中市场设有分支机构。该组织成立于 1973 年 5 月，1977 年 9 月正式启动。SWIFT 仅仅是报文传送者，不把持资金，不代表客户管理账户，也不持续存储金融信息。作为数据传送者，SWIFT 负责在两个金融机构之间传送报文，这项工作涉及安全交换专有数据并确保其保密性和完整性。

SWIFT 所提供的报文传送服务主要有 3 种：FIN 是 SWIFT 的核心存转报文传送服务，它使 200 多个国家/地区的一万多家金融机构能够以具有成本效益和安全可靠的方式交换金融数据；FileAct 是一种文件传输的服务，企业和银行可以将任何格式的文件打成文件包在彼此之间进行交换；InterAct 旨在完善 FileAct 和 FIN，它支持为市场基础设施、封闭用户组和金融机构定制的解决方案。借助 InterAct，各机构和群体就能以自动化且交互的方式交换报文：一个应用程序向另一个应用程序发送请求报文，并接收即时响应报文。

截至 2016 年 1 月，启用 SWIFT 的国家或地区超过 200 个，现有会员 2 455 个，总用户数达 11 094 个，NET FIN 报文日均流量为 2 543 万条左右。

以目前我国国内用户广泛应用的 SWIFT MT（message type）传统报文标准为例，报文类型共 10 类（category），分别针对不同业务类型设计，见表 1-1，且每一类又包含若干组（group），每组包含若干格式（type），每个电文格式代号由 3 位数字构成，如 MT 700 中 700 表示开立信用证。具体报文格式都采用特定标准进行。

表 1-1 SWIFT 报文类型

第 0 类	SWIFT 系统电文（system messages）
第 1 类	客户汇款与支票（customer payments and cheques）
第 2 类	金融机构间头寸调拨（financial institution transfers）
第 3 类	资金市场——外汇、货币市场和衍生产品（treasury markets—foreign exchange, money markets and derivatives）
第 4 类	托收与光票（现金运送单、立即贷记）（collections, cash letters）
第 5 类	证券市场（securities markets）
第 6 类	资金市场——大宗商品、银团贷款和参考数据（treasury markets—commodities and syndication, reference data）
第 7 类	跟单信用证和保函（documentary credits and guarantees）
第 8 类	旅行支票（travellers cheques）
第 9 类	现金管理和客户状态（cash management and customer status）
第 n 类	通用电文（common group messages）

与传统的金融通信方式相比，SWIFT 网络通信主要特点如下。

(1) 需要会员资格

每个申请加入 SWIFT 组织的银行都必须事先按照 SWIFT 组织的统一原则，制定出本行的 BIC (bank identifier code，银行识别代码)，俗称"SWIFT 地址"或"SWIFT code"。ISO 9362 标准规定 BIC 代码由银行代码、国家代码、地区代码和分支机构代码 4 部分组成，其中银行代码可根据行名特点进行选择，经 SWIFT 组织批准后正式生效。如果是总部或总行，一般使用 8 位 BIC 代码，如中国银行总行的代码为 BKCHCNBJ，中国工商银行总行的代码为 ICBKCNBJ，中国农业银行总行的代码为 ABOCCNBJ。如果是分支机构，则使用 11 位 BIC 代码，如中国农业银行大连市分行的代码为 ABOCCNBJ340。有时候，系统会在总行代码后面插入一个校验字符 X，如上述中国农业银行大连市分行的代码可能会在报文中显示为 ABOCCNBJX340，这个 X 没有实际意义，不是 BIC 的组成部分。

(2) 自动化和标准化

这二者是相辅相成的。由于 SWIFT 报文都是严格按照既定的格式进行书写的，所以特别适合于计算机的识读和处理，而计算机在报文处理中的应用促进了报文处理的自动化。因此，现代银行往往借助 SWIFT 的这一优势，将自己的银行电子系统同 SWIFT 系统连接，实现业务处理的自动化和高效率。

(3) 快捷低价

SWIFT 网络传递报文的速度很快，一般几分钟就能从发出方发送到接收方所属的地区中心。如果接收方正连接在 SWIFT 网络上，那么其可以立刻从所属的地区中心接收到这笔报文。尽管 SWIFT 网络的速度很快，但是同样发送一笔报文，它的价格却比传统电传要低一半。

(4) 安全可靠

SWIFT 网络传递报文的安全性和可靠性都很高，对所有传送的报文都要进行校验，以保证传送报文的准确无误。SWIFT 网络上的报文都是加密存储和传送的，以策安全。同时，SWIFT 网络中的收报方和发报方都可以建立 SWIFT 密押关系。SWIFT 密押是独立于电传密押 (test key) 之外、在代理行之间相互交换的、仅供双方在收发 SWIFT 电报时使用的密押。与传统的电传密押相比，SWIFT 密押的可靠性和保密性强，自动化程度高。SWIFT 正式电文第 1 类、第 2 类、第 4 类、第 5 类、第 6 类、第 7 类和第 8 类均为加押类电报，第 3 类和第 9 类则无须加押。

2) 清算系统

清算系统 (clearing system)，也称支付系统 (payment system)，是由提供支付清算服务的中介机构和实现支付指令传送及资金清算的专业技术手段共同组成，用以实现债权债务清偿及资金转移的一种金融安排。清算系统是银行之间资金相互划拨的渠道和载体，而国际结算方式是银行为客户提供资金划拨的具体产品和表现形式。换言之，无论银行为客户提供的是哪一种国际结算方式的服务，最终都是通过清算系统来实现资金的相互划拨的。国际结算中的主要清算系统有美元清算系统、欧元清算系统、英镑清算系统、日元清算系统、港币清算系统等。本书第 2 章对此有专门解释。

3) BOLERO

BOLERO 是电子提单注册组织 (Bill of Lading Electronic Registry Organization) 的英文

缩写，由一家总部设在伦敦的联运保赔协会即 TT Club（Through Transport Club，也有直译为联合运输俱乐部）与 SWIFT 于 1998 年 4 月合资成立。BOLERO 是以互联网（www.bolero.net）为支持，以核心信息平台为主架构的电子网络。使用者签署协议成为用户后，遵守 BOLERO 手册的规定，通过互联网传输电子单据、核查数据，完成贸易。其用户涵盖进出口商、银行、承运人、保险公司、商检机构等国际贸易的各类参与方。

4）TSU

TSU 是贸易服务平台（trade service utility）的英文缩写，是 SWIFT 针对与日增长的赊销贸易而集合上百家银行专业技术力量参与设计开发的贸易公共服务平台。通过该系统平台，银行可实现贸易订单和其他贸易单据的电子化传输与自动匹配，并根据企业需求提供各种灵活的贸易金融服务。本书第 11 章对此有专门说明。

1.2 国际结算的学习内容

1.2.1 国际结算概述

本书除介绍了国际结算的概念、产生原因和主要特点外，对国际结算的发展进程也作了简要描述，并归纳整理了国际业务中所涉及的主要国际惯例。

1.2.2 国际结算的资金清算

为了方便读者进一步了解资金如何在不同国家或地区之间通过银行实现转移，本书专门介绍了国际清算及清算系统的基本原理，以及外汇清算中的重要币种如美元、欧元、日元、港币和英镑等的清算系统，详见第 2 章。

1.2.3 国际结算的工具

国际结算业务常伴随支付工具的使用，这些支付工具一般专指用以清偿国际债权债务关系的票据，主要有汇票、本票和支票，本书第 3 章有详细介绍。

1.2.4 国际结算的单据

由货物买卖引起的国际结算会涉及各种商业单据，因此本书第 4 章着重介绍了一些参见单据，如发票、运输单据、保险单据和其他重点单据等。

1.2.5 国际结算的方式

国际结算的方式主要包括传统意义上的汇款、托收和信用证。其中汇款和托收都是建立在商业信用基础上的结算方式，而信用证则是建立在银行信用基础上的结算方式。本书第 5~7 章对这些结算方式分别作了详细介绍。

① 汇款——汇入汇款业务、汇出汇款业务，可以应用于货物贸易、服务贸易和资本流动及官方转移等结算。

② 托收——出口跟单托收、进口代收业务，可以应用于货物贸易结算；光票托收业务，可以应用于货物贸易、服务贸易和资本流动及官方转移等结算。

③ 信用证——出口信用证、进口信用证，可以应用于货物贸易结算。

1.2.6　信用证项下银行审单实务

信用证是传统结算方式中最为复杂的一种，其跟单性必然涉及银行的审单业务。本书第8章详细介绍了信用证下银行审核主要单据的重点方面，力求最大限度贴近真实的银行业务。

1.2.7　担保类金融产品

国际结算还会涉及银行担保类产品即银行保函和备用信用证，其中银行保函主要用于设备进出口、承包工程或境外筹融资等。备用信用证一般用在投标、还款或履约保证、预付货款和赊销等业务中，还可用于国际货物买卖合同项下的货款支付。本书第9章对此有专门介绍。

1.2.8　国际结算的融资业务

国际结算还涉及银行为进出口商分别提供的各种贸易融资方式，如减免保证金开证、提货担保、进口押汇、打包放款、出口押汇、票据贴现、发票融资、福费廷等。随着国际贸易融资种类的增多，银行不断推出适宜客户的各种新的贸易融资方式，如结构性融资和供应链融资，本书第10章对此也有介绍。

1.2.9　新型结算方式

全球贸易中，赊销贸易已然成为主流支付方式，为了应对这一挑战，银行必须针对公司客户的要求，设计一体化的金融供应链管理解决方案，发展新的国际结算方式，提供更多、更广泛的贸易与融资增值服务，以改善客户的供应链与现金流管理。在此背景下，基于贸易服务平台的银行支付与银行付款责任则是在当前比较成熟的、具有一定影响和未来发展潜力的新型国际结算方式。本书第11章对此有专门介绍。

1.2.10　综合性金融产品

随着银行国际业务的拓展，国际保理作为国际贸易中的一种综合性金融产品，也日益得到迅速的发展。本书第12章针对该产品也有系统介绍。

1.2.11 跨境人民币结算

为应对国际金融危机的影响,同时也为了适应我国与东盟国家及内地与港澳地区贸易、投资迅速发展的需要,自 2009 年起,国务院开始在上海、广州、深圳、珠海、东莞 5 个城市先行开展跨境贸易人民币结算试点工作。如今,跨境人民币结算已经扩展到境内各地区与世界近 200 个国家的进出口贸易中,而且结算业务已不仅仅限于货物贸易和服务贸易项下,已经逐步开放了包含资本项目业务项下的跨境人民币结算业务。本书第 13 章专门对此作了详细介绍。

1.3 国际结算的历史演进

国际结算是在长期历史发展过程中,随着世界经济、政治、法律的演进,特别是国际货币、银行信用、国际运输、国际保险和科学技术的发展而逐步形成和发展的,主要经历了现金结算、非现金结算和电子结算 3 个发展过程。

1.3.1 现金结算

顾名思义,现金结算(cash settlement)是指通过运用现金来清偿债权、债务关系。具体而言,就是债务人以现金(包括纸币、铸币等)或等值黄金直接送交外国债权人以清偿债务。

这种结算方式在资本主义社会以前几乎一直占主要地位。例如,在古代和中世纪初期,地中海沿岸各国在外贸中就广泛采取现金结算的方式。我国古代在对日本及南洋各国的海上贸易和通过丝绸之路同中亚和中东地区各国的陆上贸易中,除直接的易货交易外,都长期地使用金银等贵金属进行交换和结算。

现金结算具有代价高、风险大、携带不便、积压资金、时间长的缺陷。此外,因各国货币制度不同,一国法定货币现金输往国外,既不流通,也不生息。随着国际贸易的发展和贸易规模逐渐扩大,通过运送黄金、白银来结清债权、债务的现金结算方式已不能适应国际贸易发展的需要,从而逐步被非现金结算方式所取代。

1.3.2 非现金结算

非现金结算(non-cash settlement)又称票据结算,是指使用汇票等票据和支付凭证,传递国际资金支付指示或收取指示,通过各国银行间划账冲抵的办法清偿国际上债权、债务关系,是为了避免运送黄金、白银而采用的一种迅速、简便又节省费用的国际汇兑方式。

票据结算的使用经历了以下几个阶段。

1. 11—12 世纪

从 11 世纪开始,历史上就曾出现过以"字据"来替代现金的做法,这是票据行为的雏形。公元 12 世纪,意大利沿海城市的商人们就已开始大量地使用票据结算方式。这一阶段的票据仅有收据和兑换的功能。

2. 13世纪前后

这一阶段票据开始具备了支付的功能，但必须是到期的票据。

3. 16—17世纪

这一阶段欧洲大陆上票据结算的方式已基本取代了现金结算。由于出现了背书，使得票据具备了流通转让和融资的功能。

4. 18—19世纪

随着生产力和国际贸易的发展，国际结算业务量日趋增多，票据结算的优越性也日趋显现出来。到了18世纪资本主义时期，同国际贸易有关的金融业、航运业及保险业也获得了巨大的发展。由于银行信用的产生以及提单、保险单等相继问世，海运提单从一般性的货物收据发展为可以背书转让的物权凭证，保险单发展成可以转让的单据。凭单付款的结算方式得以迅速发展，买方可以得到他所要求的代表着货物的单据，并凭单据付款；卖方则可在出运货物后以单据为质押要求银行融资。

这一阶段利用商业汇票进行的国际结算方式具有较大的局限性，它不仅要求进出口商之间要有密切的业务联系和相互信任，而且要求进出口货物的金额和付款时间应完全相同。它仅仅是非现金结算的雏形，真正的非现金结算是以银行转账为特征的。

5. 20世纪至今

在资本主义早期，随着资本主义银行业的兴起和国际银行代理关系的建立，国际结算从商人间的直接结算逐渐过渡到以银行为中介人的间接结算，并以各种票据为主要结算工具。这种以银行为中介人的间接结算克服了单纯的商业票据结算的局限性，逐步发展成一种占主导地位的结算方式，银行也就发展成为国际债权债务的清算中心。到了19世纪70年代，票据和单据在国际结算中已完全结合起来，跟单汇票广泛应用于国际贸易结算，形成通过银行办理跟单托收和跟单信用证的结算方式。

1.3.3 电子结算

在很长的时期内，国际结算主要采用电报、信函等通信手段。20世纪70年代以来，国际结算逐步实现了电子网络化，得到了进一步发展。为了适应国际贸易的发展变化，商业信用证、付款与履约保证书层出不穷，信用卡大量流行；国际结算与国际信贷相结合，实现了双边结算；在单据方面，出现了联合运输单据、各种海关发票及检验证书等；对于贸易结算的大额单证，不少银行实行快邮专人递送等。进入20世纪90年代，由于计算机技术的广泛应用和革新，国际结算向着迅速、安全、节省费用的电子结算（electronic settlement）阶段进一步发展。银行的国际业务越来越广泛使用一些电子手段来进行票据乃至头寸的拨付和偿付，如SWIFT的广泛使用。尽管目前没有完全达到电子结算的程度，但随着电子网络的不断发展和完善，国际结算过渡到完全的电子结算是必然趋势。

1.4 国际结算中的往来银行

国际结算离不开银行的服务,因为银行有遍及全球的通汇网络。世界经济一体化必然导致全球金融市场一体化,任何国家的银行所面对的主要竞争对手不仅有本国银行,还有外资银行。为了适应竞争的需要,一国的商业银行在国外广泛建立代理业务,设立分行、支行、代表处、附属银行等都是开展国际业务的必要先决条件。因此,有必要了解国际结算中的往来银行。

1.4.1 代表处

代表处(representative office)是商业银行在国外市场上活动时最低级、最简单的组织形式,它是一个只具有有限职能的非营业性机构,其基本职责是为母国机构所要提供的服务开拓市场、寻求客户,但不得吸收存款、不得发放贷款。代表处往往是分行的早期形式。一家商业银行要进入国外市场,对其市场容量、市场运行规则、居民习惯、政府政策、竞争环境等都必须有一个了解和熟悉的过程,因而,代表处只是一种过渡形式。商业银行在海外设立机构往往都是从代表处开始起步的,以代表处的形式运作一段时间后(往往是数年),再择机成立分行。

代表处的基本功能是为总行提供信息、咨询和与当地有关职能机构进行接触的机会,同时,为来到当地的其他国家的商人了解总行的服务提供一个场所。代表处还负责总行来访的接待工作,处理与当地关系行的各种联系和交流活动,提供对当地企业信用状况分析以及当地政治、经济环境的分析,其中最主要的功能是为总行的客户提供有关的服务。例如,当总行的某个客户对在有关国家进行生产经营感兴趣时,总行在有关国家的代表处就会安排该客户与当地有关企业以及有关政府进行接触,协助其完成投资活动。

1.4.2 海外联行

海外联行(overseas sister bank)一般又指海外分行/支行(overseas branch/sub-branch),是指商业银行根据其业务发展的需要,在国外设立的分行和支行,它是一国总行在国外设立的营业性机构,是总行的一个组成部分。

海外联行是商业银行在海外市场上运作的最普遍的组织形式,它可以提供全方位的服务。

设立分行是银行业全球化、多元化进程的标杆,有利于提高银行的运营和风险管理水平,并能学习到国外银行丰富、先进的管理经验,提高银行的国际化程度,并在全球进行资产配置,从而规避系统性风险。

从法律和业务上讲,海外分行是总行的一个组成部分,是总行在当地的全资子机构。分行不具有独立公司的性质,没有董事会,也不发行任何股票。(须注意的是跟单信用证项下,根据国际商会制定的《跟单信用证统一惯例》第600号出版物第3条规定:"一家银行在不同国家的分支机构被视为不同的银行。")

虽然出于管理和监督的需要,海外分行将设立自己的账户,但事实上其全部资产和负债都是总行的。因此,它只是营业性机构,不具法人地位,但可以经营当地政府允许的各种银行业务。

设立海外分行的最大好处是海外分行可以以总行的名义根据总行的授权在当地从事一切许可的银行业务。海外分行吸收的存款同时构成总行的法定负债。对客户的服务是建立在银行整体基础之上的，而不仅仅是当地分行独立承担。贷款限额只对总行有效，而对分行则无效。

海外分行的最大弊病是使总行的责任变大。例如，由于海外分行出了某些问题，客户可以对整个银行提出起诉，把总行卷入法律或其他的纠纷之中。尽管如此，海外分行仍然是许多国际性大银行在对外扩张业务时采取的最多的组织形式。

我国最早在海外设立海外分行的是中国银行，它早在1929年就设立了中国银行伦敦分行，其不仅是中国银行的首家海外分行，也是历史上首家中资海外分行。

1.4.3 子公司或附属机构

当一家跨国银行在国外收购了一家独立注册的国外银行并控制了其所有权时，这家外国银行就成了跨国银行的子公司（subsidiary）。由于子公司独立注册并拥有自己的股本，因此，它既可以为跨国银行扩大业务，又可以避免风险。当跨国银行的最大股东倒闭时，子公司不一定会随之倒闭。同样，当子公司倒闭时，对它的控股银行也不一定会产生很大影响。另外，子公司往往都有一定的客户基础。正因为有这些好处，所以，很多商业银行为了避开外国金融管理机构对设立分支机构的限制和禁止条款，或者为了税收方面的优惠，往往用子公司来代替海外分支机构。

子公司经营范围很广，既有银行业务，又有非银行业务，如证券、投资、信托、保险等。

1.4.4 代理行

代理行（correspondent bank）是指两家不同国籍的银行相互委托，办理国际结算业务以及提供其他服务，并相互签署代理协议的银行。代理行之间的代理关系是指两家不同国籍银行相互委托，互办国际银行业务所发生的往来关系。

1. 建立代理关系的必要性

一家银行不可能在世界各地都设立分支机构，因为其开支巨大，而且在国外开设分支机构往往受到该国与当地政府的种种金融政策限制，无形中也增加了成本。建立代理行关系可节约银行在国外开设分支行的成本并且可以通过代理行扩大业务范围。在当今全球经济一体化的背景下，代理行就像一个经济链条，拥有了代理行网络就意味着将本国经济融入世界经济体系之中。

2. 建立代理关系的条件

① 考察双方资信；
② 签订代理行协议并互换控制文件；
③ 确认控制文件。

控制文件包括以下几种。

● 密押。密押是代理行业务往来中最重要的控制文件之一，是银行之间事先约定的、在发送报文时由发报行在报文内加注的密码，经收报行核对相符，即可确认报文的真实性。建立密押关系可由一方寄送密押给对方银行，经双方约定共同使用，也可由双方银行互换密押，各自使用自己的密押。代理行密押包括电传密押（test key）和 SWIFT 密押，目前全球普遍使用的是后者。

- 签字样本。签字样本是代理行往来的另一种重要文件，是银行有权签字人员的签字式样，用以确认银行间的信函、凭证和票据等的真实性。签字人级别一般划分为 3~4 级，代表不同的权限。签字样本的编辑、制作、修改、更新等各项权力一般限于总行，且定期更新。
- 费率表。费率表是银行承办各项业务的收费标准，由双方银行互相交换。费率可根据银行的经营状况及往来关系等作一定的调整。
- 索汇路线。索汇路线是指代理行之间各种货币资金往来的划拨路线。

3. 代理行的类型

1) 非账户行

不建立货币账户，结算业务通过第三家银行进行，相互之间提供咨询调查、信息共享等非结算业务。

2) 账户行

单方面或者相互建立货币账户，主要用于办理外汇资金账务往来或方便某专项服务（如债券托管、票据托收账户、国际卡专用账户等）和管理等。一家银行在广泛建立代理行关系的基础上，往往会选择信誉和服务优良，位于某一货币的清算中心所在地（纽约、法兰克福、香港等）、清算系统发达、清算量占市场主要份额、收费相对较低、国家风险相对较小的国际性银行作为账户行。账户行关系属于代理行关系的最高等级范畴，我国国内银行通常将账户行视为最重要的代理行。

4. 代理行控制文件的管理

根据我国现有的政策，所有与代理行交换的控制文件由总行统一管理，分行不得擅自与国外银行建立代理行关系。代理行 SWIFT 密押也全部由总行统一管理，代理行签字样本可由分行持有。

海外分行可在总行的代理行范围内与相关银行建立代理行关系、交换控制文件并报总行国外银行处备案。

本章习题

1. 什么是国际结算？产生国际结算的原因有哪些？
2. 国际结算的主要特点有哪些？你是如何理解凭单结算的特点的？
3. 什么是 SWIFT？SWIFT 的主要特点有哪些？
4. 你能熟练解读 SWIFT 的报文格式吗？
5. 国际结算的学习内容有哪些？
6. 什么是现金结算？现金结算的弊端有哪些？

7. 什么是非现金结算？非现金结算的主要特点有哪些？
8. 国际结算中的往来银行有哪些主要形式？
9. 为什么要建立海外代理行？
10. 建立代理关系的条件有哪些？
11. 代理行控制文件的主要内容有哪些？
12. 如何区分代理行和账户行？

第 2 章

国际结算的资金清算

本章要点
(1) 清算的概念;
(2) 清算系统的概念;
(3) 清算系统的参与者;
(4) 清算系统的分类;
(5) 清算风险;
(6) 主要清算系统简介;
(7) 美元清算系统的运作模式。

在国际结算业务领域,虽然有各种各样的结算方式,如传统的汇款、托收、信用证业务等,以及新兴的贸易服务平台与银行付款责任等,但是结算的资金即所谓的"头寸"如何从付款人转移到收款人的账户,对此,国际结算方式只能说明付款人或者收款人根据结算方式进行了相应的操作,例如,付款人要求汇出行汇款,汇入行收到了头寸,然后贷记收款人的账户,最后收款人收到了头寸资金。但是头寸以何种方式从汇出行调拨到汇入行,这个问题是国际结算方式无法解决的。为此,本章专门介绍了付款人和收款人采用某种国际结算方式之后,资金在收、付款人及银行之间转移的路径和过程。

2.1 清算和清算系统

2.1.1 清算的基本概念

所谓清算(clearing),是指不同银行之间因资金的代收、代付而引起的债权债务通过清算网络或是票据清算所进行清偿的活动。结算是清算的前提,清算是结算的继续和完成。

清算的外在表现是付款人和收款人采用的各种国际结算方式。不管有多少种国际结算方式,最终资金的流动过程只有两种形式:一是货币的交付或者称为现金结算,如付款人将美元现金当面交到收款人手中;二是账面的交付或者称为非货币的交付或非现金结算。本书所介绍的各种国际结算方式都是账面的交付。个人在境外旅游通过信用卡支付也是账面的交付。账面的交付应归功于现代信用体系的建立、会计原则的完善和技术的发展等因素。

在国际结算领域，除了边境小额交易可能会用到货币的交付外，绝大部分清算都是通过账面的交付完成的。例如，当付款人和收款人都在同一家银行开立有账户时，那么这家银行就可以通过内部会计转账的方法借记付款人的账户，贷记收款人的账户，从而完成资金从付款人手中到收款人手中的流动，这一过程是最简单的清算。但是实务中并非都这么简单，特别是在国际结算领域中，付款人和收款人往往处于不同的国家或地区，同时在同一家银行开立账户的概率是很低的，更多的是分别在自己所在地银行开立账户。因此，通过一家银行内部会计转账的方法实现不了全球的资金清算。

那么，如果付款人的开户行（以下简称"付款行"）和收款人的开户行（以下简称"收款行"）相互开立账户是否可以实现跨国界/地区的资金清算呢？例如，付款行在收款行处开立一个账户，付款行可以借记付款人的账户，贷记自己在收款行处开立的账户，然后收款行借记付款行在自己这里开立的账户，再贷记收款人的账户，从而完成资金从付款人手中到收款人手中的流动。这一过程稍显复杂了一些，因为需要两家银行参与，而且这两家银行须有账户关系。但是在实务中，按照这种方法，一家银行需要和各个国家的所有银行都开立账户才能应对付款人和收款人之间的清算需求，这是不经济的，也是不可能完成的任务。

不过，可用于国际结算的货币是有限的，主要是美元、欧元、英镑、日元等，以及中国正在积极推广的人民币等。因此，其他国家的银行可以选择在这些货币国家的银行开立账户来完成清算。例如，中国的付款行可以在美国的一家银行（称之为"账户行"）开立美元账户，日本的收款行也可以在同一家美国的银行开立美元账户。这样，中国的付款行可以借记付款人的账户，贷记自己在账户行的账户；然后账户行借记付款行的账户，再贷记收款行的账户；最后收款行借记自己在账户行的账户，再贷记收款人的账户，从而完成资金从付款人手中到收款人手中的流动。这一过程更加复杂了。可是美国的银行很多，两家银行也不一定同时在同一家美国的银行开立账户。如果付款行和收款行分别在两家美国银行开户，而这两家美国银行又同时在美联储开立账户，那么就可以通过美联储的账户完成清算，或者通过其他机构完成清算，这就需要涉及清算系统了。

2.1.2 清算系统的基本概念

前已提及，清算系统是由提供支付清算服务的中介机构和实现支付指令传送及资金清算的专业技术手段共同组成，用以实现债权债务清偿及资金转移的一种金融安排，亦称支付系统。不同货币清算系统的基本原理相同，都是借助现代会计制度，通过电子手段完成资金在参与清算系统的各方往来账户之间的转账，并没有纸币现金的物理转移。

清算系统由信誉良好的中介机构建立，实务中一般以中央银行、商业银行、证券公司等金融机构为中心构建清算系统。清算系统包括民间协会等经营管理的"私营清算系统"和中央银行经营管理的"央行清算系统"。多数国家两者同时并存，共同处理清算业务。清算系统不仅可以处理银行之间的资金清算，还可以处理证券业务的资金清算，本书对后者不作介绍。在同一国的银行可以使用票据清算，这需要借助于票据交换所；如果涉及外汇的买卖，如卖出人民币，买入美元，则需要通过外汇交易的清算系统，这些不在本书介绍范围内。

2.2 清算系统的"公益性"和参与者

2.2.1 清算系统的"公益性"

清算系统一般以一个国家或地区的货币（如美元）为对象，同时也存在某些清算系统以更广阔的地域为服务对象的情况。例如，欧洲中央银行管理的欧元清算系统 TARGET 2 就是由多个相互联网的清算系统构成，从而涵盖比一个国家或地区更加广阔的地域范围。所以，清算系统必须具有"公益性"，这一特性要求清算系统必须具备以下 3 个要素。

1. 有效的经营管理

因为清算系统每天涉及大量的资金交易，是不可以经常出现系统崩溃、计算机主机死机等各种影响清算正常进行的情况的，这就需要对清算系统进行有效的经营管理。

2. 风险管理

当参与清算系统的商业银行出现无力支付的情况时，如银行自身资金头寸不足或者破产倒闭等情况，会对清算产生不利影响，因此需要清算系统设计严格的风险管理措施。

3. 流动性管理

中央银行应当以整个市场为对象，在资金总量上实施流动性管理，通过清算系统完成市场内部的流动性分配。

2.2.2 清算系统的参与者

1. 中央银行

中央银行是"银行的银行"，其主要职责之一就是负责银行之间的资金清算。中央银行在清算系统中的主要职责有 3 个方面。

① 提供具有最终性的清算手段。"最终性"是指清算是不可撤销的和无条件的。如果在清算中无法确认这种"最终性"，那么将无法证明相关的交易已经结束。如果清算没有"最终性"，那么可能在表面上看清算动作已经完成，但是实际上因为某种原因，如银行倒闭等，收款人无法收取资金，这些风险是需要避免的。

② 提供必要的流动性，以确保资金清算的顺利进行。为了保证清算能够顺利进行，中央银行通常需要给参与清算的商业银行提供日内流动性，如设置透支限额、提供当日贷款、收取费用和征收担保品等。

③ 对私营的清算系统实施监管。清算系统如果崩溃或者参与者无力支付，都会引起金融震荡，因此中央银行必须对私营清算系统实施严格的监管。

2. 商业银行

商业银行除了为个人、企业办理各种国际结算业务之外，自身也需要参与金融市场的资金交易，这些都需要利用清算系统。有实力的大型商业银行还可以代理没有参与清算系统的其他中小型商业银行办理资金清算业务，或者自己牵头组织建设与管理清算系统。

3. 个人、企业

私营的清算系统就是由企业或协会主导的，目前在中国尚未有私营的清算系统。更多的时候，个人和企业参与清算系统是通过商业银行完成的。例如，进口商通过中国的银行利用信用证结算方式向美国的出口商支付货款，在进口商看来，资金是通过信用证支付的，而实际上，资金最终是银行通过美元清算系统完成支付的。

2.3 清算系统的分类

2.3.1 按照运营主体分类

1. 央行清算系统

央行清算系统是归中央银行所有并且由中央银行经营管理的，一般由中央银行的账户系统和资金转账系统构成，美国的 Fedwire、欧盟的 TARGET 2、中国的 CNAPS、日本的 BOJ-NET 等都属于这一类。

2. 私营清算系统

私营清算系统的经营管理者包括银行协会、票据交换所等民间机构，美国的 CHIPS、欧洲的 EURO 1、日本的 FXYCS 和 ZENGIN SYSTEM 等都属于这一类。

2.3.2 按照清算方式分类

1. 净额清算

净额清算又称差额清算，是对参与清算的银行之间经过债权、债务的轧差计算后得出的结算差额进行清算。结算差额就是截止到某一时刻，从银行接收的所有支付指令的合计金额（收到的金额合计）减去该银行发出的所有支付指令的合计金额（付出去的金额合计）所得的计算结果。两家银行之间的轧差计算结果称为双边轧差，一家银行和其他所有参与清算的银行之间的轧差称为多边轧差。如果银行收到的金额大于付出去的金额，称为处于贷方头寸；反之，称为处于借方头寸。

2. 全额清算

全额清算不采用轧差方式清算，而是对每一个支付指令的金额逐笔进行清算。

2.3.3 按照清算频度分类

1. 定时清算

定时清算是在一个特定的时间点进行一次或多次最终性清算。如果是在当天营业结束时进行一次最终清算,称之为营业日终清算。目前大额清算系统多为营业日终清算,在一天营业结束时,在中央银行账户中处于借方头寸的银行向处于贷方头寸的银行进行资金的会计账务处理,即对清算余额进行最终性的处理。

2. 实时清算

实时清算又称为连续式清算,可以在运行时间内连续进行最终性清算。对于每一笔支付指令都实时地进行账务处理,即实时借记付款银行账户和贷记收款银行账户。

2.3.4 按照清算资金量分类

1. 大额清算系统

大额清算系统是以大额资金交易为清算对象的,但是这并不意味着需要给每一笔清算设定一个最低金额限制,而是说主要的清算资金都是大额资金交易而已。银行间的借贷、外汇交易的结算等清算金额比较巨大的交易都是通过大额清算系统完成的。

2. 小额清算系统

小额清算系统则主要是以企业及个人之间小额资金交易为清算对象的,因此清算笔数可能比较庞大,但是清算金额并不一定非常巨大。

2.3.5 按照清算日期分类

1. 当日清算

当日清算是指清算当天通过清算系统发送的支付指令全部清算完毕。

2. 隔日清算

隔日清算是指清算当天通过清算系统发送的支付指令在第二个营业日清算完毕。

2.3.6 清算系统的综合分类

根据上述5种分类方法的排列组合,实务中的清算系统可以分为"定时净额清算(designated-time net settlement,DTNS)系统"和"实时全额清算(real-time gross settlement,RTGS)系统"两大类,各有自己的优势和劣势。从清算的时间来看,DTNS系统在最终清算时间以前一直存在清算不能顺利实现的风险,而RTGS则具有即时的最终性;从流动性来看,DTNS系统可以使用较小的流动性实现清算,而RTGS需要使用非常大的流动性实现清算;从业务负担来看,DTNS系统只需要做好最终的清算工作即可,而RTGS需要每一笔交易者进行最终性清算,工作量巨大,还需要更复杂的日内流动性管理工作。

2.4 清算风险

2.4.1 什么是清算风险

清算风险是指因不能进行正常清算而遭受损失的风险,主要表现在付款方发出支付指令后,却没有资金完成清算,导致收款方无法收到资金。由于清算是国际结算的最终程序,所以清算风险是所有交易各方都会面临的风险。不过这一风险主要集中在银行,只要银行没有发生倒闭或其他无力支付的情况,这一风险是不会被大众所重点关注的。因此,对于企业和个人来说,往往只关心国际结算方式的风险,而不了解国际结算方式的背后实际上还可能蕴含着清算风险。

2.4.2 清算风险的分类

按照清算风险的原因和性质可以将其分为以下几类。

1. 信用风险

信用风险即由于银行倒闭或违约等原因,导致参与清算系统的该银行在当前或者将来的任何时间都不能完全清偿清算系统中的相关金融债务。这种风险实际上是一种不能兑现交易金额的风险。

2. 流动性风险

流动性风险也称市场风险,是指由于参加清算系统的银行没有充足的资金,虽然有可能在将来某个时间偿还其金融债务,但是在清算系统规定的清算时间内不能清偿全部或部分金融债务而导致的风险。银行的经营在整体上看可能还是健全的,只是由于资金的运作或者业务差错等原因造成了手头资金头寸临时不足,从而导致流动性风险的发生。

3. 系统性风险

系统性风险即由于一个银行不能支付资金,进而导致其他银行也没有资金支付,结果引起连锁反应。这是一种可能会波及所有金融机构,并导致整个金融系统混乱的风险。这种风险将会引起流动性问题和信用的崩溃,其结果有可能威胁到清算系统的运营甚至是金融市场的稳定。换句话说,系统性风险是清算过程中产生的信用风险和流动性风险逐次波及其他系统参加者,从而导致清算系统整体陷入瘫痪状态的风险。

4. 法律风险

法律风险即由于法律制度不完善和法律责任不明确引起信用风险和流动性风险,并且使之不断恶化的一种风险。这种风险经常发生在银行不能支付但又没有相关法律制度保障的情况。

5. 操作风险

狭义的操作风险是指由于业务差错或计算机故障等原因导致清算不能正常进行的风险。广义的操作风险则包括不正当事件的发生、银行评级的降低，以及自然灾害等不可抗力导致清算不能正常进行的风险。

2.4.3 清算风险的案例

1. 1990 年纽约大停电事件

1990 年 8 月，美国纽约华尔街发生了大规模停电，导致纽约金融市场和清算系统在连续几天内都受到了影响。停电引起了金融机构的计算机系统停止运行，清算业务发生中断，进而引起金融市场的利息出现不规则浮动。为此纽约联邦储备银行通过自己的备用发电机发电，启动了 Fedwire，但是不巧的是，在第四天备用发电机也出现了故障，政府只好启动了纽约市郊外的灾备中心，才得以熬过这一紧急情况。这是一个狭义操作风险的典型案例。

2. 1991 年 BCCI 银行事件

1991 年 7 月，卢森堡籍的 BCCI 银行（Bank of Credit and Commerce International），由于长年做假账，欧洲各国的银行监管当局冻结了其资产并责令其停业，同时该银行的海外资产也被冻结。因此，与该银行有外汇交易业务的各国银行由于接收不到该银行支付的货币资金而蒙受了巨大损失。这是一个信用风险的典型案例。

3. 2011 年东日本大地震事件

2011 年 3 月 11 日，日本东北部海域发生里氏 9.0 级地震并引发海啸，造成重大人员伤亡和财产损失。地震引发的海啸影响到太平洋沿岸的大部分地区，而且造成日本福岛第一核电站 1~4 号机组发生核泄漏事故。4 月 1 日，日本内阁会议决定将此次地震称为"东日本大地震"。这次大地震导致日本超过 100 万件的支付清算受到影响。这是一个广义操作风险的典型案例。

2.5 美元清算系统介绍

2.5.1 Fedwire 的运作模式

Fedwire（Federal Reserve Wire System）是由美国中央银行——联邦储备银行组织的电子清算系统，是美元清算体系中的两大清算系统之一，也是美国境内最大的资金调拨系统，系统使用的资金为美国的银行在联邦储备银行的储备准备金。Fedwire 主要具有将款项汇往美国境内银行和客户的功能。

Fedwire 的清算方法属于每笔收付交易逐笔交割的实时全额清算，并得到联邦储备银行的担保。该系统可允许一定程度的当日透支，但该系统采取对大额清算系统当日的透支进行收费并采取限制金融机构在储备账户上当日的最大透支量等一系列措施对支付风险进行管理。

参加 Fedwire 系统的金融机构通过覆盖全美国的高速网络 FEDNET 实现和 Fedwire 系统的连接。各金融机构需要在 Fedwire 系统中开设联邦储备账户（federal reserve account），Fedwire 系统通过在联邦储备账户之间的资金转账，完成美国国内资金交易及美国国债交易等的清算。Fedwire 系统是逐笔按照支付指令在 Fed 账户之间进行资金转账的，每笔支付业务都是不可取消和无条件的，其转账具有最终性。由于 Fedwire 系统属于 RTGS 系统，需要大量的日内流动性供给，因此联邦储备银行允许金融机构通过无抵押的当日透支保证日内流动性，不过金融机构需要为此支付透支费用。

图 2-1 为 Fedwire 美元清算示意图（图中 $3M 表示 300 万美元）。

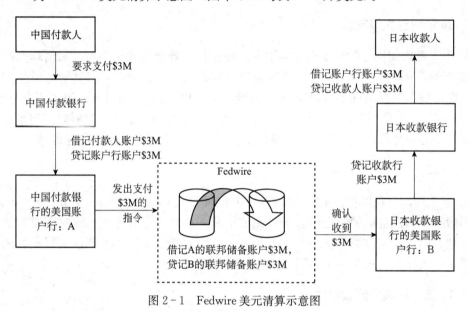

图 2-1　Fedwire 美元清算示意图

根据 Fedwire 官网的数据，2015 年该系统共处理清算业务超过 138 亿笔，清算金额超过 25 万亿美元。

2.5.2　CHIPS 的运作模式

CHIPS 是清算所银行间支付系统（Clearing House Interbank Payment System）的简称，由纽约清算所协会（The New York Clearing House Association）于 1970 年成立。CHIPS 是全球最大的私营支付清算系统之一，主要进行跨国美元交易的清算。

CHIPS 是一个实时持续匹配、多边轧差、净额交割的系统，基于终结支付平衡解付算法，使得 CHIPS 付款一经解付便成为最终付款，即收款方收到 CHIPS 发来的指令即为最终付款。

CHIPS 拥有安全、可靠、高效的特点，处理全球 96% 左右的国际美元交易。2015 年，其平均日交易量超过 43 万笔，总交易量超过 1.10 亿笔，日均交易额超过 1.49 万亿美元，总交易额超过 375 万亿美元。

CHIPS 采用净额轧差清算的方式，具体可以分为"单边轧差""双边轧差"和"多边轧差"3 种方式。

单边轧差（individual），即只有一个银行向另一家银行单方向付款。图 2-2 为单边轧差示意图。

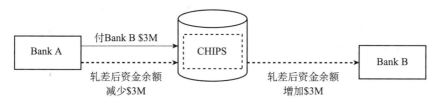

图 2-2　单边轧差示意图

双边轧差（bilateral），即两个银行相互都有向对方的付款。图 2-3 为双边轧差示意图。

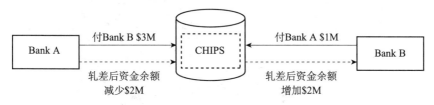

图 2-3　双边轧差示意图

多边轧差（multilateral），即 3 个或 3 个以上的银行之间相互产生付款。图 2-4 为多边轧差示意图。

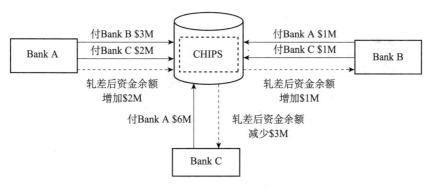

图 2-4　多边轧差示意图

CHIPS 自身在联邦储备银行开立了特别的铺底资金账户，要求参加银行有义务向这个账户支付铺底资金，铺底资金加上当日接收金额再减去当日支付金额后的余额就是各银行的当日可用余额（available balance）。出现借方余额的银行需要在规定的时间内补交资金，在所有出现借方余额的银行向铺底资金账户划款完毕后，CHIPS 会从铺底资金账户向出现贷方余额的银行划转资金，最后再将铺底资金账户的各银行余额部分划拨给各个银行。第二个工作日再重复这一操作。这在表面上看来也是一种从一家银行向另一家银行的账户借贷划转的方法，但是实际上 CHIPS 并没有进行对各参与银行账户的借贷处理，而是采用了类似的记账方法。铺底资金账户就像一个蓄水池，每天早上各银行分别向里面灌若干吨的水（存入一定的资金），由 CHIPS 做好初始记录。在当天各银行发生的收付款都由 CHIPS 做好记录，但是并不需要各银行根据每笔收付记录及时地向蓄水池内灌水（支付资金）和取水（收取资金）。在当天清算截止时间，CHIPS 根据记录计算出各银行当日最终的应付资金（借方余额）和应收资金（贷方余额），如果应该最终付款的银行早上灌的水（存入的资金）不够支付其借方余额，那么该银行需要在规定的时间内向蓄水池内继续灌水（补存差额部分的资金）。最后，CHIPS 根据记录将水池中的水分配给各银行，让各银行把水取走，保持蓄水池为空。第二个工作日再重复上述工作。如果某一家出现借方余额的银行无力支付时,其他各银行将对该银行设定净借方限额,按比例分担该银行无法支付的借方余额。无力支付的银行则增加了对各银行的债务,被称为"额外清算债务"(additional settlement obligation)。图 2-5 即 CHIPS 美元清算流程示意图。

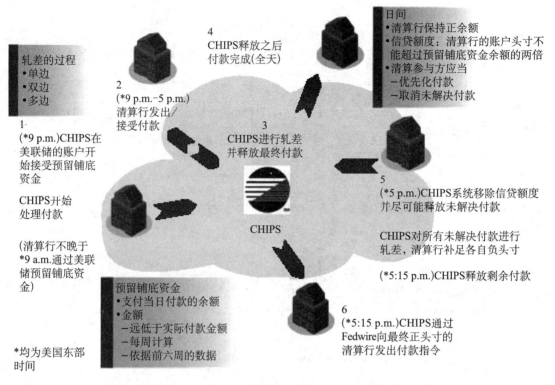

图 2-5 CHIPS 美元清算流程示意图

2.6 其他清算系统简介

2.6.1 TARGET 2

TARGET 是泛欧自动实时全额结算快速转账系统(Trans-European Automated Real-time Gross Settlement Express Transfer System)的简称,是欧洲中央银行的欧元实时全额结算系统。在利用国际网络的基础上,由所有欧洲国家的实时全额清算系统连接在一起,构成一个跨国联合的统一清算系统,其功能类似美元清算中的 Fedwire。伴随着欧元的流通,TARGET 从 1999 年 1 月 4 日开始运行。该系统的清算成员为欧元区内各国的中央银行,任何一家金融机构只要在欧元区内所在国的中央银行开立汇划账户,即可通过与 TARGET 系统相连接的所在国的实时全额清算系统,进行欧元的国内或跨国清算,总部设在法兰克福。

该系统采取逐笔清算的方式,只要清算行账户中有足够的资金,付款将由系统在瞬间借贷记汇出银行和汇入银行账户来实现收付,大大降低了支付系统风险,提高了清算效率,但对参与清算银行的资金流动性有较高要求。

从 2007 年 11 月起，TARGET 升级为 TARGET 2，并取代现有的 TARGET 系统。TARGET 2 是欧洲央行在原有的 TARGET 基础上，经过整合优化建立的一个服务于欧元清算业务的单一共享平台。该系统无须通过本国中央银行，所有清算银行可通过 SWIFTNet 直接联系，各参与国原先的 RTGS 将完全退出欧元清算系统。

2.6.2 EBA

EBA 清算系统，和 TARGET 一样从 1999 年开始运行。欧元启动后，EBA 清算系统又成为一个新的欧元清算系统。和 TARGET 2 不同的是，EBA 清算系统采用日终净额清算模式，而且只有欧洲地区的银行可以参加。

2.6.3 CHAPS

CHAPS 是交换银行自动收付系统（Clearing House Automated Payment System）的简称，于 1984 年建立于伦敦。

CHAPS 属于大额支付清算系统，是全球最大的以英镑计值的实时全额结算系统和快速支付服务系统，与 TARGET 2 连接。银行提交的电子支付指令采用 SWIFT 格式，结算通过参与者在英格兰银行的账户完成。

CHAPS 的特点有：大额、高度自动化、快捷（当天实现资金转移）、低费、安全可靠，且 CHAPS 支付是不可撤销的。所有商业银行，都通过其往来的清算银行进行清算，为初级清算；由国家银行和清算银行之间进行的集中清算，为终级清算。因此，所有商业银行都必须在清算银行开立账户，在初级清算时轧算差额；各清算银行在英格兰银行开立账户，在终级清算时轧算差额。

2.6.4 ACH

ACH 是自动清算所（Automated Clearing House）的简称，原指美国国内的小额支付清算系统，是由美国国内各政府机构、银行、企业团体等组成的一个会员制的网络化组织，其资金清算过程全部由计算机自动完成，用于代收保险、代付养老金、代收代发各种社会福利费及与政府（企业、个人）有关的一切费用。ACH 只能用于双边清算，第三方清算须通过 CHIPS 或 Fedwire 等方式完成。

2.6.5 FXYCS

FXYCS 是外汇日元清算系统（Foreign Exchange Yen Clearing System）的简称，是日元清算的主要渠道，由东京银行家协会于 1980 年建立，现在由日本中央银行管理和营运。FXYCS 系统主要处理境外日元的支付、国际资本市场的日元清算、金融证券及贸易结算项下的货款支付等。

2.6.6 BOJ-NET

BOJ-NET 是日本银行金融网络系统（Bank of Japan Net Funds Transfer System）的简称。BOJ-NET 由两个子系统组成：一个是用于资金转账的 BOJ-NET 资金转账系统；另一个是用于 JGB（Japanese government bonds）结算的 BOJ-NET JGB 服务系统。BOJ-NET 资金转账系统于 1988 年建成，是一个联机的电子大额资金转账系统，也是日本支付结算系统的核心。虽然 BOJ-NET 资金转账系统从建成起就为资金的结算提供了两种结算方式，即定时净额结算和实时全额结算，但在 2001 年年初日本银行废除了定时净额结算这种结算方式，使得实时全额结算成为 BOJ-NET 系统唯一可用的结算模式。

2.6.7 Zengin System

全银数据通信系统（Zengin Data Telecommunication System）是日本国内银行间日元资金转账的小额清算系统，于 1973 年开始运行。日本的银行及外国银行在日本的分支机构等大型金融机构直接参与 Zengin System 的清算。小型金融机构参加 Zengin System 则是分别通过它们各自与 Zengin System 连接的清算系统来实现。

2.6.8 CNAPS

CNAPS 是中国现代化支付系统（China National Automatic Payment System）的简称，是由中国人民银行开发的利用现代计算机技术和通信网络高效、安全处理中国境内各银行之间的异地、同城各种支付业务及其人民币资金清算和货币市场交易的人民币资金清算的系统，是中国境内各银行和货币市场的人民币公共支付清算平台。由大额支付系统（high value payment system，HVPS）和小额批量支付系统（bulk electronic payment system，BEPS）两个应用系统组成。同时 CNAPS-HVPS 也是跨境人民币结算的清算系统。

2.6.9 CFXPS

CFXPS 是境内外币支付系统（China Foreign Exchange Payment System）的简称，2007 年 2 月由中国人民银行牵头组织建设。该系统以清算处理中心为核心，由直接参与机构等单一法人集中接入，由代理结算银行进行银行间外币资金结算。清算处理中心负责外币支付指令的接收、存储、清分、转发，并将参与者支付指令逐笔实时清算后，分币种、分场次将结算指令提交结算银行结算。结算银行是人民银行指定或授权的商业银行，为直接参与机构开立外币结算账户，负责直接参与机构之间的外币资金结算。

2.6.10 CIPS

CIPS 是人民币跨境支付系统（Cross-border Interbank Payment System）的简称，是在 CNAPS 系统已无法满足人民币国际化需求的情况下由中国人民银行于 2012 年启动建设的。

CIPS 分两期建设：一期主要采用实时全额结算方式，为跨境贸易、跨境投融资和其他跨境人民币业务提供清算和结算服务；二期将采用更为节约流动性的混合结算方式，提高人民币跨境和离岸资金的清算和结算效率。第一期已于 2015 年 10 月 8 日运行，与 CNAPS 相比，CIPS 一期完善了中文处理流程，电文转换速度更快，运行时间从 9:00 到 20:00，覆盖更多时区。

本章习题

1. 什么是清算？什么是清算系统？
2. 清算有哪些形式？请画图说明。
3. 清算和国际结算方式之间是什么样的关系？
4. 清算系统的参与者有哪些？
5. 你认为中央银行在清算系统中应该起到哪些作用？请简述你的观点。
6. 清算系统有哪些分类？
7. 请比较一下 DTNS 系统和 RTGS 系统的优缺点，谈谈如果你是金融系统的决策者，你会选择哪种方式。为什么？
8. 什么是清算风险？清算风险具体有哪些？
9. 为什么清算系统的流动性管理非常重要？
10. 请画图说明 Fedwire 系统是如何运作的。
11. Fedwire 系统主要应用于美元在美国国内的清算，那么你认为 Fedwire 系统可以用来处理美元的国际清算吗？为什么？
12. CHIPS 有几种轧差方式？
13. 在图 2-3、图 2-4 和图 2-5 中，假设 A、B、C 三家银行的日初存入铺底资金账户资金分别为 \$1.5M、\$2M、\$1M，那么请根据图 2-3、图 2-4 和图 2-5 中的信息，计算出 A、B、C 三家银行的日终余额是多少。分别是借方余额还是贷方余额？如果出现有借方余额的银行，那么该银行的铺底资金是否足够用于支付？如果不够，该怎么办？
14. 请画图说明 CHIPS 是如何运作的。
15. 假设在未来某一年，亚太地区各国家和地区达成一致，决定使用统一的亚太地区货币——"亚太元"，你的团队被授权设计一个亚太元的清算系统。请分成若干小组来设计这个亚太元清算系统，每个小组都需要制作 PPT 在课堂上宣讲自己的清算系统。

第 3 章 国际结算的票据

本章要点
(1) 票据的概念、特征和作用；
(2) 主要的票据立法以及它们之间的主要差异；
(3) 国际结算中的票据——汇票、本票和支票；
(4) 主要的票据行为和票据当事人。

3.1 票据概述

3.1.1 票据的概念

票据有广义和狭义之分。广义上的票据相当于有价证券，泛指一切体现商事权利或具有财产价值的书面凭证，包括本票、支票、汇票、发票、托运单、仓单、提单、车船票、股票、国库券与债券等。狭义上的票据专指票据法所规定的汇票、本票和支票，仅指以支付货币为目的的特殊证券，即由出票人签名于票据上，约定由自己或另一人无条件地支付确定金额的可流通转让的证券。如出票人约定自己无条件支付确定金额，就是本票；如委托他人无条件支付一定金额，则是汇票或支票。本章所讲的是狭义上的票据。

3.1.2 票据的特征

票据是一种有价证券，具有所有有价证券的全部特征。除此以外，票据还具有以下独特的法律特征。

1. 流通性

流通性（negotiability）是票据的最基本特征，指票据可以经过交付或背书的方式自由转让其权利，票据权利（指付款请求权与追索权）转让时不受债务人的限制，无须通知债务人。当然，票面本身强调不得流通或禁止流通的除外。

2. 无因性

无因性（non-causative nature）是指持票人对票据上权利的享有不受票据基础关系的影响，即票据只要符合法定条件，权利即告成立。对于票据受让人来说，他无须调查出票和票据转让的原因，只要票据记载合格，符合法定要式，他就能取得票据文义载明的权利。强调票据的无因性是为了票据能更好地流通，保障票据交易的安全，使得票据的其他关系人能放心大胆地接受票据。例如，A 窃取或拾到一张属于 B 的无记名汇票，并把它转让给 C，只要 C 是善意的、支付了对价的票据受让人，他就有权得到票据的全部权利，日后即使被 B 发现，B 不能要求 C 把票据返还给他。票据善意受让人享有优于其前手 A 的权利，不受其前手 A 权利瑕疵的影响。"善意受让"又称"善意取得"，是指持票人从无票据处分权人手中无过失地受让票据，从而依法定条件取得票据权利的法律事实。

3. 要式性

要式性（requisite in form）是指票据的形式和内容必须符合法律的规定，否则不产生票据的效力。票据的要式性并非各国票据立法都有要求，如我国票据法分别对汇票、本票和支票规定了必要的形式要件，即必须记载的事项，《日内瓦统一票据法公约》也规定了汇票、本票和支票必须包含的内容，但是英国《1882 年汇票法》[①] 没有规定必要的记载事项。

4. 提示性

提示性（presentment）是指票据的持有人要求行使票据权利时必须先行提示票据。按照各国的票据立法，对于不同类型的票据分别规定了不同的提示期限，以督促持票人在法定期限内及时完成提示，否则持票人将丧失拒付后的追索权。

5. 返还性

返还性（returnability）是指持票人获得付款后，有义务在票据上签收，并将票据交还给付款人或承兑人，票面上的债权债务关系得以消灭，从此该票据退出流通领域，不能再转让或使用，这也是票据区别于货币的主要原因。如果负有返还票据义务的持票人不返还票据，可能会造成付款人双重付款的危险。所以，法律强制要求已获付款的持票人对付款人承担票据返还义务，一旦付款即结束流通。

3.1.3 票据的作用

票据之所以成为经济贸易活动中的重要流通工具，是因为它在经济贸易交往中能够像货币一样发挥多种功能，其具体作用有以下几个方面。

1. 支付与结算作用

票据最原始、最简单的作用是作为支付手段代替现金使用，不仅可以节省清点现钞的时间，而且也比随身携带现金安全可靠。作为支付手段，各种票据都可以使用。例如，进口商

---

① 《1882 年汇票法》又被译为《1882 年票据法》，本书按字面意思翻译为前者。

为向出口商支付货款，可以签发支票，也可以签发本票，还可以委托银行签发汇票。

票据的另一个基本作用是作为清偿债权债务关系的工具，起到结算的作用。例如，B 欠 A 一笔债务，而 A 需要偿还欠 C 的债务，那么 A 可以签发一套即期汇票，以 B 为受票人，要求 B 见票后立即付款给 C，如此，A、B 和 C 的债权、债务关系可以通过汇票得以了结。

2. 信用与融资作用

票据的信用作用主要体现在远期汇票和远期本票上。如货物买卖中卖方先发货，然后签发一套见票后 30 天付款的远期汇票，即允许买方在见到汇票后 30 天再付款，体现了一种信用，实际上也就是卖方对买方提供了 30 天的贷款。此外，汇票的持有人如急需现金，还可以通过贴现方式提前从办理贴现业务的银行处获得现金，银行在扣除了贴现利息后将净额支付给持票人。此时，持票人利用了票据的信用，凭未到期的汇票从银行获得了融资。另外，背书制度又客观上增强了票据的信用功能，因为背书人对其出让的后手持票人负有保证票据会被付款的义务。背书人越多，票据的信用就越高。

支票都是见票即付的票据，因此不具有信用的功能，故不能作为信用工具进行融资。

3. 流通作用

票据作为有价证券，它所表示的既是一定数量的货币，又是一种流通证券，可以经背书或仅凭交付自由转让给他人，是票据本身具有的属性。票据作为信用货币代替现金用于支付和流通，从而抵消或结清了各种债务关系，既减少现金流通，又扩大了流通的范围。一张票据流通的次数越多，表明越来越多的人介入其中，说明该票据的可靠性也越高，又会进一步提高票据的流通性。汇票、本票和支票都具有流通作用。

3.2 票据立法

票据法是关于票据的种类、形式、内容与规定票据当事人权利、义务关系等法律规范的总称，它以票据关系为调整对象，具有强制性。因为票据在一国经济中的重要作用，各国纷纷起草并制定了本国的票据法。票据法产生于 17 世纪后半期至 18 世纪初，那时的西方各国都制定了本国票据法，但是各国票据法的编制体例不同。

目前较有影响的是英国《1882 年汇票法》和《日内瓦统一票据法公约》。前者是英国的国内法，后者则是一种国际公约。

我国没有加入《日内瓦统一票据法公约》，但制定了自己的票据法。

3.2.1 英国票据法

英国是普通法系国家，在其多年法院判例的基础上，于 1882 年制定和施行了票据法，命名为《1882 年汇票法》（Bills of Exchange Act，1882）。1957 年又公布了《支票法》，共 8 条，实际上只是对《1882 年汇票法》的补充。现在的英国票据法一般泛指《1882 年汇票法》、1957 年的《支票法》及有关修正法案和判例规则的总和，其中以《1882 年汇票法》最为重要，全文共 5 章 100 条，包含了汇票、支票和本票的基本规则。英国制定票据法较晚，当时票据已被广泛使用，票据作为流通手段和信用工具的作用已日益显著，因此，《1882 年汇票法》对票据的正常流通和信用作用都给予了法律保护。它把持票人分为对价和正当持票人两类，分别赋予完全不同的权利，即对价持票人权利受前手权利瑕疵的影响，如前手背书人系伪造背书的话，后手持票人的权利将受影响，但正当持票人不受前手权利瑕疵的影响；此外，该法没有强调票据的要式性，凡满足其规定定义者都是有效的票据。

美国及大部分英联邦成员国如加拿大、印度等都以此为参照制定了本国的票据法。美国在 1952 年制定了《统一商法典》(Uniform Commercial Code，UCC)，其中第三章"流通票据"即是关于票据的法律规定，也就是美国的票据法，它在英美法系国家的票据法中也具一定的代表性和影响力。美国和其他英联邦国家的票据法虽在具体法律条文上与英国票据法有所不同，但总体来说，英美法系国家的票据法基本上是统一的，这种统一是建立在英国《1882 年汇票法》基础上的。

3.2.2 日内瓦统一票据法公约

第一次世界大战后，在"国际联盟"的主持下，先后于 1930 年与 1931 年在瑞士日内瓦举行了两次关于统一票据法的国际会议，通过了 4 项关于统一票据法的日内瓦公约：
① 1930 年《汇票和本票统一法公约》；
② 1930 年《解决汇票及本票若干法律冲突公约》；
③ 1931 年《支票统一法公约》；
④ 1931 年《解决支票若干法律冲突公约》。

此外，还通过了两个关于统一票据与印花税法的有关公约，合称《日内瓦统一票据法公约》。《日内瓦统一票据法公约》的主要目的是尽可能弥合各国票据法，特别是英美法系与日内瓦公约体系之间的分歧，使《日内瓦统一票据法公约》成为被不同法律体系的国家所普遍接受的一项统一法。但是英美并没有加入《日内瓦统一票据法公约》，所以在票据立法上仍然存在大陆法系和英美法系的差异，具体体现在《日内瓦统一票据法公约》和《1882 年汇票法》的差异上。

《日内瓦统一票据法公约》强调票据的要式性，故对汇票、本票和支票的构成内容都做了明确要求；它没有如《1882 年汇票法》一样将持票人分为对价和正当持票人两类，而是强调持票人只要能证明票据背书的连续性，就是合法的持票人，就能享有充分的票据权利，除非他是恶意或在取得时有严重过失；此外还规定有"保证"的做法，而《1882 年汇票法》是没有"保证"做法的。

3.2.3 联合国国际汇票和国际本票公约

从 1968 年起，联合国国际贸易法委员会（United Nations Commission on International Trade Law，UNCITRAL）就有了关于统一国际汇票和本票的设想。1982 年 UNCITRAL 公布了《国际汇票和国际本票公约（草案）》，设想将两大票据法体系统一在一个"公约"范围内。1988 年 12 月 9 日，UNCITRAL 在纽约联合国第 43 次大会上正式通过了《联合国国际汇票和国际本票的公约》，旨在消除国际支付所用票据中现有的重大不一致和不确定之处，但该公约不适用于支票，并且目前因接受国数量不足公约规定的 10 个而尚未生效，仍然未能实现全球票据法的统一。

3.2.4 中华人民共和国票据法

新中国的第一部票据立法于 1995 年 5 月 10 日由第八届全国人民代表大会常务委员会第十三次会议通过,命名为《中华人民共和国票据法》,自 1996 年 1 月 1 日起施行。2004 年 8 月 28 日,《全国人民代表大会常务委员会关于修改〈中华人民共和国票据法〉的决定》由中华人民共和国第十届全国人民代表大会常务委员会第十一次会议通过,并于同日起施行。修改的内容仅包括一项,即删去原票据法中第七十五条,并对条款顺序作了一定的调整,仍命名为《中华人民共和国票据法》(以下简称《票据法》)。

《票据法》是我国重要的经济立法,对调整我国国内票据关系及涉外票据关系起着重要的作用。我国有关涉外票据关系法律适用的规定成为我国国际私法的一个组成部分。国际票据法律适用的原则大致为:第一,有关出票及票据的合法性适用出票地法律;第二,其他票据行为适用行为地法律。在我国对外经济交往中发生涉外票据关系时,既要依照我国票据法,有时也要适用别国的票据法。

我国票据立法从本国国情出发,对伪造背书的法律后果问题,采用了日内瓦法系的理论,注重保护善意持票人的权益,使票据更易于流通。然而,在这一问题上的具体规定较之日内瓦法系的相关规定尚有较大的差距。这是因为《日内瓦统一票据法公约》及该法系的成员国家,如法国、日本、德国、韩国等在票据法中均明确规定,善意地取得有连续背书的票据的持票人没有返还票据的义务,旗帜鲜明地保护善意持票人的利益。而我国票据法却缺乏这一规定,从而使付款人及人民法院无所适从,因此,需要在今后的实践中逐步完善我国票据法的相关规定。

3.3 汇 票

3.3.1 汇票的定义

英国《1882 年汇票法》规定:汇票(bill of exchange)是由一人开致另一人的无条件书面命令,并由发出命令者签名,要求接受命令的人在见票时或固定时间或在可以确定的将来时间,将一定金额的货币支付给一个特定的人,或其指定人或来人。(A bill of exchange is an unconditional order in writing, addressed by one person to another, signed by the person giving it, requiring the person to whom it is addressed to pay on demand or at a fixed or determinable future time a sum certain in money to or to the order of a specified person, or to bearer.)

我国票据法规定:汇票是出票人签发的,委托付款人在见票时或者在指定日期无条件支付确定的金额给收款人或者持票人的票据。

3.3.2 汇票的基本项目

按照《汇票和本票统一法公约》和我国票据法的规定,汇票必须满足一定的形式要件才有效。汇票票样见图 3-1。

```
                    Bill of Exchange ①
Drawn under _____
L/C NO. _____ Dated _____ payable with interest @ _____ %___
NO. _____ Exchange for      ②          ,  ⑦     _____
At _____④_____ sight of this SECOND of Exchange (First of exchange being
unpaid)
②Pay to the order of _____⑥_____ the sum of
_____②_____
To:          ③         ⑤
                                         _____⑧_____
```

图 3-1 汇票票样

1. 构成汇票的必要项目

① "汇票"字样（The term "Bill of Exchange"）；

② 无条件支付一定金额的命令（An unconditional order to pay a determinate sum of money）；（金额以大小写形式同时显示）

③ 付款人（受票人）姓名（The name of the person who is to pay (drawee)）；

④ 付款日期的记载（A statement of the time of payment）；（未载付款日期的汇票被视为见票即付）

⑤ 付款地的记载（A statement of the place where payment is to be made）；（如无特殊记载，受票人姓名旁记载的地点视为付款地，同时视为受票人的住所地）

⑥ 收（受）款人或其指定人的姓名（The name of the person to whom or to whose order payment is to be made）；

⑦ 开立汇票的日期和地点的记载（A statement of the date and of the place where the bill is issued）；（未载出票地的汇票，出票人姓名旁所载的地点被视为出票地）

⑧ 开立汇票的人（出票人）的签名（The signature of the person who issues the bill）。

我国票据法规定的汇票形式要件相比之下少了付款日期、付款地点和出票地点，但该法第二十三条规定：汇票上未记载付款日期的，为见票即付；汇票上未记载付款地的，付款人的营业场所、住所或者经常居住地为付款地；汇票上未记载出票地的，出票人的营业场所、住所或者经常居住地为出票地。这些规定本质上等同于《汇票和本票统一法公约》。

下面就以上记载项目作详细论述。

1) 汇票字样

我国和日内瓦票据法都要求汇票的做成必须标明有"汇票"字样，否则汇票无效；《1882年汇票法》因没有要求汇票必须满足的形式要求，故对汇票字样是否必须标明也未做要求。但实际业务中，汇票一般都会标明字样，且以全称（bill of exchange）或简称（exchange/draft）在多处显示，以区别于其他票据。

2) 无条件支付一定金额的命令

汇票中的付款命令不得带有任何条件，一般常表示为"Pay to XXX"。因此，带有以提交某种单据或限制从某指定账户支付一定款项的记载都视为带有条件的支付命令，从而使汇票无效。试判断以下汇票是否为无条件的支付命令。

① We would be appreciated if you pay to XXX.

以上从语气上判断其只是一种请求，而非命令，因此不是有效汇票。

② Pay to XXX provided goods are complied with contract No. 12345.

以货物与合同相符为支付的前提条件，显然也是无效汇票。

③ Pay to ABC Co. out of the proceeds in our No. 1 account.

从某一特定账户支付款项也是带有条件的支付命令。

④ Pay to XXX or order the sum of SAY US DOLLARS TWENTY THOUSAND ONLY and debit the same to applicant's account maintained with you.

支付给某人或其指定人一定金额，然后将该金额借记申请人账户，后者并不构成支付的前提条件，因此该汇票是有效的。

此外，汇票的票面金额必须是确定的，而不是模棱两可或难以确定的。试判断以下金额是否为确定的。

① the sum of SAY POUNDS TWENTY THOUSAND ONLY.

该金额确定，是有效汇票。

② the sum of SAY ABOUT POUNDS TWENTY THOUSAND ONLY.

以"大约"或类似词语描述支付金额不是确定的金额。

③ the sum of SAY POUNDS TWENTY THOUSAND PLUS INTEREST.

金额带有利息条款时应列明利率，故该金额也不确定。《票据法》没有利息条款。《汇票和本票统一法公约》规定："利率应在汇票上表明；如未表明，上述规定视为无记载。除表明其他日期外，利息自出票日起算。"《1882年汇票法》则规定："如汇票表明支付时带有利息，除票据另有其他规定外，利息应自出票日起算，如未载明出票日，则自签发日起算。"

④ Pay to the order of XXX the sum of SAY POUNDS TWENTY THOUSAND PLUS INTEREST CALCULATED AT THE RATE OF 6% PER ANNUM FROM THE DATE HEREOF TO THE DATE OF PAYMENT.

该条款说明了利息的起算日和截止日，以及具体的利率，构成确定金额。

⑤ Pay to the order of XXX the sum of SAY POUNDS TWENTY THOUSAND CONVERTED INTO US DOLLARS EQUIVALENT.

要求支付时折算成其他货币形式须列明以何时的外汇汇率折算，因此该金额并不确定。

⑥ Pay to the order of XXX the sum of SAY POUNDS TWENTY THOUSAND ONLY BY INSTALLMENTS.

带有分期支付条款时应说明批次和每次支付的金额，因此，该金额是不确定的。《1882年汇票法》中有分期支付的规定，而我国票据法无分期支付一说，《汇票和本票统一法公约》更是明确规定分期付款的汇票无效。因此，实际业务中要谨慎对待分期支付条款，需考虑到汇票所适用的票据法。

除了上述金额要确定外，汇票上的大小写金额需保持一致。《票据法》第八条规定："票据金额以中文大写和数字同时记载，二者必须一致，二者不一致的，票据无效。"该规定同样适用于涉外票据。而《汇票和本票统一法公约》则规定："凡汇票金额同时以文字及数字表示者，如有任何差异，以文字表示的数额为应付金额。"即以大写为准。《1882年汇票法》在该问题上同《汇票和本票统一法公约》相同，其第9条规定："如应付金额以文字和数字同时表示，而两者有差异时，应以文字所表示之金额为准。"

3) 付款人/受票人姓名

汇票是命令他人付款的支付命令，因此汇票必须开给另一人，即受票人，又称付款人。

4) 付款日期

付款时间在汇票上如未规定，主要票据立法均视为见票即付。汇票的付款时间有即期和远期之分，即期汇票一般在"at…sight"之间以"＊＊＊＊"或"——"表示；远期汇票的付款时间一般表示为以下几种形式：

① 见票后×××天付款（payable XXX days after sight）；

② 出票后×××天付款（payable XXX days after date）；

③ 提单日后×××天付款（payable XXX days after bill of lading date）；（需显示提单日期）

④ 指定日期付款（fixed date），又称板期。

具体在计算到期日时多半遵循"算尾不算头"的原则，即计算时间时均不包括见票日、出票日或提单日，但包括付款日。

如出票日期为201×年4月5日，见票日为4月7日，则：出票后30天付款的到期日从4月6日起算，6日至30日为25天，因此，付款到期日为5月5日；见票后30天付款的到期日从4月8日起算，8日至30日为23天，因此，付款到期日为5月7日。

若汇票开成出票或见票后1个月或若干月付款者，该汇票的付款月之相应日期为到期日；如无相应日期，则在该月的最后1日为汇票到期日。凡汇票开立为出票或见票后1个月半或若干个月半付款者，首先应计算整月。如汇票的到期日为月初、月中（如1月中、2月中等）或月末，应理解为每月的第1日、第15日或最后一日。

若最后一日为法定节假日，则其期限可延长至假期届满后第一个营业日。期限中的节假日，包括在应计算的期限内。

5) 付款地点

对于付款地点未记载于汇票表面的情况，《汇票和本票统一法公约》和我国票据法均强调受票人的住所地（或营业场所）可视为付款地点，《1882年汇票法》只强调未记载付款地点的汇票仍然有效。

6) 受款人或其指定人姓名

汇票上"收款人"的记载通常称为"抬头"。汇票抬头有许多种类，现分别介绍如下。

(1) 限制性抬头

限制性抬头（restrictive order）的汇票不得流通转让。票据的债务人只对记明的收款人负责。票据上标明：

Pay to XYZ Co. only

Pay to XYZ Co. not transferable（或 not negotiable）

(2) 指示性抬头

指示性抬头（demonstrative order）的汇票可由收款人背书后交付票据转让权利。票据上标明：

Pay to XYZ Co. or order

Pay to the order of XYZ Co.

Pay to XYZ Co.

需注意的是，最后一种形式按照《1882年汇票法》规定，因未载有禁止转让之词句或指明不得转让的意图,仍理解为付与任何指定人。

由于流通是汇票的重要特征,且通过背书转让的汇票受让人权利不受前手权利瑕疵的影响,因此实际业务中以指示性抬头为最常见。出于使银行得以成为正当持票人的需要,汇票的抬头做成凭出票人自己指定(pay to the order of ourselves)更合适。

(3) 来人抬头

来人抬头(payable to bearer)的汇票债务人对"来人"即持有"来人抬头"汇票的持票人负责。这种抬头的汇票不需要背书转让,只需交付即可完成出让。但汇票被丢失或被盗的风险很大,国际贸易中很少使用,票据上一般标明"pay bearer"。

7) 开立汇票的日期和地点

这一项目在主要国家的票据立法中存在较大差异,见表3-1。

表 3-1 主要票据法关于出票时间和地点的比较

项　目	英国《1882年汇票法》	日内瓦《汇票和本票统一法公约》	我国《票据法》
出票地点	可不注明	未记载出票地的,以出票人姓名旁所载的地点为出票地	未记载出票地的,出票人的营业场所、住所或者经常居住地为出票地
出票时间	可不注明	必须记载	必须记载

由此可见,《汇票和本票统一法公约》的规定和《票据法》是比较接近的,而《1882年汇票法》则有较大差异,实际操作时应注意其所适用的法律。

8) 出票人的签名

出票人是签发汇票并在汇票上签字的人,出票人签发汇票后,即承担保证该汇票将被承兑及/或将被付款的责任。持票人提示汇票遭到拒付后,有权向出票人或其他责任当事人行使追索权。各国票据法都普遍认为出票人签名是必不可少的法定内容,即便《1882年汇票法》没有规定汇票的形式要件,但仍在其定义条款中强调汇票必须由出票人签名。

2. 其他记载项目

上述基本内容为票据法规定的汇票的必需事项,但一张汇票的内容还可以包括其他记载内容,如成套汇票("付一不付二"或"付二不付一")、汇票编号、利息条款、无追索权条款、出票依据、免作退票通知或放弃拒绝证书、不得转让、担当付款人、预备付款人等。现就其中主要内容分别介绍如下。

1) 成套汇票

汇票一般签发一套,每张汇票的效力完全相同,其中任何一张付款后,其余各张不必再付款,旨在防止重复付款。《汇票和本票统一法公约》第65条规定:"对成套汇票中的一张汇票付款,即解除责任,即使汇票上并无对一张付款而使其他各张失效的规定。"

实际业务中以一套两张居多,偶有一套三张的。以一套两张的汇票为例,票面上通常会记载"At _____ sight of this FIRST of Exchange (SECOND of Exchange being unpaid)",俗称"付一不付二",而在第二张上就会显示"付二不付一"。

2) 利息和利率

汇票上可以记载利息与适用的利率(interest and rate),以便计算。计算利息时,利率应在汇票上表明;如未表明,上述规定视为无记载。我国票据法没有关于利息和利率的规定,因此国内出口企业或银行签发的汇票票面上利息和利率条款一般不予记载。

3）无追索权

"无追索权"（without recourse）是出票人为了免除自己的票据责任，在汇票上注明"without recourse to drawer"，这样票据的债务就无人担保，因此一般收款人是不会接受这样的汇票的，且加注这样的字样在票据市场上难以贴现。

实际业务中，信用证也会出现规定须在汇票上记载"without recourse"的条款，在此情形下，一旦出口商将票据权利转让给银行，进行押汇等形式的融资，银行对出口商没有追索权。对于议付行来说，失去向出票人追索的权利，从而削弱了指定银行叙做议付的意愿；对于开证行来说，减少甚至消除了善意持票人存在的可能性，从而规避了在发生欺诈时面对善意持票人抗辩的风险。

4）出票依据

汇票的出票依据在信用证和托收项下有所不同：信用证项下，此栏通常填写开证行名称，接着在预先印就的信用证编号和开证日期栏内填入相应内容；而托收项下，此栏通常填写合同或参考号、货物名称、数量、起运地和目的地，最后以"for collection"结尾，以表明是托收项下的一套汇票，而印就的信用证编号和开证日期不填写。

5）免除作成拒绝证书

有的票据法及国际公约规定，出票人可在票据上记载"退票时不承担费用"或"免除作成拒绝证书"及其他同义文字，并经其签名。若票据上有此记载时，持票人可不必作成拒绝付款证书或拒绝承兑证书而直接行使追索权。

6）不得转让

出票人在出票时如在票面记载"不得转让"（non-transferable），则该汇票不得转让。背书人背书时如在汇票上记载"不得转让"字样，其后手再背书转让的，原背书人对后手的被背书人不承担保证责任。

《最高人民法院关于审理票据纠纷案件若干问题的规定》第五十三条规定："依照《票据法》第二十七条的规定，出票人在票据上记载'不得转让'字样，其后手以此票据进行贴现、质押的，通过贴现、质押取得票据的持票人主张票据权利的，人民法院不予支持。"

7）担当付款人

所谓担当付款人（a party designated as payer），是指出票人在付款人之外，记载一个代付款人实际付款的人，换言之，就是付款人的代理人。如果出票人出票时没有记载，付款人在承兑时也可记载；出票人已经记载的，付款人可变更之。这项记载的意义，在于增强汇票的信用。

8）预备付款人

所谓预备付款人（referee in case of need），是指出票人或背书人、保证人在付款人之外记载的，预备将来在需要时参加承兑或参加付款的人。记载预备付款人的意义在于当持票人在请求承兑或提示付款遭到拒绝时，为防止持票人行使追索权，预备付款人便参加承兑或付款。需要注意的是我国票据法并无此规定。

3.3.3 汇票的当事人

1. 汇票进入流通前的当事人

① 出票人（drawer）。出票人是填写票据并在票据上签名的人。因其签发汇票并签名于上，因此对票据的任何一个持票人承担保证该汇票在提示时不会遭到拒付的责任，否则可以由持票人向其追索。出票人在汇票承兑前是该汇票的主债务人，一经承兑之后，退而变成次债务人，而承兑人变成第一债务人。

② 受票人（drawee）。受票人又称付款人（payer），是受出票人的委托（命令）支付票面金额的人。受票人签字前不承担必然付款的责任，以防止出票人任意向无辜的付款人出票，只有签字或承兑后他才承担付款责任。

③ 收款人（payee）。收款人是受领票面款项的人，即受款人。收款人取得汇票即成为第一持票人，有权通过背书或交付形式转让汇票。如经背书转让汇票给他人，收款人又是汇票的第一背书人。

2. 汇票进入流通后的其他当事人

① 背书人（endorser）。背书人是指收款人或持票人收到票据后，在背面签字，将票据转让给他人的人。收款人是第一背书人，以后继续转让，还有第二背书人、第三背书人……背书人是汇票的债务人，对汇票的付款（或承兑）承担责任。如遭退票，他将偿付票款给持票人或被迫付款的后手背书人。

② 承兑人（acceptor）。承兑人是同意接受出票人的命令，在票据正面承兑的受票人。以其签名表示他同意执行出票人发给他的无条件支付命令。承兑人是汇票的主债务人，须对持票人承担汇票到期必然付款的责任。

③ 持票人（holder）。持票人是持有票据的收款人或被背书人，或来人。

英国《1882年汇票法》专门把持票人分为两类。

● 对价持票人（holder for value）：指的是已经支付了汇票的对价的持票人，或在其之前的任何一个背书人曾支付了对价的都称为对价持票人。

我国《票据法》对对价的解释是指应当给付票据双方当事人认可的相对应的代价。

● 正当持票人（holder in due course）：正当持票人是指成为持票人时汇票未过期、票面完整；持票人善意支付了对价而取得汇票，在汇票流通转让于正当持票人时，如已有退票的事实，不知该事实，不知转让人之所有权有任何缺陷。英国票据法强调正当持票人是流通后产生的，而美国统一商法典并不强调正当持票人必须基于流通后产生，汇票表面的收款人也得以成为正当持票人。对此，各国票据法是有差异的，但普遍认为汇票一旦遭遇拒付事实，正当持票人享有优先权。

④ 保证人（guarantor）：保证人是由一个第三者对于出票人、背书人、承兑人或参加承兑人做出保证行为的人。经保证签字的人就是保证人，与被保证人负有相同的责任。

3.3.4 汇票的票据行为

票据行为是以票据权利义务的设立及变更为目的的法律行为。广义的票据行为是指票据权利义务的创设、转让和解除等行为,包括票据的签发、背书、承兑、担保、参加承兑、参加付款、追索等行为在内。狭义的票据行为专指以设立票据债务为目的的行为,只包括票据签发、背书、承兑、担保、参加承兑等,不包括解除票据债务的付款、参加付款、追索等。简单地说,票据行为是一张票据从最初的出票到票据关系得以消灭或解除过程中所经历的一系列步骤。汇票的票据行为主要包括以下几种。

1. 出票

出票(issuance)是指出票人首次写成格式完整的汇票并将其交付给另一人(受款人)的行为,这是产生票据关系的一种基本票据行为。

汇票的出立包括 3 个动作:出票(填写汇票)、签字(我国票据法还要求出票人必须盖章)和交付,即创设了汇票的债权,使收款人持有汇票就拥有债权。

出票人对汇票债务的责任有两个方面:保证承兑和保证付款。持票人得到了债权,获得付款请求权和追索权。

2. 背书

背书(endorsement)是指持票人(背书人)在票据背面或粘单上签名将汇票权利转让给他人(被背书人)的一种票据行为。根据各国票据法的规定,除无记名汇票("来人抬头"形式)仅凭交付转让外,指示性的记名汇票必须以背书的方式进行转让。

背书中,对于被背书人(endorsee)来说,所有在其之前的背书人及原出票人都是他的"前手";对背书人(endorser)来说,所有在他让与后的被背书人(受让人)都是其"后手"。前手背书人要对后手被背书人承担汇票会被承兑或付款的责任,否则,"后手"可以对"前手"行使追索权。被背书人可以将受让的票据通过背书而转让他人,称为再背书。这种票据的连续转让,称为票据的流通。

背书的形式有以下几种。

1) 特别背书

特别背书(special endorsement)也称为完全背书或记名背书,持票人背书时,在汇票背面写上被背书人的姓名,并签上自己的名字,然后将汇票交付给被背书人,汇票的转让即告完成。

例:Pay to the order of B Co., London

For A Co., London

Signature

2) 空白背书

空白背书(blank endorsement)又称无记名背书或略式背书,背书人仅在汇票背面签上自己的名字,而不填写被背书人的姓名。经空白背书后的汇票可以仅凭交付而转让,其结果同"来人抬头"汇票(to bearer)相同。

例:For A Co., London

Signature

我国票据法规定,以背书转让的汇票,背书应当连续。持票人以背书的连续,证明其汇票权利;非经背书转让,而以其他合法方式取得汇票的,依法举证,证明其汇票权利。前款所称背书连续,是指在票据转让中,转让汇票的背书人与受让汇票的被背书人在汇票上的签章依次前后衔接。由此可知，我国票据法应只认可记名背书，但随着空白背书在实际业务中的不断产生，有关空白背书是否合法和被认可的争议也逐渐被重视。根据《最高人民法院关于审理票据纠纷案件若干问题的规定》第四十九条："依照票据法第二十七条和第三十条的规定，背书人未记载被背书人名称即将票据交付他人的，持票人在票据被背书人栏内记载自己的名称与背书人记载具有同等法律效力。"可见我国的司法解释实际上有限度地认可了空白背书的存在。

3) 限制性背书

通常限制性背书（restrictive endorsement）以限制票据再流通为主，主要表现形式有：
- Pay to B Co., London only;
- Pay to B Co., London not negotiable;
- Pay to B Co., London not transferable;
- Pay to B Co., London not to order;
- Pay to H Bank for account of B Co., London.

《1882年汇票法》规定："限制背书给予被背书人以收取票款的权利，并拥有背书人所拥有的向任何汇票当事人起诉的权利，但并不授予其作为被背书人所具有的转让权利，除非背书上有明确的授权。"

《汇票和本票统一法公约》规定："背书人得禁止任何再背书；在此情况下，该背书人对禁止后再经背书而取得汇票的人，不承担保证责任。"

我国票据法规定："背书人在汇票上记载'不得转让'字样，其后手再背书转让的，原背书人对后手的被背书人不承担保证责任。"

4) 有条件背书

有条件背书（conditional endorsement）是指"支付给被背书人"的指示是带有条件的。如：

Pay to the order of B Co., London
On delivery of B/L No. 125
For A Co., London
<u>Signature</u>

《1882年汇票法》认可有条件背书，认为如汇票表示为附有条件之背书，付款人可不顾该项条件，不论条件之是否履行，对被背书人之付款，应作为有效。

《汇票和本票统一法公约》规定："背书须是无条件的。任何使背书受制约的条件视为无记载。"

我国票据法规定："背书不得附有条件。背书时附有条件的，所附条件不具有汇票上的效力。"

5) 托收背书

托收背书（endorsement for collection）要求被背书人按照背书人的委托收取票款，处理汇票。这种背书转让不是汇票权利的转让，而是委托被背书人代为行使汇票权利。因此，被背书人不能再以背书方式转让汇票权利。托收背书一般记载有"委托收款"（collection）字样。

托收背书的特点如下：

① 被背书人不能转让票据，背书人对任何后手不承担责任；

② 被背书人可以行使票据权利，即付款请求权和追索权。

托收背书的常见形式如下：

- Pay to B Bank for collection；
- Pay to B Bank for collection, prior endorsement guaranteed；
- Pay to B Bank for deposit；
- Pay to B Bank value in collection；
- Pay to B Bank by procuration.

3. 提示

提示（presentment）是持票人将汇票提交付款人要求承兑或要求付款的行为，是持票人为行使与保全其票据权利所必须做的一种行为。

提示分承兑提示（presentment for acceptance）和付款提示（presentment for payment）。即期汇票只有一次付款提示；远期汇票需要经历两次提示，先由持票人在汇票到期前做成承兑提示，再于到期日做成付款提示。

无论付款提示还是承兑提示都必须在法定期限内进行，或根据票面上的记载办理。各主要票据法有不同规定，具体见表 3-2 和表 3-3。

表 3-2 主要票据法关于汇票付款提示期限的比较

项 目	日内瓦《汇票和本票统一法公约》	英国《1882 年汇票法》	我国《票据法》
见票即付的汇票	自出票日起 1 年内提示付款，出票人可以缩短或延长此期限。此项期限背书人可以缩短	自出票后之合理时间内提示（一般理解为半年）	自出票日起 1 个月内向付款人提示付款
定日付款、出票或见票后定期付款	持票人在付款日或其后两个营业日之一做付款提示	须在汇票到期日提示	自到期日起 10 日内向承兑人提示付款

表 3-3 主要票据法关于汇票承兑提示期限的比较

项 目	日内瓦《汇票和本票统一法公约》	英国《1882 年汇票法》	我国《票据法》
见票后定期付款	自出票日起 1 年内提示承兑，出票人可以缩短或延长此期限。此项期限背书人可以缩短	在汇票过期之前，于营业日之合理时间内	自出票日起 1 个月内向付款人提示承兑

根据我国票据法的规定，持票人未按照前款规定期限提示付款的，在作出说明后，承兑人或者付款人仍应当继续对持票人承担付款责任。汇票未按照规定期限提示承兑的，持票人丧失对其前手的追索权。

4. 承兑

承兑（acceptance）是指远期汇票的付款人，以其签名表示同意按照出票人的命令而在持票人作承兑提示时，承诺到期付款的行为。承兑后，承兑人（acceptor）即成为汇票的主债务人，而出票人和其他背书人退而成为次债务人。

1) 承兑内容

一般应有"承兑"字样、承兑人签名和承兑日期，但各国票据立法有差异。见表 3-4。

表 3-4 主要票据法关于承兑内容的比较

项 目	日内瓦《汇票和本票统一法公约》	英国《1882年汇票法》	我国《票据法》
"承兑"字样	可记载也可不记载	可记载也可不记载	应在汇票正面记载
承兑人签名	必须记载	必须记载	必须记载
承兑日期	见票后定期付款或按特别规定应在某一期限内提示承兑的应记载	承兑定期汇票亦未注明承兑日期,则持有人得自行加注发出或承兑之正确日期,而该票应按所注日期付款	应记载,见票后定期付款的汇票,应当在承兑时记载付款日期

2) 承兑种类

根据《1882年汇票法》规定,承兑可分为以下两种类型。

(1) 普通承兑

普通承兑(general acceptance)也称为单纯承兑,它是承兑人对出票人的指示不加限制地同意确认,即由付款人在汇票上注明"承兑"字样并签上付款人的姓名与日期,除此以外没有任何附加条件。这是正常的承兑,是完全有效的。如:

"ACCEPTED"

July, 15th, 201X

For ABC BANK

Signature

(2) 限制性承兑

常见的限制性承兑(qualified acceptance)形式有:有条件承兑(conditional acceptance)、部分承兑(partial acceptance)、限定地点承兑(local acceptance)、规定付款时间承兑(一般延长付款时间)和非全部付款人承兑。需注意的是,《汇票和本票统一法公约》和我国票据法均不允许有条件的承兑,但《汇票和本票统一法公约》承认部分承兑和限定地点两种形式。《1882年汇票法》则承认上述5种形式的限制性承兑。

限制性承兑的具体类型见表 3-5。

表 3-5 限制性承兑的具体类型

有条件承兑	部分承兑	限定地点承兑	规定付款时间承兑	非全部付款人承兑
"ACCEPTED" July 15th, 201X Payable on delivery of B/L No. 1234 For ABC BANK Signature	"ACCEPTED" July 15th, 201X Payable for amount of USD20,000.00 For ABC BANK Signature (设全部金额为 USD100,000.00)	"ACCEPTED" July 15th, 201X Payable at the Hambros bank and there only For ABC BANK Signature	"ACCEPTED" July 15th, 201X Payable on 31 Oct., 201X For ABC BANK Signature (设原定付款时间为 15 Oct., 201X)	"ACCEPTED" For ABC BANK Signature (假设付款人有3人,仅其中一位承兑)

5. 付款

付款(payment)是指即期汇票的付款人和远期汇票的承兑人或其各自指定的人在接到持票人付款提示时,履行付款义务以消灭票据关系的行为。

付款包括付款提示、实际付款和交回汇票3个阶段。付款提示的提示人通常是持票人,也可以是持票人委托的收款银行或票据交换中心。我国票据法规定,通过委托收款银行或者通过票据交换系统向付款人提示付款的,视同持票人提示付款。汇票的被提示人包括付款人或其委托的付款银行或票据交换中心。付款提示的期限参见本节提示中的有关内容。付款人付款后，持票人应将汇票交给付款人，以使得汇票退出流通领域。

只有付款人或承兑人或其各自指定的人付款才能消灭所有的票据关系，而其他当事人的付款并不能消灭所有的票据关系，如保证人或背书人的付款都未能完全消灭所有的债权、债务关系。

远期汇票在付款到期日时有无宽限日（date of grace），各主要票据法也存在差异，见表3-6。

表 3-6 主要票据法关于付款宽限期的规定

日内瓦《汇票和本票统一法公约》	英国《1882年汇票法》	我国《票据法》
在付款日或其后两个营业日之一做付款提示，即允许有两个营业日的宽限期	有3天的"宽限期"，可于宽限期最后一日付款。但如最后一日为政府公布的休假日，则在假期前的营业日到期付款，如宽限期最后一日为银行假期或星期日，宽限期的第二日为银行假期，则在期满后的第一个营业日付款	须在当日足额付款，无宽限期

6. 拒付

拒付（dishonour）又称"退票"，是指持票人提示汇票要求承兑或付款遭到拒绝的行为。

拒付既包括拒绝付款（dishonour by non-payment），也包括拒绝承兑（dishonour by non-acceptance），后者仅限于远期汇票。

除受票人明确表示拒绝付款或承兑外，受票人避而不见、死亡或宣告破产等均可称为事实上的拒付。

按票据法规定，持票人提示汇票遭到拒付后可以行使追索权来保护自己。

7. 追索

追索（recourse）是指汇票遭到拒付时，持票人对其前手背书人或出票人有请求其偿还汇票金额及费用的权利。

持票人需先行将遭遇拒付的事实和证明文件做成书面形式之后才可以在规定期限内行使追索权。行使追索权所涉及的书面文件通常包括退票通知和拒绝证书。

① 退票通知（notice of dishonour）。退票通知是持票人在票据遭退票后，为行使追索权而向出票人和背书人发出汇票遭退票的通知。汇票一旦遭到拒付，持票人应在法定期限内及早通知汇票债务人。

② 拒绝证书（protest）。拒绝证书是由拒付地点的法定公证人做成的证明拒付事实的文件。在我国可申请由公证处签发拒绝证书，同时，我国票据法也规定如持票人不能取得该证明的，也可以人民法院的司法文书或有关行政主管部门的处罚决定作为拒绝证书。《1882年汇票法》对于国内汇票遭到拒付可不出具拒绝证书，但国外汇票如遭拒付，在行使追索权时必须及时做成拒绝证书。《汇票和本票统一法公约》也规定持票人行使追索权前必须先做成拒绝证书。

一般而言，持票人行使追索权必须具备以下条件：
① 已在法定的期限内向付款人做出承兑提示或付款提示；
② 汇票遭到拒绝承兑或拒绝付款；
③ 已经在汇票遭到拒付后的法定期间内做成拒绝证书；

④ 已经在汇票遭到拒付后的法定期限内将拒付事实通知其前手。

持票人行使追索权时还应注意追索时效，主要票据法关于票据追索时效的具体规定见表 3-7。

表 3-7 主要票据法关于票据追索时效的具体规定

项 目	日内瓦《汇票和本票统一法公约》	英国《1882 年汇票法》	我国《票据法》
退票通知	在拒绝证书做成日后 4 个营业日内，将拒绝承兑或拒绝付款事由通知背书人和出票人，每一背书人应于收到通知日后 2 个营业日内，将收到通知的事由，并列举上项通知的各人姓名及地址，通知其前手背书人，依次直至出票人	须在拒绝后之一日送达	自收到被拒绝承兑或者被拒绝付款的有关证明之日起 3 日内，将被拒绝事由书面通知其前手；其前手应当自收到通知之日起 3 日内书面通知其再前手
拒绝证书	第一次提示系在该期限的最后一日提示者，则拒绝证书得于次日做成，定日付款或在出票或见票后定期付款的汇票，其拒绝证书须在汇票应付日后 2 个营业日之一做出	须于拒绝之日做成，如已依例登记，可于日后做成	—
行使追索权	对承兑人主张权利的一切诉讼，自到期日起算，3 年后丧失时效。持票人对背书人和出票人主张权利的诉讼，自做成拒绝证书之日起算，或如有"退票时不承担费用"的规定者，自到期日起算，1 年后丧失时效。背书人相互间和对出票人主权权利的诉讼，自背书人接受并清偿汇票之日起算，或其本人被诉之日起算，6 个月后丧失时效	—	持票人对前手的追索权自被拒绝承兑或者被拒绝付款之日起 6 个月，持票人对前手的再追索权，自清偿日或者被提起诉讼之日起 3 个月

追索的款项包括被拒付的汇票票面金额、自到期日起至清偿日止的利息、做成拒绝证书及所发通知的费用，以及其他费用。

8. 参加承兑

参加承兑（acceptance for honour）是指汇票遭到拒绝承兑而被退票，或因承兑人死亡、逃避或其他原因，无法向其作承兑提示，或付款人与承兑人被宣告破产时，在得到持票人同意的情况下，由第三人（非汇票债务人）以参加承兑人的身份加入票据关系的行为。

其目的是为维护汇票上的某一当事人或关系人的信誉，防止追索权的行使施及该人。参加承兑人只是汇票的第二债务人，只有在付款人拒绝付款时，才承担付款义务。

参加承兑人对持票人和被参加承兑人的所有后手当事人，负担该票据责任。

参加承兑具体做法是：

① 在票面上声明参加承兑；
② 由参加承兑人签名；
③ 被参加人姓名，如无此记载，应视出票人为被参加承兑人。

见票后若干天付款的远期汇票，如为参加承兑，其期限应由原汇票被拒绝承兑之日起而非由参加承兑之日起计算。

参加承兑在《汇票和本票统一法公约》和《1882 年汇票法》中有具体记载，而我国票据法并无此项。

9. 参加付款

参加付款（payment for honour）与参加承兑的目的是相同的，但参加付款人无须征得持票人的同意，同时参加付款是在汇票遭到拒绝付款时才发生的一种行为。

参加付款须由记载在汇票上的收款事实所证明，并须注明被参加人姓名。如无该项记载，应视出票人为被参加付款人。汇票和拒绝证书（如有的话）必须交于参加付款人。如有数人参加付款，以参加付款后能解除较多人数责任的人有优先权。

同样，参加付款在《汇票和本票统一法公约》和《1882年汇票法》中均有具体记载，而我国票据法并无此项。

10. 担保

担保（aval）是指非票据义务人为票据义务人承担担保付款的行为。担保人为出票人、背书人、承兑人等担保时，担保人与被担保人所负责任完全相同。担保是为了增强票据的可接受性，使之便于流通和融资。

按照《汇票和本票统一法公约》的规定，担保可以对汇票的全部或部分金额进行担保付款。对于担保是否能附加条件，该法未作规定，但我国票据法明确规定："保证不得附有条件；附有条件的，不影响对汇票的保证责任。"

担保的具体做法是在票据上记载"担保"字样，连同担保人名称及签名、被担保人名称和担保日期；如未记载被担保人名称，以出票人为被担保人。如：

Per aval
On behalf of
Name of drawer
Name of guarantor
Date of aval
Signature

3.3.5 汇票的贴现

汇票的贴现是指持票人将已承兑而尚未到期的远期汇票按低于汇票票面金额的价格出售给银行或其他金融机构的行为。

具体而言，贴现的公式为

$$贴现息 = \frac{票面金额 \times 贴现天数}{360（或365）} \times 贴现率$$

$$净款（最终获得的金额）= 票面金额 - 贴现息$$

$$或：净款 = 票面金额 \times \left(1 - \frac{贴现天数}{360（或365）} \times 贴现率\right)$$

（须注意的是一年的基本天数按美元、欧元计是360天，而按英镑计则是365天）

【例3-1】 一张远期汇票付款时间为见票后60天，票面金额为10 000英镑。该汇票被承兑，假设承兑日为6月8日，持票人于承兑日当天要求银行予以贴现，该行贴现率为3.6% p.a（年率），试计算贴现息和净款。

$$贴现息 = 10\,000 \times \frac{60}{365} \times 3.6\% = 59.18\,（英镑）$$

$$净款 = 10\,000 \times \left(1 - \frac{60}{365} \times 3.6\%\right) = 9\,940.82\,（英镑）$$

国外有专门的贴现公司或贴现行通过贴现已承兑汇票来收取佣金，是贴现市场的重要组成部分。我国主要是通过银行贴现已承兑汇票，尤其是银行承兑汇票最容易被贴现。

3.3.6 汇票的种类

1. 根据有无随附货运单据分

① 光票（clean draft）。出具的汇票不附带任何商业单据，称为光票。光票一般用于贸易从属费用、货款尾数、佣金等货物贸易与非贸易结算。

② 跟单汇票（documentary draft）。如果出具的汇票附带有商业单据（发票、提单、保险单等），则称为跟单汇票，一般用于货物贸易结算。

国际贸易中大多使用跟单汇票。

2. 根据出票人的身份分

① 商业汇票（commercial draft）。商业汇票指出票人是企业或个人，付款人可以是企业、个人或银行的汇票。票样见图 3-2。

BILL OF EXCHANGE

No. T9LW1011 I
Chengdu, Dec. 20, 2015

For USD 582.63

At 90 DAYS FROM THE DATE OF ACCEPTANCE of this SECOND Bill of Exchange
(First of the same tenor and date being unpaid) pay to the order of
BANK OF COMMUNICATIONS, CHENGDU BRANCH the sum of
SAY US DOLLARS FIVE HUNDRED AND EIGHTY TWO AND 63/100 ONLY

Drawn under STATE BANK OF MYSORE TFCPC MALLESWARAM A/C SUBHAM ENTERPRISES
BANGALORE 2

L/C No. 4069158IM00009 dated 151103   四川朗瑞丝绸有限公司
To STATE BANK OF MYSORE TFCPC 1ST FLOOR, 2ND CROSS   SICHUAN FFLOURISH SILK CO., LTD.
MALLESWARAM

图 3-2 商业汇票票样

② 银行汇票（banker's draft）。银行汇票指出票人和付款人都是银行的汇票，一般为即期。票样见图 3-3。

图 3-3 银行汇票票样

3. 根据付款时间的不同分

① 即期汇票（sight/demand draft）。凡汇票上规定付款人见票后即需付款的称为即期汇票。

② 远期汇票（time/usance/term draft）。凡汇票上规定付款人于将来可确定日期或某固定日期付款的称为远期汇票。

4. 根据承兑人的身份分

① 商业承兑汇票（commercial acceptance draft）。凡企业出票而以另一商业企业为付款人的远期汇票，经过付款人承兑后，便成为商业承兑汇票。

② 银行承兑汇票（banker's acceptance draft）。凡企业出票而以银行为付款人的远期汇票，经过付款银行承兑后，便成为银行承兑汇票。

5. 根据流通地域的不同分

① 国内汇票（inland draft）。指出票地和付款地均在同一国的汇票。
② 国外汇票（foreign draft）。指出票地和付款地不在同一国的汇票。

6. 根据汇票基本当事人是否有重叠分

① 一般汇票。指汇票的出票人、付款人和受款人各不相同的汇票。
② 变式汇票。指出票人、付款人和受款人 3 个基本当事人中，至少有两个是同一人的汇票。一般包括以下几种形式。
- 指己汇票：出票人和收款人为同一人的汇票，最为常见。
- 对己汇票：出票人和付款人为同一人的汇票，又称己付汇票，其性质与本票无异。
- 付受汇票：付款人和收款人为同一人的汇票。

变式汇票为各国票据法所承认。如《1882 年汇票法》规定："汇票可以开立为付与出票人或其指定人，或开立为可付与受票人或其指定人。"《汇票和本票统一法公约》规定："汇票得开立为付给出票人的指定人。汇票得开立为付给出票人本人。"由于票据行为的独立性，变式汇票并不导致民法中债的混同，票据债务也并不因此而消灭。

3.4 本　票

3.4.1 本票的定义

《1882 年汇票法》规定：本票（promissory note）是一个人向另一个人交付的无条件书面承诺，由该制票人签字，保证在见票时或固定时间或在可以确定的将来时间，将一定金额的货币支付给一个特定的人，或其指定人或来人。（A promissory note is an unconditional promise in writing made by one person to another, signed by the maker, engaging to pay on demand or at a fixed or determinable future time, a sum certain in money to or to the order of a specified person, or to bearer.）

我国票据法规定：本票是出票人签发的，承诺自己在见票时无条件支付确定的金额给收款人或者持票人的票据。本法所称本票，是指银行本票。

本票与汇票都是流通票据，它们有许多共同之处。例如，汇票法中有关出票、背书、付款、拒绝证书以及追索权等的规定，基本上都适用于本票。

3.4.2 本票的必要项目

按照《汇票和本票统一法公约》和我国票据法的规定，本票必须满足一定的形式要件才有效。本票票样见图 3-4。

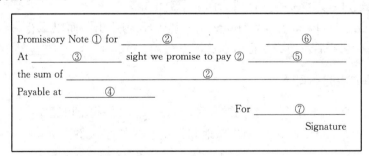

图 3-4　本票票样

构成本票的必要项目有（按《汇票和本票统一法公约》）：
① "本票"字样（The term "Promissory Note"）；
② 无条件支付一定金额的承诺（An unconditional promise to pay a determinate sum of money）；
③ 付款日期的记载（A statement of the time of payment）；
④ 付款地的记载（A statement of the place where payment is to be made）；
⑤ 收（受）款人或其指定人的姓名（The name of the person to whom or to whose order payment is to be made）；

⑥ 签发本票的日期和地点的记载（A statement of the date and of the place where the promissory note is issued）；

⑦ 签发本票的人的签名（制票人）（The signature of the person who issues the instrument（maker））。

未记载以上内容的，该本票无效。但下列情况除外：
- 未记载付款日期的视为见票即付；
- 如无特殊记载，出票地视为付款地，同时视为制票人的住所地；
- 未记载出票地的，出票人姓名旁所记载的地点视为出票地。

由此可见，上述项目中，本票字样、无条件支付承诺、一定金额、受款人或其指定人、签发时间和签发人的签名是必需的。

我国票据法关于本票的记载项目同《汇票和本票统一法公约》基本接近，但只承认见票即付的银行本票。因此，我国票据法中没有要求本票记载付款时间一项。

3.4.3 本票的当事人

与汇票相比较而言，本票只有两个基本当事人。

① 制票人（maker）。制票人即签发本票的人。是本票的主债务人，既签发本票，又是付款人。

② 受款人（payee）。受款人即受领本票票面款项的人，可以通过背书或交付转让本票。

本票属于自付票据，没有付款人的记载，制票人自始至终承担第一付款人的义务，且无须承兑。

3.4.4 本票的种类

1. 根据出票人的身份分

① 商业本票（trader's note）。商业本票是由企业或个人签发的，可以是即期的，也可以是远期的。西方国家的本票有商业本票与银行本票两种。由于商业企业或个人的信誉远远不及银行，实际业务中很少有商业本票，基本上都是银行本票。我国票据法更是明文指出其所称本票是指银行本票，即不接受商业本票。

② 银行本票（banker's note/cashier's order）。银行本票是由银行或其他金融机构签发的本票，都是即期的。具体包括银行券（banker note）、国际小额本票（international money order）（见图3-5）和存单（certificate of deposit）。银行券是本票的最早形式，一般为即期定额付给来人的，客户购买后可被当作货币，相互支付，容易干扰纸币发行制度。因此，只有中央银行垄断发行。一般商业银行只允许发行不定额的记名银行本票。国际小额本票由位于货币清算中心（如美国、英国、加拿大等国家）的银行作为出票行，交给购票的记名收款人，由其携带到境外，于旅游需要结算时，将该票提交到当地任一愿意兑付的银行，由银行兑付后将该票寄给货币清算中心的代理行。存单则是银行出具给存款户的存款证明。

③ 政府本票（official note）。政府本票包括一国财政部发行的国库券（treasury bill）（见图3-6）和各种债券（分短期、中期和长期债券）。此外，还有美国和加拿大邮政局签发的邮

政本票（postal money order）（见图 3-7）。

图 3-5 国际小额本票票样

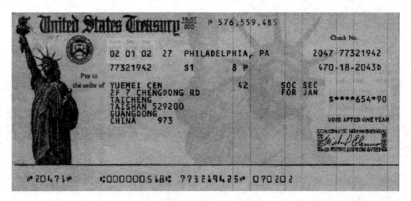

图 3-6 国库券票样

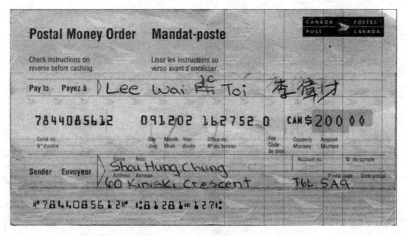

图 3-7 邮政本票票样

2. 根据付款时间的不同分

① 即期本票（sight promissory note）。凡本票上规定制票人见票即须付款的称为即期本票。

② 远期本票（time/usance promissory note）。凡本票上规定制票人于将来可确定日期或某固定日期付款的称为远期本票。只有商业本票才有远期，与汇票相比，远期本票无须承兑。

3. 旅行支票

旅行支票（traveller's check）的发行机构（银行或大旅行社）即是付款人，专供旅游者在途中购买物品、支付旅途费用。旅行支票票样（美国运通公司）见图3-8。

图3-8　旅行支票票样（美国运通公司）

旅行支票的特点有：
- 固定金额，不同面额；
- 有MICR（magnetic ink character recognition，磁墨水字符识别）号，适用于清算；
- 无提示日限制，不指定付款地，全世界可用；
- 遗失或被窃时可挂失并获理赔；
- 原购买人可凭支票兑换现金。

3.5　支　　票

3.5.1　支票的定义

《1882年汇票法》规定：支票（check/cheque）是向一家银行开立的见票即付的汇票。（A cheque is a bill of exchange drawn on a banker payable on demand.）

我国票据法规定：支票是出票人签发的，委托办理支票存款业务的银行或者其他金融机构在见票时无条件支付确定的金额给收款人或者持票人的票据。

3.5.2　支票的必要项目

按照《支票统一法公约》和我国票据法的规定，支票必须满足一定的形式要件才有效。支票票样见图3-9。

```
Cheque ①                          ⑤_____
②Pay to the order of _____⑦_____
The sum of _____②_____  | ② |

Hong Kong and Shanghai Banking ③
Corporation Ltd.  XXX Canal Street
         London ④

                              For   ⑥_____
                                    Signature
```

图 3-9 支票票样

由图 3-9 可知，构成支票的必要项目有（按《支票统一法公约》）：

① "支票"字样（The term "Cheque"）；

② 无条件支付一定金额的命令（An unconditional order to pay a determinate sum of money）；

③ 付款人（受票人）的姓名（The name of the person who is to pay）；

④ 付款地的记载（A statement of the place where payment is to be made）；

⑤ 开立支票的日期和地点的记载（A statement of the date and of the place where the cheque is drawn）；

⑥ 开立支票的人（出票人）的签名（The signature of the person who draws the cheque）。

须注意的是第⑦部分即"受款人或其指定人的姓名"在《支票统一法公约》第 5 条中规定："支票得付给确定的人，不论是否载有'可付指定人'字样；或确定的人，并载有'不可付指定人'字样或同等词语，或来人。凡付给确定的人并有'或来人'字样，或任何同等字样的支票，视为来人支票。未载受款人的支票视为来人支票。"我国票据法也没有将受款人名称作为必须记载的内容之一，但强调经出票人授权，可以补记。出票人可以记载自己为受款人。

除上述记载以外，《支票统一法公约》明确规定：支票必须对持有出票人存款的银行开出，因此受票人即受票行一般都是出票人开户并存款的银行。但需注意的是，即使支票没有对出票人存款行开出，《支票统一法公约》仍认为所开支票有效。

支票上未记载前款规定事项之一的，支票无效。但下列各款规定的情况除外：

● 如无特殊记载，受票人姓名旁记载的地点视为付款地，如受票人姓名旁所载地点有数处时，以第一处为支票付款地；

● 未载付款地及无任何其他表示者，受票人主要机构所在地为支票付款地；

● 未载出票地的支票，出票人姓名旁所载的地点视为出票地。

3.5.3 支票的当事人

① 出票人。出票人即签发支票的人，可以是企业、个人或银行。

② 受票人。受票人又称受票行，通常是出票人的存款银行。

③ 受款人。受款人即受领票面款项的人。

除银行支票外，支票的出票人和受票人之间必然存在存款户与开户行的关系，即出票人在受票银行处开设有账户，并存有一定款项。银行同意在其存款的额度内支付给受款人。如出票人签发的支票金额超过其付款时在付款人处实有的存款金额的,为空头支票(dishonorable/rubber check)。我国票据法明确指出禁止签发空头支票,同时强调签发空头支票属于票据欺诈行为,要依法追究刑事责任。《1882 年汇票法》和《支票统一法公约》没有关于空头支票的规定。

3.5.4 支票的种类

1. 根据出票人的身份分

① 私人支票(personal cheque)。私人支票是指由个人签发的以银行为付款人的支票。
② 银行支票(banker's cheque)。银行支票是指由银行签发、由另一家银行付款的支票,一般多用于票汇业务中。

2. 根据收款人的身份分

① 记名支票(check payable to order)。记名支票是指在支票的收款人一栏,写明收款人姓名,如"仅付 A"(pay A only)或"付给 A 或其指定人"(pay A or order),取款时须由收款人签章,方可支取。
② 不记名支票(check payable to bearer)。不记名支票又称空白支票,支票上不记载收款人姓名,只写"付来人"(pay bearer)。取款时持票人无须在支票背后签章,即可支取。此项支票仅凭交付而转让。

3. 根据支票是否划线分

① 现金支票(cash check)。现金支票即未划线支票,只能用于支取现金,它可以由存款人签发用于到银行为本单位提取现金,也可以签发给其他单位和个人用来办理结算或者委托银行代为支付现金给收款人。现金支票票样见图 3-10。

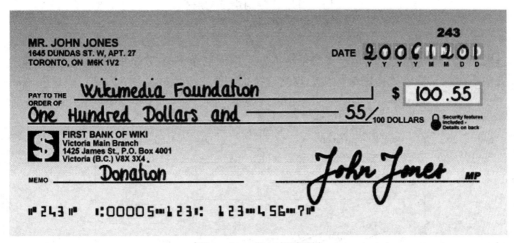

图 3-10 现金支票票样

② 划线支票(crossed check)。划线支票是在支票正面划两条平行线的支票。与现金支票不同,划线支票非由银行不得领取票款,故只能委托银行代收票款入账。使用划线支票的目

的是在支票遗失或被人冒领时，还有可能通过银行代收的线索追回票款。划线支票又可分为普通划线支票和特别划线支票两种。

● 普通划线支票

普通划线（general crossing）支票是指支票正面有两条平行线，但没有记载特定的银行或其他金融机构名称。出票人和持票人可以划线。

普通划线支票有以下几种方式：仅有两条平行线；在两条平行线中间加"银行"等字样；在两条平行线中间加"不得流通转让"字样；在两条平行线中间加"只准收入受款人之账"字样；在两条平行线中间加"和公司"字样。见以下对应写法。

| ———— ———— | ——Banker—— | ——Not Negotiable—— | ——Account Payee—— | ——& Co—— |

上述第一种和第二种方式的效力相同，限制付款银行只能向银行或经营支票存款业务的其他金融机构支付票款。第三种方式的支票失去流通转让的能力，持票人如将支票转让给他人，只能作为一般转让，即受让人不能获得优于其前手的权利，如出让人的权利有缺陷，受让人也须受其制约。第四种和第五种方式是限制收款银行只能收入支票上所载受款人的账户，对付款银行来说，并无查明收款银行收入账户是否正确的责任。普通划线支票票样见图3-11。

图 3-11　普通划线支票票样

● 特别划线支票

特别划线（special crossing）支票是指支票正面的两条平行线之间加有指定银行名称，表明该支票票面款只能由该指定银行代为收款。特别划线支票票样见图3-12。

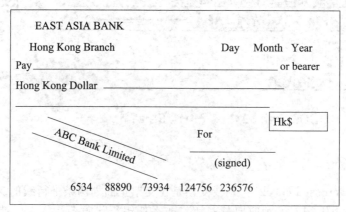

图 3-12　特别划线支票票样

《1882 年汇票法》第 77 条详细规定：支票可由出票人做成普通或特别划线，如支票未经划线，持票人可做成普通或特别划线；如支票已做成普通划线的，持票人可做成特别划线；如支票被普通或特别划线，持票人可加上"不得流通"字样；如支票已被特别划线，被特别划线的该银行可再将支票特别划线给另一银行以作托收；如一张未划线的支票或一张普通划线支票寄给银行以作托收，银行可将此支票特别划线给本行。

4. 根据支票是否保付分

① 保付支票（certified check）。保付支票是指为了避免出票人开出空头支票，而保证支票提示时付款，支票的收款人或持票人可要求付款银行对支票"保付"，由付款银行在支票上签注"保付"（certified to pay）字样，以表明在支票提示时一定付款。支票一经保付，签署保付的付款银行成为主债务人，必须付款，从而使得支票的信誉大大提高，也增强了流通性。此外，出票人、背书人都可免于被追索。

② 普通支票（general cheque）。普通支票又称未保付支票，票面上没有加盖"保付"戳记。

3.5.5 支票的止付与退票

1. 支票的止付

支票的止付（countermand of a cheque）指出票人在支票解付以前撤销该支票的行为。通常止付是因为票据丢失、收款人未收到支票（邮寄时）或其他原因。

我国票据法没有专门针对支票止付的相关条款，其中仅第十五条规定："票据丧失，持票人可以及时通知票据的付款人挂失止付。"《支票统一法公约》则禁止在有效期内止付支票。

《1882 年汇票法》第 75 条规定：

"银行对于支付以其本身为付款人支票之权责，得因下列事实而终止：

"① 因奉命止付；

"② 得悉该客户已亡故。"

因特殊原因需要止付支票时通常需要签发止付命令（stop-payment order）。止付命令通常是在出票人发现受款人的若干违约行为（如欺诈或交付缺陷产品等）或在支票丢失之后发出的，其目的是防止受款人或非正当持票人从银行立即取得付款。

2. 支票的退票

支票的退票（dishonour）是指支票在提示时遭付款银行拒绝付款而发生的行为。具体来说，退票的原因一般有以下几种：

① 出票人账户的存款不足，即支票是空头支票；

② 持票人提示付款的时间超过提示期限，即支票是过期支票；

③ 支票的背书欠缺（如背书人签章不清、不全、空白）或不连续；

④ 支票的印鉴不符；

⑤ 破损支票；

⑥ 大小写金额不符；

⑦ 出票人已申请止付；
⑧ 账户已被依法冻结；
⑨ 其他原因。

收款人收到银行退回的支票后，应立即与付款行进行联系，并做出相应的账务处理。

3.6 汇票、本票和支票的比较

汇票、本票和支票中的支付命令或承诺都是无条件的，都具有结算和流通的作用，但3种票据之间也存在明显差异，见表3-8。

表3-8 汇票、本票和支票的比较

项目	汇票	本票	支票
出票人	承兑前为主债务人，承兑后为次债务人	始终是主债务人	始终是主债务人
受票人	可以是企业或银行	无受票人	只能是银行
受款人	记名或不记名	记名或不记名	记名或不记名
出票人与受票人之间的关系	存在基础关系	为同一人	是存款户与开户行的关系
付款时间	可以是即期或远期	可以是即期或远期（我国只承认即期）	只能是见票即付
是否需要承兑	即期不需要，远期需要	不需要	不需要
签发份数	一般为一套，两份居多	一张	一张
保付	没有保付做法，只有第三方担保的做法	没有保付做法，只有第三方担保的做法	"保付支票"有保付的做法

本 章 习 题

1. 什么是票据？狭义上的票据一般专指哪些？
2. 票据的作用和特征是什么？
3. 目前主要的票据立法有哪些？它们之间的差别主要体现在哪些方面？
4. 什么是汇票？汇票的主要当事人有哪些？
5. 汇票上必须记载哪些事项？
6. 汇票的票据行为主要有哪些？
7. 持票人行使追索权时应满足哪些条件？
8. 汇票有哪些种类？你能分清各种不同类型的汇票吗？
9. 中国上海A公司向美国B公司出口一批货物，采用信用证结算，信用证金额为USD 25 000.30。该信用证是要求见票后60天付款的远期汇票，开证行为CITIBANK N. A. , NEW YORK。信用证编号为52000012LM2001。2015年6月11日，A公司签发了以自己为收款人、开证行为受票行的汇票后将其记名背书给了中行上海分行，中行上海分行将汇票连同其他单据一并寄给开证行，开证行于2015年6月15日收到单据，经审核单据相符后于6月16日承兑了该汇票。请你据此完成出票、背书和承兑。

10. 什么是本票？本票的主要当事人有哪些？
11. 本票的绝对记载事项有哪些？
12. 本票有哪些种类？你能分清不同类型的本票吗？
13. 什么是支票？支票的主要当事人有哪些？
14. 支票的绝对记载事项有哪些？
15. 什么是划线支票？划线的作用是什么？有哪些划线形式？
16. 支票止付和退票的主要原因有哪些？
17. 试比较汇票、本票和支票的异同点。

第 4 章 国际结算的单据

> **本章要点**
> (1) 单据的概念；
> (2) 单据的作用；
> (3) 主要单据的概念、作用和主要内容。

4.1 单据概述

4.1.1 单据的概念

国际结算中的单据是指国际结算中出现的从不同的角度代表货物、服务或者其他债权债务关系的各种文件和凭证。

单据最初是由票据转化而来的，而票据又是由现金转化而来的，现金则是货物、服务或者其他债权债务的价值代表。从国际货物贸易的发展来看，经历了从最初的易货贸易到现金交易，再发展到票据交易和单据交易的过程。尤其是在商业、银行、航运、保险各自分立后，发票、付款通知书、提单和保险单据等重要凭证和文件的相继发现，使得货物买卖逐渐转变为单据买卖。以货物出口为例，各种不同的出口单据贯穿于企业的外销、进货、运输、收汇的全过程，其流转环节构成了现代货物贸易的程序。在服务贸易和其他债权债务关系的结算中，发票、付款通知书是很常见的单据。根据我国外汇管理的要求，税务凭证也是用于服务贸易结算的凭证。同时对于不同的服务贸易种类，除发票、付款通知书、税务凭证外，我国外汇法规还分别规定了付款人需要提供的单据种类。资本项目项下的付款在我国是受严格管制的，需要付款人取得外汇局的核准件才能通过银行付汇。

此外，国际结算本身固有的凭单结算的特征决定了其业务的发展离不开大量的纸质和电子单据。

由于服务贸易的单据需要根据外汇局监管文件审核，且资本项目下收付款仍存在相关管制，所以本章着重以货物贸易中涉及的单据为主要介绍内容，尤其以跟单信用证项下常见的单据为主要介绍对象。

4.1.2 单据的作用

1. 履约证明

国际货物贸易中大多使用 FOB、CIF 和 CFR 等贸易术语。因此，对于出口商而言，只要能在规定的时间和指定地点将货物交付给承运人，并能提交符合合同或信用证规定的各种单据，就已经履行了交货的义务。从这个角度而言，单据就变成了出口商履约的证明文件。

2. 收付款的依据

上述特定贸易术语的使用决定了出口商要想收回货款，必须以提交符合要求的单据为前提条件，尤其是在跟单信用证结算方式下，开证行或被指定银行承付或议付的依据就是受益人提交的相符单据。进口商在相符交单下，也必须承担最终付款的义务。

3. 提货的凭证

货物贸易的单据之所以能作为履约和收付款的证明文件，很大程度上取决于其中有可以用来提货的运输单据，如提单、仓单和多式运输单据（最后一程为海运时）等。

4. 获得融资的前提条件

银行给进出口商提供的贸易项下融资大多是要提供质押或担保的，由于单据中有代表物权的单据如提单等，因此容易满足银行对出口商或进口商进行融资的必要条件，且一定程度上减少了银行提供融资的风险。

4.2 主要单据

4.2.1 发票

实际业务中发票（invoice）的种类很多，除了用以结汇的商业发票和海关发票外，还包括形式发票（proforma invoice）、厂商发票（manufacturer invoice）、证实发票（certified invoice）、联合发票（combined invoice）、样品发票（sample invoice）和领事发票（consular invoice）等。我国的出口贸易中时常有不签订书面合同而只由出口商提交形式发票给进口商的做法，此时形式发票起到了证明合同关系的作用。而信用证是独立于买卖合同以外的结算方式，所以 UCP 600 劝阻申请人将形式发票作为信用证的组成部分，但是实务中仍有信用证要求受益人（出口商）提交形式发票的现象。

1. 商业发票

1) 概念

商业发票（commercial invoice）是出口商向进口商开出的所发货物的价目清单，载有货物名称、数量、价格等内容；也是卖方凭以向买方计收货款、清算账目的单据。

2) 作用

① 出口商的发货价目清单。
② 收付款双方记账与核算的凭证。
③ 货物买卖双方办理报关、清关、纳税的依据。
④ 进口商验收、核对货物数量、重量、规格等项内容的依据。
⑤ 代替汇票作为付款的依据。
⑥ 出口商缮制其他单据的依据。

3) 主要内容

商业发票的主要内容包括发票名称、号码、签发日期、出单人、抬头、唛头、货物描述、数量、单价和总值等。就单据功能而言,其中的货物描述、单价和总值是最为重要的内容。

2. 海关发票

1) 概念

海关发票(customs invoice)是出口商应进口国海关要求出具的一种单据,基本内容同普通的商业发票类似,其格式一般由进口国海关统一制定并提供,主要应用于货物贸易项下,为进口国海关统计、核实原产地、查核进口商品价格的构成提供依据。

2) 作用

① 供进口商报送核查货物与估价征税之用。
② 为进口国海关提供货物原产地依据,以便根据不同国别政策采取不同的进口关税税率。
③ 供进口国海关核查货物在其本国市场的价格,确认是否倾销。
④ 便于进口国海关统计。

3) 种类

海关发票一般由各国海关制定,有其固定的格式。由于各国海关规定的不同,各国和各地区的海关发票的格式也不同。常见的海关发票主要有美国和加拿大海关发票。

4) 主要内容

以加拿大海关发票为例,其主要内容包括卖方名称地址、直运加拿大的日期、收货人名称地址、采购商名称地址、转运国、货物原产国、运输方式和直运加拿大的地点、贸易术语和支付方式、结算货币、件数、货物描述、数量、单价、总值、其他参考号等。

4.2.2 包装单据

1. 概念

包装单据(packing documents)是出口商向进口商签发的反映货物包装、重量和尺码情况的单据,是对发票内容的必要补充,也是常见的用以向银行提交以获得付款的单据。

2. 作用

① 便于进口商了解货物的包装细节。
② 作为海关清关时点货的依据。
③ 作为商检机构验货的依据。

3. 种类

常见的包装单据有以下几种：
① 装箱单（packing list，P/L）。
② 重量单（磅码单）（weight list/memo）。
③ 尺码单（体积单）（measurement list）。

4. 主要内容

包装单据的主要内容与发票比较接近，主要反映货物的包装细节，因此少了单价和总值的表示。就其功能而言，货物的毛重（gross weight）、净重（net weight）和尺码（measurement）是其中最为重要的内容。毛净重均以 KGS 表示，尺码以 CBM 表示。

4.2.3 运输单据

运输单据（transport documents）主要包括以下几类。

1. 提单

1) 概念

海洋/海运提单，简称提单（bill of lading，B/L），是指一种证明海上运输合同和货物已经由承运人接管或者装船，以及承运人保证据以交付货物的单据。

2) 作用

① 承运人或其代理人出具的货物收据。
② 一种所载货物的物权凭证。
③ 承运人和托运人之间订立的运输合同的证明。

3) 种类

(1) 根据签发提单时货物是否装船分

① 已装船提单（on board B/L）。承运人实际装船后签发的提单，买卖合同和信用证一般都要求卖方提供此单，签发日期一般理解为装船日期，也可以单独通过加注"已装船"批注（on board notation）说明装船日期。

② 备运提单（received for shipment B/L）。又称收妥待运提单，是承运人收货后但未装指定船时签发的提单。由于无装船日，买方无法估计货物是否装运以及货到目的港的日期，因此一般不被接受，需要通过加注"已装船"批注变为已装船提单。

(2) 根据提单表面是否有记载货物或包装外表有缺陷的批注分

① 清洁提单（clean B/L）。未载有明确宣称货物或包装有缺陷的条款或类似批注的提单。

② 不清洁提单（unclean/foul/claused B/L）。载有明确宣称货物或包装有缺陷的条款或类似批注的提单，如载有"four bags broken"（四袋破）或"packaging contaminated"（包装被污染），"goods damaged"（货物受损）等。

(3) 根据提单抬头（收货人）的不同分

① 记名提单（straight B/L）。收货人为某特定人，不能流通，国际贸易中较少使用。

② 指示提单（order B/L）。最常见的形式，收货人为某人指定人（to order of XXX）或直接做成凭指定（to order），可经背书后转让，凭指定的提单又称"空白抬头"。

③ 来人/不记名提单（bearer B/L）。收货人为来人，无须背书，凭交付即可转让，对买

卖双方风险大，极少使用。

(4) 其他种类的提单

① 集装箱提单（container B/L）。集装箱提单是负责集装箱运输的经营人或其代理人，在收到集装箱货物后签发给托运人的提单。提单上一般加注"SAID TO CONTAIN（BY SHIPPER）"（据发货人称）、"SHIPPER'S LOAD, COUNT AND SEAL"（托运人装箱、点数和封箱）。

② 运输代理行提单（forwarder B/L）。习惯上还称为"分运单"（house B/L），由运输代理行接受不同出口商零星交货的委托，按货物流向将若干出口商的货物集中在一套提单下通过承运人装运，由承运人向运输代理行签发一套提单后，再由运输代理行分别向各出口商以自己名义签发提单。这种提单被称之为代理行提单或者分运提单。因为运输代理行不是承运人的代理机构，而是出口商的代理机构，所以运输代理行提单不是真实承运人货物运输的体现，不能作为物权凭证使用，银行也不愿意接受（除非信用证下明确运输代理行提单可接受）。这种方式在欧美比较常见，而在我国，目前比较流行的是承运人的代理形式，一般称"货代"。"货代"可以以承运人的代理人身份签署承运人的提单给出口商，但是不能以自己的名义出具提单。欧美地区运输代理行和货代两种形式都有，而且运输代理行也逐渐可以从事承运人的代理业务，即以承运人的代理人身份签发承运人的提单。

③ 过期提单（stale B/L）。实务中并没有统一的定义标准，所以 ICC 期望银行在信用证中使用这一概念时，能够对其做一个定义解释。如果没有做出任何解释，如信用证仅规定"过期提单可接受"，那么根据 ISBP 745 第 A19 段的解释，指单据可以晚于装运日后 21 个日历日提交，只要不晚于信用证有效期。这也适用于信用证在明确规定交单期的同时，还规定了"过期单据可接受"的情形。

④ 倒签提单（anti-dated B/L）。承运人或其代理人应托运人请求在货物装船后签发的装运日期早于实际装船日期的提单，常因市场变化或资金周转困难使托运人不能在合同或信用证规定的装运期内完成装运而产生，属欺诈行为，收货人或银行如果发现可拒收货物并起诉承运人。

⑤ 预借提单（advanced B/L）。托运人在货物装船前或未完毕时为按期收汇而要求承运人先行签发的"已装船"提单，也属于欺诈行为，承运人的风险很大，如果因故不能完成装船，收货人也可以起诉承运人。

⑥ 舱面货提单（on deck B/L）。舱面货提单又称甲板货提单，提单正面加注"货装舱面"字样，银行一般不接受。

4) 主要内容

提单的主要内容（正面）包括提单名称和号码、托运人、收货人、通知方、船名航次号、收货地、起运地（港）和目的地（港）、交货地（或最终目的地）、包装件数、货物描述、唛头、货物毛净重、尺码、装船日期、运费、正本份数、签发日期和地点、签署方式等。

2. 多式或联合运输单据

1) 概念

多式或联合运输单据（multimodal or combined transport documents）是指在多式运输合同下证明承运人接管货物并负责按照合同条款交付货物的单据。应用于货物的运输全程涉及至少两种以上不同运输方式的情形。例如，货物从西安通过飞机运到上海，从上海装上海轮运到东京，全程涉及空运和海运两种方式，但是由同一个承运人负责运输。

2) 作用

① 承运人和托运人之间签订的多式运输合同的证明。

② 承运人接管货物的收据。

③ 在特定情况下（一般认为最后一段运输为海运时）是物权凭证。

多式或联合运输单据的主要内容与提单基本接近，这里不再另行介绍。

3. 租船合同提单

1) 概念

租船合同提单（charter party bill of lading）是利用租船方式进行海上运输时签发的并受租船合同约束的提单，属略式提单（无背面详细条款），一般表面记载"SUBJECT TO CHARTER PARTY"（受租船合同约束）字样，适用于大宗货物和集中交货，如 tank B/L 就是一种专门用于石油运输的租船合同提单。但信用证项下银行不审租船合同，只需照转给申请人。

2) 作用

① 货物收据。

② 对租船运输合同的证明。

③ 是否为物权凭证取决于租船合约。

④ 租船合同的权利和义务只对船东和租船人有约束力。

3) 主要内容

与提单非常接近，略。

4. 空运单

1) 概念

空运单（air waybill）是在航空运输方式下，由作为承运人的航空公司或其代理人接受托运人委托，以飞机装载货物进行运输时而签发的货运单据。

2) 作用

① 承运人和托运人之间缔结运输合同的证明。

② 可用作运费账单和供报关时使用。

③ 空运单是承运人向托运人出具的货物收据，而非物权凭证，故一律是记名抬头。

3) 种类

① 主运单（master air waybill，MAWB），是承运人（航空公司）出具的运单。

② 分运单（house air waybill，HAWB），是运输代理行出具的运单。

4) 主要内容

空运单主要内容包括运单名称和号码、托运人、收货人、起飞机场、目的机场、代理人、国际航空运输协会（International Air Transport Association，IATA）代码、航班号和日期、件数、毛重、货物的性质和数量、正本份数、签发日期和地点、签署方式等。

5. 不可转让海运单

1) 概念

不可转让海运单（non-negotiable sea waybill）是在海洋运输方式下，由承运人或其代理人接受托运人委托，对其签发的货运单据。

海运单主要用于近洋地区，货物往往先于单据到达目的港，而进口商没有提单无法提货，只能凭银行保函担保提货。否则超过规定时间不能提货会产生高额滞港费，增加了进口商的负担。在此情况下，就逐渐出现了类似于空运单的海运单，它具有一般提单的功能，又能作为信用证下开证行付款的单据，且收货人无须出具该单据，而只凭海运单上显示的收货人身份证明就可以提取货物。

2) 作用

① 承运人和托运人之间缔结运输合同的证明。
② 承运人向托运人出具的货物收据。
③ 不可转让海运单不是物权凭证，不能流通转让。

3) 主要内容

与提单非常接近，略。

6. 公路运单、铁路运单和内河运输单据

公路运单是运输合同，是承运人收到货物的初步证据，但不是物权凭证。欧洲的地理特点决定了大量的货物贸易是通过公路运输的。因此，欧洲17个国家于1956年5月19日在日内瓦签订了《国际公路货物运输合同公约》（Convention for the International Carriage of Goods by Road，CMR）。该公约制定了公路运单的固定格式，所以实务中公路运单也被称为"CMR"。

铁路运单是由铁路运输承运人签发的货运单据，是收、发货人同铁路之间的运输契约。其正本在签发后与货物同行，副本签发给托运人用于贸易双方结算货款。在货物发生损失时，还可以用于向铁路进行索赔。铁路运单也不是物权凭证。

内河运输单据是指一种以出具提单、运单或任何其他内河运输贸易中使用的单据的形式证明内河运输合同和货物已经由承运人接管或者装船的运输单据，不是物权凭证。

7. 快递收据、邮政收据或投邮证明

1) 概念

快递收据是由空运公司或快件公司签发给托运人表明收到货物并将按约定向指定的收货人交付货物的运输单据。

邮政收据或投邮证明是盖有邮戳的由邮局在收受对外寄发的货物后签发给寄件人的单据。常见的国际快递公司有DHL、EMS、OCS等。

2) 作用

① 承运人和托运人之间缔结运输合同的证明。
② 承运人向托运人出具的货物收据。
③ 邮政收据或投邮证明不是物权凭证，不能流通转让。

4.2.4 保险单据

1. 概念

保险单据（insurance documents）是由保险公司或承保人出具，并由其或其代理人签字，承保一定运输路程内的具体货物的风险和损失的单据。

2. 作用

① 国际货物运输保险合同的证明。

② 被保险人索取赔偿的依据。

3. 种类

1) 保险单

保险单（insurance policy）是保险合同成立后，保险人签发给被保险人的单据。保险单应载明当事人双方约定的合同内容，背面有具体保险条款。根据英国《1906年海上保险法》规定，保险合同必须包括在保险单内，才能作为起诉的证据。保险单在我国的国际货物保险合同中非常常见。

2) 预约保险单

预约保险单（open policy）又称"开口保单"或"敞口保单"，是保险人与被保险人之间所订立的预约保险或保险约定下的保险单据。需注意的是，预约保险单不能作为信用证下向银行提交用以作为收款的单据。签订预约保险合同后，被保险人无须在每次被保险货物装运前办理保险，而是在装运前，将装运细节填写于起运通知上交保险人，再由保险人签发保险凭证即可。

3) 保险证明/凭证

这里所说的保险证明/凭证（insurance certificate）即上述预约保险单下的保险凭证，是UCP 600和ISBP 681所指的保险证明书。被保险人于货物装运前在印就了预约保险单明细条款的空白保险凭证上填写装运细节，用以作为起运通知和按规定凭其向保险人申报。保险凭证是在UCP项下可以向银行提交的保险单据，一般多印有O/P（open policy）NO.，即预约保险单号码，在西方国家非常普遍。

4) 保险声明

保险声明（insurance declaration）是预约保险下的一种保险单据，是投保人在确定装运细节后，利用保险人事先印就的格式向保险人进行呈报，内容与装运通知相似。保险声明也是UCP下可以向银行提交的保险单据。

5) 暂保单

暂保单（cover note）是保险经纪人在保险人对其签发正式保单前，在尚不明确货物运载工具等细节情形下，向投保人签发的一种非正式单据。此外，保险人在一些条件尚未明确而投保人又急于获得保险单据的情况下，也会向投保人签发暂保单。待装运细节确定后再凭暂保单换取正式的保险单据。因此，该单据不能作为信用证项下向银行提交要求凭以承付的单据。

以上几种保险单据在我国以第1种最为常见。

4. 主要内容

保险单主要内容包括保单名称和编号、保险人与被保险人名称、唛头标记、被保险货物描述、数量及包装、保险金额、承保条件、运输工具、起运日期、运输起止地、赔款偿付地点、勘察代理人、正本份数、签发日期、签署方式等。

4.2.5 原产地证书

1. 概念

原产地证书（certificate of origin，C/O 或 COO）简称产地证，是用于辨明货物原产地的特种格式文件，通常指有权签发该证书的当局或团体明确指出该证书中所列货物产于某一特定国家或地区，以便供进口国海关根据国别的不同采取差别关税待遇的书面证明文件，也指由出口国政府指定的政府部门或政府承认的权威机构出具的证明货物原产地的文件。如果进口商没有特殊要求，出口商亦可直接在商业发票上标明货物的原产地。该文件主要用于进口国海关判定货物产地，以便核定、征收关税。

2. 作用

① 实行差别关税待遇的主要依据。
② 实行对进口货物有差别的数量限制的根据。
③ 进口国实行国别贸易政策和出口国享受配额待遇的通关凭证。
④ 实施差别贸易政策、进行贸易统计的依据。

3. 种类

1) 非优惠原产地证书

① 一般原产地证书（certificate of origin），是证明货物原产于某一特定国家或地区，享受进口国正常关税（最惠国）待遇的证明文件。用于出口产品在进口国/地区通关所需，该证书对所有独立关税区的国家（地区）都可签发。

② 加工装配证书（certificate of processing），是指对全部或部分使用了进口原料或零部件而在中国进行了加工、装配的出口货物，当其不符合中国出口货物原产地标准、未能取得原产地证书时，由签证机构根据申请单位的申请所签发的证明是由中国对该出口货物进行加工、装配的一种证明文件。

③ 转口证书（certificate of re-export）是指经中国转口的外国货物，由于不能取得中国的原产地证，而由中国签证机构出具的证明货物系他国原产、经中国转口的一种证明文件。

上述非优惠原产地证书，我国一般由中国国际贸易促进委员会（China Council for the Promotion of International Trade，CCPIT）签发。若信用证或合同有具体规定，则应由其要求的机构出具。

2) 优惠原产地证书

(1) 单向优惠制原产地证书

① 普遍优惠制原产地证书，是根据普惠制给惠国的原产地规则和有关要求，由受惠国官方机构出具的、具有法律效力的受惠国出口产品在给惠国享受最惠国税率基础上进一步减免进口关税的官方凭证。我国普惠制原产地证的签发工作由国家质检总局统一管理，各地检验检疫机构是唯一官方签发机构。由于欧盟 28 国给予我国普惠制待遇期限已于 2014 年年底到

期,现仍给予我国普惠制待遇的国家为 12 个,分别是瑞士、列支敦士登、挪威、俄罗斯、白俄罗斯、乌克兰、哈萨克斯坦、日本、澳大利亚、新西兰、加拿大和土耳其。凡符合普惠制原产地规则,出口到上述国家的产品可申办。这种产地证使用专门的格式,即 FORM A。

② 我国单方面给予最不发达国家的特惠制原产地证书。根据海关总署公告 2013 年第 34 号,自 2013 年 7 月 1 日起我国给予进口原产于 29 个最不发达国家特惠关税待遇,受惠国需要提供特惠制原产地证书。

(2) 区域贸易协定的双向优惠制原产地证书

区域性互惠原产地证是订有区域性贸易协定的经济集团内的国家或地区,或订有双边贸易协议的国家或地区的官方机构签发的享受互惠减让关税的凭证,目前共计有 14 种。除《中国—东盟自由贸易协定》原产地证书(FORM E)外,还有《中国—巴基斯坦自由贸易协定》原产地证书、《中国—智利自由贸易协定》原产地证书(FORM F)、《中国—新西兰自由贸易协定》原产地证书、《中国—新加坡自由贸易协定》原产地证书、《中国—秘鲁自由贸易协定》原产地证书、《中国—哥斯达黎加自由贸易协定》原产地证书、《亚太贸易协定》原产地证书、《中国—瑞士自由贸易协定》原产地证书、《中国—冰岛自由贸易协定》原产地证书、《中国—韩国自由贸易协定》原产地证书、《中国—澳大利亚自由贸易协定》原产地证书等。

区域贸易协定项下的我国出口产品的优惠原产地证书一般由我国各地出入境检验检疫局签发,中国国际贸易促进委员会及其各分会也可签发部分优惠原产地证书。

3) 专用原产地证书

专用原产地证书是国际组织或国家根据政治和贸易措施的特殊需要,针对某一特殊行业的特定商品规定的原产地证书,这些产品应符合特定的原产地规则。如《输欧盟蘑菇罐头原产地证明书》《原产地命名证书》《烟草真实性证书》等。

4.2.6 其他单据

1. 商品检验证书

1) 概念

商品检验证书(inspection certificate)是检验机构对商品的品质、数量等进行检验鉴定后出具的证明文件;检验者可以是政府指定的检验机构,也可以是民间公证机构;检验类型包括法定检验——国家强制规定、公证检验——贸易当事人自愿(检验机构是第三方公证人)、委托检验(检验机构是检验代理人)。

2) 作用

① 进出口商交接货物的依据。
② 结算货款的单据之一。
③ 索赔理赔的凭证。
④ 报关清关的文件及某些商品计价的依据。

3) 种类

① 品质检验证书(inspection certificate of quality)。由出口国政府指定的部门或国际承认的检验机构出具的证明货物品质的证明文件。如果买方认可,卖方亦可出具由本公司检验

部门的质量证书，具体名称因合同、商品属性或信用证要求而有所差异。

② 重量或数量检验证书（inspection certificate of weight/quantity）。主要用于证明商品的重量或数量情况，也是进口国报关征税和计算运费、装卸费用的所需证件，可由出口商或受聘的检验机构签发。

③ 兽医检验证书（veterinary inspection certificate）。兽医检验证书是证明出口动物产品经过检疫合格的证件。适用于冻畜肉、冻禽、禽畜罐头、冻兔、皮张、毛类、绒类、猪鬃、肠衣等出口商品，可由出入境检验检疫局签发。

④ 卫生/健康证书（sanitary inspection certificate/inspection certificate of health）。卫生/健康证书是证明可供人类食用的出口动物产品、食品等经过卫生检验或检疫合格的证件。适用于肠衣、罐头、冻鱼、冻虾、食品、蛋品、乳制品、蜂蜜等，可由出入境检验检疫局签发。

⑤ 熏蒸/消毒证书（fumigation/disinfection certificate）。熏蒸/消毒证书是用于证明出口粮谷、油籽、豆类、皮张等商品，以及包装用木材与植物性填充物等已经过熏蒸灭虫，以及证明出口动物产品经过消毒处理，保证安全卫生的证书。

⑥ 生丝品级及公量证书（inspection certificate for raw silk classification and conditioned weight）。用于证明出口生丝、柞蚕丝等丝类产品已经过等级评定、条分检验、外观检验及清洁检验等，一般由出入境检验检疫局签发。

⑦ 装运前检验证书。主要是根据各进口国或进口商的要求，对进口商品在出口国进行货物发运前的检验，以保证进口商品的品质、数量、重量、包装等能符合合同要求。该证还可由双方约定的第三方检验机构签发。

⑧ 分析检验证书（inspection certificate of analysis）。分析检验证书用于证明已对成交商品的具体成分进行过分析的证书，可由出口商或受聘的检验机构签发。

检验证书种类繁多，除了以上较常见的外，还有进口商提出的由指定的第三方机构出具的检验证书，如 SGS（Societe Generale de Surveillance S. A.，瑞士通用公证行）检验证书、BV（Bureau Veritas，必维国际检验集团）检验证书。随着环保意识的增强，熏蒸/消毒证书逐年升温，使用渐趋普遍。

2. 证明信

1) 受益人证明

受益人证明（beneficiary's certificate）通常为出口商对寄单情况或装船情况的说明，证明的具体内容取决于信用证条款的具体要求。例如：

>BENEFICIARY'S CERTIFICATE EVIDENCING THAT ONE SET OF SHIPPING DOCUMENTS HAVE BEEN SENT TO APPLICANT BY FAX (FAX NO. 88－888－8888－8888888) AFTER THE SHIPMENT.

>BENEFICIARY'S CERTIFICATE ADDRESSED TO THE ISSUING BANK CONFIRMING THEIR ACCEPTANCE OR NON-ACCEPTANCE OF AMENDMENTS MADE UNDER THIS CREDIT QUOTING THE RELEVANT AMENDMENT NUMBER. SUCH CERITIFICATE IS NOT REQUIRED IF THIS L/C HAS NOT BEEN AMENDED.

2) 船公司证明

船公司证明（shipping company's certificate）多为信用证下受益人应申请人的要求，请船公司出具的特定内容的证明。常见的船公司证明有船籍和航程证明、船龄证明、船级证明、运费证明（单据名称通常为 freight invoice、freight account、freight voucher 或者 shipping company's certificate）等。

3）无木质包装声明

无木质包装声明（non-wood packing material declaration）主要用于未使用木质包装时，由出口商出具的没有使用木质包装材料的声明。

3. 汇票

详细内容参见本书第 3 章相关内容。

本章习题

1. 国际贸易中的单据有哪些主要作用？具体有哪些种类？
2. 什么是发票？发票的主要功能是什么？
3. 什么是包装单据？具体有哪些种类？其主要功能是什么？
4. 主要的运输单据有哪些？各自的特点主要体现在哪些方面？
5. 什么是提单？提单的基本作用是什么？
6. 提单有哪些主要类型？各自的特点是什么？
7. 什么是保险单据？其作用是什么？主要的保险单据有哪些？
8. 什么是产地证？其作用是什么？我国常用的产地证有哪些？分别用于什么情形？
9. 什么是检验证书？其作用是什么？常见的检验证书有哪些？
10. 什么是证明信？主要的证明信有哪几种？

第 5 章

汇　款

本章要点
(1) 汇款的定义以及当事人；
(2) 汇款的种类；
(3) 汇款业务的一般流程；
(4) 汇款的退汇和修改；
(5) 汇款在国际贸易中的应用；
(6) 汇款项下的风险及防范措施。

5.1　汇款概述

5.1.1　汇款的定义

汇款（remittance）又称汇兑或汇付，是指银行按汇款人（付款人或债务人）的指示，以一定的方式，通过头寸在代理行或联行之间的划拨，将款项解付给国外收款人（债权人）的结算方式。

汇款是建立在商业信用基础上的结算方式，其主要特点是速度快、使用灵活、费用低，是国际结算方式中使用最广泛的一种。

如果汇款两地分别属于两个国家或地区，即称之为国际汇款。本章只介绍国际汇款。在货物贸易项下采用汇款方式结算时，出口商将货物发运给进口商后，有关货运单据由出口商自行寄送进口商；进口商则直接通过银行将货款汇给出口商，而银行不处理相关的货运单据。在服务贸易和其他债权债务的结算中，服务利用者和债务人也是直接通过银行汇款的方式支付资金，银行同样不处理相关的单据。

5.1.2　汇款的当事人

汇款业务一般有 4 个基础当事人：汇款人、汇出行、汇入行和收款人。此外，还可能存在中间行。

1. 汇款人

汇款人（remitter or payer）是委托银行向国外债权人付款的当事人。在国际结算中，汇款人通常是进口商、服务利用者、债务人等，其责任是填写汇款申请书委托银行（汇出行）办理汇款，并且向银行提供将要汇出的资金并承担有关费用。汇款人和汇出行之间是委托和被委托的关系。

汇款人须填写汇款申请书（见图 5-1），汇款申请书上的印鉴必须与汇款人事先预留汇出行的印鉴一致，这是为了保护汇款人的资金安全。汇款的资金不得透支。根据我国外汇管理局的要求，从汇款人现汇账户支付汇款时，必须符合账户所对应的支付范围。同时，汇款人还需向汇出行提交符合汇款性质的相关凭证。例如，货物贸易项下的预付款应提交进口合同、形式发票等凭证，并且办理贸易信贷债权登记；货到付款应提交进口合同、正本海关进口报关单、发票等凭证，超过 90 天以上的货到付款还需要办理贸易信贷债务登记；服务贸易项下应提交借记通知（debit note）或发票或付款通知书、服务合同或者和相关服务配套的单据、税务凭证等凭证；资本项目的支付需要提交外汇局外债登记核准件等凭证。

2. 汇出行

汇出行（remitting bank）是指接受汇款人委托办理款项汇出业务的银行。汇出行一般是汇款人的开户行，其职责是按汇款人的要求将款项通过出口地汇入行解付给收款人。汇出行与汇入行之间是委托与被委托的关系。

汇出行办理的汇款业务称为"汇出汇款"（outward remittance or outgoing）业务。汇出行应按外汇局的规定，对汇款申请及汇款人提供的相关凭证进行合规性审核，审核无误后在汇款申请书上加盖业务公章，将其中一联作为汇款受理回单交还给汇款人，一联作为国际收支信息报送给付款当地的外汇局。账务处理方面，汇出行需要借记汇款人账户，贷记汇出行开设在海外代理行或者联行（称为"账户行"）的账户，并且将汇款金额、汇入行名称及汇入行的账户行名称与账号等通知自己的账户行，委托其将资金划转到汇入行的账户。如果汇出行和汇入行之间没有直接的账户关系（国际结算中多数情况如此），则需通过一家或几家代理行将资金头寸转至汇入行，由汇入行贷记收款人账户。这样清算的路径就相对较长，收款相对较慢，产生的费用也较多。国际结算中汇出行和汇入行在同一家账户行开户的情况一般也比较多，因为主要结算货币国家的银行都会邀请世界各地的银行在其银行开户，以方便日后的结算，同时增加自己的收入。汇出行除了通知账户行之外，还需要将汇款金额、收款人与汇款人名称和地址、收款人在汇入行开设的账号、汇款人附言等信息通知汇入行，委托其在收到相关账户行划拨的资金后，将资金再贷记收款人账户（这一行为称为"解付"）。汇出行发给汇入行的通知应包含以下内容：

① 汇出行业务编号；
② 收款人的名称、地址及银行账号；
③ 支付的币种、金额及起息日；
④ 汇款人的名称；
⑤ 附言，一般用于注明汇款的背景，如货款、服务费、利息或合同号码等。

汇出行汇款后，还须按外汇局规定办理国际收支统计申报。

汇 款 申 请 书
APPLICATION FOR FUNDS TRANSFERS

致：
TO:

日期
Date ______

□电汇 T/T □票汇 D/D □信汇 M/T	发电等级 Priority □普通 Normal □加急 Urgent

申报号码 BOP Reporting No.	□□□□□□ □□□□ □□ □□□□□□ □□□□		
20 银行业务编号 Bank Transac. Ref.No		收电行/付款行 Receiver/Drawn on	
32A 汇款币种及金额 Currency & Interbank Settlement Amount		金额大写 Amount in Words	
其中 现汇金额 Amount in FX		账号 Account No./Credit Card No.	
其中 购汇金额 Amount of Purchase		账号 Account No./Credit Card No.	
其中 其他金额 Amount of Others		账号 Account No./Credit Card No.	
50a 汇款人名称及地址 Remitter's Name & Address			
□对公 组织机构代码 Unit Code □□□□□□□□□-□		□对私	个人身份证件号码 Individual ID NO. □中国居民个人 Resident Individual □中国非居民个人 Non-Resident Individual
54/56a 收款银行之代理行名称及地址 Correspondent of Beneficiary's Bank Name & Address			
57a 收款人开户银行名称及地址 Beneficiary's Bank Name & Address	收款人开户银行在其代理行账号 Bene's Bank A/C No.		
59a 收款人名称及地址 Beneficiary's Name & Address	收款人账号 Bene's A/C No.		
70 汇款附言 Remittance Information	只限140个字位 Not Exceeding 140 Characters	71A 国内外费用承担 All Bank's Charges If Any Are To Be Borne By	□汇款人 OUR □收款人 BEN □共同 SHA
收款人常驻国家（地区）名称及代码 Resident Country/Region Name & Code	□□□		
请选择：□预付货款 Advance Payment □货到付款 Payment Against Delivery □退款 Refund □其他 Others			
交易编码 BOP Transac. Code □□□□□□ □□□□□□	相应币种及金额 Currency & Amount	交易附言 Transac. Remark	
本笔款项是否为保税货物项下付款 □是 □否	合同号	发票号	
外汇局批件号/备案表号/业务编号			

银行专用栏 For Bank Use Only		申请人签章 Applicant's Signature	银行签章 Bank's Signature
购汇汇率 Rate	@	请按照贵行背页所列条款代办以上汇款并进行申报 Please Effect The Upwards Remittance, Subject To The Conditions Overleaf:	
等值人民币 RMB Equivalent			
手续费 Commission			
电报费 Cable Charges			
合计 Total Charges			
支付费用方式 In Payment of the Remittance	□现金 by Cash □支票 by Check □账户 from Account	申请人姓名 Name of Applicant 电话 Phone No.	核准人签字 Authorized Person 日期 Date
核印 Sig. Ver.		经办 Maker	复核 Checker

填写前请仔细阅读各联背面条款及填报说明
Please read the conditions and instructions overleaf before filling in this application.

第一联 银行留存联

图 5-1 汇款申请书

3. 汇入行

汇入行（paying bank）也称解付行，是指接受汇出行委托，向指定收款人解付汇入款项的银行。汇入行一般是收款人的开户行，其职责是证实汇出行付款指示的真实性、落实汇款头寸、通知收款人收汇信息并办理入账手续。

汇入行办理的解付业务，称为"汇入汇款"（inward remittance or incoming）业务。汇入行收到汇出行的汇款通知后，一方面需要核实资金是否已经到账，另一方面需要核实收款人名称和账号是否正确，以及币别、金额、汇款日期和起息日、汇款附言、汇款费用情况等。如果资金已经到位并且其他审核内容正确，那么可以贷记收款人账户并且通知收款人款项已经解付；如果资金没有到位或者有任何不相符的信息，那么必须立即向汇出行或者账户行查询。汇入行将款项贷记收款人账户后，可以通过出具入账通知书或者结汇水单（如果汇入行将收到的外币转换成人民币解付给收款人时使用）给收款人，或者通过电子银行通知收款人，收款人亦可通过电子银行随时查询自己的账户信息。根据我国外汇管理的要求，在汇入行贷记收款人账户之前，收款人必须向汇入行说明收汇的性质，如货物贸易项下的收款，需要贷记收款人的出口收汇待核查账户（自贸区内 A 类企业可直接入一般结算户），并且登录外汇局出口联网核查系统登记相应的金额之后才能贷记收款人的结算账户；如果系统金额不足，是不能贷记收款人结算账户的。

汇入汇款解付后，还须按外汇局规定办理汇入汇款的国际收支统计申报。

4. 收款人

收款人（payee or beneficiary）是指接受汇款人所汇款项的当事人。在国际结算中，汇款方式下的收款人通常为出口商、服务提供者、债权人等，一般与汇入行之间有账户关系。

5. 中间行

中间行（intermediary bank）是指通过其传递头寸的银行，一般为汇出行/汇入行的账户行。

5.2 汇款的种类及业务流程

汇款通常分为电汇、信汇、票汇 3 种方式，目前以电汇方式为主，少量使用票汇，而信汇几乎被淘汰了。本节只介绍电汇和票汇业务。

5.2.1 电汇

1. 电汇的定义

电汇（telegraphic transfer，T/T）是指汇款行应汇款人申请，以加押电传、加押电报或 SWIFT 电文形式发送通知委托汇入行解付一定金额给收款人的汇款方式。它的特点是收款迅速、安全方便、费用低，但是汇款人和收款人须承担电报费用。目前广泛使用的是 SWIFT 方式，电传和电报基本被淘汰了。

2. 业务流程

电汇的业务流程见图 5-2。

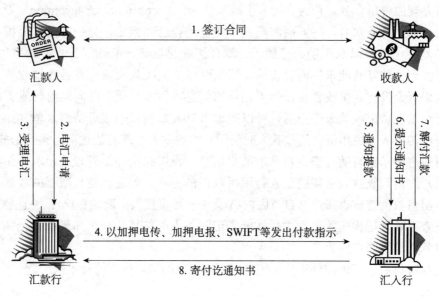

图 5-2 电汇的业务流程

注意事项：

① 汇款金额如为汇入地货币或第三国货币，汇款行一般按银行当天该货币的卖出汇率折算成本国货币加上电汇费后向汇款人收取。

② 多采用 SWIFT MT103 格式对外进行电汇，该报文类型是由汇款行或受汇款行委托的银行直接或通过代理行发送给汇入行的报文，用于从发报行角度看，汇款人或收款人或两者都是非金融机构的款项汇划业务中。

SWIFT MT 103 电文格式见表 5-1（M=mandatory，O=optional）。

表 5-1　SWIFT MT 103 栏位介绍

Status（状态）	Tag（代号）	Field Name（栏位名称）	Content/Options（内容/选择）
M	20	Sender's Reference 发报行业务编号	16x 16 个字符
O	13C	Time Indication 时间指示	/8c/4!n1!x4!n 8 个数字或字母/4 个数字 1 个字符 4 个数字
M	23B	Bank Operation Code 银行操作代码	4!c 4 个数字或字母（一般系统默认为 CRED）
O	23E	Instruction Code 指示代码	4!c[/30x] 4 个数字或字母（30 个字符）
O	26T	Transaction Type Code 交易类型代码	3!c 3 个数字或字母
M	32A	Value Date/Currency/Interbank Settled Amount 起息日/币种/中间行清算金额	6!n3!a15d 6 个数字 3 个字母 15 个数字
O	33B	Currency/Instructed Amount 汇款人指示的币种和金额	3!a15d 3 个字母 15 个数字
O	36	Exchange Rate 汇率	12d 12 个数字
M	50a	Ordering Customer 汇款人	A, F, or K 多用 50K 表示汇款人名址

续表

Status（状态）	Tag（代号）	Field Name（栏位名称）	Content/Options（内容/选择）
O	51A	Sending Institution 发报行	[/1!a][/34x]4!a2!a2!c[3!c] 1个字母 34个字符 4个字母 2个字母 2个数字或字母（3个数字或字母）
O	52A	Ordering Institution 汇款行	A or D A 使用 SWIFT CODE，D 使用名址
O	53a	Sender's Correspondent 发报行的代理行	A, B, or D
O	54a	Receiver's Correspondent 收报行的代理行	A, B, or D
O	55a	Third Reimbursement Institution 第三方偿付行	A, B, or D
O	56a	Intermediary Institution 中间行	A, C, or D
O	57A	Account with Institution 账户行	A, B, C, or D（列明收款人的开户行）
M	59	Beneficiary Customer 收款人	No letter option or A 多以 59 表示收款人名址
O	70	Remittance Information 汇款信息	4*35x 4行×35个字符
M	71A	Details of Charges 费用细则	3!a 3个字母
O	71F	Sender's Charges 发报行的收费	3!a15d 3个字母 15个数字
O	71G	Receiver's Charges 收报行的收费	3!a15d 3个字母 15个数字
O	72	Sender to Receiver Information 发报行给收报行的信息	6*35x 6行×35个字符
O	77B	Regulatory Reporting 合规报告	3*35x 3行×35个字符

SWIFT MT 103 客户汇款报文举例

Message Type：103

Sender：COMMCNSHHFI

　　　BANK OF COMMUNICATION，THE ANHUI

Receiver：CITIUS33

　　　CITI BANK，N. A.

Message Input Date：2015-04-22

Message Priority：N

-------------------------------- Message Content --------------------------------

20：Sender's Reference　　　　　　　　　　　　　　（发报行业务编号）

132570PA15000941
23B：Bank Operation Code
　　　CRED
32A：Value Date/Currency/Interbank Settled Amount
　　　150422
　　　USD
　　　20365,01
50K：Ordering Customer　　　　　　　　　　　　（汇款人）
　　　/12185012060000438　　　　　　　　　　（在汇款行/发报行的账号）
　　　HF MAX IMPORT AND EXPORT
　　　CO., LTD.
　　　NO. 486 MID-CHANGJIANG ROAD.
　　　HEFEI, ANHUI, CHINA
52A：Ordering Institution　　　　　　　　　　　（汇款行/发报行）
　　　COMMCNSHHFI
57A：Account with Institution　　　　　　　　　（账户行/汇入行）
　　　CHASUS33
59：Beneficiary Customer　　　　　　　　　　　（收款人）
　　　/638861162　　　　　　　　　　　　　　（在开户行的账号）
　　　SPEED TECHNOLOGIES, INC.
　　　7749 KELLY CANYON DR, DUBLIN, CA
　　　94567 USA
70：Remittance Information
　　　PAYMENT FOR GOODS
71A：Details of Charges
　　　SHA
72：Sender to Receiver Information
　　　/ACC/PLS PAY THR YR OFFICE AT　　　　（发报行给收报行的信息）
　　　//7600DUBLIN BLVD SUITE 101
　　　//DUBLIN CA 94567 USA

　　注：上述报文中，汇款人委托交行安徽分行办理客户汇款，交行安徽分行发报给其美元账户行纽约花旗银行，再由花旗银行将汇款划拨到收款人的开户行摩根大通的账上。汇款路径为：交行安徽分行—纽约花旗银行—摩根大通银行。

　　此外，电汇业务中，如账户所有者要求在账户行的不同账户间转账，还可以通过SWIFT MT 202进行头寸调拨。MT 202是由汇款行或代表汇款行的银行直接或通过代理行发送给收款行的账户行，用来将头寸调入收款行账户的报文格式。该报文格式也可用来要求收报行将发报行的头寸在发报行开立在收报行的几个账户之间调拨，或要求收报行借记发报行的账户，同时贷记发报行开在另一账户行的几个账户中的一个账户。

　　汇款行与收款行之间的头寸调拨总是与另一笔业务有关。报文中栏位"21"必须列明该业务的编号。

表 5-2 SWIFT MT 202 栏位介绍

Status（状态）	Tag（代号）	Field Name（栏位名称）	Content/Options（内容/选择）
M	20	Transaction Reference Number 发报行业务编号	16x 16 个字符
M	21	Related Reference 有关业务编号	16x 16 个字符
O	13C	Time Indication 时间指示	/8c/4!n1!x4!n 8 个数字或字母/4 个数字 1 个字符 4 个数字
M	32A	Value Date/Currency/Amount 起息日、货币和金额	6!n3!a15d 6 个数字 3 个字母 15 个数字
O	52A	Ordering Institution 汇款行	A or D A 使用 SWIFT CODE，D 使用名址
O	53a	Sender's Correspondent 发报行的代理行	A, B or D
O	54a	Receiver's Correspondent 收报行的代理行	A, B or D
O	56a	Intermediary 中间行	A or D
O	57	Account with Institution 账户行	A, B or D
M	58	Beneficiary Institution 收款行	A or D
O	72	Sender to Receiver Information 发报给收报行的信息	6*35x 6 行×35 个字符

SWIFT MT 202 单笔银行头寸调拨报文举例

Message Type：202
Sender：ABOCCNBJ
  AGRICULTURAL BANK OF CHINA,
  THE JIN YU PLAZA 100 XISANHUAN BEILU
  HAIDIAN DISTRICT
  BEIJING
Receiver：CITIUS33
  CITI BANK, N. A.
Message Input Date：2015-05-12
Message Priority：N

------------------------------- Message Content -------------------------------

20：Transaction Reference Number   （发报行业务编号）
  129999LPL5001014
21：Related Reference   （有关业务编号）
  ELCSEA15340701JF

32A：Value Date/Currency/Amount
　　　150512
　　　USD
　　　49179,60
52A：Ordering Institution　　　　　　　　　　　　（汇款行）
　　　ABOCCNBJ
57：Account with Institution　　　　　　　　　　（账户行）
　　　//CP0001
　　　BANK OF NEW YORK，MELLON，
　　　NEW YORK，USA
58：Beneficiary Institution　　　　　　　　　　　（收款行）
　　　//CH020685
　　　UNITED OVERSEAS BANK LTD.，
　　　HEAD OFFICE，SINGAPORE
72：Sender to Receiver Information
　　　//BNF/OUR L/C NO. 12156OLC15000024　　（发报行给收报行的信息）
　　　//CABLE CHGS USD100，
　　　//PAYMENT CHGS USD100 DED.

注：上述报文中，发报行农行通过纽约花旗银行将头寸经收款行新加坡大华银行的账户行纽约银行调拨到收款行账户上。资金清偿路径为：农行总行—纽约花旗银行—纽约银行—新加坡大华银行。

5.2.2 票汇

1. 票汇的定义

票汇（demand draft，D/D），是指汇款行（出票行）应汇款人申请签发银行汇票，以汇款行的境外分行或代理行为付款人（汇入行/解付行），对收款人见票即付的一种汇款方式。汇票由汇款人自行寄给国外的收款人，解付行解付汇票后，向出票行或出票行的代理清算行索要头寸。票汇因涉及寄票，因此收款时间较慢，票据存在遗失或被窃的风险。但是，如果汇票不禁止转让的话，收款人可以向任何一家接受汇票的银行转让汇票而获得资金，一般适用于小额的非贸易结算。此外，个人汇兑业务中尤其涉及留学申请费和报名费时常使用票汇。

2. 业务流程

票汇的业务流程见图5-3。
注意事项：
① 解付行原则上为出票行境外分行或境外账户行。
② 汇票通常一式四联，第一联（正本）交汇款人寄收款人，第二联和第三联作为银行记账凭证，第四联（留底联）需汇款人签收确认，银行凭此划拨资金并向解付行发送票汇证实通知（MT 110）。
③ 解付行见票后通常主动借记出票行账户，用以解付；解付行与出票行签有汇票解付协

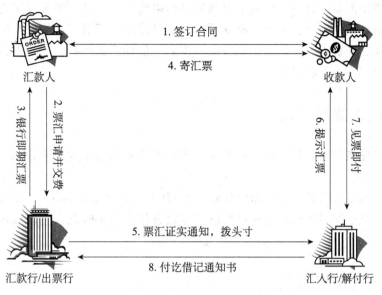

图 5-3 票汇的业务流程

议的，应根据协议要求办理头寸调拨。

④ 有的出票行不允许汇票转让，需做成划线汇票，汇票仅充当支付工具。

5.3 汇款的退汇

汇款在汇出后因汇款人、收款人或汇入行的要求而被撤销的行为称为汇款的退汇或撤销。

5.3.1 汇款人提出退汇

汇款汇出后，如汇款人要求退汇，应向汇出行出具汇款退汇申请书，列明退汇理由，并出示汇款回单（汇款申请书客户留存联）。

在电汇方式下，汇款人退汇可按以下方式进行处理：

① 汇出行需凭汇款人的书面申请、汇款回单，发电联系汇入行；

② 如汇入款尚未解付，汇入行则可通知汇出行直接退汇，相关费用可以从退汇金额中扣除，退汇的起息日为办理退汇的当日；

③ 如汇入款已解付，汇入行需联系收款人，取得收款人书面意见；

④ 如收款人同意，汇入行则答复汇出行同意退汇；

⑤ 汇款行待收妥头寸后可办理退汇；

⑥ 如收款人拒绝退回款项，汇入行则答复汇出行款项已解付，且收款人拒绝退汇，汇出行应立即通知汇款人自行与收款人联系解决。

在票汇的情况下，汇出行处理很谨慎。因为汇出行自己开出的汇票，自己即为出票人，对任何合法、善意持票人均要担负保证付款的责任，如无理退回汇票，一方面增加手续，另一方面还可能丧失信誉，或引起许多纠纷和争执。因此，如果是汇出行开出汇票交汇款人，汇款人还没有寄出汇票，其可以持原汇票到汇出行申请注销汇款。如果属于寄送过程中遗失等，一般在了解到收款人确实无法收取款项时，可以接受办理退汇。如果汇款人已经将汇票寄出，汇票款项已经被收款人领取，或虽没有领取但估计汇票已经在市场上流通，则不论汇出行还是汇入行都不会办理退汇。

5.3.2　收款人提出退汇

收款人退汇比较方便，只要他拒收汇款，出具汇入汇款退汇申请书，列明理由，向汇入行提交，就可办理。

如系电汇，由汇入行确认后用加押电报或 SWIFT 方式通知汇出行，退汇费用从退汇款中扣除。如汇入汇款已解付入账，应视作汇款业务已办结。如果收款人主动提出退汇，可视作一笔汇出汇款业务。

5.3.3　汇入行提出退汇

汇入汇款来电指示中，如因收款人名称、地址、账号不详等原因而无法按时解付，经发出查询后超过一定期限（实际业务中各行规定不同，有的规定为 1 个月或 2 个月，有的规定为 15 个工作日），未得到任何实质性答复仍无法解付的，汇入行可主动退汇。此外，收款人非汇入行客户或是汇入汇款自收到款项并通知收款人之日起 3 个月内仍无人领取的，或解付前收款人出具书面申请拒收的情况下，汇入行都可以主动退汇。

5.4　汇款的修改

5.4.1　汇出汇款的修改

对于已处理完毕的汇出汇款业务，汇款人提出对汇款内容修改时，可按以下流程办理：
① 汇款人提交汇款修改申请书，说明修改原因及内容，加盖预留印鉴；
② 汇出行核对签章及申请书无误后，收取修改费，以 SWIFT 报文发出汇款修改通知，指示汇入行按修改后的汇款指示办理解付。

5.4.2　汇入汇款的修改

汇入行收到汇出行的汇款修改报文后，应先审核报文的真实性、有关业务编号、币别、金额、收款人名称等是否与原汇款指示完全相符。

对尚未解付的汇入汇款，应停止按原汇款指示解付，而按照新的汇款指示办理解付。

对已经解付的汇入汇款或其他原因而导致无法修改原汇款指示的，应及时通知汇出行。

5.5 汇款在国际贸易中的应用

由于世界经济一体化趋势增强，以及经济秩序的好转，大型公司跨国设立机构，为节省财务成本，加快国际货款的结算，采用汇款方式的比重日益增大。特别是长期往来的买卖双方，彼此相互了解、相互信任，由于托收和信用证结算手续比较复杂，银行费用较高，结算周期较长，因此基本上都采用汇款的方式进行货物贸易结算。同时汇款业务本身不局限于货物贸易的结算，也适用于服务贸易项下及资本项目的国际结算，如资料费、技术转让费、佣金、手续费、直接投资、境外借款等。因此，目前在国际结算领域中，汇款业务的比重已经远远超过了托收和信用证。

国际货物贸易中，汇款方式最常用于预付款和赊销（账）交易。

5.5.1 预付款

1. 含义

预付款是指进口商将货款的全部或者一部分通过银行汇给出口商，出口商收到货款后，根据双方事先的约定，立即或在一定时间内将货物运交进口商。这是一种对出口商极为有利、对进口商极为不利的结算方式。

2. 使用范围

① 通常对热门货采用这种交易方式。出口商的货物是进口国市场上的抢手货，货物畅销且货源有限的情况下，进口商需求迫切，为取得高额利润，因此不惜预付款。

② 进出口双方关系密切，相互了解对方资信状况。进口商相信出口商能按自己的要求发货，相信自己付款后出口商所在国家不会禁止该批货物出口，并且本国的外汇管制允许预付，进口商愿以预付款购入货物。

③ 预付款也用在进口商向出口商支付定金方面。出口商在出口大宗商品或成套设备时，根据惯例，往往要求进口商预付一定比例的货款作为定金，出口商在收到定金后才安排出口或制造、购买出口商品或设备。

④ 出口商货物旺销，但由于初次成交，出口商对进口商资信不甚了解，担心进口商收货后不按合约履行付款义务，为了收汇安全，出口商提出预付款作为发货的前提条件。

5.5.2 赊销

1. 含义

赊销是指出口商先发货、进口商后付款的结算方式，此方式实际属于延期付款（deferred payment）结算，但却是当前国际贸易结算中的主流方式。

2. 使用范围

① 对某些鲜活商品，因运输途短，进口商不能在货到前及时收到单据，影响到货物的交

接,而这些货物的时间性较强,不能积压,且途中损耗大,货物的数量和品质难以确定,因此采用赊销。

② 在出口商收取了一定比例预付款的前提下,根据客户的资信和成交需要,可酌情考虑余款使用赊销方式进行结算。

5.5.3 预付款和赊销的结合

目前我国出口公司采用汇款结算出口款项时,多采用预付款和赊销的结合,在此基础上进行适当修改,如:"Payment terms:30% T/T in advance,70% upon copy B/L."

5.6 国际货物贸易采用汇款结算的风险及防范措施

5.6.1 汇款的主要风险

1. 出口商面临的风险

在赊销方式下,一旦发了货就失去了制约进口商的手段,出口商能否收款完全取决于进口商的资信,如其资信不好,出口商就可能钱货两空;同时货到付款,进口商不承担资金风险,货未到或到货不符合合同要求可不付款,在整个交易中进口商占据主动地位;由于进口商常在收到货物一段时间后再付款,无形中占用了出口商的资金。

而在预付款方式下,如果出口商的预收款发生在其采购国内原材料之后,甚至在生产或是已购买国内待出口的产品后,那么出口商会面临进口商届时可能不付款而导致的风险。

2. 进口商面临的风险

采用预付款时,进口商将来如不能收到或不能如期收到货物,或货物与合同不符时,将承担风险或遭受损失;由于货物到手前付出货款,也造成了资金周转困难及利息损失。

3. 汇出行面临的风险

① 客户提交的汇款手续不全或汇款不符合国家政策规定,而被监管部门处罚。
② 客户资金不足或汇款申请书内容不真实,导致汇出行垫付资金,造成资金损失。
③ 未严格执行客户的汇款指示,造成错汇、漏汇或延误等,影响了汇出行对外形象和信誉,以及资金损失。

4. 汇入行面临的风险

① 未能准确解付汇款,使得资金误入非收款人账户被使用后无法追回,从而造成资金损失。
② 未按规定审核和区分款项来源、性质,以及未按规定对大额可疑汇款进行申报,从而

被监管部门查处。

③ 未办妥手续而错误退汇，造成资金损失。

5.6.2 风险防范措施

1. 出口商的风险防范措施

① 了解进口商信用，争取提高预付货款的比例，减少货到付款的比例。

② 如汇款方式用于全额预付款，应在合同中约定预收款的到账时间，争取先收款后备货。这种方式对卖方最为有利。

③ 投保短期出口信用险，以规避在赊销方式下因进口商破产或无力支付、拖欠货款、拒绝接收货物等导致的商业风险，以及因进口商所在国家、地区禁止或限制进口商向被保险人（出口商）支付货款，禁止进口商购买的货物进口或撤销已颁布发给进口商的进口许可证，发生战争、内战或者暴动而导致进口商无法履行合同项下付款义务等导致的政治风险。

2. 进口商的风险防范措施

① 了解出口商信用，减少预付款的比例，争取提高货到付款的比例。

② 投保进口预付款信用保险，由保险人按照保险合同对被保险人在因政治风险或商业风险发生导致海外供应商不能履行贸易合同，并不退还被保险人已经支付的预付款时，予以赔偿。2011年起，中国出口信用保险公司对重要能源、紧缺资源、高新技术及产品、关键机械设备及零部件的进口货物预付款，接受国内进口商的投保申请。

③ 采用预付款时，可要求出口商凭保函或书面担保支取预付款，并由其保证收款后在规定时间内发货交单，否则退还预付款，并加付利息。

3. 汇出行的风险防范措施

① 严格审查客户提交的相关资料，审核汇款是否符合国家外汇政策的有关规定。

② 审核汇款申请书上的印鉴是否相符，以及申请书上的各项内容是否已填写清楚，查实客户的账面资金是否充足，做到先扣款后汇款。

③ 选择正确的汇款线路和汇款方式，确保不被延误。

④ 选择恰当的账户行和代理行解付汇款，避免账户行账上资金头寸不足或非货币清算中心等问题而造成延误，如果收款人所处的国家或地区是列入被美国制裁名单的，要避免选择在美国的账户行或代理行解付汇款。

⑤ 准确缮制汇款指令，发出前应有专人复核，特别是汇款币种、收款人名址、账号、金额等要仔细核对，避免错漏，严格按经办、复核和授权程序履行职责。

4. 汇出行的风险防范措施

① 严格按照汇款指示，核对收款人户名、账号相符后，方可办理入账手续。

② 严格按款项来源、性质办理原币入账或结汇入账手续，严格按规定对大额可疑汇款进行申报。

③ 收到汇出行提出退汇（止付）要求，如果款项未解付，可办理退汇；若汇款已解付，应与收款人联系，待收款人将款项退回，并书面授权汇入行办理退汇后，方可办理退汇；如果收款人不同意退汇或仅同意部分退汇，应如实通知汇出行，等候其进一步指示。若收款人主动申请退汇，应填写"汇入汇款退款申请书"。在确认已收妥需退汇的原币资金后，与汇出行联系，按其指示办理退汇。或经查询后，仍无法解付的无头汇入款，应主动与汇出行联系退汇，退汇费用从退汇款中扣除。

5.7 汇款案例分析

某年某月某日，上海 A 银行某支行有一笔汇出汇款通过其分行汇款部办理，分行经办人员在审查时发现汇款申请书中收款行一栏只填写了"Hong Kong and Shanghai Banking Corp., Ltd."（汇丰银行），而没有具体的城市名和国家名。由于汇丰在世界各地有众多分支机构，汇出行的海外账户行收到该指令时肯定无法执行。为此，经办人员即以电话查询该支行的经办人员，后者答复称当然是香港汇丰银行，城市名应该是香港，经办人员即以汇丰银行香港分行为收款人向海外账户行发出了付款指令。时隔多日，上海汇款人到支行查询称收款人尚未收到汇款，请复电告知汇出时间。分行汇款部当即再次发电海外账户，请账户行电告汇款划拨日期。账户行回电称，该笔汇款已由收款行退回，理由是无法解付。此时，汇出行再次仔细查询了汇款申请书，发现收款人的地址是新加坡，那么收款行理应是新加坡的汇丰银行。在征得汇款人同意后，重新通知其海外账户行将该笔汇款的收款行更改为"Hong Kong and Shanghai Banking Corp., Ltd., Singapore"，最终才完成了该笔汇款业务。

本案的启示：

该笔汇出汇款之所以开始没有顺利解付，就在于经办行没有准确向汇入行提供收款行的准确地址和名称。该案提示我们汇款人准确填写汇款申请书的重要性，特别是对收款人或收款银行的详细地址和名称等更不能填错或漏填。对于银行经办人员而言，应认真审查汇款申请书，一旦发现汇款人填写不完整或不清楚时，应要求客户详细填写，以防汇错地址，导致汇款无法解付。如果由于某些原因无法确认收款人或收款行地址时，应向知情的当事人查询，而不能主观推测。

本章习题

1. 什么是汇款？汇款的主要当事人有哪些？他们各自的权责是什么？
2. 汇款有哪几种方式？其中最常见的方式为哪一种？汇款业务中银行处理单据吗？
3. 电汇的业务流程是怎样的？你能熟练地完成流程图的制作吗？
4. 电汇业务中用以发送客户汇款指示的 SWIFT 报文格式是哪一种？你能解读具体的栏位吗？
5. 请解读本章 MT 103 中的报文内容，你能读懂汇款是如何从汇出行调拨至汇入行的吗？

6. 电汇业务中进行头寸调拨的 SWIFT 报文格式主要是哪一种？你能解读具体的栏位吗？

7. 请解读本章 MT 202 中的报文内容，你能读懂头寸是如何在汇出行和汇入行之间调拨的吗？

8. 请比较 MT 103 和 MT 202 之间的差异。

9. 请根据你的理解，说明 MT 202 是否可以用于其他结算方式项下货款的支付。

10. 请简要说明电汇业务中的退汇和修改是如何进行的。

11. 请比较预付款和赊销的特点及对进出口商的风险利弊。

12. 为什么电汇是国际结算方式中最常见的一种？

13. 请分组讨论汇款业务中各当事人面临哪些风险，应对这些风险应该采取什么样的措施，制作 PPT 在课堂上宣讲。

14. 请分组模拟各当事人完成一笔完整的电汇业务，其中涉及的主要凭证自拟。

第 6 章 托 收

本章要点
(1) 托收的定义;
(2) 《托收统一规则》;
(3) 托收的单据;
(4) 托收当事人的责任;
(5) 托收的种类;
(6) 跟单托收的交单方式;
(7) 托收的特点、风险及风险防范措施。

托收是传统的国际结算方式之一,由进出口商利用银行间的联行或代理行的关系及资金划拨渠道,达到清偿进出口商之间债权债务关系的目的。但银行在托收业务中并不承担保证付款的责任,只负责提供完善的服务。货款的保证完全取决于客户之间的商业信用。因此,托收的本质是建立在商业信用基础上的一种结算方式。ICC 专门针对托收业务制定了第 522 号出版物《托收统一规则》(Uniform Rules for Collection,URC 522)。

6.1 托 收 概 述

6.1.1 托收的定义

托收是出口商通过银行向国外进口商收取款项的一种结算方式。根据 URC 522 规定:"托收意指银行按其所收到的指示来处理单据,以便:① 获得付款及/或承兑;② 凭付款及/或承兑交单;③ 凭其他条件交单。"

该定义清楚地表明银行处理托收业务的不同方式。简单地说,托收是指委托人出具单据,连同托收委托书委托托收行通过其在国外的代收行使用某种交单方式向付款人收取款项的一种结算方式。托收业务一般都是委托银行进行,故又称"银行托收"。

6.1.2 托收统一规则

《托收统一规则》是一套为银行、买方和卖方在处理托收业务时提供的具体规则，最早由 ICC 于 1958 年草拟了《商业单据托收统一规则》（Uniform Rules for the Collection of Commercial Paper，ICC 第 192 号出版物），建议各国银行采用，以期成为托收业务中各方共同遵守的"惯例"。随后，ICC 又于 1967 年修订并颁布了该规则（ICC 第 254 号出版物）。为适应国际贸易发展的需要，特别是考虑到实际业务中不仅有跟单托收（附有商业单据的托收），也有光票托收（仅有金融单据的托收），ICC 于 1978 年再次对上述规则进行了修订，并更名为《托收统一规则》（Uniform Rules for Collection，ICC 第 322 号出版物），该修订本自 1979 年 1 月 1 日起生效。该规则对托收的定义、当事人的权利与义务、提示、承兑，以及费用、货物处理等都有细致的描述和规定，供当事人协议采用。

随着世界各国银行实务、法律等方面的发展，托收业务也出现了一些新的问题。为确保 ICC 规则符合不断变化的国际贸易做法，在听取国际贸易业务人员及其他人士意见的基础上，ICC 银行委员会于 1995 年对该规则进行了再次修订，称为《托收统一规则》（URC 522），于 1996 年 1 月 1 日实施。《托收统一规则》自公布实施以来，被各国银行所采用，已成为托收业务的国际惯例。

URC 522 的制定反映了十几年来银行托收业务的新发展，并进一步明确了托收业务中各当事人的责权划分。URC 522 总计 7 个部分，共 26 条，包括总则及定义，托收的形式和结构，提示方式，义务与责任，付款，利息、手续费及其他费用、其他规定。

由于《托收统一规则》属于国际贸易惯例，不具有法律强制力。因此，URC 522 首次明确规定，URC 522 仅适用于在"托收指示"（collection instruction）原文中注明适用该规则的托收，委托人或寄单行也可在托收指示中做出与 URC 522 不同的规定，且此项更改的效力优于 URC 522 的规定。同时，需要注意的是一国的法规可能会使 URC 522 及托收指示书中的有关规定无效，如 URC 522 对其适用性规定了例外，即"除非另有明确约定，或与一国、一州或地方所不得违反的法律和/或法规有抵触，统一规则对一切有关当事人均具约束力。"

6.2 托收中的单据

托收单据一般指金融单据（financial documents）和商业单据（commercial documents）。金融单据意指汇票、本票、支票或其他用于获得付款的类似票据。商业单据意指金融单据以外的其他单据，如发票、运输单据、保险单据、品质或数量证明、原产地证书等。实际业务中，光票托收使用的金融票据以本票和支票居多，而跟单托收中使用的主要金融单据是出口商签发的汇票，甚至于仅使用商业单据。

托收业务中单据的处理是银行的主要业务，也是付款人凭以付款或承兑的重要先决条件。如付款人认为单据不符要求，有拒绝接受单据的权利。

6.3 托收的当事人

6.3.1 委托人

委托人（principal）是委托托收行代为收款的出口商，即合同的卖方（seller），也是托收汇票的出票人（drawer），还可以是托收汇票的收款人（payee）。具体业务中，委托人须向托收行递交托收委托书（也可称托收申请书，见表 6-1），该委托书须列明托收的方式、托收金额、付款期限、单据的种类和份数、适用的惯例、有关当事人名称委托事项等条件，以便银行按其指示处理托收业务。委托书中未明确记载的事项，则依有关法律、URC 及当地的商业习惯处理。

表 6-1 托收委托书

致：中国建设银行　　　　　　　　　　　分行
兹随附下列出口托收单据一套，请按国际商会《托收统一规则》（第 522 号出版物）办理托收业务。

代收行（若空白，由贵行选择） MALAYAN BANKING BERHAD TRADE FINANCE A/C NO. 01210124XXXX	委托人 ANHUI HEFEI XXX ENVIRIONMENT PRODUCTION CO. LTD
付款人 XXX LOGAM UNITRADE SDN. BHD	托收金额 USD18,000.00

发票号码：AQD201585

单据	汇票	发票	海运提单	空运提单	保险单	装箱单	产地证	GSP FORM A	检验/分析证	受益人证明	装船通知
份数	2	3	3	/	2	3	/	/	/	/	/

委托事项：请依照下列标有"×"的内容
☐请贵行要求代收行　　　☒付款交单（D/P）　　　☐承兑交单（D/A）　　　付款期限：即期
☐上述托收款项收妥后：
　　☒请结汇划至开户行：＿＿建行钟支＿＿　账号：＿3400148860805003××××＿
　　☐请原币划至开户行：＿＿＿＿＿＿＿＿　账号：＿＿＿＿＿＿＿＿＿＿＿
☐请贵行对上述单据办理出口托收贷款，出口托收贷款比例为托收金额的＿＿＿％。
　　☐愿与贵行签订单笔订单使用的出口托收项下《出口托收贷款合同》。
　　☐请支用我公司与贵行签订的编号为＿＿＿＿＿＿＿《贸易融资额度合同》项下的出口托收贷款额度。请
　　　贵行将出口托收贷款款项：
　　　　☐结汇划至开户行：＿＿＿＿＿＿＿＿＿　账号：＿＿＿＿＿＿＿＿＿
　　　　☐原币划至开户行：＿＿＿＿＿＿＿＿＿　账号：＿＿＿＿＿＿＿＿＿
☒贵行费用由我公司承担。
☐贵行银行费用由付款人承担　☐可放弃　　　☐不可放弃
☐请贵行通知我公司汇票到期日。
☒若付款人拒绝付款/承兑，请立即通知我公司并说明原因。
☐寄单方式：　☒DHL　　☐EMS　　☐快邮　　☐航邮
☐其他：

　　　　　　　　　　　　　　　　　　　　　　　　　　　　　　　　　公司公章
公司联系人　×××　　　　联系电话　4424×××　　　　　　　2015 年 4 月 21 日

银行复审记录

AMZLOC　08804600

托收业务中，如果付款人拒付，代收行应将拒付情况通过托收行转告委托人，如委托人请代收行保管货物，代收行可以照办，但风险和费用都由委托人承担。委托人也可以指定付款地的代理人代为料理货物存仓、转售、返运等事宜，这个代理人叫"需要时的代理"（principal's representative in case of need）。按照惯例，如果委托人在委托书中指定了"需要时的代理"，他必须在委托书上写明该代理人的权限范围。此外，委托书通常会标明"按照国际商会第522号出版物——《托收统一规则》办理"。

6.3.2 托收行

托收行（remitting bank）是指受委托人委托代为处理托收业务的出口地银行。托收行所办理的托收业务在我国又称"出口托收"（outward collection）。

接到委托人的托收委托书后，托收行应首先审核所办理的业务是否按 URC 522 办理；其次应对委托事项逐一审核，特别是交单条件；最后应核验委托人所交单据的种类、份数，并逐笔登记签收。对于委托人提交的单据，应核对其与"托收委托书"中列明的单据表面是否相符。需要注意的是，托收行对单据的形式、完整性、准确性、真实性或法律效力，或对单据上规定的或附加的一般和/或特殊条款概不负责。所谓是否相符，是仅针对单据名称及单据份数而言，并不包括对单据内容的审查。

完成了上述审核后，托收行可根据已确定的索汇路线和委托书的指示缮制托收指示（在我国俗称"托收面函"，见表6-2），连同单据一并寄进口地代收行。所有送往托收的单据必须附有一项托收指示，注明该项托收将遵循 URC 522 并且列出明确和完整的指示。银行只准允根据该托收指示中的命令和本规则行事，将不会为了获得指示而审核单据。

托收行必须严格按委托人指示行事，不得修改或变更委托人的指示，否则由此引起的一切后果将由托收行自行承担。实际业务中，托收行还往往充当寄单行（forwarding bank）的角色，即为委托人寄送单据。委托人所提交的单据可分一次或两次寄给代收行（为防止单据遗失，可分两次寄单）。

6.3.3 代收行

代收行（collecting bank）是依托收行的托收指示处理托收业务的进口地银行。代收行所办理的托收业务在我国又称为"进口代收"（inward collection）。

代收行可由委托人指定，如其未指定，将由托收行指定。

代收行在托收业务中只根据托收行发送的托收指示行事，而不依赖从其他地方获得的指示，且无须审核指示中所提及的单据。当然，代收行有权自行选择接受或是拒绝托收行的委托。

收到托收行的托收指示后，代收行应采取以下行动。

① 检查该项指示是否按 URC 522 办理。

表 6-2 DOCUMENTARY COLLECTION ORDER

DEAR SIR:
WE ENCLOSE THE FOLLOWING DOCUMENTS FOR COLLECTION
DATE: 2015/04/22

PLS ALWAYS QUOTE
OUR REFERENCE NO:
AHXOCO0602398

TO (COLLECTING BANK): MALAYAN BANKING BERHAD TRADE FINANCE A/C NO. 01210124XXXX	DRAWER: ANHUI HEFEI XXX ENVIROMENT PRODUCTION CO., LTD
DRAWEE: XXX LOGAM UNITRADE SDN. BHD. DETAILS ADDRESS AS PER INV. NO. AQD201585	AMOUNT: DRAFT AMT USD18,000.00 OUR CHARGE USD0.00 TOTAL AMT USD18,000.00

INVOICE NO: AQD201585   MATURITY DATE: / /

DOCUMENTS:

DRAFT	2	CERT OF ORIGIN
INVOICE	3	BEN's CERT
B/L	3/3	QUALITY CERT
N/N B/L		G.S.P. FORM A
INSURANCE POLICY	2	AWB OR C/R
P/W LIST	3	INSP CERT
OTHER DOCUMENTS		

DISPOSAL OF PROCEEDS UPON COLLECTION:

PLS REMIT PROCEEDS BY TELETRANSMISSION QUOTING OUR REF ABOVE UNDER ADVICE TO US FOR CREDIT ACCOUNT OF CHINA CONSTRUCTION BANK H.O. (SWIFT CODE: PCBCCNBJXXX) WITH CITI BANK, N.A., NEW YORK, NY INTERNATIONAL BRANCH A/C NO. 200019118XXXX

SPECIAL INSTRUCTIONS AND/OR REMARKS:

☒ DELIVER DOCUMENTS AGAINST PAYMENT AT SIGHT.
☒ ALL YOUR BANKING CHARGES ARE FOR ACCOUNT OF DRAWEE.
☐ DO NOT WAIVE BANKING CHARGES AND/OR INTEREST.
☒ ADVISE US NON-PAYMENT/~~NON-ACCEPTANCE~~ AND STATING REASONS BY TELETRANSMISSION.
☒ HOLD DRAFT(S) (IF ANY) AND DOCUMENTS PENDING FURTHER INSTRUCTIONS FROM US IN CASE OF NON-PAYMENT/~~NON-ACCEPTANCE~~.
☐ IF PAYMENT IS DELAYED, COLLECT INTEREST AT   % P.A. FOR THE PERIOD OF SUCH DELAY.
☒ IN CASE OF DISHONOUR, PLEASE DO NOT PROTEST.
☒ SUBJECT TO UNIFORM RULES FOR COLLECTIONS (ICC PUBLICATION NO. 522).

FOR CHINA CONSTRUCTION BANK
AUTHORIZED SIGNATURE (S)

② 依据托收指示核实单据的份数和种类,若份数及种类等有误,应立即电告托收行,并不承担任何责任。

③ 对托收指示中指示不明确或超出代收行责任范围的代收业务,如汇票付款人及/或提单收货人为代收行等,应联系托收行进行修改;若托收指示未注明交单条件(D/P 或 D/A),按付款交单掌握,并且代收行对因迟交单而产生的任何后果不负责。

④ 严格按托收指示处理单据和缮制《对外付款/承兑通知书》(见本书附录 A.1),及时通知付款人赎单。在付款交单条件下,须在付款人按规定办妥付款手续后,方可向其

提交正本单据。在付款人不付款或不承兑时，应立即电告指示方，并持单听候其进一步指示。

URC 522 规定："如果银行无论出于何种理由选择了不办理它所收到的托收或任何相关的托收指示，它必须毫不延误地采用电信，或者如果电信不可能时采用其他快捷的工具向它收到该项指示的当事人发出通知。"由此，代收行一旦拒绝接受托收或对托收指示有疑问，需毫不延迟地以电信方式通知托收行，否则需要为此承担可能导致的后果。

此外，托收指示应载明付款人或将要办理提示场所的完整地址。如果地址不全或有错误，代收行可尽力去查明恰当的地址，但其本身并无义务和责任。代收行对因所提供地址不全或有误所造成的任何延误将不承担责任或对其负责。

由此可见，如果委托人/托收行没有提供所需的内容，代收行不承担由此可能导致的任何延误或不符。

实际业务中，如果托收行指定的代收行和付款人没有业务往来，那么该代收行可以主动或者应付款人的请求，委托与代收行有账户关系的付款人的往来银行充当提示汇票的银行——该银行称为提示行（presenting bank），以便提示行根据需要向付款人提供资金融通。

按照托收行的托收指示凭付款/承兑交出单据后，代收行便已履行了其义务。

6.3.4 付款人

付款人（payer）是代收行根据托收指示提示付款/承兑的对象，一般为合同中的买方（buyer），也是托收汇票（如需要的话）的受票人（drawee）。

付款人付款前有审核汇票及/或单据以决定是否接受单据的权利，同时还有按交单方式办理付款或承兑的义务。不管单据之间或单据与合同之间是否相符，在具备正当理由情形下，付款人都有拒绝接受单据的权利，并提出拒付。反之，一旦付款人接受了单据和票据并付款赎单或在承兑交单下到期付款后，付款人的责任也就宣告结束。

若款项已收妥，但付款人和委托人之间因货物品质或其他原因仍有纠纷或问题，应由二者自行解决，与托收行、代收行无关。

6.4 托收的种类

6.4.1 光票托收

光票托收（clean collection）是指不附带商业单据的金融单据的托收。具体而言，是指托收行接受委托人的委托，并利用银行广泛的国外代理行关系，将境外开出的票据及其他金融单据邮寄给付款人，提示其付款并收回款项的服务。具体流程包括：

① 委托人向托收行交付票据；
② 托收行将票据寄代行委托收款；
③ 托收行收到票款后向委托人支付款项。

光票托收业务中可使用不以受理行为付款行的银行汇票、本票、支票、旅行支票、债券、存单、存折、现钞等类似用以取得款项的凭证。

由于光票托收由托收行通过银行间的国际网络收款，避免了由委托人直接向付款人邮寄凭证收款的风险。由于托收行要将票据寄送代收行，因此收款的速度较慢，但如托收行与代收行之间签订有"立即贷记"协议，可大大缩短收款时间。相比较跟单托收而言，光票托收的费用较低。

光票托收中的本票和支票由进口商签发，然后直接寄给出口商，由出口商向托收行提示。汇票则由进口商委托银行签发或直接购买银行汇票，但由于没有商业单据的伴随，出口商的收款是否安全完全取决于客户商业信用，增加了收款的不确定性。由于涉及票据，出口商即便收妥了款项仍可能面临依据票据法规定被银行追索的风险。光票托收因金融票据和商业单据（尤其是物权凭证）脱离，实际业务中不乏通过光票托收进行商业诈骗或者遭到退票处理的，因此大宗交易极少使用光票托收。光票托收多用于贸易项下从属费用的结算，如运费、保险费或佣金等的结算；还可用于非贸易项下的结算，如捐赠费、赡养费等的结算；偶尔用于小额贸易交易或货款尾数的结算。

小贴士：光票托收的几种方式

1. 立即贷记

"立即贷记"（cash letter）是指托收行按代理行所提供的服务范围，将符合要求的票据寄给代理行，代理行收到票据后通过票据交换中心进行清算，并在保留追索权的情况下将票款立即贷记托收行账户。各家代理行提供的"立即贷记"服务对票据的要求都较高。票据除了应满足光票托收的基本条件外，如有下列情形之一的，不能采用"立即贷记"：

① 破损、遗失或被盗的票据；
② 被涂改的票据；
③ 曾遭拒付的票据；
④ 磁码缺失的票据；
⑤ 票据为复印件；
⑥ 超过协议规定金额的票据；
⑦ 已经背书转让的票据；
⑧ 美国财政部本票。

采用"立即贷记"，票款入账时间快（一般为收到票据后3个工作日左右）、费用低廉、查询方便；但贷记款项不具终局性，因各种原因，包括票据正面和背面的风险产生的退票，代理行有权从托收行账户上直接扣回票款和退票费，托收行承担了较大的退票风险，且追索期长。该方式一般适用于票面金额较小的票据。

2. 最终贷记

"最终贷记"（final credit）是指托收行根据代理行协议，将符合要求的票据寄给代理行，由其在协议规定期限内或者贷记托收行账户，或者通知退票。贷记后，代理行承担票据正面的风险,但对于票据背面的风险如背书缺失、背书不正确、背书不完整、背书伪造等情况,对托收行仍然保留追索权。如有下列情形之一的,不能采用"最终贷记":

① 超过代理行协议规定的地域或金额;
② 票据为复印件;
③ 破损的票据;
④ 要素不完整的票据;
⑤ 曾经托收过或遭拒付过的票据;
⑥ 远期票据。

采用"最终贷记"托收方式,收汇时间较长,且费用较高,但比"立即贷记"安全,收汇基本具有终局性,除非票据背面有风险。因此,银行需注意严格审查票据背书的真实性和完整性。"最终贷记"一般适用于单票金额较大且在美国境内付款的美元票据的托收。

3. 标准托收

"标准托收"(standard collection)是指托收行将票据委托代理行办理托收,代理行将票据提示给付款人,付款人付款后,代理行将款项扣除有关费用,贷记托收行账户。"标准托收"适用的票据范围最广。采用"标准托收",能够确切知道票据是否已由付款人付款,但代理行一般对票据背面的风险仍然对托收行保留追索权。

有些代理行要求通过其办理"标准托收"时,托收行进行票据背书时应加列"ALL PRIOR AND/OR MISSING ENDORSEMENTS GUARANTEED"字样,"标准托收"适用于对金额较大或有疑问的票据的托收。

6.4.2 跟单托收

跟单托收(documentary collection)是指附带商业单据的金融单据的托收和不附带金融单据的商业单据的托收。

所谓附带商业单据的金融单据的托收,意指委托人既签发商业汇票又同时随附有商业单据的托收。在此情形下,托收是以汇票作为付款凭证的,而其他商业单据是汇票的附件,起到"支持"汇票的作用。托收项下的汇票由委托人签发,通常应记名背书给托收行,再由托收行记名背书转让给代收行,凭以向付款人提示汇票以获得付款或承兑。

而不附带金融单据的商业单据的托收指仅有商业单据而无金融单据的托收。此类跟单托收主要是避免某些国家对汇票须按税法规定征收票面金额一定比例的印花税而产生的。由于没有了汇票,也就失去了持票人可以通过票据法保护自己的功能。在托收顺利的情况下,不会有风险;但一旦付款人拒付,也就没有办法做成拒绝证书(protest)行使票据业务中的追索权,对今后委托人起诉付款人不利。

因此,跟单托收是否需要汇票更取决于付款人的信用及委托人与付款人之间的约定。国际结算中使用的托收大多为跟单托收。

6.5 托收的交单方式及业务流程

跟单托收根据代收行交单的条件和时间可分为付款交单、承兑交单两种,还有按其他条款和条件交单的做法。

6.5.1 付款交单

付款交单(documents against payment,D/P)意指委托人指示托收行、托收行指示代收行在付款人付清托收款项后将单据交给付款人的交单方式,也是托收业务中使用较多的一种,具体业务流程见图 6-1。

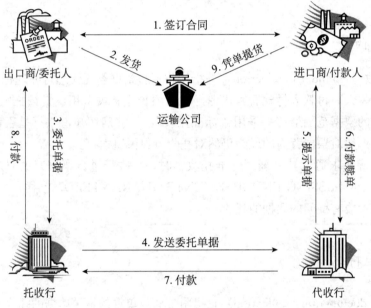

图 6-1 付款交单流程图

至于付款交单是即期还是远期付款、是否需要汇票取决于托收指示中的规定,但 URC 522 本身并不主张使用远期汇票的付款交单:附有商业单据必须在付款时交出的托收指示,不应包含远期付款的汇票。这是因为托收项下的单据多在远期汇票到期日前寄送到代收行。货物也已经到达目的地(港),但付款人因为未对远期汇票付款而不能得到单据并办理提货。这种情形下,容易造成高额滞港费,如由海关代为存仓又必将发生高额的仓租,同时卸到码头或其他指定地点的货物可能存在风险,而代收行对由于交单的任何延误所产生的任何结果将不承担责任。虽然实务中也有凭信托收据①(trust receipt)解决含有远期汇票的付款交单产生的货物到达时间与汇票未到期矛盾的做法,但已属于代收行与进口商的融资安排,详见本书第 10 章相关内容。

远期付款交单在东亚国家会有使用,但实际业务中,有些国家如西班牙、秘鲁、玻利维

---

① 信托收据是进口商向代收行借取装运单据时提供的一种书面担保文件,用来表示愿以代收行的受托人身份代为提货、报关、存仓、保险或出售并承认货物所有权仍属银行,货物出售后所得货款,应于汇票到期时交银行。

亚、瑞士等的银行没有远期付款交单的做法，如提交了含有远期汇票的托收单据，一般将其视同为承兑交单处理。因为货物先到而汇票尚未到期，容易引起进口商的不满。还有些国家的银行不承认远期付款交单的做法，如托收指示要求按远期付款交单办理，这些银行将视同为即期付款交单。因此，托收行有义务劝阻委托人不要采用远期付款交单的方式，如果坚持用远期付款交单方式，一般不要出具汇票。我国国内某些银行甚至只接受即期付款交单的方式。

不管是即期还是远期付款交单，代收行交单的前提都是以进口商付款为唯一条件。如在付款前交单，则违反了 URC 522 的规定。但进口商何时付款与银行无关。

6.5.2 承兑交单

承兑交单（documents against acceptance，D/A）意指委托人指示托收行、托收行指示代收行在付款人审单后决定接受单据时，由付款人在汇票上办理承兑，代收行审查承兑手续齐全后留下汇票，单据交付款人。在汇票到期后，付款人再向代收行付款。承兑交单方式中须使用远期汇票，具体业务流程见图 6-2。

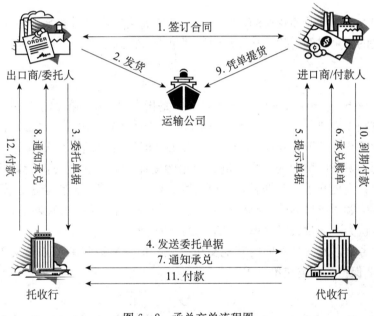

图 6-2 承兑交单流程图

6.5.3 按其他条款和条件交单

根据 URC 522 的规定，银行可以按照其他条款和条件交单。但在 URC 明确的交单方式中，只有付款交单和承兑交单。因此，作为代收行，在收到按其他条件交单的托收指示时，有权自行考虑是否按其指示办理，毕竟这些条件没有体现在 URC 522 中，也就难以得到 URC 522 的保护。可能产生的交单的其他条件有以下几个。

1. 凭银行保函交单

这种做法一般产生在远期 D/P 下，托收指示表明见单或装运后一定期限付款。由于银行只能在收到货款后放单,为避免货物到达目的地(港)而付款时间未到,可由进口商向代收行提出开立保函以便提货。实际上这种交单方式仍属于银行对客户的融资安排,为控制风险,银行往往只对信用好的进口商谨慎使用。

2. 凭信托收据交单

这种交单方式也主要产生于远期 D/P 下,由进口商出具信托收据从代收行那里先行借出单据以便提货,同样,也属于银行的融资安排。因为增加了银行的风险,且容易使银行卷入到货物的处理中,实际业务中银行也是谨慎对待。有些国家的银行甚至没有这种做法,如德国;而在法国也没有得到法律认可。

3. 凭本票交单

本票属于自付票据,进口商在托收方式下可签发本票作为对见票时立即支付或于将来可确定时间支付票款的承诺。托收方式中也会出现凭进口商的本票作为银行交单的前提。

4. 凭付款承诺书交单

由于汇票和本票均涉及印花税的负担,因此进口商会提出以付款承诺书代替汇票或本票,用以承诺在规定的将来时间付款,从而从银行那里先行得到单据。

5. 交单付现

交单付现(cash against documents,CAD),是指卖方交单的前提条件是买方付现,如买方不付现,卖方则不交单。这是一种容易与 D/P 混淆的交单方式。有些银行往往使用托收业务面函,且声称适用于 URC 522,交单条件 CAD。但二者之间有本质差异,在 CAD 项下,进口商根据收到的货物已装运的信息(例如单据的复印件)支付相应的货款给指定银行,指定银行必须在出口商提交正本单据后方可划款给出口商,并将单据交给进口商。因此 D/P 是进口商通过付款去赎回出口商的单据,而 CAD 则是出口商以单据去赎回进口商的付款资金。实际业务中也有认为不通过银行寄单的 CAD 是汇付业务的一种。

尽管托收业务会涉及各种不同的其他交单方式,但一般以付款或承兑交单最为常见,这也是受 URC 522 保护的两类交单方式。

6.6 托收中的利息、费用及其他条款

6.6.1 利息

托收指示中专门有利息(interest)条款,以表明付款人拒付或延迟付款时利息如何支付。如果要求收取利息,托收指示中应明确规定利率、计息期和计息方法。

利息条款曾在托收业务中引起麻烦,为此 URC 522 专门规定了相关条款以便澄清。尤其需要关注的是:如托收指示中明确地指明利息不得放弃而付款人已拒付该利息,提示行将不交单,并对由此所引起的延迟交单所产生的后果将不承担责任。当利息已被拒付时,提示行必须以电信,当不可能时可用其他便捷的方式通知曾向其发出托收指示的银行,不得延误。

根据该款规定,在托收指示明确利息不得放弃时,只有等利息问题解决后才能向付款人交单,托收行和委托人应考虑到因利息不得放弃时而导致的任何延误所带来的后果。

URC 522 又规定:如果托收指示中规定必须收取利息,但付款人拒付该项利息时,提示行可根据具体情况在不收取利息的情况下凭付款或承兑或其他条款和条件交单。

6.6.2 费用

托收项下的费用问题易导致争议,为此,URC 522 专门制订了如下规则,以便明确有关费用的负担。

如果托收指示中指明托收费用由付款人承担,而付款人拒付托收费用时,提示行可以根据具体情况在不收取费用的情况下凭付款或承兑或其他条款和条件交单。当托收费用被放弃时,该项费用由发出托收的一方承担,并可从货款中扣减。

如果托收指示中明确指明费用不得放弃而付款人拒付该项费用时,提示行将不交单,并对任何延迟交单造成的任何后果不负责任。当支付托收费用的要求已被拒绝时,提示行必须毫不延迟地以电信方式通知发出托收指示的银行,如不可能,则以其他快捷方式通知该行。

在任何情况下,根据托收指示中明确的条款或根据本规则,开支及/或花费及/或托收费用由委托人承担时,代收行有权从向其发出托收指示的银行立即收回其所支出的有关开支、花费和费用,而托收行不管该笔托收结局如何,有权向委托人立即收回其所支付的任何金额,连同它本身的开支、花费和费用。

银行保留向发出托收指示的当事人要求预先支付费用的权利,以弥补在试图执行任何指示时的成本和收到此项支付以前还要保留不执行该项指示的权利。

托收中的费用在托收指示中有明确规定,参见表 6-2 中 "SPECIAL INSTRUCTIONS AND/OR REMARKS" 下方的相关条款。

6.6.3 其他条款

1. 拒绝证书

拒绝证书(protest)是汇票持票人向付款人提示汇票遭到拒付时向汇票的背书人和出票人行使追索权时应出具的证明拒付事实的文件。托收指示对当发生拒绝付款或拒绝承兑时的有关拒绝证书应有具体的指示(或代之以其他法律程序),银行由于办理拒绝证书或其他法律程序所发生的手续费和(或)费用将由向其发出托收指示的一方承担。如托收指示中应表明:

☐ Protest for non-payment/non-acceptance.
☐ Protest waived.

托收指示如未明确指示遭到拒绝付款或拒绝承兑时需做成拒绝证书时,代收行届时无义务做成拒绝证书。在我国,拒绝证书通常由公证处出具,我国商业银行业务中通常不接受办理拒绝证书。

进口商拒付后,提示行应无延误地对向其发出托收指示的银行寄送拒绝付款通知及/或拒绝承兑通知,如发送通知后 60 天内未收到托收行的进一步处理单据的指示,提示行可将单据退回给向其发出指示的银行,而提示行方面不承担更多的责任。

2. 需要时代理人

如果委托人指定一名代表作为在发生拒绝付款及/或拒绝承兑时的需要时代理人,托收指示中应清楚地、详尽地指明该代理人的权限。在无该项指示时,银行将不接受来自代理人的任何指示。例如:

In case of need refer to ABC Trading Co., Hong Kong, who will assist you to obtain acceptance/payment but who has no authority to amend the terms of the bill.

6.7 托收的特点、风险及风险防范措施

6.7.1 托收的特点

托收是典型的基于商业信用的结算方式。与托收有关的银行的责任仅限于为客户提供服务,URC 522明确指出:银行将以善意和合理的谨慎办理业务。即托收行严格按照委托人的指示办理托收业务,代收行严格按托收行的托收指示处理业务。

除此以外,银行办理托收业务时,对单据的形式、完整性、准确性、真实性或法律效力等不负责;对电函、信件或单据在传递过程中的延误、丢失以及专门属于在翻译或解释上的错误也不负责;也没有保证付款人必然付款或承兑的责任。见以下案例分析。

案例分析

一套单据依URC 522开立,由K国托收行寄给L国的代收行,交单方式为承兑交单。汇票以进口人为付款人,提单后60天付款。2001年6月28日,代收行表示收到单据和托收指示,并添加了声明:"承兑汇票于2001年8月21日到期,我方不承担付款责任。"咨询人要求国际商会银行委员会解释该声明的意思,因为到期日时该汇票未被付款。

分析结论指出:按URC 522规定,托收是指银行依所收到的指示处理单据,以便于获得付款及/或承兑;或者凭付款及/或承兑交单;或依其他条件交单。提示行有责任注意汇票承兑形式看来是完整和正确的,但是,对任何签字的真实性或签署承兑的任何签字人的权限不负责任。代收行必须无延误地对向其发出托收指示的银行寄送承兑通知。从该咨询中,可以认为代收行已遵循了上述提及的规定。托收指示要求凭承兑汇票交单。从代收行处收到的该声明指出汇票已被受票人承兑。因此,按托收指示应交付单据。已经得到受票人承兑后,代收行并不对汇票到期时是否付款负责。银行添加的声明仅仅是表明银行对汇票到期时付款不承担责任。该声明符合URC 522的规定。

资料来源:ICC未公开出版物1995—2004年的意见R613号

未经银行事先同意,货物不得直接发至银行,或以该银行为收货人。否则一旦货物发给银行,银行没有提货的义务,一切风险由发货方承担;银行对托收项下的货物没有义务进行仓储或保险;即便银行为货物采取措施时,对有关货物的结局/或状况或对受托保管和/或保护的任何第三方的行为和/或疏漏概不承担责任,只要代收行毫不延误地将其所采取的措施通

知对其发出托收指示的银行；银行对货物采取任何保护措施所发生的任何费用将由发出托收的一方承担。

案例分析

提示行咨询：交单方式为付款人承兑后交单，运输单据做成凭提示行（Bank T）指定人抬头。付款人承兑了汇票后，提示行交出单据，并按代理行（托收行）指示及时背书给了付款人。到了汇票到期结算日时，付款人没有资金支付。提示行咨询：是否因运输单据做成凭其指定人抬头，所以由其代替客户（买方）支付汇票票面款？这样的抬头是否构成提示行对委托人的责任？

ICC分析中指出：代收行或提示行需按照托收行的托收指示行事。你方（提示行）声明托收指示要求之一是凭付款人承兑汇票交单，一旦汇票被承兑，你方就需背书后将单据交给付款人。

结论：一旦放单，且承兑通知寄托收行后，你方的角色就已完成。到期日时已承兑汇票的结算并不构成你方责任。事实上签发为你方指定人抬头的运输单据依据 URC 522，在付款人违约情形下并不使你方负有付款责任。

资料来源：ICC 未公开出版物 1995—2004 年的意见 R609 号

6.7.2 托收的风险

1. 出口商面临的风险

托收业务中，出口商仅凭进口商的信用发货，发完货后才收款，需要承担进口商破产倒闭无力支付货款，或因货物价格下跌借故拒付，或进口商以货物的规格、质量、包装、数量等不一致而要求降价甚至拒付等风险。与托收有关的银行仅充当中间人，并不保证付款或承担任何信用风险或进口国的政治风险，而且银行通常没有保护货物的义务。因此，相对而言，托收对委托人的风险大于进口人。

在付款交单条件下，进口商一旦拒付，出口商仍可通过控制提单拥有货物的物权（如采取空运或其他运输方式，物权就很难控制，因为除提单外，其他运输单据大多不是物权凭证）。如进口商到期拒不付款赎单，出口商虽然还可把货物另行处理或运回来，但需要承担一笔额外运费及降价处理等损失，如处理不及时，还有可能被进口国海关视作无主货物加以没收。远期付款交单增加了出口商收款的利息成本，在某些国家还会被当作承兑交单来处理，加大了风险。

在承兑交单条件下，进口商承兑了远期汇票后就能得到货运单据，从而凭以提取货物。若进口人到期不付款，虽然出口商有权依法向承兑人追偿，但实践证明，此时的进口商多半已无力偿付，或者早已宣告破产，甚至人去楼空。有的进口商要求按承兑交单方式进行交易，其本身可能就是一种预谋的诈骗。在此情况下，出口商人就可能会遭受财货两空的重大损失。

2. 进口商面临的风险

托收总体上是一种非常有利于进口商的结算方式。付款交单条件下，进口商可以等到货物到达指定目的地后,甚至根据海关法的规定查验进口货物后再决定是否付款。远期 D/P 下,进口商可拖延付款时间或者凭信托收据先行借出单据办理提货,缓解了其资金周转的压力。而 D/A 下,进口商承兑后先得到单据办理验货和提货等手续,无须承担风险。因此,除非出口商提交给进口商用以办理进口提货时所需的单据不符合进口地海关或其他监管机构的要求,否则进口商几乎不承担风险。

3. 托收行面临的风险

托收行在跟单托收业务中存在的主要风险有:单据交接手续不清,未严格执行托收人的托收指示,或是选择了不恰当的代收行或误寄单据导致托收行和客户之间产生纠纷,造成银行形象和资金损失。

4. 代收行面临的风险

代收行在跟单托收业务中存在的主要风险是未执行托收行的托收指示或是未办妥付款/承兑手续即行放单给进口商而导致的政策风险和资金风险。

6.7.3 托收的风险防范措施

1. 出口商的风险防范措施

① 了解出口商信用,可通过银行或专业信用调查机构(如中国信保、邓白氏、科法斯等)进行调查。

② 严格按合同规定出货并认真制单,以防止进口商借故挑剔单据从而拖延付款时间甚至拒付。虽然托收业务中无论单据之间或单据与合同之间是否相符,进口方都可以提出拒付,但拒付的理由应能得到支持。为此,出口商更应对单据从严把关,以免留下把柄。

③ 事先安排好"需要时代理人",一旦拒付,由代理人代为提货、存储、就地出售或返运回出口商所在地,以尽可能减少损失。

④ 慎重选择代收行,一般只接受与国内托收行有代理关系的且信誉良好的大型商业银行作为代收行,以规避代收行不执行或不完全执行托收指示,以及代收行与托收行不能直接进行加押电报交流等产生的风险和损失。

⑤ 选择合适的交单方式,当交易商品处于卖方市场时,宜选择即期 D/P;当交易商品处于买方市场时,且进口商要求给予融资便利,可依客户信用程度慎重选择 D/A 或远期 D/P。

⑥ 了解进口国有关政策法令和商业习惯,以规避进口国对成交商品采取临时限制进口措施或其他外汇管制措施,从而造成货物到达目的地后不能进口或不能及时收汇的风险。此外,出于商业习惯的不同,部分国家的银行把远期付款交单等同于承兑交单,需事先清楚地把握这些商业习惯。部分国家的海关也有一些特别规定,如无充分了解,也会带来损失和风险。见以下案例分析。

> **案例分析**
>
> 2005年1月，一些不法土耳其商家利用我国企业信任及土耳其海关有关法规漏洞对我国出口企业实行诈骗。特别是有一家名为 GULER GIDA SAN VE TIC LTD STI 的伊斯坦布尔公司，已对多家食品企业进行了诈骗，其惯用手段为：在通过互联网与我国企业取得联系后，提出购买商品，并要求以 D/P 形式付款。待我方货物抵港后，以各种借口拖延付款时间。由于土耳其海关规定货物滞港时间不得超过 45 天，否则将被没收拍卖，且原进口商在拍卖中享有优先权。如欲申请延长滞港时间或办理退运手续，都需由原进口商提供书面材料。上述不法商家正是利用了这一规定故意拖延时间，以期达到以低廉的拍卖价格获取我方商品的目的。
>
> 资料来源：商务部网站

⑦ 投保短期出口信用保险，以规避由于进口国发生战争、暴动或内乱，或是进口商破产倒闭无力支付等原因导致的收汇风险。2008年国际金融危机以来，出口信用保险正日益成为广大外贸企业在以赊销和 D/A 等远期收汇结算方式下有效控制风险的重要措施。我国目前从事出口信用保险业务的有中国出口信用保险公司（简称"中信保"）、中国人民保险公司和中国进出口银行。随着上海自贸区的成立，也有业内人士开始呼吁全面放开商业性出口信用保险业务，允许商业保险公司办理此项业务。

⑧ 预收部分货款，一定程度上降低了进口商后续拒绝赎单的概率。

⑨ 适当运用保理方式降低风险，以规避在 D/A 交单方式下因进口商无力支付或拒付而带来的风险。保理的具体内容参见本书第12章。

2. 进口商的风险防范措施

① 严格审核单据，重点关注单据是否满足本国监管及办理清关提货时的要求，以免不能办理进口提货手续。此外，还需重点审核提单是否有效背书，能否使自己掌握物权，以免付款后无法提货。

② 选择合适的交单方式，如流动资金不足，需要出口商给予远期付款的融资便利，可采用 D/A 方式；反之，如进口商流动资金充足，且与出口商有良好的合作关系，也可考虑采用 D/P 方式。

3. 托收行的风险防范措施

① 严格审核客户的托收委托，如客户委托事项中有托收行无法办到的，应要求客户修改。

② 经办人员应对委托事项逐一审核，包括交单条件是否清楚、付款人和代收行名址等，同时应将其与实际提供的单据种类和份数、金额、期限核对清楚，方可办理签收手续。

③ 按客户提供的代收行名址寄送单据。如果客户提供的代收行名址与经办行掌握的有出入，应联系客户确认。若客户委托经办行选择代收行，应按以下原则选择：符合总行代理行政策、资信较好且与经办行有过来往、与付款人在同一城市或同一国家的银行。

④ 准确缮制出口托收面函，确保委托事项与客户的委托一致。单据寄出前，须认真核对邮寄的地址是否准确无误。

⑤ 收到代收行对托收的任何情况反馈，应毫不延误地通知委托人。

4. 代收行的风险防范措施

① 认真审查托收行的托收指示是否存在代收行无法执行的事项，如有，应要求托收行修改。否则拒绝为托收行办理托收，并将单据及时退还托收行。特别注意不得接受汇票做成托收行为付款人的托收委托。

② 放单前须要求进口商办妥有关全额付款手续，包括足额的备付资金、进口付汇所需的手续如进口报关单、客户同意付款的确认书等。如果进口商不在《进出口付汇名录》内，须要求进口商提供《进口付汇备案表》等，付款手续完备后，方可放单给进口商，放单时应办妥签收手续。

③ 如果进口商要求部分付款或无偿放单，应征得托收行的书面同意。

④ 客户未办妥付款赎单手续前，应妥善保管好单据。

1. 什么是托收？URC 522 对于托收业务有哪些指导作用？
2. 根据 URC 522，托收单据可以划分为哪两类？分别指哪些单据？
3. 托收的主要当事人有哪些？他们各自的权责是什么？
4. 请说明托收指示的重要性。
5. 请正确解读表 6-2 中特别指示的各项要求。
6. 代收行应根据谁的指示处理进口代收业务？如果托收指示中没有明确交单方式，代收行应按付款交单还是承兑交单处理？
7. 代收行对收到的托收指示有疑问或无法执行其中部分条件时，应当如何处理？
8. 托收有哪两种方式？其中主要的方式为哪一种？为什么？
9. 跟单托收有哪几种交单方式？它们各自的业务流程是怎样的？
10. 你能根据图 6-1 画出远期付款交单的流程图并解读各步骤吗？
11. 国际商会为什么不鼓励付款交单方式要求提交远期汇票的做法？你能分析远期付款交单带来的问题吗？
12. 代收行收妥托收款后，应以什么方式将头寸调拨至托收行账户？
13. 请解读 URC 522 对利息和费用的具体规定。
14. 你能熟练地模拟托收行填写一份完整的托收指示吗？
15. 请分组模拟完成付款交单托收业务，所涉及的主要凭证自拟。
16. 请分组模拟完成承兑交单托收业务，所涉及的主要凭证自拟。
17. 跟单托收中各当事人如何应对潜在风险？请制作 PPT 在课堂上宣讲。
18. 相比其他传统结算方式，如汇款和信用证等，托收在进出口业务中占比非常低，你认为主要原因是什么？

第 7 章 信用证

本章要点
(1) 信用证的产生背景；
(2) 信用证的定义；
(3)《跟单信用证统一惯例》；
(4) 信用证的主要当事人；
(5) 信用证的主要内容和开立方式；
(6) 信用证的种类及业务流程；
(7) 信用证的特点和作用；
(8) 信用证项下银行间偿付；
(9) 信用证的局限性和风险。

国际货物贸易中，买卖双方相距遥远，背景各异。货物从准备到具体交接以及货款的支付周期都很长，因此商业信用就成了一道无形的壁垒。作为出口商，担心货物出运后，进口商不及时支付或拒付；作为进口商，担心付款后出口商无法按时交货或所交付的货物与合同不符。这些担忧虽然可以通过部分预付款、部分单后或货到后支付来协商解决，但预付款的比例及余额能否全部安全及时收回的风险对出口商而言仍存在，而对进口商仍存在预付一定比例货款后货物存在质量或交货期等方面问题的风险。

在此背景下，信用证以一种"万能者"的身份（银行为付款人）介入其中，为买方和卖方提供了信用保障。有效解除了买卖双方的种种顾虑。信用证一经在国际货物贸易中使用，便受到了极大欢迎并随之有了长足的发展。近些年来，由于信用证手续繁杂、费用较高及不符点难以避免等诸多原因，导致其在全球的使用比例日益下降。但对于大额交易而言，尤其自 2008 年国际金融危机以来，信用证仍不失为一种较安全的结算方式，而且我国使用信用证每年涉及的结算金额是所有结算方式中最高的。

信用证的使用最早可以追溯到古埃及和巴比伦时代，但是直到公元 18 世纪才得到广泛使用和认可。这一时期，西方的银行首次引入旅行信用证的概念，以避免携带大量现金进行交易可能导致的被盗等风险。

7.1 信用证的定义

根据国际商会第 600 号出版物《跟单信用证统一惯例》（UCP 600）的规定："信用证是指一项不可撤销的安排，无论其名称或描述如何，该项安排构成开证行对相符交单予以承付的确定承诺。"

可见，信用证是开证行对受益人的一种有条件的付款保证，只要受益人履行信用证项下所规定的义务，即受益人只要提交相符单据，开证行就保证付款。由此，在信用证结算方式下，开证行负第一性付款的责任，属于银行信用。需注意的是，凡根据 UCP 600 开立的信用证都是不可撤销的，除非当事人在信用证条款里加列除外条款。

信用证定义涉及 3 个重要概念。

7.1.1 承付

"承付"（honour）一词在 UCP 中是个新的概念，而实际上中国人民银行 1997 年颁布的《支付结算办法》第四章第三节已经使用了"承付"一词，且认为是"承认付款"的缩写。而根据 UCP 600：

"承付是指：

"① 如果信用证为即期付款信用证，则即期付款；

"② 如果信用证为延期付款信用证，则承诺延期付款并在承诺到期日付款；

"③ 如果信用证为承兑信用证，则承兑受益人开出的汇票并在汇票到期日付款。"

由此，UCP 600 "承付"的定义包含 3 种类型，即期付款、承诺付款和承兑付款。它们的本质都是银行承认其立即或者在约定的日期履行付款的责任。

7.1.2 相符交单

相符交单（complying presentation）是指与信用证条款、UCP 600 的相关适用条款，以及国际标准银行实务一致的交单。所谓交单，是指向开证行或被指定银行提交信用证项下单据的行为，或指按此方式提交的单据。需注意的是这里所指的国际标准银行实务既包括国际商会所制定的《关于审核跟单信用证项下单据的国际标准银行实务》，也包括所没有提及的国际上流行的标准银行实务。

7.1.3 不可撤销

所谓"不可撤销"（irrevocable），是指信用证一经开证行开立，则在没有得到有关主要当事人的一致同意时，开证行不可以单方面地修改或撤销信用证。UCP 600 强调信用证都是不可撤销的，意在为受益人提供相对确定的银行付款承诺。当然，不可撤销的信用证在经过开证行、保兑行（如有的话）及受益人的同意后也可以撤销或修改。

7.2 跟单信用证统一惯例

信用证自 19 世纪产生以来,由于对跟单信用证所涉及的有关当事人的权利、义务与专门术语在国际上缺乏一个统一的解释和公认的准则,世界各国银行按照自己的习惯和利益自行行事。因此,各有关当事人之间经常发生争议和纠纷,尤其是在爆发经济危机、信用危机和市场不景气的情况下,进口商和开证行往往挑剔单据,借口其中某些内容不符合要求而提出异议,拖延付款甚至拒付,从而导致司法诉讼。在此背景下,国际商会最早于 1929 年开始着手制定标志着跟单信用证统一惯例产生的《商业跟单信用证统一规则》(Uniform Regulations for Documentary Commercial Credits),于 1930 年正式公布实施,称为 ICC 第 74 号出版物。之后,随着国际贸易的变化、信用证领域的技术发展,以及航运、保险业的发展,国际商会又进行了多次修订,其中 1962 年的修订本中将《商业跟单信用证统一惯例》重新命名为《跟单信用证统一惯例》(Uniform Customs and Practice for Documentary Credits,UCP)。2007 年,国际商会又完成了对 UCP 500 的修订,并制定了第 600 号出版物《跟单信用证统一惯例》,简称 UCP 600,于 2007 年 7 月 1 日起正式实施。具体沿革参见表 7-1。

表 7-1 《跟单信用证统一惯例》的沿革

实施时间	惯例命名
1933 年	商业跟单信用证统一惯例,UCP 82
1951 年	商业跟单信用证统一惯例,UCP 151
1962 年	跟单信用证统一惯例,UCP 222
1975 年	跟单信用证统一惯例,UCP 290
1983 年	跟单信用证统一惯例,UCP 400
1994 年	跟单信用证统一惯例,UCP 500
2007 年	跟单信用证统一惯例,UCP 600

与 UCP 500 相比,UCP 600 的条款减少了 10 条,第一次系统地对信用证有关概念进行了定义,同时删除了那些表达不确切、内容过时以及与国际贸易实务相脱节的条款;确立了新的信用证实务操作标准,银行审单时间也相应缩短,平衡了信用证各方当事人的利益;增加了实务操作性条款,措辞更为简洁、通俗、严谨、清晰、与时俱进,如在第 36 条中增加了恐怖主义行为导致的后果。当然,UCP 毕竟只是一套指导银行处理信用证业务的国际惯例,UCP 600 虽经多次讨论之后正式实施,但仍难解决目前实务中遇到的所有问题,且与多种其他惯例并行,操作难度也会加大。

总的来说,UCP 虽不是国际性的法律,但它已为大多数国家的银行普遍接受和使用,成为一种公认的国际惯例,甚至有不少国家的法院还把 UCP 作为裁决跟单信用证纠纷的依据或"准则"。为了获得法律上的保护,开证行在开出的信用证上务必注明"本证根据国际商会《跟单信用证统一惯例》开立"。需要指出的是,UCP 600 的实施并非意味着 UCP 500 的废止,二者同时有效。开证行开立的信用证既可表明受 UCP 500 约束,也可表明受 UCP 600 约束。现在按照 SWIFT MT 700 格式开立的信用证更在 40E 场次中表明信用证所适用的规则。

为了适应电子商务在国际贸易领域的广泛应用,国际商会提出在 UCP 500 的基础上对电子交单等制定一个补充规则,并为此成立工作组。2002 年,《跟单信用证统一惯例关于电子交单的附则》（eUCP 1.0 版，以下简称 eUCP）开始实施。为配合 UCP 600 的使用，国际商会又对 eUCP 1.0 进行了更新，最新版本为 eUCP 1.1，作为对 UCP 600 的补充，以适应单独提交或与纸质单据混合提交电子记录的情形。

受 eUCP 约束的信用证也应受 UCP 的约束，而无须明确写入信用证中。但如果适用 eUCP 和 UCP 而产生不同的结果时，则优先适用 eUCP。信用证表明受 eUCP 约束时，eUCP 作为 UCP 的补充适用，但应注明适用的版本。如果 eUCP 允许受益人在交单时选择纸质单据或电子记录，受益人选择仅提交纸质单据的，则该交单只适用 UCP。eUCP 既可适用于电子记录的提交，也可用于纸面单据和电子记录的混合提交。

7.3 信用证的当事人

信用证业务的当事人较多，如果仅从信用证的法律关系来考虑，它只是开证行对受益人做出的有条件付款的承诺书，而申请人并不是当事人。但从信用证的操作层面考虑，申请人因向开证行提出开证申请，且开证行偿付或承付后要向申请人追索，故而申请人也是信用证业务当事人之一。本节主要围绕业务当事人进行介绍。

7.3.1 申请人

申请人（applicant）是指要求开立信用证的一方，通常为货物的买方，也可以是服务的接受方。

作为申请人，应该遵循以下程序行事。

1. 提交申请书

信用证业务中，申请人应按合同规定的时间及时通过开证行开立信用证。向银行提出开证申请时，申请人应提交开证申请书（application）（见本书附录 A.2）。信用证开立的依据是开证申请书，而开证申请书又是由申请人根据买卖合同的主要条款填写给开证行的。因此，信用证开立的依据实质是买卖合同。作为申请人，应确保严格按买卖合同填写申请书，所列内容的表述须符合 UCP 的规定。所需单据的名称、份数以及传递方法等，应完整、明确地填写进申请书中。申请人不应将含糊不清的、模棱两可的、限制信用证生效等条款写入申请书中。实际上，信用证之所以会产生高比例的拒付，与申请人申请开证时条款不明有很直接的关系。

2. 缴纳必要的保证金

如申请人在开证行有授信开证额度，且开证金额在额度内，可减免保证金。如无授信开证额度或超出授信开证额度的，就需缴纳保证金，保证金最高可达 100% 开证金额。目前国内各主要中资银行对非授信企业开证一般收取全额保证金。如申请人无足额保证金，可以用其他付款保证代替，如抵押、质押、保证等。

3. 及时赎单

在收到开证行的"对外付款/承兑通知书"（见本书附录 A.1）后，申请人经审核单据（实务中往往是由开证行提供的单据复印件）构成"相符交单"后，须交回已盖章同意付款或承兑的"对外付款/承兑通知书"，从开证行赎回单据；若受益人的单据不能构成"相符交单"，有权提出拒付，但须及时告知开证行。

7.3.2 开证行

开证行（issuing bank）是指应申请人要求或者代表自己开出信用证的银行，它承担对受益人相符交单保证付款的责任。开证行一般是进口商所在地的往来银行。少数情形下，如开证行以自身名义购买国外产品，信用证也会出现申请人与开证行为同一人的特例。

收到申请人的开证申请书后，开证行应该进行以下一些工作。

1. 认真审阅申请书

为防止信用证开出后出现有争议的条款，开证行应首先认真审阅申请书，劝阻申请人将含糊的甚至不可能的条款或者一些软条款写进申请书中，以促进信用证更好地起到支付工具的作用。具体而言，应审阅申请书中申请人对开证行承担的相应义务的声明和签字、受益人名址、信用证种类、开证的方式（电开/信开/简电开证加证实方式）、要求受益人提交的单据种类和份数、货物描述、信用证到期日（交单的截止日期）和截止地点、附加条款、偿付方式、起运地和目的地、部分装运和转运等，尤其应注意对受益人的要求是否落实成单据化条件。

2. 审核客户信用，以决定是否收取保证金

严格审核客户在其处有无授信开证额度，按核定比率减免，同时扣减申请人的授信额度。如系非授信客户，要考虑是否收取全额保证金，以控制自身风险。凭第三者担保开证的，应确认担保的时效性、合规性，以及担保人的资格。

3. 及时开证

审阅了申请人的申请书且处理好保证金后，开证行应根据申请书及时开出信用证，未经申请人同意，开证行不得擅自修改申请书内容，否则由此引起的一切后果由开证行承担。开证时应注意以下问题。

① 标明所适用的规则。

② 如系 SWIFT 全电开证，即所有信用证的条款都通过 SWIFT 电文开立，则不再邮寄证实书；如果简电开证，即仅仅将金额、受益人、截止日等少部分信息通过 SWIFT 电文开立，则随即必须再寄送证实书，证实书的内容要与简电的有关内容一致并补充完整的信用证条款。实务中全电开证是最常见的方式。

③ 如受益人未指定通知行，可由开证行决定。

④ 信用证的各项条款必须明确无误。

⑤ 对加列电索条款及指定偿付行条款的信用证，应从严掌握。若信用证指定了偿付行，

应考虑是否按国际商会《跟单信用证项下银行间偿付统一规则》办理偿付。在对外开证的同时，应向指定的偿付行发出授权偿付书，授权该行凭索偿行的索偿给予偿付，并应在信用证偿付条款中加列收到索偿行电通知××工作日后起息的字样，以保证有准备付汇资金的时间。

⑥ 信用证应明确寄单要求和收单行地址。

⑦ 信用证一经开立，应及时地将信用证副本送交申请人备查。

⑧ 信用证开立后，应按有关规定收取开证手续费等费用。

4. 信用证的修改

若信用证需要修改，开证行应根据申请人的修改申请书，及时开立信用证的修改（见7.4.4节相关内容）。根据 UCP 600 第 10 条的规定，开证行自发出修改之时起，即不可撤销地受其约束。开证行发出修改时应注意修改后的条款不应与信用证其他条款相抵触、如原证涉及偿付指示，修改涉及延展有效期、增加金额者，应将修改内容通知偿付行。信用证修改后，应按有关规定收取修改手续费。

5. 来单处理

受益人按信用证要求及时提交了所需单据后，开证行应根据信用证条款、UCP、国际标准银行实务及 ISBP 的有关规定认真审核单据。按 UCP 600 的规定，开证行应从交单次日起至多不超过 5 个银行工作日用以确定交单是否相符。如构成"相符交单"，则应根据信用证规定的付款时间及时对外付款，否则，有权对受益人提出拒付并自行决定单据的处理方式。如信用证要求由被指定银行付款、延期付款、承兑或议付，但该被指定银行未进行付款、延期付款、承兑或议付，那么开证行必须承付。UCP 600 更是明确了开证行对被指定银行的偿付责任，且首次允许被指定银行在承兑信用证和延期付款信用证下，可以在到期日前预付或购买单据。如果存在欺诈，力求保护已对受益人承兑或承诺的款项进行融资的被指定银行。见以下案例分析。

案例分析

开证行巴黎巴银行应申请人请求，于 1998 年 6 月开立了一份以 BAYFERN Ltd. 为受益人、金额为 USD18 469 000（允许 10％溢短装）、提单日后 180 天延期付款的跟单信用证。该证中开证行指定桑坦德银行作延期付款并授权其对信用证加具保兑。桑坦德银行对信用证加保并通知了受益人。随后受益人提交了金额为 USD20 315 796 的信用证项下单据。桑坦德银行审单后认为单证相符，接受了单据并承担了在到期日 1998 年 11 月 27 日（提单日后 180 天）付款的责任。同时，桑坦德银行应受益人要求向其支付了 USD19 667 239 的贴现融资款项，并要求受益人将证下应收款项书面让渡给该行。一周后，巴黎巴银行发现桑坦德银行提交的单据中有伪造的单据，因此，以受益人欺诈为由通知桑坦德银行拒绝偿付。经交涉无果，桑坦德银行遂起诉巴黎巴银行，要求其履行偿付责任。桑坦德银行认为根据 UCP 500，该行是信用证项下被指定银行，根据开证行的授权，当受益人提交表面相符单据时承担了延期付款责任，并通过给受益人的提前融资解除了该行的到期付款责任，巴黎巴银行应偿付该行。

法院主要对桑坦德银行在到期日之前的贴现行为是否是延期付款证下开证行的授权行为进行了深入剖析。法院认为在延期付款证下，开证行对被指定银行的授权是被指定银行对相符单据做出延期付款的允诺并在到期日付款。本案中桑坦德银行做出延期付款的允诺只是执行了开证行指令的一半，此时不能得到开证行的偿付。本案中巴黎巴银行并未要求桑坦德银行在到期日（1998年11月27日）前贴现或支付任何对价，桑坦德银行给予受益人的融资完全是该行自己的决定，风险自负。

  法院认为，如果桑坦德银行没有在到期日前贴现，当得知受益人存在欺诈时，完全可以在到期日以欺诈例外的抗辩来拒绝对受益人付款。最终，法院判决桑坦德银行败诉，开证行巴黎巴银行没有偿付桑坦德银行的义务。

资料来源：程军. 简析 UCP 600 对被指定银行的融资授权. 中国外汇，2007（6）.

  假如该案在 UCP 600 项下进行审理的话，桑坦德银行就不会蒙受损失了。因为根据 UCP 600 的规定，被指定银行承付或议付相符交单并将单据转给开证行之后，开证行即承担偿付该指定银行的责任。对承兑或延期付款信用证下相符交单金额的偿付应在到期日办理，无论指定银行是否在到期日之前预付或购买了单据，开证行偿付指定银行的责任独立于开证行对受益人的责任。由此不难发现，UCP 600 试图将延期付款信用证项下的融资和对已承兑汇票的贴现"合法化"。

7.3.3 通知行

  通知行（advising bank）是指应开证行的要求通知信用证的银行。它主要负责鉴别信用证或修改的表面真实性，并准确地向受益人通知其收到的信用证或修改的条款，但不承担审核受益人提交的单据的义务。受益人可选择自己的开户行作为通知行，并让申请人告知开证行。如受益人未指定通知行，将由开证行选定。其主要权责有以下几个。

1. 未加保兑，就没有承付或议付的责任

  实际业务中，通知行可能兼有 3 种身份：通知行、被指定银行和保兑行。如果没有接受指定和加具保兑，那么它的责任仅限于通知。

2. 有义务确认信用证或修改的表面真实性

  凡信开信用证、简电证实书、修改等均需核验印鉴。凡用电传（telex）开立的，须核验密押。如发现印鉴或密押不符或无押，应及时向开证行查询核实，同时通知受益人，并注明"印或押不符，待证实"。印、押一经查实，应立即通知受益人。凡采用 SWIFT MT 700/701 格式开立的，无须核验密押（自动加核密押），通知行仅对信用证或修改的表面真实性负责。但如明知内容系伪造，仍以表面真实为由通知受益人而不进行提醒，则可能要承担法律责任，但这已是 UCP 以外的问题。

3. 通知行可选择第二通知行通知信用证或修改

  转通知是 UCP 600 新增条款，实际业务中可能存在这样的情形：受益人选择自己的开户行后告知申请人，申请人申请开证时选择受益人开户行为通知行。但开证行与该通知行之间没有代理关系，只好选择与自己有印鉴密押关系的代理行为第一通知行，同时在信用证中标明受益人的开户行为第二通知行。

4. 有权拒绝通知信用证或修改

通知行（包括第一通知行和第二通知行）都有选择和拒绝选择通知的权利。如通知行决定不予通知，应毫不延误地告知自其处收到信用证、修改或通知的银行，以便开证行采取其他渠道另行通知。

5. 审证

审证的内容包括以下几个方面。
① 审查开证行、转让行的资信。
② 审查信用证条款的有效性。若来证不符合我国政策或带有歧视性条款，应对外提出交涉并要求修改；若来证中带有软条款，应加以注明，提醒受益人注意；若来证不完整，应及时对外联系。
③ 审查偿付路线和索汇方式。偿付路线和索汇方式应正常、合理和快捷。
④ 对大额信开信用证，应视开证行资信情况决定是否联系开证行加押证实。
⑤ 信用证全套正、副本内容必须完整一致。

6. 如不能核验真实性的处理方法

UCP 600 第 9 条规定，如一银行被要求通知信用证或修改但其不能确信信用证、修改或通知的表面真实性，则应毫不延误地通知看似从其处收到指示的银行。如果通知行或第二通知行决定仍然通知信用证或修改，则应告知受益人或第二通知行其不能确信信用证、修改或通知的表面真实性。该条款明确表明通知行如不能确认信用证或修改或转通知的表面真实性，必须毫不延误地告之前手（转通知行或开证行），如仍选择通知，则必须如实告知后手（受益人或第二通知行），以免影响正常的业务进行。

7. 通知信用证或修改

这是通知行基本义务之一，一旦确定信用证或修改的表面真实性后，通知行需按其收到的信用证或修改如实通知给受益人，不允许对收到的信用证或修改进行截留或改动。我国商业银行一般会缮制信用证通知书（见本书附录 A.3）或信用证修改通知书（见本书附录 A.4）后向受益人通知。

7.3.4 受益人

受益人（beneficiary）是指接受信用证并享受其利益的一方，通常为货物的卖方，也可以是服务的提供方。同时，受益人还是信用证跟单汇票中的出票人（drawer），也可以是汇票的受款人（payee）。可转让信用证下，还有第一受益人和第二受益人之分。

收到信用证后，受益人应进行以下操作。

1. 审核信用证与合同是否一致

由于信用证的开证依据是买卖合同，因此，受益人收到通知行通知的信用证后，应首先对比买卖合同审核信用证条款与其是否一致。如果没有签订书面合同，则可以根据形式发票和往来函电里所达成一致的主要交易条款进行审核。审核的主要内容包括受益人和申请人的名址、信用证金额和货币、货物描述、数量、单价、部分装运和转运条款、信用证的种类及截止日等。

2. 审核信用证条款

在确定信用证条款与买卖合同一致的前提下，受益人还应仔细审核信用证本身的条款。具体注意事项如下：

① 信用证的截止日、截止地点（一般只接受在受益人所在国截止）和交单期限；
② 信用证的类型，是否需要汇票；
③ 信用证对单据的要求有哪些，是否需要认证等；
④ 信用证有无软条款或限制生效条款，尤其应注意是否有需要买方或其指定代表签字的单据；
⑤ 何方支付银行费用，一般只接受买卖双方各自承担所在国银行费用的条款；
⑥ 最迟装运日期和交单期限是否充足；
⑦ 信用证条款本身有无矛盾或者不合常理之处，如 FOB 条件下却要求受益人提供保单等。

3. 提出改证

一旦信用证条款与合同不符或信用证条款本身有问题时，受益人应立即联系申请人提出改证的要求，由申请人向开证行提出修改申请，且在收到由通知行通知的修改后方可做出接受或拒绝接受的决定。

4. 接受信用证或修改

如果收到的信用证与合同完全一致，受益人应按信用证条款准备单据；而对于信用证的修改，受益人可以发出通知的方式表示接受与否，也可以向被指定银行或开证行交单来表示是否接受修改，沉默不等于接受。且根据 UCP 600 的规定，在受益人对修改接受之前，原证的条款对其仍然有效。信用证项下受益人如未提供接受修改的通知，当其提交的单据与信用证以及还没有表示接受的修改一致时，则视为受益人已经做出接受修改的通知。相反，如果交单仅符合原证，不符合修改，则视为受益人拒绝了修改的通知。但以交单表示接受往往会在特殊情况下带来诸多不便和麻烦，见表 7-2 列举的 3 种情形。

表 7-2　以交单表示对信用证修改是否接受的 3 种情形

单据与信用证条款	单据与信用证修改书（尚未接受）	是否接受修改
相符	相符	接受或拒绝
相符	不符	拒绝
不符	相符	接受

从表 7-2 中不难得出：在第二种和第三种情形下，很容易判断受益人是否接受了修改。但第一种情形就不易把握或判断了。假设一信用证规定金额为 USD10 000.00，成交数量为 1 000 箱，允许部分装运。之后金额修改改为 USD5 000.00，成交数量 500 箱。受益人实际交单时显示数量为 500 箱，金额为 USD5 000.00。在此情形下，很难判断受益人是接受还是拒绝修改。为此，最好在信用证中加列要求受益人以证明信的方式确定是否接受修改，如可加载："In case this L/C has been amended, beneficiary's certificate addressed to issuing bank,

confirming their acceptance or non-acceptance of all the amendments made under this L/C, quoting the relevant amendment number and date, must be presented. If the L/C has not been amended, this certificate is not required."

受益人对于修改的内容要么全部接受,要么全部拒绝,如只接受修改中的部分内容将被视同拒绝接受修改。需要注意的是修改中如加列"除非受益人在某一时间内拒绝修改,否则修改生效"的规定,可不予理会。

5. 发货

受益人审核信用证内容无误后,选择承运人完成发货义务,并从承运人或货代处取得提单或其他运输单据。

6. 交单

信用证或修改被接受后,受益人就应在规定的交单期限内将信用证所要求的单据提交到被指定银行以便获得承付或议付。我国出口信用证业务中,一般由受益人先行填写银行的空白客户交单联系单后向银行交单。客户交单联系单见本书附录 A.5。

7.3.5 议付行

议付行(negotiating bank)是指实施议付行为的被指定银行。根据 UCP 600,议付是指被指定银行在相符交单下,在其应获偿付的银行工作日当天或之前向受益人预付或者同意预付款项,从而购买汇票(其付款人为被指定银行以外的其他银行)及/或单据的行为。

该定义条款明确了以下几个问题。

1. 议付行是被指定银行

议付行多为出口人所在地的通知行,也可以是其他银行,但都取决于开证行的指定,否则不能取得议付行的地位,也难以得到开证行或指定偿付行的偿付。

2. 议付是融资行为

议付的定义表明议付是一种预付或同意预付的买单,即融资行为。而从议付信用证的付款期限来看,有即期支付和远期支付之分。但是从议付行提供融资的时间来看,UCP 600 的定义明确说明了只要在议付行从开证行、偿付行(如有)或者保兑行(如有且不同于议付行)那里收到资金应获得偿付的当天或者之前向受益人提供融资就均可以,这取决于受益人的需求。UCP 600 的定义也明确了议付是受到 UCP 保护的一种融资行为。

3. 议付行负有审单义务

议付的定义强调议付行需在相符交单下买入单据,说明议付行在实施议付前负有审核单据的义务。

4. 汇票付款人是议付行以外的其他银行

议付证项下可以使用或不使用汇票,如使用汇票,汇票的付款人应是开证行或偿付行。

因为对自己为付款人的汇票只能是承兑或付款，而不是议付，所以议付行不能议付自己为付款人的汇票。

议付后议付行寄单给开证行，向开证行或其指定的偿付行索偿。至于议付行的议付行为本身是否有对受益人的追索权不属于 UCP 考虑的范围，实际业务中由议付行和受益人自行协商。同时需注意的是，如果被指定银行不是保兑行，那么对于开证行议付的授权，被指定银行有权拒绝接受，除非其明确表示同意并且告知受益人；并且被指定银行收单、审单或寄单的行为也不构成其对单据的议付。

7.3.6 被指定银行

被指定银行（nominated bank）是指信用证可在其处兑用的银行。如果信用证可在任一银行兑用，则任何银行均为被指定银行。根据 UCP 600 对被指定银行的定义，凡信用证指定了某一银行代为即期付款、延期付款、承兑或议付，那么它就是被指定银行。如果信用证规定由任一银行即期付款、延期付款、承兑或议付，那么任何一家实施该指定行为的银行都是 UCP 定义的被指定银行。因此，UCP 定义的被指定银行可以是即期付款证项下的承担即期付款的银行，也可以是延期付款证项下的承担到期付款的银行，或是承兑证项下的承兑行，或是议付证项下的议付行。

被指定银行经常为通知行，但也可以为通知行以外的其他银行。

被指定银行有权自行决定是否按指定行事，如不接受指定，也可以仅以交单行的身份将受益人的单据寄给开证行，而不承担承付或议付的责任，此时开证行需要承担对相符交单承付的责任。需注意的是信用证如果规定了被指定银行，则其所在地就是交单地点。除此以外，开证行所在地也可以是交单地点。

7.3.7 保兑行

保兑行（confirming bank）是指根据开证行的授权或要求对信用证加具保兑的银行。而保兑则是指保兑行在开证行承诺之外做出的承付或议付相符交单的确定承诺。

从保兑的定义不难看出，保兑行与开证行的责任相同，都是信用证的第一性付款人，且一经同意保兑，保兑行不得单方面撤销其保兑责任。通常只有在开证行资信较差的情形下才由另一家资信较好的银行为开证行的银行信用作担保。受益人可直接向保兑行交单，只要构成相符交单，保兑行必须承担不可撤销的承付责任，即便开证行倒闭或借故拒付，也不能行使对受益人的追索权。鉴于此，保兑行审核单据的标准往往比开证行更严格。实际业务中，受益人要想在保兑信用证下得到保兑行的确定承诺，只有严格对单据把关，确保没有不符点，否则保兑的意义也就难以存在。

与开证行不同的是，保兑行既可以承付也可以议付（如果信用证适用于保兑行议付），但是保兑行议付对受益人是无追索权的。

开证行要求被指定银行加具保兑并不意味着该行必须保兑，如其不准备照办，必须毫不延误地通知开证行。保兑行一般是受益人所在地的通知行，如同意保兑，通知行对信用证进行通知时一般会在通知面函或信用证上表明对信用证加具了保兑,这也是保兑责任的开始。

实际业务中,还有沉默保兑(silent confirmation)的做法,即保兑行并非是开证行指定,而是应受益人单方面要求加具保兑的。UCP 中的保兑是开证行的授权行为,而沉默保兑则完全是叙做沉默保兑的银行和受益人之间的约定,与开证行或其他当事人无关。由于沉默保兑行并未取得开证行的保兑授权,也就不是信用证中的被指定银行,无法获得 UCP 框架范围内的必要保护,甚至连对开证行的索偿权和起诉权也没有。因此,对银行而言,沉默保兑业务比获得开证行授权的保兑业务的风险更大,故银行很少会接受这种做法。

如信用证需要修改,保兑行有权自行决定是否将其保兑责任延展到修改,如保兑行兼有通知行的角色,有权仅向受益人通知修改而不延展其保兑。

7.4　信用证的主要内容及开立形式

7.4.1　信用证的主要内容

信用证内容因申请书内容及信用证种类的不同而有所区别。尽管如此,信用证所包括的基本内容是类似的,主要包括以下几点。

1. 对信用证本身的说明

对信用证本身的说明包括信用证的种类、信用证号码、信用证金额、开证日期、截止日和截止地点、信用证适用的规则、当事人名称及地址等。

2. 对汇票的说明

如信用证需要提交汇票,则会出现包括汇票的受票人、汇票期限的规定。

3. 对装运货物的说明

对装运货物的说明包括货物品名、品质规格、数量、单价、总价等,这些内容应与买卖合同或形式发票的规定相一致。

4. 对运输事项的说明

对运输事项的说明包括货物运输的起讫地点、装运期限、可否部分装运和转运等。

5. 对单据的要求

对单据的要求包括所需提交的单据种类、每种单据的份数及各单据的具体要求等。

6. 其他事项

其他事项包括附加条款、费用条款、交单期限、是否需要保兑、开证行对被指定银行的指示、通知行名称、开证行的付款承诺等。

7.4.2 信用证的开立形式

信用证开立的形式有信开本和电开本两种。

1. 信开本

信开本(open by mail)是指开证行采用信函格式开立的信用证,开证后以空邮寄送通知行。虽然费用较低,但耗时较长且容易被伪造。这种形式目前已很少使用。

2. 电开本

电开本(open by teletransmission)是指开证行以电传、传真、SWIFT 等各种电信方式将信用证文本传达给通知行。电开本可分为以下两种形式。

① 简电本(brief cable)。是指开证行只是通知已经开证,将信用证的主要内容如信用证号码、受益人名址、申请人名址、开证行名称、金额、货物名称、数量、价格、装运期及信用证截止日期等预先通告通知行,详细条款将另行通知通知行。由于简电本内容简单,在法律上是无效的,不足以作为交单的依据。

② 全电本(full cable)。就是开证行以电信方式,把信用证全部条款传递给通知行。全电本的内容完整,因此是交单的依据。

目前信用证大多以 SWIFT 方式开立,且只能在 SWIFT 会员之间传递。以 SWIFT 方式开立的信用证一方面属于电开的形式,另一方面既有简电本(如 MT 705),又有全电本(如 MT 700)。

使用 SWIFT 开证克服了全电本开证时各国标准不一、条款和格式不同以及文字烦琐的缺陷,使信用证具有了标准化、固定化的统一格式的特征,而且传递速度快捷、安全性高、成本亦较低,当前已被全球大多数国家与地区的银行广泛使用。

7.4.3 SWIFT 开立信用证实例

以 SWIFT 标准格式开立信用证的代码为 MT 700 和 MT 701。当一份信用证内容较多时,则由一个 MT 700 和最多不超过 3 个 MT 701 组成。MT 700 和 MT 701 的开立格式,其中 O 表示可选择填写项目,M 表示必填项目,具体栏位介绍见表 7-3 和表 7-4。

表 7-3 SWIFT MT 700 栏位介绍

Status(状态)	Tag(代号)	Field Name(栏目名称)	Content/Options(内容/选择)
M	27	Sequence of Total 报文页次	1!n/1!n 1个数字/1个数字
M	40A	Form of Documentary Credit 跟单信用证形式	24x 24个字符
M	20	Documentary Credit Number 信用证号码	16x 16个字符
O	23	Reference to Pre-advice 预通知编号	16x 16个字符

续表

Status（状态）	Tag（代号）	Field Name（栏目名称）	Content/Options（内容/选择）
O	31C	Date of Issue 开证日期	6!n 6个数字
M	40E	Applicable Rules 所适用的规则	30x [/35x] 30个字符（35个字符）
M	31D	Date and Place of Expiry 截止日及截止地点	6!n29x 6个数字/29个字符
O	51a	Applicant Bank 申请人银行	A or D A 或 D
M	50	Applicant 申请人	4*35x 4行×35个字符
M	59	Beneficiary 受益人	[/34x] 4*35x 4行×35个字符
M	32B	Currency Code/Amount 货币/金额	3!a15d 3个字母/15个数字
O	39A	Percentage Credit Amount Tolerance 信用证金额浮动允许范围	2n/2n 2个数字/2个数字
O	39B	Maximum Credit Amount 信用证金额最高限额	13x 13个字符
O	39C	Additional Amounts Covered 附加金额	4*35x 4行×35个字符
M	41	Available with…by… 向……银行兑用，兑用方式为……	A or D A 或 D
O	42C	Drafts at… 汇票期限	3*35x 3行×35个字符
O	42A	Drawee 受票人	A or D A 或 D
O	42M	Mixed Payment Details 混合付款详情	4*35x 4行×35个字符
O	42P	Deferred Payment Details 延期付款详情	4*35x 4行×35个字符
O	43P	Partial Shipments 部分装运	1*35x 1行×35个字符
O	43T	Transshipment 转运	1*35x 1行×35个字符
O	44A	Place of Taking in Charge/Dispatch from …/Place of Receipt 接管地/从……发送/收货地	1*65x 1行×65个字符
O	44E	Port of Loading/Airport of Departure 装货港/起飞机场	1*65x 1行×65个字符
O	44F	Port of Discharge/Airport of Destination 卸货港/目的机场	1*65x 1行×65个字符
O	44B	Place of Final Destination/For Transportation to …/Place of Delivery 最终目的地/运至……/交货地	1*65x 1行×65个字符

续表

Status（状态）	Tag（代号）	Field Name（栏目名称）	Content/Options（内容/选择）
O	44C	Latest Date of Shipment 最迟装运日期	6!n 6 个数字
O	44D	Shipment Period 装运期限	6*65x 6 行×65 个字符
O	45A	Description of Goods and/or Services 货物及/或服务的描述	100*65x 100 行×65 个字符
O	46A	Documents Required 所需单据	100*65x 100 行×65 个字符
O	47A	Additional Conditions 附加条款	100*65x 100 行×65 个字符
O	71B	Charges 费用	6*35x 6 行×35 个字符
O	48	Period for Presentation 交单期限	4*35x 4 行×35 个字符
O	49	Confirmation Instructions 保兑指示	7!x 7 个字母
O	53a	Reimbursing Bank 偿付行	A or D A 或 D
O	78	Instructions to the Paying/Accepting/Negotiating Bank 给付款行/承兑行/议付行的指示	12*65x 12 行×65 个字符
O	57	Advise Through Bank 通知行	A, B or D A, B 或 D
O	72	Sender to Receiver Information 附言（发报行给收报行）	6*35x 6 行×35 个字符

表 7-4　SWIFT MT 701 栏位介绍

Status（状态）	Tag（代号）	Field Name（栏目名称）	Content/Options（内容/选择）
M	27	Sequence of Total 报文页次	1!n/1!n 1 个数字/1 个数字
M	20	Documentary Credit Number 信用证号码	16x 16 个字符
O	45B	Description of Goods and/or Services 货物及/或服务的描述	100*65x 100 行×65 个字符
O	46B	Documents Required 所需单据	100*65x 100 行×65 个字符
O	47B	Additional Conditions 附加条款	100*65x 100 行×65 个字符

以下是一份 SWIFT MT 700 开立信用证的实例。

```
RECEIVED FROM        :TCBBTWTH092
                      TAICHUNG COMMERCIAL BANK
MESSAGE TYPE         :MT 700 ISSUE OF A DOCUMENTARY CREDIT
DATE                 :Oct 20 2015
```

:27: Sequence of Total
　　 1/1
:40A: Form of Documentary Credit
　　 IRREVOCABLE
:20: Documentary Credit Number
　　 ICMLC425874
:31C: Date of Issue
　　 151019
:40E: Applicable Rules
　　 UCP LATEST VERSION
:31D: Date and Place of Expiry
　　 151126 IN BENEFICIARY'S COUNTRY
:50: Applicant
　　 XXX CORPORATION
:59: Beneficiary
　　 XXX I/E CO., LTD
:32B: Currency Code/Amount
　　 USD47119,20
:41: Available with…by…
　　 ANY BANK IN BENEFICIARY'S COUNTRY
　　 BY NEGOTIATION
:42C: Drafts at…
　　 SIGHT
:42A: Drawee
　　 TCBBTWTH092
:43P: Partial Shipments
　　 ALLOWED
:43T: Transshipment
　　 ALLOWED
:44E: Port of Loading/Airport of Departure
　　 FUZHOU, CHINA
:44F: Port of Discharge/Airport of Destination
　　 KEELUNG, TAIWAN
:44C: Latest Date of Shipment
　　 151023
:45A: Description of Goods and/or Services
　　 AUTO SPARE PARTS　Q'TY:15061 PCS
　　 PRICE TERMS:FOB FUZHOU, CHINA
:46A: Documents Required
　　 1. SIGNED COMMERCIAL INVOICE IN 3 COPIES.

2. FULL SET OF ORIGINAL CLEAN ON BOARD OCEAN BILLS OF LADING MADE OUT TO THE ORDER OF TAICHUNG COMMERCIAL BANK, MARKED FREIGHT COLLECT NOTIFY APPLICANT WITH FULL ADDRESS AND INDICATING L/C NO.

3. PACKING LIST IN 3 COPIES.

:47A: Additional Conditions

1. L/C NO. MUST BE INDICATED ON ALL DOCS.

2. ALL DOCS MUST BE IN ENGLISH.

3. A SPECIAL HANDLING CHARGE OF USD60.00 WILL BE DEDUCTED IF DOCS ARE PRESENTED WITH DISCREPANCY(IES).

4. PLS COLLECT YR ADVISING FEE BEFORE RELEASING THIS L/C TO THE BENEFICIARY.

5. NEGOTIATING BANK'S COVER LETTER SHOULD INDICATE WHETHER AMENDMENTS, IF ANY, HAVE BEEN ACCEPTED BY THE BENEFICIARY.

6. SHIPMENT MUST EFFECTED BY A SHIPPING COMPANY DESIGNATED BY CASTLE INTERNATIONAL CO., LTD.

:71B: Charges

ALL BANKING CHARGES EXCEPT L/C ISSUING CHARGE ARE FOR ACCOUNT OF BENEFICIARY.

:48: Period for Presentation

WITHIN 21 DAYS AFTER B/L DATE BUT NOT LATER THAN L/C VALIDITY.

:49: Confirmation Instructions

WITHOUT

:78: Instructions to the Paying/Accepting/Negotiating Bank

ALL DOCUEMNTS MUST BE COURIERED TO TAICHUNG COMMERCIAL BANK IN ONE LOT. UPON RECEIPT OF YOUR DOCS IN STRICT CONFORMITY WITH CREDIT TERMS, WE SHALL REMIT THE PROCEEDS AS PER YOUR INSTRUCTION.

:57: Advise Through Bank

CHINA XXX BANK

FUZHOU BRANCH

SWIFT: XXXCNBJXX

7.4.4 SWIFT 修改信用证实例

以 SWIFT 标准格式修改信用证的代号为 MT 707,表 7-5 为 MT 707 的栏位介绍。

表 7-5 SWIFT MT 707 栏位介绍

Status（状态）	Tag（代号）	Field Name（栏目名称）	Content/Options（内容/选择）
M	20	Sender's Reference 发报行编号	16x 16 个字符

续表

Status (状态)	Tag (代号)	Field Name (栏目名称)	Content/Options (内容/选择)
M	21	Receiver's Reference 收报行编号	16x 16 个字符
O	23	Issuing Bank's Reference 开证行编号	16x 16 个字符
O	52a	Issuing Bank 开证行	A or D A 或 D
O	31C	Date of Issue 开证日期	6!n 6 个数字
O	30	Date of Amendment 修改日期	6!n 6 个数字
O	26E	Number of Amendment 修改次数	2n 2 个数字
M	59	Beneficiary (before this amendment) 受益人（修改前）	[/34x] 4*35x 4 行×35 个字符
O	31E	New Date of Expiry 修改后的截止日	6!n 6 个数字
O	32B	Increase of Documentary Credit Amount 跟单信用证的增额	3!a15d 3 个字母 15 个数字
O	33B	Decrease of Documentary Credit Amount 跟单信用证的减额	3!a15d 3 个字母 15 个数字
O	34B	New Documentary Credit Amount after Amendment 修改后的跟单信用证金额	3!a15d 3 个字母 15 个数字
O	39A	Percentage Credit Amount Tolerance （修改后）信用证金额浮动上下限	2n/2n 2 个数字/2 个数字
O	39B	Maximum Credit Amount （修改后）信用证金额最高限额	13x 13 个字符
O	39C	Additional Amounts Covered 附加金额	4*35x 4 行×35 个字符
O	44A	Place of Taking in Charge/Dispatch from…/Place of Receipt 接管地/从……发送/收货地（修改后）	1*65x 1 行×65 个字符
O	44E	Port of Loading/Airport of Departure 装货港/起飞机场（修改后）	1*65x 1 行×65 个字符
O	44F	Port of Discharge/Airport of Destination 卸货港/目的机场（修改后）	1*65x 1 行×65 个字符
O	44B	Place of Final Destination/For Transportation to…/Place of Delivery 最终目的地/运至……/交货地（修改后）	1*65x 1 行×65 个字符

续表

Status（状态）	Tag（代号）	Field Name（栏目名称）	Content/Options（内容/选择）
O	44C	Latest Date of Shipment 最迟装运日期（修改后）	6!n 6个数字
O	44D	Shipment Period 装运期限（修改后）	6*65x 6行×65个字符
O	79	Narrative 修改详述	35*50x 35行×50个字符
O	72	Sender to Receiver Information 附言（发报行给收报行）	6*35x 6行×35个字符

以下是一份 SWIFT MT 707 信用证修改的实例。

```
MT 707              Amendment to a Documentary Credit
Sender's Reference         :20     :FOBEFRM5834XX
Receiver's Reference       :21     :NON REF
Date of Issue              :31C    :150716
Date of Amendment          :30     :150918
Number of Amendment        26E     :01
Beneficiary                :59     :HEFEI XXX CO. LTD
                                    JINXIU ROAD HEFEI ECONOMY AND TECHNOLOGY
                                    DEVELOPMENT AREA
                                    HEFEI CHINA
New Date of Expiry         :31E    :151021
Maximum Credit Amount      :39B    :NOT EXCEEDING
Latest Date of Shipment    :44C    :150930
Narrative                  :79     :ALL OTHER TERMS AND CONDITIONS REMAIN
                                    UNCHANGED.
```

7.5 信用证的种类及业务流程

采用信用证结算货款，从申请人向银行申请开证到申请人最终对开证行付清货款，需要经过许多环节，办理多种手续。但是由于信用证的种类不同，信用证条款的规定也不尽相同，其业务环节和手续也不会完全相同。现一并介绍如下。

7.5.1 即期付款、延期付款、承兑和议付信用证

UCP 600 规定，信用证必须规定其是以即期付款、延期付款、承兑还是议付的方式兑用。同时，UCP 600 下，这4种信用证都可以在被特别指定的银行或任何银行兑用，即这4种信用证都可以开立成限制或自由式的，这样就给受益人提供了更方便的融资渠道。以下介绍的4种均有被指定银行存在。如信用证没有被指定银行，则属于直接承付信用证，详见7.5.2节。

1. 即期付款信用证及业务流程

即期付款信用证，又称付款信用证（payment credit），是指受益人将即期汇票（如需）连同单据提交给被指定银行（付款行）后，只要构成"相符交单"，便可从被指定银行或开证行收到货款的信用证，属于即期支付。为了规避印花税，此类信用证也可不要求汇票，仅凭商业单据收款。此类信用证的付款行如按指定进行付款后，可将单据寄给开证行向其索偿，由开证行在确定相符交单后偿付给付款行。但是实务中较少有被指定银行愿意按指定行事，而仅仅以交单行的身份转递单据给开证行。具体业务流程见图7-1。

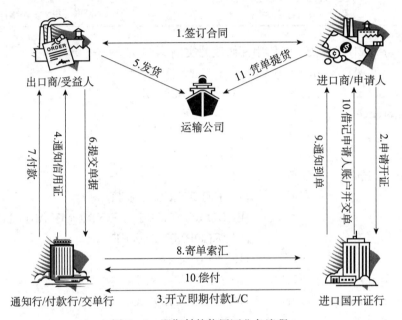

图7-1 即期付款信用证业务流程

① 通知行与付款行可以为同一家银行，也可以为两家不同的银行。

② 被指定银行有权决定是否接受开证行的指定。如按指定行事，其身份为付款行，须自收到单据之翌日起最多不超过5个银行工作日内审核单据，单据若相符，必须在承付后将单据传递给开证行向其索偿；如不接受指定，其身份为交单行，可以不审单，仅将单据寄开证行，代表受益人索偿。图7-1中假定被指定银行接受了指定。

③ 开证行从付款行/交单行收到单据后，通知申请人到单情况。在确定单据相符且申请人接受单据后，借记申请人账户，同时对付款行/交单行进行偿付。偿付后，申请人从开证行获得信用证项下单据，凭以办理提货。

④ 交单行有时会向开证行寄单，但向偿付行索偿，具体取决于信用证的规定。本图没有安排偿付行，有关偿付行及偿付的安排参见7.6节。以下其他类型信用证及流程图中均省略了偿付的做法。

2. 延期付款信用证及业务流程

延期付款信用证（deferred payment credit）又称迟期付款信用证，是指开证行或被指定银行（付款行）在收到受益人的相符单据后，向受益人出具延期付款承诺（deferred payment undertaking，DPU），承诺在将来确定的日期履行付款责任的一种信用证。因这种信用证不使用远期汇票，故又称"无汇票信用证"，属于远期支付。此种信用证的付款期限一般根据生产周期及贸易操作的需要确定期限，可规定装运或交单后 60 天或 90 天，甚至一年付款。由于延期付款证有不使用汇票从而节省印花税的功能，加上 UCP 600 项下有对延期证中被指定银行融资的保护，该证的使用比例逐渐提高。如果被指定银行不接受指定，也可以只将单据传递给开证行，开证行需要做出 DPU。具体业务流程见图 7-2。

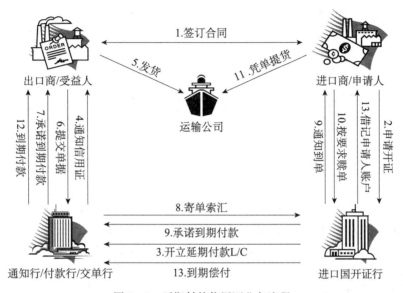

图 7-2 延期付款信用证业务流程

① 通知行与付款行可以为同一家银行，也可以为两家不同的银行。

② 被指定银行有权决定是否接受开证行的指定。如按指定行事，其身份为延期付款行，通常与即期付款行一并统称付款行，允许其在到期日得到偿付前对受益人进行融资；如不接受指定，其身份为交单行，可以不审单，仅将单据寄开证行，代表受益人索偿。图 7-2 中假定被指定银行接受了指定。

③ 开证行从付款行/交单行收到单据后，通知申请人到单情况，然后在确定单据相符且申请人接受单据后，向付款行/交单行做出到期付款的承诺（可以 SWIFT MT 799 报文格式发报）。

④ 延期付款到期日时，开证行借记申请人账户，同时对延期付款行/交单行偿付。

3. 承兑信用证及业务流程

承兑信用证（acceptance credit）是指被指定银行（承兑行）在收到受益人的相符单据后，先承兑远期汇票，再于汇票到期时履行付款责任的信用证，属于远期支付。该证必须由受益人出具汇票，汇票的受票人可以是被指定银行（承兑行），也可以是开证行（如被指定银行不接受指定时）。此类信用证对于受益人而言，解决了其融资需求，因为银行承兑汇票（实际业务中开证行承兑多以承兑电替代有形承兑汇票）容易通过贴现或其他方式获得现金。而对于开证行、被指定银行或申请人而言，承兑信用证推延了付款时间，不占用银行资金并满足了进口人融资的需求。具体业务流程见图 7-3。

① 通知行与承兑行可以为同一家银行，也可以为两家不同的银行。

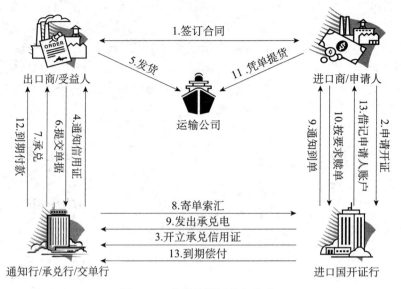

图 7-3 承兑信用证业务流程

② 被指定银行有权决定是否接受开证行的指定。如按指定行事，其身份为承兑行，允许其在到期日得到偿付前对受益人进行融资；如不接受指定，其身份为交单行，可以不审单，仅将单据寄开证行，代表受益人索偿。图 7-3 中假定被指定银行接受了指定，也是汇票的受票人。

③ 开证行从承兑行/交单行收到单据后，通知申请人到单情况，然后在确定单据相符且申请人接受单据后，向承兑行/交单行发出承兑电（可以 SWIFT MT 799 报文格式发送）。

④ 付款到期日时，开证行借记申请人账户，同时对承兑行/交单行偿付。

4. 议付信用证及业务流程

议付信用证（negotiation credit）是指开证行在信用证中明确规定由其他被指定银行或任意一家银行对受益人实施议付的信用证，可以为即期支付或远期支付。议付信用证可以要求或不要求汇票，如需提交汇票，汇票的期限可以为即期或远期。该证的截止地点应为议付行的所在地。具体业务流程见图 7-4（即期支付的议付信用证业务流程）和图 7-5（远期支付的议付信用证业务流程）。

1) 即期支付的议付流程

① 通知行与议付行可以为同一家银行，也可以为两家不同的银行。

② 被指定银行有权决定是否接受开证行的指定。如按指定行事，其身份为议付行；如不接受指定，其身份为交单行，可以不审单，仅将单据寄开证行，代表受益人索偿。图 7-4 中假定被指定银行接受了指定，汇票（如有）的受票人为开证行或偿付行。

③ 开证行从议付行/交单行收到单据后，通知申请人到单情况。

④ 单据相符后，开证行借记申请人账户并交单给申请人，然后对议付行偿付。

2) 远期支付的议付流程

① 通知行与议付行可以为同一家银行，也可以为两家不同的银行。

② 被指定议付行有权决定是否接受开证行的指定。如按指定行事，应在获得开证行偿付前买入相符单据；如不接受指定，可以交单行的身份将单据直接寄开证行，代表受益人索偿。图 7-5 中假定被指定银行接受了指定，汇票（如有）的受票人为开证行或偿付行。

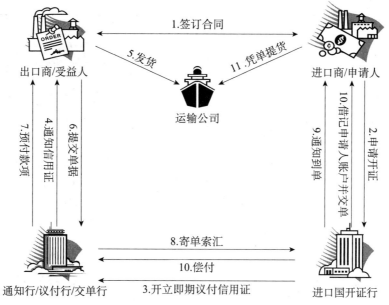

图 7-4 即期支付的议付信用证业务流程

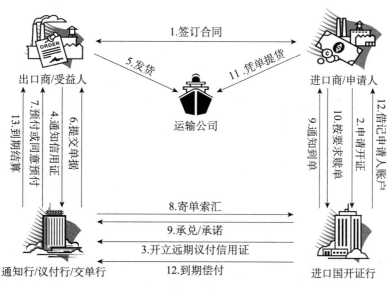

图 7-5 远期支付的议付信用证业务流程

③ 开证行从议付行/交单行收到单据后,通知申请人到单情况;然后在确定单据相符且申请人接受单据后,向议付行/交单行发出承兑电或付款承诺。

④ 付款到期日时,开证行借记申请人账户,同时偿付议付行。

4 种信用证兑付方式的比较见表 7-6。

表 7-6 4 种信用证兑付方式的比较

兑付方式	是否需要汇票	汇票期限	受票人	付款时间
即期付款	需要/不需要	即期	开证行/被指定银行	即期
延期付款	不需要	—	—	

兑付方式	是否需要汇票	汇票期限	受票人	付款时间
承兑	需要	远期	开证行/被指定银行	远期
议付	需要/不需要	即期/远期	开证行/被指定银行（议付行除外）	即期/远期

7.5.2 直接承付信用证

直接承付信用证（straight credit）是指信用证中没有被指定银行，只能由开证行自己承担付款、延期付款或者承兑责任的一种信用证，受益人将单据自行或通过交单行寄给开证行后，只要构成"相符交单"，开证行便履行承付责任。此类信用证只能在开证行柜台到期。具体业务流程见图 7-6。

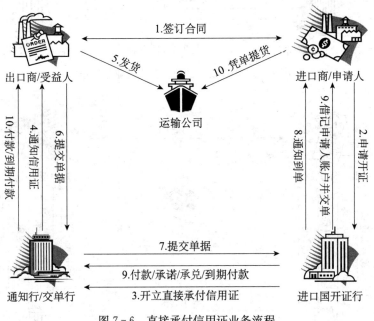

图 7-6 直接承付信用证业务流程

① 此类信用证无被指定银行。
② 信用证一般在开证行柜台到期。
③ 如为延期付款方式，开证行需要向受益人出具 DPU 并到期付款；如为承兑方式，开证行必须先承兑汇票，再于到期日付款。开证行付款前先借记申请人账户，交单时间取决于信用证类型。

7.5.3 保兑信用证

保兑信用证（confirmed credit）是指开证行开出的信用证由另一家银行在开证行的付款承诺之外，对受益人的相符交单做出承付或议付的确定承诺。

根据 UCP 600 对保兑行责任的规定，只要规定的单据提交给保兑行或其他被任何指定银行，并且构成相符交单，则保兑行必须承付或无追索权地议付，即便其他被指定银行没有即期付款、延期付款、承兑或议付。

保兑行自对信用证加具保兑之时起即不可撤销地承担承付或议付的责任。其他被指定银行承付或议付相符交单并将单据转往保兑行之后，保兑行即承担偿付该被指定银行的责任。对承兑或延期付款信用证下相符交单金额的偿付应在到期日办理，无论被指定银行是否在到期日之前预付或购买了单据，保兑行偿付被指定银行的责任独立于保兑行对受益人的责任。

以 SWIFT MT 700 开立的信用证中 49 场次为保兑指示，如需保兑，可注明"MAY ADD""CONFIRM"或"ADD YOUR CONFIRMATION"；如为不保兑证，则注明"WITHOUT"。具体业务流程见图 7-7。

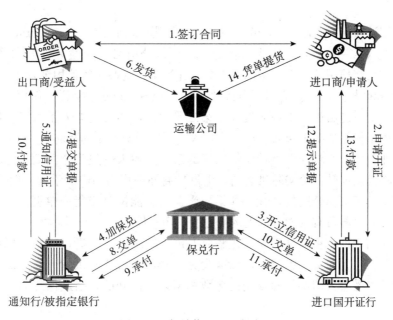

图 7-7　保兑信用证业务流程

① 该证中保兑行可以为通知行或其他被指定银行，图 7-7 中假定保兑行为通知行以外的另一银行。

② 该证可以即期、延期、承兑或议付中的任何一种兑用。

③ 该证可以有被指定银行，图 7-7 中假定被指定银行未按指定行事，仅以交单行身份向保兑行交单，保兑行对被指定银行的责任等同于开证行对被指定银行的责任。

④ 与开证行责任不同的是保兑行自己可以进行无追索权的议付。

7.5.4　跟单信用证和光票信用证

1. 跟单信用证

跟单信用证（documentary credit）是指开证行凭受益人出具的跟单汇票及商业单据或仅凭商业单据付款的信用证。在进出口业务中使用的信用证绝大多数是跟单信用证，前述各种类型的信用证都是基于跟单信用证的。

2. 光票信用证

光票信用证（clean credit）是指开证行仅凭不附有商业单据的汇票付款的信用证。光票信用证主要用于非贸易项下，如个人消费、旅游等，但由于其承付只能限于被指定银行，远不如旅行支票方便，因此现在已极少使用。

7.5.5 可转让信用证

1. 定义

可转让信用证（transferable credit）系指特别注明"可转让"（transferable）字样的信用证。可应受益人（第一受益人）的要求转为全部或部分由另一受益人（第二受益人）兑用，即第一受益人有权将信用证金额的全部或部分转让给第二受益人的信用证。

根据 UCP 600 规定，只有信用证中特别注明"transferable"字样，信用证方可转让，且只能转让一次，即只能由第一受益人转让给第二受益人，第二受益人不可将信用证转让给其后的第三受益人，但是如果再转回给第一受益人，不属于被禁止的范畴。

在进出口业务中，要求开立可转让信用证的第一受益人一般为中间商。为了赚取差额利润，中间商要将信用证转让给实际供货商，由供货商办理货物的出运手续。但需要指出的是，信用证的转让不等于买卖合同的转让，如第二受益人不能按时交货或单据出现问题，第一受益人（原出口商）仍要负有买卖合同上的卖方的一切责任。

使用可转让信用证，主要是中间商在赚取差价的同时可防止进口商与实际供货商直接成交从而泄露商业秘密，而且，中间商可以减少另外开证（付款给供货商）可能带来的风险和成本。但由于第二受益人即供货商提交的多数单据是不换开的，因此保守商业机密还是有难度的。

我国是全球制造大国，而订单大多来自中间商，因此可转让信用证也是常见的一种类型。随着 UCP 600 的实施，第二受益人的利益得到了进一步的保护。近年来，随着中国进口大量增加，中方银行对外开立可转让信用证数量也大幅提高。只要可转让信用证各当事人能充分理解规则，利用好这种结算方式，可转让信用证仍有广泛的应用前景。

2. 当事人

1) 第一受益人

第一受益人（first beneficiary）通常是对外与买方签订合同的卖方，也可称"中间商"，一般由他提出转让信用证的要求。

2) 第二受益人

第二受益人（second beneficiary）是第一受益人转让信用证的对象，也是已转让信用证（transferred credit）中的受益人，往往是实际生产厂家（manufacturer）或供货商（supplier）。第一受益人可将信用证金额转让给一个或数个第二受益人，但前提条件是信用证允许部分支款或部分发运和转让总金额不超过原证金额。

UCP 600 对可转让信用证作的变动之一是强调保护无过错的第二受益人。如果第一受益人应提交其自己的发票和汇票（如有的话），但未能在第一次要求时照办，或第一受益人提交的发票导致了第二受益人的交单中本不存在的不符点,而其未能在第一次要求时修正,转让行有权将从第二受益人处收到的单据照交开证行,并不再对第一受益人承担责任。第二受益人凭相符单据可以获得开证行的付款保障。

3) 转让行

转让行(transferring bank)系指办理信用证转让的被指定银行,或当信用证规定可在任何银行兑用时,开证行特别如此授权并实际办理转让的银行。也就是说,如果该被指定银行没有完成信用证的转让,就不是转让行,且被指定银行有权决定是否转让信用证。开证行可以指定可转让证的通知行转让信用证,也可以指定其他银行转让信用证。

转让行不仅要审核第一受益人提交的单据,同时还要审核第二受益人提交的单据。一般情况下,转让行在可转让信用证中会加列:"待收到开证行的付款后再付款给第二受益人。"这也说明转让行在可转让信用证中的地位和身份,即如果没有保兑或特别约定,转让行是不承担付款责任的。

UCP 600同时还规定第二受益人必须将单据提交给转让行。此条款主要是为了避免第二受益人绕过第一受益人直接交单给开证行,损害第一受益人的利益。在实际操作中,如果第一受益人要求全额转让,不需支取差价且不需换单的话,可以要求进口商开立信用证时排除此条款。

4) 开证行

开证行(issuing bank)是指开立可转让信用证的进口地银行。如被指定行拒绝转让信用证或在其他情况下,开证行也可作为转让行。

3. 转让的费用和修改

除非转让时另有规定,有关转让的所有费用(诸如佣金、手续费、成本或开支)须由第一受益人支付。

信用证已转让给了第二受益人,但通知行收到了修改书,转让行是否需要将修改书通知第二受益人取决于以下条件:

① 第一受益人在转让申请中说明是否允许及在何种条件下允许将修改书通知第二受益人;
② 在已转让信用证(transferred credit)中必须明确说明这种条件(告知第二受益人)。

值得注意的是,如果信用证转让给数名第二受益人,其中一名或多名第二受益人对信用证修改的拒绝并不影响其他第二受益人接受修改。对接受者而言,该已转让信用证即被相应修改,而对拒绝修改的第二受益人而言,该信用证未被修改。

4. 改变的项目

已转让信用证除了金额和单价(部分转让的情况下)、截止日、交单期限及最迟发运日或发运期等项目可以比可转让信用证中的减少或缩短外,第二受益人出具的发票和汇票(如有)金额由于比可转让信用证中的金额减少,因此,如果要求提交保险单据,那么保险单据上的投保加成率要增加,以达到可转让证中对保险金额的要求。另外,已转让证中的申请人可以用第一受益人的名称代替可转让证中的申请人。除此以外,其他条款只能按可转让信用证中规定的条款转让。

第一受益人有权用自己的发票和汇票(如有)替换第二受益人的发票和汇票,其金额不得超过原证金额,如信用证对单价有规定,应按原单价出具发票。在替换发票(和汇票)时,第一受益人可在可转让信用证项下取得自身发票与第二受益人发票之间的差额。

需要注意的是，如果开证行授权被指定行转让一份保兑信用证时，如被指定银行同意转让此证并对其加具了保兑，则转让行的保兑责任也将适用于已转让信用证。但由于转让行对第二受益人交单和资信情况难以把握，故我国银行实际操作时原则上不对已转让信用证保兑。

5. 业务流程

可转让信用证因涉及两个不同的受益人和两份不同的信用证，因此业务流程较一般信用证复杂（见图7-8，本流程假设通知行兼转让行）。

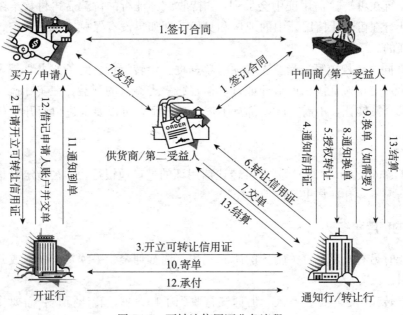

图7-8 可转让信用证业务流程

7.5.6 其他类型的信用证

1. 对背信用证

中间商接到进口商开来的以其为受益人的信用证后，以原证（又称master credit，母证）为担保，要求原通知行或其他银行另开一份内容与原证相似的新证给另一受益人（实际供货商），此新证即为对背信用证（back to back credit，又称背对背信用证）。对背信用证还被称为从属信用证（subsidiary L/C）、补偿信用证（compensation credit）、桥式信用证（bridge L/C）、子信用证（baby L/C）等。

对背信用证通常是在信用证禁止转让的情况下，或实际供货商不接受买方银行为信用证开证行时，由中间商凭以他自己为受益人的国外信用证作为质押，要求他的往来银行开立以实际供货商为受益人的信用证，即对背信用证。

对背信用证的内容除申请人、受益人、信用证金额、单价、装运期限、截止日期等可变动外，其他条款都应与原证的要求完全相符。需注意的是由于对背证条款的修改需得到原证开证人和开证行的许可，因此受益人使用对背信用证时须特别慎重。

对背信用证与已转让信用证一样，都有第一受益人（中间商）和第二受益人（供货商），且中间商的目的都是避免第二受益人与进口商直接交易，从而获得差价；中间商都可以改变信用证金额、单价、装运期限和截止日期。但二者也有明显的差异，主要表现在以下几个方面。

1) 新老证关系不同

对背证与原证是两个独立的信用证，对背证的开证行对实际供货商保证付款，原证开证行对中间商保证付款；而已转让信用证是根据原证（可转让信用证）转开的，新老证有直接关系，如转让行没有保兑，保证对第一和第二受益人付款的是原开证行。

2) 开立的前提不同

对背证下，中间商可在开证行、申请人不知情的情况下开立，无须经过它们同意；而已转让信用证下只有在得到开证行、申请人许可后由受益人提出才可转让。

3) 中间商地位不同

对背证下，中间商在新证原证中的地位有根本性改变，即在原证中他是受益人，而在新证中是开证申请人；已转让信用证下，中间商仅从原证的"受益人"变成"第一受益人"，虽然已转让证中中间商可作为申请人，但其基本权利义务没有变化。

2. 循环信用证

循环信用证（revolving credit）是指信用证金额被全部或部分使用后，能够恢复原金额再行使用的信用证。其特点是可多次循环使用，直至规定的循环次数或金额被用完为止。循环信用证主要用于长期或较长期内分批交货的供货合同。使用这种信用证，买方可节省开证押金和逐单开证的手续及费用，卖方也避免了等证、催证、审证的麻烦，但由于现在通信的便捷和银行费用的降低，循环信用证已不多见。

循环信用证又可分为按时间循环信用证和按金额循环信用证。

1) 按时间循环信用证

按时间循环信用证（time-related revolving credit）是指受益人在一定时间内可多次支取信用证规定的金额。具体又可分为3种形式。

① 自动循环使用。信用证规定的每次金额使用后，无须等待开证行通知，即可自动恢复到原金额，可再次使用。如信用证中规定："本证为循环信用证，每期金额自动恢复到10万美元，总金额为30万美元。"（This is a revolving letter of credit. The credit shall be renewable automatically for an amount of USD100 000.00 for each period making a total of USD 300 000.00.）

② 半自动循环使用。信用证规定的每次金额使用后，在若干天内开证银行未提出中止循环的通知，信用证即自动恢复至原金额，并可再次使用。如信用证中规定："议付行在每次议付后10个银行日内未被通知中止恢复，则信用证未用余额即增至原金额。"（Should the negotiating bank not be advised of stopping renewal within 10 banking days after each negotiation, the unused balance of this credit shall be increased to the original amount.）

③ 非自动循环使用。信用证规定的每次金额使用后，须等开证行的通知到达，才能使信用证恢复原金额，再次使用。如信用证中规定："本金额须在每次议付后收到开证行的可以恢复的通知时方可恢复。"（The amount shall be renewal after each negotiation only upon the receipt of issuing bank's notice stating that the credit might be renewal.）

2) 按金额循环信用证

按金额循环信用证（value-related revolving credit）是指在信用证金额全部或部分被使用后，仍可恢复到原金额再使用，直至用完总额为止。这种信用证又分为两种：一是受益人上次因故未交或未交足货物从而未用完信用证规定的金额，其货物可移至下一次一并补交，其金额也移至下次一并使用的，称为可积累的循环信用证（cumulative revolving credit）；二是受益人上次因故未交或未交足货物，该批货物的支款权也相应取消，其金额不能移至下次一并使用的，称为非积累的循环信用证（non-cumulative revolving credit）。

例如，某循环信用证条款如图 7-9 所示。

CREDIT EXTRACT

Amount of credit USD20 000.00
The credit will revolve on the last day of each calendar month for a period of six months.
The credit will first revolve on 31 January 2016.
The credit is cumulative. Expiry date: 30 June, 2016.

图 7-9 某循环信用证条款

该证中可累积循环证每月循环一次，共循环 6 次，因此，在信用证截止日期前受益人可以支取的最高金额为 USD120 000.00。

上述按照时间和金额两种方式循环可以交叉使用，因此可以产生 6 种循环条件。以下是一个按月自动非累积循环信用证的条款：

"本证为按月循环使用信用证，每月可支取最高不超过 10 万美元，并于一年期限内在第二个日历月的最后一天自动恢复。首次于 2016 年 2 月 29 日循环使用，每月的使用余额不能移至下一个月份合并使用。"（This is a monthly revolving credit which is available for not exceeding the amount of USD100 000.00 per month. This credit will automatically revolve on the last day of every second calendar month for a period of one year. The credit will first revolve on 29 February 2016. The unused balance of each month is non-cumulative to the succeeding month.）

3. 预支信用证

预支信用证（anticipatory credit）是指允许受益人在装运货物之前，可凭汇票或其他证件向被指定银行（通常为通知行）预支货款的信用证。实质上是进口商对出口商的装船前融资，由出口商先行收款，而后交单（货），对出口商极为有利。一般在货物处于卖方市场时或出口商资金短缺时，买方才愿意开立此类信用证。

预支信用证一般允许预支的金额为信用证金额的 30%～40%，故又称"部分预支信用证"。如信用证中可规定："兹授权议付行可向受益人预支款，总金额不超过 20 万美元（为本信用证金额的 30%）。本证项下的预支款，按该预支款支付当天公布汇率折付并加付利息。预支款应从本证项下汇票金额中扣除。"（The Negotiating bank is hereby authorized to make advance to the beneficiary up to an aggregate amount of USD200,000, i.e. 30% of the amount of L/C. The advances, with the interest at ruling rate of exchange at the time of payment of such advance, are to be deducted from the proceeds of the drafts drawn under this credit.）

受益人预支的方式一般是向预支行（通知行）预支，预支行将预支的金额、日期、利率通知给开证行。等货物装运交单后，预支行扣除预支本息。如在信用证截止日内受益人未交单，预支行可直接向开证行索偿，开证行应保证立即偿还预支行本息和所涉及的费用。为引人注目，在以往信开信用证中，这种预支货款的条款常常用红字或绿字表示，所以习惯上称为"红条款信用证"（red clause L/C）或"绿条款信用证"（green clause L/C）。当前，由于通信技术的革新，信开信用证很少出现，多被电开信用证所取代。因此，预支条款和其他条款的颜色相同，也就很难看到红条款或绿条款的踪影了，只留下该名称而已。

4. 对开信用证

对开信用证（reciprocal credit）是指买卖双方在进行互有进出口交易时，各自对其进口部分向对方开出的信用证，最后双方只需要做差额清算即可。需要注意的是，我国目前的外汇监管政策一般不允许企业办理轧差结算，法规另有规定的除外。对开信用证的特点是：两张信用证互相联系、互相约束、互为条件，表现为：① 一般而言，两张信用证必须同时生效；② 任何一张信用证的申请人和受益人分别为另一张信用证的受益人和申请人；③ 任何一张信用证的开证行通常又是另一张信用证的通知行。对开信用证大多用于来料加工、来件装配业务。

与对背信用证相比，一张对开证中的受益人往往是另一证中的申请人，类似于对背证；两证都是相互独立的，但二者又存在显著差异。

（1）贸易背景不同。对开证主要用于来料加工、来件装配业务，不存在中间商的参与；而对背证常用于中间贸易。

（2）货物名称不同。对开证项下两个信用证中货物名称不同，因主要用于加工贸易，故一个是原料，一个是成品；对背证项下两个信用证中货物名称一样。

（3）信用证生效时间不同。对开证的生效时间往往不确定，需要根据信用证条款来判断生效时间；对背证项下两证的生效时间都是确定的，只要信用证一经开立，就已生效。

5. 假远期信用证

假远期信用证（usance credit payable at sight）是指进出口商在即期付款合同背景下，由受益人提交远期汇票和单据，信用证条款中承诺单证相符情况下由开证行或被指定银行对已承兑的远期汇票予以贴现，利息由申请人负担的一种信用证。

这种信用证实质上是开证行对进口商提供的融资安排，融资行（贴现行）可以是开证行，也可以是被指定银行。采用假远期信用证还降低了进口商的购货成本。进口商可以以银行即期付款为条件，要求出口商对商品价格和数量给予一定的优惠，从而降低进口成本。

假远期信用证下，受益人提交单据后由被指定银行寄开证行，经审核单证相符，开证行向被指定银行发出承兑电或寄回已承兑汇票，被指定银行凭开证行的承兑向受益人付款。被指定银行自收到开证行承兑后向受益人付款至汇票到期收到开证行偿付这段时间的利息，由开证行按照协议中确定的利率连同本金一起支付给被指定银行。而这些本金加利息，最终由开证行借记申请人账户。

然而，由于开证行承兑了汇票，根据 UCP，它对被指定银行的付款没有追索权，因此它所承担的风险和进口押汇是一样的。其所凭借的只是申请人的商业信用，风险较大。所以，除非开证时有充足的授信额度或相应担保，否则开证行对申请人放单前一般要求申请人签署信托收据，明确货权归开证行所有，申请人只是代开证行销售货物。

不论在哪种假远期信用证项下，对于申请人来说，均属远期付款，其利用了银行的资金融通，减缓了立即付款的资金压力，还有可能利用出口方银行的低利率，同时满足了受益人立即收款的要求，从而为要求其降低货物价格创造了条件，比开立即期证或使用开证行押汇节省了费用，降低了成本。

对于被指定银行，由于其代付是基于开证行的承兑，不存在开证行因为不符点拒付的问题，其融资的保证是银行信用，它不仅有效地运用了自己的资产，获得了中间收益，同时资金紧张时，它还可以将开证行已经承兑的汇票拿到市场上贴现，或由其他银行叙做福费廷，从而避免来自开证行的任何风险。

真远期信用证和假远期信用证的差异见表7-7。

表 7-7 真远期信用证和假远期信用证的差异

项　目	真远期信用证	假远期信用证
开证前提	远期支付合同	即期支付合同
证中条款	远期汇票的天数及受票人等条款	除远期汇票天数及受票人外，增加了汇票保证由银行贴现且贴息由申请人负担等条款
贴现费用负担方	受益人承担	申请人承担
实际付款时间	汇票到期日付款	即期付款
操作流程	无开证行对指定代付行偿付贴现利息的条款	增加了开证行与申请人融资环节，以及开证行对被指定代付行偿付贴现款的环节

7.6 信用证项下银行间偿付

当开证行与信用证被指定的进行付款、延期付款、承兑或议付的银行之间没有账户关系，或者开证行与被指定银行都不在信用证所使用货币的清偿地时，被指定银行为了拉直索汇路线，要求开证行允许第三家银行（偿付行）参与以推动付款，这些原因导致了信用证项下的银行间的偿付。

ICC银行委员会因此还专门制定了《跟单信用证项下银行间偿付统一规则》（Uniform Rules for bank-to-bank Reimbursement Under Documentary Credits，URR 525）。之后为配合UCP 600的使用，ICC又对URR 525进行了更新，制定了URR 725，于2008年10月起正式实施。

URR 725适用于在偿付授权中明确注明受该规则约束的任何银行间的偿付。除非偿付授权明确修改或排除，该规则对有关各方均具有约束力。开证行有义务在跟单信用证中注明偿付遵循该规则。URR 725并不旨在代替或改变《跟单信用证统一惯例》的有关条文。为此，以SWIFT MT 700开立的信用证应在40E场次中明确其是否按URR规则进行及所适用的版本。

7.6.1 银行间偿付的主要当事人

1. 开证行

开证行是指开立信用证并出具该信用证项下偿付授权的银行。

开证行开立信用证后,需及时向偿付行开立偿付授权书或其修改书,一般以经过证实的电信方式或已签署的信函形式发送。但开证行不应将副本信用证或信用证的修改书副本发给偿付行,即便发送了,偿付行也可以置之不理。偿付授权书中不应要求提交与信用证相符的证明,这是因为偿付行本身不承担审单义务。除非偿付行明确同意,偿付授权不应注有提示索偿要求的到期日或最迟日期。偿付授权独立于其所涉及的信用证,即使偿付授权引用了信用证的有关条款,偿付行也与该信用证条款无关或不受其约束。

UCP 600 规定:"如果偿付行未能见索即偿,开证行不能免除偿付责任。"

偿付行在收到撤销偿付授权或修改的通知前,对索偿要求进行了偿付或承兑了汇票,则开证行必须向偿付行偿付。

2. 偿付行

偿付行(reimbursing bank)是指按照开证行偿付授权的指示和授权对指定的付款行、承兑行或议付行予以偿付的银行,也可称为"清算行"。如果开证行授权或要求偿付行向索偿行做出偿付承诺,而偿付行决定不做出偿付承诺时,它应毫不延迟地通知开证行。由于偿付行未见单偿付,其偿付时开证行可能没有最终确认相符交单,故偿付行的付款不是"终局性"的。开证行一旦最终确定交单不符,则有权要求索偿行退还款项和利息。

URR 725 规定(在远期信用证业务中)开证行可以要求偿付行承兑并到期偿付远期汇票,同时该条还要求开证行不应要求以偿付行为付款人的即期汇票。URR 725 做出这样的规定主要是因为远期汇票是一种融通票据(accommodation bill),偿付行可以在票据市场上或者向开证行贴现该票据,从而获得资金融通。然而,即期汇票没有票据融通的功能,并且偿付行只是作为开证行的付款代理而不是票据的付款人出现在偿付信用证业务中,所以开证行不应要求偿付行承担即期汇票的付款责任。在实务中,仍然会遇到以偿付行为即期汇票付款人的信用证,这种情况下开证行和偿付行一般是总分行的关系,而不是一般的代理行关系。综上所述,无论开证行要求偿付行作为即期汇票或远期汇票的付款人,都应事先征得偿付行的同意。

根据 URR 725 规定,偿付行对任何报文、信件或单据的传递过程中发生的延误、遗失或其他错误产生的后果不予负责;也不负责对技术术语翻译或解释方面的错误;对于因不可抗力、战争、暴动或恐怖主义行为导致的营业中断的后果也概不负责。

3. 索偿行

索偿行(claiming bank)是指在信用证项下做出承付或议付并向偿付行提示索偿要求的银行。"索偿行"还应包括被授权代表做出承付或议付而向偿付行提示索偿要求的银行。

索偿行的索偿要求具体表现为索偿面函或索偿电文(SWIFT MT 742 报文格式),因此索偿方式通常又可分为邮索和电索。邮索又称"信索",即以邮寄索偿面函的方式向偿付行索偿。电索又称"电信索偿",即以发送索偿电文的方式向偿付行索偿。显然,电索可以加速收汇，也是索偿行乐于采用的方式。通常，只要信用证不禁止电索，都默认为允许电索。由于电索时开证行未必及时收到单据并审单，因此现在信用证允许电索的情形非常少。

索偿要求应具体注明约定的偿付日期，且不应在约定的偿付日期前超过 10 个银行工作日提示给偿付行。如果将索偿要求在约定的偿付日期前超过 10 个银行工作日提示给偿付行，偿付行可不予置理。如果偿付行决定不予置理该索偿要求，则应毫不延迟地以电信或其他快捷的方式通知索偿行。

7.6.2 偿付前提和时间

1. 偿付前提

偿付行需根据偿付授权书的指示在收到索偿行的索偿要求后进行偿付。

2. 偿付时间

如系承兑信用证和延期付款信用证，开证行于到期日偿付；UCP 600 首次允许被指定银行在承兑信用证和延期付款信用证下，可以在到期日前对受益人预付或购买单据，只要单据相符，开证行就应偿付。强调了被指定银行获得开证行偿付的权利，不受受益人是否获得开证行付款的影响。

偿付行应在收到索偿要求后不超过 3 个银行工作日内处理索偿要求。银行营业时间之外收到的索偿要求，将被视作是在下一个银行工作日收到的。

如果开证行要求提供预先借记通知，则在处理上，上述索偿要求的时间将不包括提供预先通知所需的时间。

偿付行由于索偿要求与偿付承诺不符，或由于偿付授权项下的任何原因而决定不予偿付，则它应在接到索偿要求后不超过 3 个银行工作日的时间之内毫不延迟地以电信方式或以其他快捷的方式发出通知，该通知应发送给索偿行和开证行。如果已做出偿付承诺，偿付行应该说明其拒绝偿付的理由。

7.6.3 偿付费用

偿付行的费用由开证行承担。如果偿付授权规定偿付行的费用由受益人承担，那么该费用应该在偿付索偿要求时扣除。当偿付行遵循了开证行的有关费用指示（包括手续费、费用、成本或支出），而这些费用没有被支付或索偿要求没有提示到偿付授权指定的偿付行，开证行仍有义务承担该费用。

除非索偿行对费用金额有指示，否则偿付行支付的所有费用将不包括在偿付授权金额内。如果开证行没有向偿付行提供有关费用的指示，则所有费用应由开证行承担。

7.6.4 有偿付行的一般信用证业务流程

有偿付行的一般信用证业务流程如图 7-10 所示。

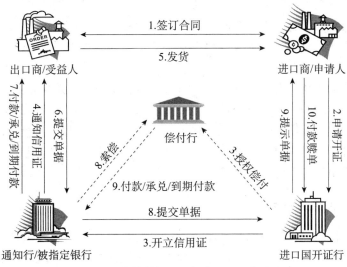

图 7-10 有偿付行的一般信用证业务流程

① 图 7-10 涵盖了可能存在于即期、延期、承兑和议付信用证中任何一种类型的信用证。

② 被指定银行可以进行即期付款、延期付款、承兑或议付中任何一种行为，这取决于信用证的类型。

7.7 信用证的特点和作用

7.7.1 信用证的特点

使用信用证的目的是通过银行的参与，为买卖双方提供结算的安全与保障。因为银行信用比商业信用可靠，因此信用证与汇付及托收方式相比，具有不同的特点。其中"独立抽象原则"（principle of independence and abstraction）和"单证相符原则"被公认为是信用证赖以生存的两大基石。具体来说，信用证的特点主要体现在以下几个方面。

1. 信用证是一种银行信用

信用证结算方式建立在银行信用基础上。由开证行以自己的信用为申请人作担保，承担付款的责任。即使申请人未能履行其义务，只要受益人提交了相符单据，开证行就必须独立承担对受益人的承付责任。此外，信用证还可安排其他被指定银行承付或议付。由此可见，只要受益人按照信用证的规定行事，就能保证从银行取得货款。

2. 信用证是一种独立于合同的自足文件

信用证的开立是以买卖合同为依据的，但信用证独立性在于一经开出，就成为独立于买卖合同之外的一种契约，不受买卖合同的约束。UCP 600 对此明确规定，就其性质而言，信用证与可能作为其开立基础的销售合同或其他合同是相互独立的交易，即使信用证中含有对此类合同的任何援引，银行也与该合同无关，且不受其约束。因此，银行关于承付、议付或履行信用证项下其他义务的承诺,不受申请人基于与开证行或与受益人之间的关系而产生的任何请求或抗辩的影响。受益人在任何情况下不得利用银行之间或申请人与开证行之间的合同关系。同时,开证行应劝阻申请人试图将基础合同、形式发票等文件作为信用证组成部分的做法。

实际业务中常会看到信用证条款中对货物的描述引用了形式发票,如"goods description as per pro forma invoice attached which becomes an integral part of the L/C"(货物描述依照所附之形式发票,此发票是该信用证的组成部分)。对于此类条款,银行可以劝阻申请人开立此类信用证,或将形式发票的有关部分,如货物说明,合并到信用证中,或在信用证中明确指出形式发票中适用于信用证的有关部分。

3. 信用证是一种单据交易

信用证业务实行凭单付款的原则。UCP 600 规定,银行处理的是单据,而不是单据可能涉及的货物、服务或履约行为。这一特点被称为信用证的抽象性,即信用证是纯粹的单据买卖。根据抽象性原则,开证行、保兑行或被指定银行只是根据表面上符合信用证条款的单据付款。只要受益人能满足相符交单,即构成银行的确定承付或议付,而与货物是否符合合同的规定无关。ICC 第 660 号出版物 R509 号意见中,申请人因受益人货物与合同规格不符,从而要求开证行退还已支付给受益人的款项遭开证行拒绝。该意见分析结论中指出,你方(开证行)宣称的银行处理的是单据而非货物是正确的。UCP 500 在这方面也很明确。银行的角色是根据 UCP 500 所包含的特定条款来确定信用证中要求的单据与信用证条款是否完全相符。如果所订购货物的规格有问题,这应是在买方和卖方之间根据合同或形式发票来解决的。

7.7.2 信用证的作用

尽管信用证在全球乃至我国使用的比重呈现下降趋势,但从其涉及的成交金额来看,仍是国际贸易中重要的支付工具,我国仍是信用证使用的大国。2008 年以来的国际金融危机又给信用证的使用带来新的契机。信用证为买卖双方提供了安全性,同时也为银行带来了较丰厚的利润。具体而言,信用证在国际贸易中的作用主要有以下几点。

1. 对出口商的作用

可以获得银行独立于进口商以外的相对较为安全的支付承诺。只要按照信用证规定的条件提交单据,便可取得货款,风险较低。同时,还可使出口商获得资金融通,有利于加速资金周转、扩大出口。

2. 对进口商的作用

可以在支付前确定信用证具体条款,掌握主动权,以便要求出口商必须提交的单据和对单据提出具体要求,从而一定程度上得以保证所购货物符合信用证和合同的要求;可以获得银行的贸易融资;同时,单据不符时银行和进口商都有拒付的权利。

3. 对银行的作用

与其他结算方式相比,信用证涉及的费用名目繁多,如通知费、修改费、审单费、不符点扣费、押汇费用、开证费用等，收费标准也较其他结算方式高。通过开证和议付等业务可以收取一定的费用，开证行还可以利用申请人交来的开证押金加以资金周转，获得一定的经济效益。在国际贸易中，信誉好、作风正派的银行以其高质量的服务，促进了信用证业务的发展。

7.8 信用证的局限性和风险

由于信用证结算方式是一种纯粹的"单据买卖"行为，只要受益人的交单相符，开证行就必须付款，进口商必须对开证行"付款赎单"。然而这种纯粹的单据买卖也不可避免地产生种种风险，使得信用证业务带有一定程度的局限性。

信用证下，进口商有可能得到与信用证规定完全相符的单据，但并不一定能得到与单据条款完全相符的货物；信用证业务中，有可能存在欺诈。无良出口商利用信用证的上述特点，可进行不法活动。例如，提供无货单据、假冒单据等；虽然在欺诈事实发生时，开证行可以"欺诈例外"原则对相符单据进行拒付，但是了解受益人欺诈的事实并不容易；出口商在履行信用证条款时，要想构成"相符交单"，必须具有全面的单证知识和对相关惯例的把握，显然这也不是每个受益人都能具备的。因此，因单据不符导致开证行拒付或被迫降价的案例也时有发生；此外，信用证的手续过繁、费用过高都限制了其广泛使用，尤其是对我国的中小企业而言，信用证往往大大增加其成本负担，因此转而使用电汇等其他结算方式；信用证中出现的一些"软条款"，一定程度上弱化了银行"保证付款"的功能等。具体而言，信用证的局限性和风险体现在如下几方面。

7.8.1 出口商面临的局限性和风险

① 与其他结算方式比较，手续繁杂，费用较高。
② 准备单据时确保单据相符不易。
③ 需要了解 UCP 600 等相关国际惯例或规则。
④ 常会遇到软条款或限制生效条款，使信用证的保障功能下降。
⑤ 开证行所在国发生政局动荡或经济波动，或是进口国因外汇短缺推迟开立信用证，将面临货款无法收回或迟收款的风险。

7.8.2 进口商面临的局限性和风险

① 与其他结算方式比较，手续繁杂，费用较高。
② 需要了解 UCP 600 等相关国际惯例或规则。
③ 占用了银行的授信额度。
④ 可能收不到货物或收到的货物品质与合同不符。
⑤ 与赊销相比，延迟了收货时间。

7.8.3 开证行面临的局限性和风险

① 承担了申请人无力支付的风险,尤其是在授信开证情形下。
② 一旦申请人拒付或无力支付,开证行将承担自行处理货物时产生的风险。
③ 可能承担受益人恶意欺诈带来的风险(信用证项下欺诈问题比较复杂,因篇幅有限,本书没有作专门介绍)。

7.8.4 被指定银行面临的局限性和风险

① 对受益人付款或议付后可能因开证行以不符点为由得不到偿付或偿付时间被拖延。
② 保兑行承付或议付后可能因开证行破产从而无法得到开证行的偿付。

7.9 信用证风险的防范措施

采用信用证结算,不管是进出口商还是开证行或被指定银行,最有效的风险防范措施仍是了解客户。进出口商彼此要相互了解各自的经营和履约状况,而银行要充分了解服务的对象即客户的信用状况。具体而言,可从以下几个方面着手控制和防范风险。

7.9.1 出口商的风险防范措施

① 严格审核信用证条款,尤其是软条款或非单据条款。
② 严格按信用证条款和 UCP 及 ISBP 的规定制单,并确保单据表面的正确和一致性。
③ 了解开证行所在国的政治经济形势,必要时可选择信誉好的银行保兑。

7.9.2 进口商的风险防范措施

① 了解出口商的信用,以防止其利用单据欺诈。
② 争取选择远期信用证以解决资金占用问题。

7.9.3 开证行的风险防范措施

① 了解申请人信用状况,严格授信制度。
② 控制物权单据,以便在申请人无力支付时自行通过处理单据减少风险。
③ 通过代理行了解受益人的信用状况,以防止其恶意欺诈。

7.9.4 被指定银行的风险防范措施

① 接受开证行指定前了解开证行的资信,以防止按指定行事后得不到开证行的偿付。
② 按指定行事时严格审核单据以防开证行以不符点为由拖延偿付甚至拒绝偿付。

本章习题

1. 什么是信用证？你是如何理解"相符交单"的含义的？
2. 简要说明《跟单信用证统一惯例》的意义。
3. 请说明跟单信用证业务中的申请人、开证行和受益人之间存在怎样的安排，他们各自的权责分别是什么。
4. 你是如何理解被指定银行的身份的？
5. 请说明保兑行在跟单信用证业务中的基本责任。
6. 不可撤销信用证在什么情况下可以修改或撤销？根据 UCP 600 的规定，受益人接受或拒绝接受修改的方式有哪些？你认为应采取何种方式最好？为什么？
7. 信用证的兑用方式有哪几种？它们的区别主要体现在哪些方面？
8. 请根据 7.4.3 节中 SWIFT MT 700 信用证实例找出该证的被指定银行和兑用方式。
9. 请根据 7.4.3 节中 SWIFT MT 700 信用证实例找出该证的交单截止日期。
10. 请自行设计跟单信用证业务的流程图，并在该流程图中标出被指定银行和保兑行。
11. 什么是可转让信用证？你能根据教材中的图例指出其业务流程与跟单信用证的主要差异吗？
12. 已转让信用证与可转让信用证相比，哪些项目会发生改变？
13. 什么是对背信用证？它与可转让信用证的主要差别体现在哪些方面？
14. 什么是循环信用证？通常有几种不同组合方式？具体条款应该如何设计？
15. 信用证项下银行偿付所涉及的当事人有哪几个？对于偿付的前提条件和时间 URR 725 是如何规定的？
16. 信用证尽管流程复杂，所涉费用昂贵，但仍然广泛存在于国际贸易中。请解释其存在的主要原因，并制作 PPT 在课堂上宣讲。
17. 信用证赖以生存的两大基石是"独立抽象"和"单证相符"的原则，对这两大原则你是如何理解的？请据此制作 PPT 在课堂上宣讲。
18. 信用证存在哪些主要的局限性和风险？作为开证行、保兑行和被指定银行，应如何防范信用证项下潜在的风险？
19. 请根据教材中 SWIFT MT 700 信用证实例描述该证对所需各种单据的具体要求。
20. 你认为信用证对于什么样的交易对象最合适？请说明理由，并制作 PPT 在课堂上宣讲。
21. 请在课堂上讨论信用证的未来前景。

第 8 章 信用证项下银行审单实务

本章要点
(1) 审单原则；
(2) 一般问题的审核；
(3) 商业发票的审核；
(4) 运输单据的审核；
(5) 保险单据的审核；
(6) 原产地证明的审核；
(7) 汇票的审核；
(8) 装箱单/重量单的审核；
(9) 受益人证明的审核；
(10) 其他证明书的审核；
(11) 不符点及其处理。

UCP 600 明确要求只有按照指定行事的被指定银行、保兑行和开证行有必须审核单据的责任，而其他当事人没有此项责任。实务中大部分被指定银行都不会按照指定行事（如信用证规定某银行议付，但是该银行收单后并没有议付，而是直接寄单给开证行），因此他们本无须审核单据。但是为了争取客户，这些银行往往也会审核单据，这种审核属于银行为受益人提供的增值服务，而不是为了履行 UCP 600 所规定的责任。本章是依据 UCP 600 和 ISBP 745 介绍单据审核方面的知识，帮助读者了解如何进行信用证项下的单据审核，以及审核出不符点之后的处理方法。

8.1 审单原则和基本方法

8.1.1 "单证相符、单单一致"的原则

审单的目的是判断单据是否构成了相符交单，因为相符交单是开证行、保兑行（如有）和被指定银行履行信用证项下承付或议付责任的前提条件。在具体审核时可以将相符交单拆

分成"单证相符"和"单单一致"两个方面。"单证相符"是指以信用证、UCP 600 和国际标准银行实务（主要指 ISBP 745[①]）为依据对规定的各项单据进行审核，各单据的内容要符合信用证、UCP 600 和 ISBP 745 的规定及国际标准银行实务的通行做法。"单单一致"是指分别以某一种单据为中心审核其他规定的单据，有关内容要相互一致。实际上，审单业务还涉及同一种单据内容之间不得冲突，俗称"单内一致"，但由于"单证相符、单单一致"的原则早已深入人心，本节不再另行突出"单内一致"。

但是银行的审单只能基于单据本身来确定受益人提交的单据在表面上是否符合"单证相符、单单一致"的原则。因为信用证仅仅是单据业务，独立于买卖合同，同时银行不是运输、保险等其他贸易相关领域的专家，不可能对单据内容背后的东西有过多了解，也没有必要了解。因此，历来 UCP 的各个版本都强调银行在信用证项下的审单只限于单据表面，与单据所涉及的基础合同、单据的真伪及如何取得等完全无关。这也是信用证固有的独立抽象性的一个具体体现。注意这里所说的"表面"并不仅仅是指单据的正面，如果一份单据的背面也包含信用证要求的信息，或者出单人为了节约纸张在背面也打印了数据，那么审单中也需要审核单据的背面。

8.1.2　"实质相符"的审核方法

长期以来，银行在应用"单证相符、单单一致"原则时采用"严格相符"的审核方法，这一方法是为了消除银行的风险，强调银行只从表面审核单据与信用证条款以及单据之间是否相符。但是，这一原则却被银行演变成"机械、刻板"的规定，片面地强调单据之间以及单证之间要达到完全相符的"镜像"原则。受益人提交的单据只要有任何不符，即使是不构成歧义的拼写错误或无关紧要的错误也一律被当作拒付的理由，使得信用证越发成为拒付工具而不是付款工具，这与国际商会的初衷显然是背道而驰的。因此一段时间内关于严格相符还是非严格相符（后来又提出了"实质相符"一词）的争论非常激烈。国际商会也注意到这种现象，因此，在制定 UCP 600 时顺势而为，采取了相对宽松的非严格相符的审单方法，强调只要单证的内容"不矛盾"或者"不冲突"，就是相符的。使得银行在具体审单业务中可以更灵活地审核单据，体现了信用证业务的公平性和信誉度。

我国自 2006 年 1 月 1 日起施行的《最高人民法院关于审理信用证纠纷案件若干问题的规定》第六条肯定了"信用证项下单据与信用证条款之间、单据与单据之间在表面上不完全一致，但并不导致相互之间产生歧义的，不应认定为不符点"的灵活宽松的审单方法，符合了审单标准的发展趋势，摒弃了"严格一致"的机械要求，与 UCP 600 确定的审单标准本质上一致，极具实践指导性。

由国际商会银行技术与实务委员会制定，并于 1997 年 10 月公布实施的《跟单票据争议专家解决规则》（ICC Rules for Documentary Instruments Dispute Resolution Expertise, DOCDEX），是解决由于适用 UCP 和 URR 引发的争议的一套规则。根据此规则，信用证中任何一方当事人与其他当事人因信用证业务产生争议时，可向国际商会设在巴黎的国际专业技术中心提出书面申请，由该中心在银行委员会提名的专家，根据当事人陈述的案情和有关书

[①]　虽然 ISBP 745 是审核单据的重要依据，但是 ICC 也承认其不能囊括所有的信用证条款与单据，也不能涵盖全部单实务，参见 ISBP 745 的前言。

面材料，经与银行委员会的技术顾问协商后，就如何解决信用证争议以该中心的名义做出决定，称为 DOCDEX 裁定。在 DOCDEX 中也涉及了实质相符的问题："信用证显示货物数量为 20,000 PCS and 21,000 PCS respectively，实际提交的发票上显示 20,000 PCS & 21,000 PCS，但箱单和提单上却显示 338 CTNS & 348 CTNS，开证行以箱单和提单上数量与信用证不符为由拒付单据。DOCDEX 分析中指出，发票与信用证要求是严格相符的，箱单的作用是显示货物如何包装的，该箱单上显示了箱数、毛净重和尺码，此外还提及了发票号，因此，在发票和箱单之间产生了联系。该信用证要求一式三份的箱单，但没有要求具体细节。那么，只要提交的单据上内容与其他所需单据没有矛盾，银行将接受这类单据。提单上标明了 338 CTNS & 348 CTNS 等内容，而这些内容与箱单上显示的是一致的。该案中，相同的发票号显示在发票和箱单上，而箱单和提单上也显示了相同的毛、净重和总尺码。这 3 种单据也都引用了相同的货物描述，说明单据之间是相互联系并且没有矛盾。因此，裁定中认为单据是符合信用证要求的。"

8.2 一般问题的审核

8.2.1 审单时间

UCP 600 将银行审单的时间限定为自收到单据次日起至多 5 个银行工作日。所谓银行工作日，是指银行在其履行受 UCP 600 约束的行为的地点通常开业的一天。如果是节假日期间银行加班处理信用证业务，并不算作银行工作日。考虑到银行审单的实际用时和企业对银行工作效率的期望，同时也为保障受益人尽快收回货款，UCP 600 将审单时间缩短为最多不超过 5 个银行工作日是有其积极意义的。所谓的"受 UCP 600 约束的行为"包括开证、通知、修改、接受交单、审单或者承付或议付信用证等。

5 个审单的工作日并不受信用证交单截止日或最迟交单期的影响。例如，信用证交单截止日为 2014 年 6 月 5 日，规定在受益人所在国被指定银行交单有效。受益人实际于 6 月 4 日向被指定银行交单，被指定银行于 6 月 8 日审核单据完毕，这是不能以超出信用证交单截止日为由提出不符点的。这样的规定确保受益人交单不因被指定银行、开证行或保兑行故意拖延审单时间导致信用证过期并以此为由拒付。

8.2.2 交单时间

受益人的交单应在信用证规定的交单截止日内进行，并且不得超过 UCP 所规定的交单期限。通常信用证可以根据实务需要规定具体的交单期限，例如：装运日后 15 天内交单，但不得超过信用证交单截止日。有的信用证可以不出现具体的交单期限，那么根据 UCP 600，默认交单期限为正本运输单据所显示的实际装运日后 21 天，且不得超过信用证的交单截止日。假设信用证交单截止日为 2015 年 7 月 15 日，正本提单显示实际装运日为 2014 年 6 月 20 日，那么受益人最晚必须于 7 月 11 日（装运日后 21 天内）之前或者当天向被指定银行交单，7 月 11 日在交单截止日内。如果正本提单显示装运日为 2015 年 6 月 27 日，因受信用证截止日的影响，那么受益人最晚必须于 7 月 15 日交单，不能用足装运日后的 21 天（7 月 18 日）。

需注意的是，UCP 600 默认的 21 天仅适用于 UCP 600 第 19 条至第 25 条所规定的正本运输单据，如提交的是副本运输单据，则该规定不再适用，但是无论何时交单都不能超过信用证的交单截止日。

此外，UCP 600 第 29 条强调，如果信用证的交单截止日或者交单期最后一天是银行的非工作日（如节假日），那么可以顺延至该日以后的第一个银行营业日（但不可抗力所导致的中断或延误除外）。收到单据的银行如果需要将单据寄出，应该在寄单面函上声明单据是何时收到以及单据是在 UCP 600 第 29 条规定的顺延期限内提交的。

8.2.3 单据的货物描述

商业发票的货物描述必须与信用证规定的货物描述一致，详见 8.3.3 节。

其他任何单据如果显示有货物描述，那么可以使用与信用证规定的货物描述不矛盾的统称，而不必与信用证规定的货物描述完全一致。

例如，信用证要求的货物品名为"color TV"，装箱单中显示为"TV"，因为装箱单可以使用货物的统称，而且与信用证中描述的商品名称不矛盾，因此符合信用证规定。

8.2.4 单据表面上应满足其功能

除了 UCP 600 和 ISBP 745 所规定的运输单据、保险单据、原产地证明、商业发票、装箱单、重量单、受益人证明、其他证明书之外的商业单据，如果信用证没有规定出单人或者单据的具体内容，那么只要提交的单据显示的内容看似满足所要求单据的功能，银行就可以接受。

这条标准的核心内容是功能，而功能一词在 UCP 600 中没有统一的标准，这就需要银行从业人员对商业单据的功能有比较明确和统一的认识。例如，装船通知的主要功能是要显示货物装船的基本细节，如船名、装运时间、运输路径等。

ICC 第 632 号出版物 R389 号意见中，开证行因原产地证书未显示运输细节而提了不符点，该意见结论指出，信用证中没有要求原产地证书显示运输细节，虽然该证书有标有"运输细节"或类似的栏目，但并非指该项要求需要完成。该结论实际上考虑到了单据自身的功能，毕竟原产地证不是用来描述货物装运细节的单据。因此，只要信用证没有特别要求显示运输细节，而且原产地证其他内容满足其功能和信用证要求就是没有不符点的。

8.2.5 信用证未要求的单据

银行只负责审核信用证所要求的单据，对于信用证未要求的单据则不予理会，而且可以选择退还给交单人，或者是转交开证行。稳妥的办法是劝阻受益人在提交信用证项下单据时，不要提交信用证没有要求的额外单据，并提醒受益人如果提交，可能会引起纠纷。

8.2.6 非单据条件

信用证的指示必须单据化，即这些指示能够通过单据反映出来。如果信用证含有一项条件，但是没有规定用来表明满足该条件的单据，就是所谓的"非单据条件"，银行将视其未作规定而不予理会。因为跟单信用证判断相符交单的标准之一是"单证相符"，而"非单据条件"不需要提交与之相关的单据，所以银行无义务去理会这样的条件。如果提交的单据出现了相应的数据，那么是不能和"非单据条件"矛盾的。

8.2.7 申请人和受益人的联络细节

首先，单据中的受益人和申请人的地址不需要和信用证及其他单据相同，但是必须和信用证中规定的地址在同一国家，除非信用证明确规定了某一单据必须显示信用证中规定的受益人和申请人的地址。其次，受益人和申请人的联络细节（比如电话、传真、邮件地址等）作为其地址的一部分时，如果在信用证里出现，将不予理会。最后，申请人的地址和联络细节作为 UCP 600 所规定的运输单据的收货人或者被通知方细节的一部分时，必须和信用证规定的相同。信用证对运输单据的一个常见规定是"notify applicant"，那么只需运输单据注明申请人具体名称，而无须注明地址。但是如果注明了地址，就需要和信用证规定的相同。有些信用证为了避免类似的纠纷，使用类似"notify applicant with full address"的用语，是比较严谨的。

8.2.8 单据的名称

单据可以使用信用证规定的名称或相似名称，或不使用名称。例如，信用证要求"装箱单"（packing list），无论该单据冠名为"装箱单"（packing list）、"装箱说明"（packing note）、"装箱和重量单"（packing and weight list），甚至没有名称，只要单据包含了装箱细节，在表面上就满足了所要求单据的功能，是没有不符点的。但是需注意的是 UCP 600 和 ISBP 745 对特定单据（如发票）的名称是有专门规定的，参见 8.3.1 节的内容。

8.2.9 联合单据和多页单据

ISBP 745 要求信用证规定的单据应分别提交。同时第 A41 段允许一个单据涵盖多个功能，但是信用证对每种单据的份数要求必须被满足。例如，信用证要求装箱单和重量单各一份，那么受益人提交独立的装箱单和重量单各一份是可以的；如果提交装箱单和重量单的联合单据，则必须提交两份（一份作为装箱单，另一份作为重量单），如果只提交一份是不能满足信用证单据份数的规定的。如果信用证要求的是装箱单和重量单的联合单据一份，那么受益人提交一份装箱单和重量单的联合单据是可以的；或者提交独立的装箱单和重量单各一份。

当一份单据包括不止一页纸张时，必须能够通过单据自身确定这些不同页属于同一份单据。无论名称或标题如何，即使某些页被视为附件或附文，且被装订在一起、按序编号或内部交叉援引的多页单据，都应作为一份单据来审核。如果一份多页的单据要求签字或背书，信用证或单据自身没有说明签字或背书应在何处，那么可以在单据的任何地方签字或背书。

8.2.10 单据的语言

信用证规定了单据出具语言的,则单据应使用信用证规定的语言出具;如果信用证没有规定单据出具语言,则单据可以用任何语言出具。

如果信用证允许两种或多种单据语言出具单据,那么按指定行事的保兑行或被指定银行应限定单据使用何种语言作为其承担责任的条件;如果没有限定,那么单据上显示的各种语言都需要被审核。这一点需要注意,因为银行的审单人员不可能是语言通,能同时掌握所有的语言。

如果单据上出现了信用证规定之外的语言,银行可以不予置理。

尽管有上述规定,个人或实体的名字、印章、合法化、背书或类似文字,以及单据上预先印就的文本,如(但不限于)栏位的名称,还是可以用信用证规定之外的语言显示。

8.2.11 单据的修正和变更

单据在制作过程中难免会产生打印或拼写错误,所以需要对单据的内容进行修正和变更。对此,ISBP 745 要求除了由受益人出具的单据(不含汇票)外,对其他单据内容的修正和变更必须在表面上看由出单人证实。对经过合法化、签证、认证或类似手续的单据的修正和变更必须经过使该单据合法化、签证、认证该单据的人证实。证实有两种方法:一是加盖带有证实人名称的章,二是额外加注证实人名称并签字或小签。如果证实表面看来并非由出单人所为,则该证实必须清楚地表明证实人以何身份证实单据的修正和变更。

如果仅仅是加盖中性的"更正"章,即只含有"更正"字样而没有实体名称的章,是不能构成证实的。

如果单据涉及多处修正或变更时,必须对每一处修正做出单独证实,或者用一种恰当的方式使一项证实与所有修正相关联。例如,如果一份单据显示出有标为1,2,3的三处修正,则使用类似"上述编号为1,2,3的修正×××经证实"的声明即满足证实的要求。

另外,正本单据修正和变更后,其副本单据也需要修正和变更,但无须证实。

不过,如果单据上出现了多种字体、字号或者是手写,其本身并不代表一定是修正和变更。如果出现了划线或者涂抹,那么可以认定是修正和变更。

8.2.12 单据的签署

当信用证、单据自身或 UCP 600 要求正本单据需要签署时,正本单据必须签署。例如,信用证要求"SIGNED COMMERCIAL INVOICE",则发票必须签署。副本单据无须签署,也无须注明日期。此外,单据上预先留有的签署栏并不意味着单据自身必须签署,除非单据自身注明"不经签署无效"或类似措辞。为了避免产生不必要的歧义,如果信用证没有特别要求一份需要签署的单据,那么该单据就不应含有签署栏。如果单据自身注明"不经×××副签无效",那么除了出具人的签署之外,"×××"必须签署。

如果声明或证明出现在另一份有签字并注明日期的单据里,只要该声明或证明表面看来系由出具和签署该单据的同一人做出,则该声明或证明无须另行签字或加注日期。

单据签字的方式包括用手签、摹样签字、穿孔签字、印戳、符号（如公章）或任何其他机械或电子的证实方法。如果信用证要求"签字并盖章"（signed and stamped）时，只要有符合上一句各种方法的签字以及签字人或实体的名称即可。

单据上可能会声明"本单据已经电子证实"或"本单据以电子方式生成无须签署"或类似措辞，这不表明是电子证实方式。如果单据上声明可以通过一个援引的特定网页链接核实或获得对签署的证实，这构成了电子证实方式。但是银行不必访问该网页进行核实或获得证实。

除非另有注明，带有信头的单据的签字视为信头所示者签署。当单据显示由出具人的分支机构签署时，视同出具人签署。

8.2.13 单据的日期

1. 汇票、运输单据和保险单据

即使信用证没有明确要求，汇票和正本保险单据必须注明出具日期。正本运输单据也必须注明日期，但并不一定是"出具日期"，而是根据实际情况注明以下日期之一：

① 出具日期；
② 附有日期的已装船批注；
③ 装运日期；
④ 收货、装运、监管日期；
⑤ 取件或收件日期。

2. 其他单据

其他单据可以单独注明出具日期或者援引其他同一批提交的单据日期，或者注明某事件发生的日期（如检验日期）。

3. 日期的先后次序

单据日期可以早于信用证的开立日期（除非信用证另有规定），但不得晚于交单日期。有些银行会对单据之间的日期作一个排序。例如，汇票日期必须是所有单据中最晚的，检验证和产地证日期必须早于装运日期等，因为检验要在运输之前完成。其实这种做法本身说明了这些银行违背了"表面相符"的原则，将自己的主观判断融入单据日期的先后排序中。实际上任何单据的日期都可以晚于装运日期。

例如，信用证要求提交质量证明一份，假设受益人提交单据日期为 2015.04.30，提单装运日期为 2015.04.24，受益人提交的质量证书的出具日期为 2015.04.28 是可以的。但如果信用证要求提交装运前质量证明一份，那么提交同样日期的质量证书是否为不符呢？这需要根据单据的标题、内容来判断该事件是否在运输之前发生。例如，上个例子的质量证书如果需要在装运前证明质量如何，那么在出具日期不变的情况下，可以声明"质量的检验是在 4 月 23 日完成的"。

再如，保险单声明保险责任自运输之日起生效，那么保险单的出具日期晚于装运日期也是可以接受的。

如果单据在注明了"出具日期"的同时，又有一个在其之后的"签署日期"，那么该单据将被视为在"签署日期"出具而不是"出具日期"出具。

4. 日期的相关用语

就计算一个期间而言，"在……之内"（within）一词与一个日期相关联时，将排除该日期。例如，"在（日期或事件）……的2天内"（within 2 days of...），指一段期间，前后共5天，即从该日期或事件发生前的2天至该日期或事件发生后的2天。

"在……之内"一词之后跟随一个日期，或援引一个确定日期或事件时，将包括该日期或该确定日期或该事件发生日期。例如，"在5月14日内交单"，或"在信用证有效期内交单"且信用证有效期即为5月14日，指5月14日是允许交单的最后一天，只要5月14日是银行工作日。

"不迟于在……后的2日内"（not later than 2 days after...）表明的不是某一段时间，而是最迟日期。如果通知日期不能早于某个特定日期，信用证必须明确规定。

"至少早于……的前2日"（at least 2 days before...）一件事情的发生不得晚于某事件的前两日，最早何时则没有限制。

"从……起"（from...）和"在……之后"（after...）这两个词语用于表示装运日期、事件发生日期或单据日期之后的一个日期或交单期时，将不包括该日期。例如，当装运日是5月4日时，装运日后10天或装运日起10天，都是指5月14日。

8.2.14 拼写错误

实际业务中，如果发生拼写错误或者打字错误，但是没有做修正和变更，是否构成不符点呢？按照"实质相符"的原则，如果拼写及/或打印错误并不影响单词或其所在句子的含义，则不构成单据不符，否则将构成不符点，审核的基本原则如下。

① 如果拼写或者打字错误不构成另一个单词，从而不构成歧义，不是不符点。

如货物描述中用"mashine"表示"machine"（机器），用"fountan pen"表示"fountain pen"（钢笔），或用"modle"表示"model"（型号）都不会导致不符。

② 拼写或打字错误有可能导致歧义或产生实质性影响的，视为不符点。

如将"model 321"写成"model 123"则不应视为打印错误，而应是不符点。因为这样的拼写错误可能导致描述另一种不同类型的产品，从而产生了实质性影响。类似的还有将提单中收货人或通知方名称由"CAI"打成"TAI"就是不符，因为可能存在一个叫"TAI"而不是"CAI"的人。除非不存在因拼写错误而导致另一个人名，如将"SMITH"打成"SNITH"，因为不可能存在一个叫"SNITH"的姓氏，故不是不符点。

8.2.15 单据的正本与副本

除非单据本身声明不是正本（如在单据右上角印有"副本"字样等），任何带有看似出单人的原始签名、标记、印戳或标签的单据都视为正本单据。例如，存在以下情况的单据，银行都将其视为正本看待：

① 单据看似由出单人手写、打字、穿孔或盖章；

② 单据看似使用出单人的原始信纸出具；

③ 单据声明其为正本单据，除非该声明看似不适用于提交的单据。

至于是手写的还是电子形式生成或者摹样方式（facsimile form），银行需要鉴别。如果这些复写或复印的单据有原始签字，就是正本单据。

单据正本至少要满足信用证或 UCP 600 要求的正本份数。如果信用证要求提交副本单据，可以用正本代替。当信用证要求非全套正本单据，但是没有指示其他正本单据去向的，可以提交全套正本。但是，如果信用证在要求副本单据的同时说明了正本的去向，如"全套正本直接寄给申请人"，那么是不能用正本单据代替副本单据的。如果不希望用正本代替副本，信用证应该明确指出不接受正本代替副本。

单据的多份正本可用"正本"（original）、"第二份"（duplicate）、"第三份"（triplicate）、"第一份正本"（first original）、"第二份正本"（second original）等标明。上述标注均不否认单据为正本。

如果信用证以下列形式要求单据（以发票为例）份数，按照下列原则审核：

① "一份发票"（one invoice）或"发票一份"（invoice in 1 copy），为要求一份正本；

② "发票四份"（invoice in 4 copies），则提交至少一份正本，其余用副本即可；

③ "发票的一份副本"（one copy of invoice），则提交一份副本或一份正本均可；

④ "已签署发票的复印件"（photocopy of a signed invoice）时，则须提交一份经签署的正本发票的复印件或副本，如果没有禁止的话，也可以提交一份经签署的正本发票。

8.2.16 单据的出单人

如果信用证要求单据由某具名个人或者实体出具，只要表面看来单据是由该具名个人或者实体出具的，即符合信用证要求。单据使用印有该具名个人或者实体抬头的信笺，或者如果未使用信笺，但表面看来是由该具名个人或者实体以及他们的代理人完成及/或签署，那么即为表面上看来由该某具名个人或者实体出具。有关出单人的具体审核注意事项参见本章主要单据审核的相关内容。

8.2.17 数学计算

单据中可能出现单项数据和合计数，如金额、数量、重量或包装件数等，对此银行不检查单据中的数学计算细节，而只负责将总量与信用证及/或其他要求的单据相核对。ICC 第632 号出版物第 R391 号意见指出：信用证中涉及过多细节时，议付行或开证行无义务通过数学计算来判断是否相符。

8.2.18 单据的唛头

当信用证规定了唛头细节时，载有唛头的单据必须显示这些细节。但是唛头内容的顺序，不必与信用证或其他单据上的完全一样，而且可以显示额外的内容，如货物类型、处理易碎货物的警告、货物的毛重和净重等。如果部分单据显示了信息，而其他单据没有显示，是可以接受的。又如，集装箱运输的运输单据可以在"唛头"处显示集装箱号码（有无封号均可），而其他单据可以显示更详尽的唛头细节。

8.2.19　不适用 UCP 600 运输单据条款的单据

提货通知（delivery note）、提货单（delivery order）、货物收据（cargo receipt）、运输行收货证明（forwarder's certificate of receipt）、运输行装运证明（forwarder's certificate of shipment）、运输行运输证明（forwarder's certificate of transport）、运输行货物收据（forwarder's cargo receipt）、大副收据（mate's receipt）等，不属于 UCP 600 第 19~25 条所规定的运输单据，虽然它们也和运输相关。交单期不适用上述单据，如果需要用交单期，必须说明是上述单据的出具日期或者上述单据注明的某一日期。

8.2.20　缩略语

在实务中，被普遍接受的缩略语可以和全称相互替代。例如：
① "Ltd." 代替 "limited"（有限）；
② "Int" 代替 "international"（国际）；
③ "Co." 代替 "company"（公司）；
④ "kgs" 或 "kos." 代替 "kilos"（千克）；
⑤ "Ind" 代替 "industry"（工业）；
⑥ "mfr" 代替 "manufacturer"（制造商）；
⑦ "mt" 代替 "metric tons"（公吨）；
⑧ "CTN/CTNS" 代替 "carton/cartons"（纸箱）；
⑨ "PCE/PCS" 代替 "piece/pieces"（只、个、支等）；
⑩ "DOZ/DZ" 代替 "dozen"（一打）；
⑪ "PKG" 代替 "package"（一包、一捆、一扎、一件）；
⑫ "WT" 代替 "weight"（重量）；
⑬ "G.W." 代替 "gross weight"（毛重）；
⑭ "N.W." 代替 "net weight"（净重）；
⑮ "MAX" 代替 "maximum"（最大的）；
⑯ "MIN" 代替 "minimum"（最小的）；
⑰ "MED" 代替 "medium"（中等）；
⑱ "M/V" 代替 "merchant vessel"（商船）；
⑲ "PCT" 代替 "percent"（百分比）；
⑳ "S/M" 代替 "shipping marks"（装船唛头）；
㉑ "PO" 代替 "purchase order"（订单）；
㉒ "S/C" 代替 "sales contract"（销售合同）。

8.2.21　快递收据、邮政收据或投邮证明

当信用证要求提交快递收据、邮政收据或投邮证明一类单据，以证实寄送单据、通知给

一个具名或规定的实体时,该单据不是 UCP 600 第 25 条定义的运输单据。

8.2.22 斜线"/"和逗号","

斜线"/"和逗号","可能会导致不同的含义,不应该用来替代词语。如果使用了斜线"/"或逗号",",并且根据上下文的含义不能确定它们的意思,那么被视为允许使用一种或多种选择。例如,信用证规定"红色/黑色/蓝色",并且没有上下文表明斜线的含义,那么被视为颜色可以仅仅是红色,或仅仅是黑色,或仅仅是蓝色,也可以是它们的任意组合。再如,信用证规定装货港为"上海,青岛,大连",并且没有上下文表明逗号的含义,那么被视为装货港可以仅仅在上海,或仅仅在青岛,或仅仅在大连,也可以是它们的任意组合。

8.2.23 一般性的定义与词语解释

装运单据(shipping documents),指信用证要求的所有单据,不包括汇票、电信传送报告和证实寄送单据的快递收据、邮政收据或投邮证明。

过期单据可接受(stale documents acceptable),是指单据可以晚于装运日后 21 个自然日提交,但不晚于信用证有效期。此含义也适用信用证在规定一个特定交单期的同时,还规定了"过期单据可接受"的情况。

第三方单据可接受(third party documents acceptable),是指信用证或 UCP 600 未规定其出具人的所有单据(汇票除外),可以由受益人之外的实体出具。

第三方单据不可接受(third party documents not acceptable),没有任何含义,不予理会。

出口国(exporting country),是指受益人所在国、原产国、承运人收货地所在国、装运或发运地所在国。

船公司(shipping company),作为与运输单据有关的证明书或证明、声明书或声明的出具人,指以下任何一方:承运人,船长,或租船提单下的船长、船东或租船人,或注明作为上述任何一方代理人的实体,不管其是否出具或签署该运输单据。

提交的单据可接受(documents acceptable as presented),是指只要在信用证有效期内提交了规定的单据,并且支款金额在信用证可兑用范围之内,即被开证行接受。也就是说,单据将不根据信用证或 UCP 600 审核是否相符,包括要求提交单据的正副本份数是否正确。

"在或大概在"(on or about)或类似措辞将被理解为一项约定,按此约定,某项事件将在所述日期前后各 5 天内发生,起讫日期均包括在内。也就是说,当"在或大概在"用于规定信用证中的相关日期时,有关事件发生的时间区间共包括 11 天。

"至"(to)、"直至"(until, till)、"从……开始"(from...)及"在……之间"(between...)等词用于确定发运日期时,包括提及的日期;使用"在……之前"(before...)及"在……之后"(after...)时,则不包含提及的日期。

"前半月"(first half of a month)及"后半月"(second half of a month)分别指一个月的第 1 日到第 15 日及第 16 日到该月的最后一日,起讫日期计算在内。

一个月的"开始"(beginning)、"中间"(middle)及"末尾"(end)分别指第 1 日到第 10 日、第 11 日到第 20 日及第 21 日到该月的最后一日,起讫日期计算在内。

一家银行在不同国家的分支机构被视为不同的银行。

用"第一流的"(first class)、"著名的"(well known)、"合格的"(qualified)、"独立的"(independent)、"正式的"(official)、"有资格的"(competent) 或"本地的"(local) 等词语描述单据的出单人时,指允许除受益人之外的任何人出具该单据。

除非要求在单据的内容中使用,否则诸如"迅速地"(promptly)、"立刻地"(immediately) 或"尽快地"(as soon as possible) 等词语将不予理会。

8.3 商业发票的审核

8.3.1 发票名称

发票的种类比较多,信用证在规定发票条款时,如果不是特别要求提交海关发票、税务发票、领事发票等特殊种类发票时,一般使用"invoice"或者"commercial invoice"的措辞。但是"invoice"一词本身是各种类型发票的总称,容易使受益人难以确定究竟该提供何种发票,所以 ISBP 745 第 C1 段专门对发票的名称作了规定。因此,在审核发票时可依据以下要点进行审核。

① 当信用证要求海关发票(customs invoice)、税务发票(tax invoice)、最终发票(final invoice)或者领事发票(consular invoice)、形式发票(proforma invoice)时,提交的单据名称必须与之完全相同。

例如,信用证要求如图 8-1 所示,则提交的单据名称必须如图 8-2 所示。

```
46A: DOCUMENTS REQUIRED:
    +CUSTOMS INVOICE IN 3 COPIES
```

图 8-1 信用证条款

```
           CUSTOMS INVOICE

                    INVOICE NO.: S123456
```

图 8-2 海关发票

② 当信用证要求"commercial invoice"时,提交名称为"commercial invoice"或者名称为"invoice"的单据都可以。

例如,信用证要求如图 8-3 所示,则提交的单据名称可以如图 8-4 或图 8-5 所示。

③ 当信用证要求"invoice"但没有进一步描述时,提交名称为"invoice""commercial invoice""customs invoice""tax invoice""final invoice"或者"consular invoice"的发票都可以;但名称为"provisional""proforma"或者类似名称的发票是不可以的。

```
46A: DOCUMENTS REQUIRED:
    +COMMERCIAL INVOICE IN 3 COPIES
```

图 8-3　信用证条款

```
            COMMERCIAL INVOICE

                         INVOICE NO.: S123456
```

图 8-4　商业发票

```
                   INVOICE

                         INVOICE NO.: S123456
```

图 8-5　发票

8.3.2　出具人和抬头

除可转让信用证外，发票必须看起来是由受益人出具的，并且必须开立给申请人。同时，除非信用证有要求，发票无须签字或者标注日期。

例如，信用证规定如图 8-6 所示，发票可以使用 XYZ CO LTD 为信头，如图 8-7 所示；或者不使用 XYZ CO LTD 为信头，而是在单据中列明出具人，如图 8-8 所示。

```
50: APPLICANT
    ABC CORP
59: BENEFICIARY
    XYZ CO LTD
...
46A: DOCUMENTS REQUIRED:
    +SIGNED COMMERCIAL INVOICE IN 3 COPIES
```

图 8-6　信用证条款

如果受益人变更了名称，那么在注明了原名称的情况下，可以用新名称出具发票，如图 8-9 所示。

```
┌─────────────────────────────────────────────┐
│              XYZ CO LTD                     │
│                                             │
│           COMMERCIAL INVOICE                │
│                                             │
│                      INVOICE NO.: S123456   │
│                      DATE: 2016-01-27       │
│  MESSERS: ABC CORP                          │
│                                             │
│                          XYZ CO LTD         │
│                          KENNY WANG         │
└─────────────────────────────────────────────┘
```

图 8-7　以公司名称为信头的商业发票

```
┌─────────────────────────────────────────────┐
│           COMMERCIAL INVOICE                │
│                                             │
│                      INVOICE NO.: S123456   │
│                      DATE: 2016-01-27       │
│  MESSERS: ABC CORP                          │
│                                             │
│                          XYZ CO LTD         │
│                          KENNY WANG         │
└─────────────────────────────────────────────┘
```

图 8-8　没有以公司名称为信头的商业发票

```
┌─────────────────────────────────────────────┐
│           COMMERCIAL INVOICE                │
│                                             │
│                      INVOICE NO.: S123456   │
│                      DATE: 2016-01-27       │
│  MESSERS: ABC CORP                          │
│                                             │
│                 XYZ INTL TRADING CO LTD     │
│                 (ORIGINAL NAME: XYZ CO LTD) │
│                          KENNY WANG         │
└─────────────────────────────────────────────┘
```

图 8-9　受益人变更名称后出具的商业发票

8.3.3　货物描述

商业发票上的货物、服务或履约行为的描述必须与信用证中的描述一致，但是这种"一致"并不是要做到如同镜子反射一般，格式与布局都和信用证一模一样。例如，货物的细节可以分开在发票中的不同地方表示，其布局和格式无须与信用证格式完全相同，只要综合在一起看时，和信用证的规定一致即可。

例如，信用证规定如图8-10所示，而提交的发票上货物描述的格式和布局与信用证是不同的，如图8-11所示，但是仍然完整地显示了信用证所规定的货物描述，因此，该信用证是可以接受的。实务中绝大部分情况下，发票货物描述的格式和布局与信用证都是不一样的。

```
45A: DESCRIPTION OF GOODS AND/OR SERVICES:
10 TRUCKS, USD10000/UNIT
5 TRACTORS, USD15000/UNIT
TOTAL USD175000.00
CIF SHANGHAI
```

图8-10 信用证条款

Description of Goods	Quantity (UNIT)	Unit Price (USD/UNIT)	Amount (USD)
TRUCK	10	10000.00	100000.00
TRACTER	5	15000.00	75000.00

TOTAL USD175000.00
CIF SHANGHAI

图8-11 发票显示的货物描述

无论格式和布局如何，发票中的货物描述必须反映实际装运的货物、提供的服务或履约行为。例如，信用证显示有两种货物，10辆卡车和5辆拖拉机，如果信用证允许部分装运，那么发票的货物描述表明只装运了4辆卡车，是可以接受的；或者发票列明信用证规定的全部货物描述，然后再注明实际装运了4辆卡车，也是可以接受的。但是，如果信用证不允许部分装运，那么发票表明只装运了4辆卡车就不能被接受。

发票可以显示不改变货物的性状、等级、类别的额外信息，反之，不能接受。例如，信用证要求的货物是"绒面革鞋子"，但是发票的货物是"仿造绒面革鞋子"，"仿造"一词属于额外信息，但是改变了货物的性状，因此是不能接受的。再如，信用证要求的货物是"液压钻机"，但是发票的货物是"二手液压钻机"，改变了货物的等级，也是不能接受的。

发票不得显示信用证没有要求的货物（包括样品、广告材料、超过信用证规定数量的货物等），即使注明这些货物是免费的。这一点审单人员必须十分注意，实务中将样品表示在发票上的做法非常多，如果进口方希望发票上显示免费样品以便于报关，那么应该在信用证的货物描述部分做出相应的规定。否则，在发票上显示了样品即为不符点。

如果贸易术语是信用证中货物描述的一部分，则发票必须显示信用证指明的贸易术语及其出处。如果信用证货物描述中规定了贸易术语的出处，那么发票必须表明相同的出处，因为国际上贸易术语存在多个版本，同一个术语（如FOB），在不同版本中有不同的含义。例如：信用证条款规定"CIF SHANGHAI INCOTERMS 2010"，那么"CIF SHANGHAI INCOTERMS""CIF SHANGHAI""CIF SHANGHAI INCOTERMS 2000"等表示方法都是违背信用证条款的，不可接受。对于没有规定出处的贸易术语，其所蕴含的风险与审单人员无关。如果信用证仅仅要求FOB SHANGHAI INCOTERMS，但是没有规定出处，这时发票上可以注明任何出处，如 FOB SHANGHAI INCOTERMS 2010 或者 FOB SHANGHAI INCOTERMS 2000。

8.3.4 发票的金额

发票必须表明所装运的货物、提供的服务或履约行为的价值，这是对发票最基本的要求，而且发票上注明的单价和币种必须与信用证的规定一致。有些信用证只规定了总金额，而不规定单价，那么发票可以不注明单价，或者即使注明了单价，审单时也不需要审核。如果信用证规定了单价和总金额，但是发票上仅仅显示了数量和总金额，审单人员也没有义务根据数量和总金额来计算单价，可以直接提出"发票没有显示单价"的不符点。

因为实务的需要，信用证可能会规定一定的扣减额。发票必须显示这一扣减额，而且还可显示信用证没有规定的与预付货款或折扣等有关的扣减额。如果信用证要求汇票，这一折扣也可以通过汇票条款体现，发票无须再显示这一扣减额。例如，货款的25%已经由申请人通过电汇的方式支付给了受益人，因此，信用证只需要收取发票金额的75%即可。

例如，信用证规定如图8-12所示，则提交的汇票和发票分别如图8-13和图8-14所示。

```
32B: AMOUNT
    USD75000.00
42C: DRAFT AT...:
    AT SIGHT FOR 75% INVOICE VALUE
    ...
45A: DESCRIPTION OF GOODS AND/OR SERVICES:
    10 TRUCKS, USD10000/UNIT
    TOTAL USD100000.00
```

图8-12 信用证条款

```
           BILL OF EXCHANGE
No. 123456                SHANGHAI MAR 27, 2015
EXCHANGE FOR USD75000.00
AT: SIGHT
```

图8-13 汇票举例

Description of Goods	Quantity (UNIT)	Unit Price (USD/UNIT)	Amount (USD)
TRUCK	10	10000.00	100000.00

TOTAL USD100000.00
CIF SHANGHAI

图8-14 发票举例

费用和成本必须包括在信用证和发票中标明的价格术语所显示的金额内,任何超出该金额的费用或成本都是不允许的。

8.3.5 发票金额的浮动与溢短装

发票不可以显示溢装,但是如果出现以下特殊情况时是可以的,所以需要区别对待。因此,当看到发票金额和信用证规定的金额不一致时,不要立即做出溢短装的结论,必须按照以下各项原则或者方法逐一排查,只有以下情况都不符合时,才可以考虑提出溢短装的不符点。

① 如果按指定行事的被指定银行、保兑行(如有)或开证行收到的发票金额超过了信用证允许的金额,它们可以超支为由选择拒付,但也可以选择接受该发票,前提是只承付或议付信用证规定的金额,并且这一决定对有关各当事方都有约束力。如信用证规定的金额是 USD100 000,议付行收到的发票金额是 USD120 000,但是议付行并没有提超支的不符点,而是按照信用证的要求议付了 USD100 000。那么开证行收到议付行提交的单据后,也不得以超支为由拒付,但是也没有义务承付超支的 USD20 000,只要承付 USD100 000 即可。

② 当信用证使用"about""approximately"等词修饰信用证金额或信用证规定的数量或单价时,根据 UCP 600,允许有关金额、数量或单价可以有不超过 10% 的增减幅度。如果信用证要求货物分期装运,如 1 月份装运 100 吨,2 月份装运 200 吨,3 月份装运 300 吨,则表明每个月份装运的数量都有 10% 的增减幅度。如果有某个月份装运货物的数量超过了 10% 的增减幅度,那就是一个不符点,即使 3 个月加在一起装运货物的数量增减幅度在 10% 之内。

③ 当信用证不是以包装单位件数或货物自身件数的方式来规定货物数量时,如使用"公吨""千克""升"等计量单位规定货物的数量,只要支取的总金额不超过信用证的金额,货物的数量允许有 5% 的增减幅度。这一规定主要是考虑到诸如石油、矿石等大宗商品交易,往往都是直接装入货仓,而不是通过桶或者其他包装,所以在实际交货时,可能无法精确到具体的重量或者体积,由此产生了一定的增减幅度。货物数量在 5% 幅度内的溢装并不意味着允许支取超过信用证的金额,即多装的部分不可以多索要货款,但是少装的部分,可以按照全部数量索要货款(如果 LC 中未规定单价的话)。

④ 如果信用证规定了货物数量,并且该数量已全部发运,以及如果信用证规定了单价,并且该单价又未降低,同时不属于②和③所描述的情况时,即使信用证不允许部分装运,也允许支取的金额有 5% 的减幅。如果信用证没有规定货物数量,发票的货物数量即可视为全部货物数量。

8.3.6 发票和产地证的认证

有些国家,如阿联酋、卡塔尔、约旦、伊朗、沙特阿拉伯、阿根廷等中东及南美国家的进口商,往往会要求出口商的发票和/或产地证需要由驻在出口商所在国家的进口国大使或者领事进行认证,这是当地的政策习惯,出口商应当满足。发货之后,出口商需将发票和/或产地证拿到当地的进口国在出口地的大使馆,请大使或者领事在发票和/或产地证上(正面背面均可)签字或者盖章即可。如果经过认证之后的发票需要修改,那么必须由认证人对修改的地方签字证实,参见 8.2.11 节。

需要注意的是，不同的国家认证手续和费用也不尽相同，时间也有快有慢，时间长的可达一个月（有些国家还要求发票在大使或者领事认证之前，必须由当地的商会先对发票进行认证）。所以出口商在从事对这些国家的出口业务时，应充分考虑单据的认证时间和成本；这些国家的进口商也应该向出口商尽早地提出认证要求。

例如，信用证规定如图 8-15 所示。

```
47A: ADDITIONAL INSTRUCTIONS:
+COMMERCIAL INVOICE AND CERTIFICATE OF ORIGIN MUST BE VISAED BY
OUR COUNTRY'S CONSULATE OR AMBASSADOR IN BENEFICIARY'S PLACE OR
COUNTRY
```

图 8-15　信用证条款

受益人应持发票和产地证到当地使馆请大使或领事认证，如图 8-16 所示。

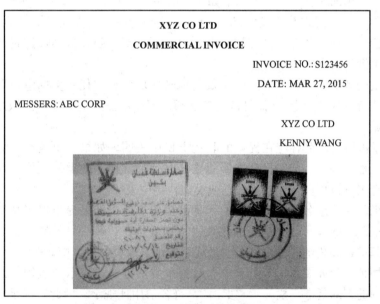

图 8-16　认证后的发票

8.3.7　分期装运

如果信用证允许货物分期装运，那么任一期没有按期装运，该期及后续各期都失效。信用证同时允许分期装运与分批装运的，则表示每一期之内允许分批装运。例如，信用证规定 1 月份装运 1 000 吨货物，2 月份装运 2 000 吨货物，同时又允许分批装运，那么表示 1 月份的 1 000 吨可以分批，但是必须在 1 月份内装运完毕；2 月份的 2 000 吨可以分批，但是必须在 2 月份内装运完毕。

如果信用证规定了装运的时间表，但只显示一些装运的最迟日期，而没有给出装运时间区间，不属于上述分期装运，但是仍然要按照 UCP 600 第 31 条和信用证指示操作。此时如果再允许分批，表示每一最迟日期前都可以分批。

8.4 运输单据的审核

8.4.1 提单

1. 港至港运输、装货港和卸货港

UCP 600 第 20 条所规定的提单是指涵盖港至港运输的提单，即货物从一个港口（装货港）装上船只，运送到另一个港口（卸货港）卸下船只。因此，判断一份运输单据是否为提单的重要依据就是货物是否为港至港运输，且运输必须是从信用证规定的装货港到规定的卸货港，而不在于单据名称是否为"bill of lading"。

信用证关于提单的条款一般会使用诸如"marine""ocean""port-to-port"或类似的措辞表示提单的名称，并且规定装货港和卸货港，但是不能提及收货地、接管地或最终目的地。提单必须显示信用证规定的装货港和卸货港，但是可以不注明装货港或卸货港所在国，即使信用证上写明了港口所在国。

信用证规定的装货港（卸货港）如果仅是地理区域（如"任一美国港口"），那么提单必须表明实际的装货港（卸货港），而且该港口必须位于信用证规定的地理区域之内，但是无须显示该地理区域。

信用证要求的装货港名称应在提单的装货港栏中表明。如果提单很清楚地表明货物是由船只从收货地运输，并且有装船批注表明货物是在"收货地"或类似栏位中显示的港口装上该船的，装货港名称也可以在"收货地"或类似栏位中表明。

信用证要求的卸货港名称应在提单的卸货港栏中表明。如果提单很清楚地表明货物将由船只运送到该最终目的地，且有装船批注表明货物就是在"最终目的地"或类似栏位中显示的港口卸下船只的，卸货港名称也可在"最终目的地"或类似栏位中表明。

例如，信用证规定如图 8-17 所示，那么提单装货港一栏显示"纽约"是符合信用证所规定的地理范围的，卸货港一栏显示"上海"，符合信用证规定，因此，满足了涵盖港至港运输的要求，如图 8-18 所示。

```
44E: PORT OF LOADING/AIRPORT OF DEPARTURE
        ANY PORT IN USA
44F: PORT OF DISCHARGE/AIRPORT OF DESTINATION
        SHANGHAI
46A: DOCUMENTS REQUIRED
        +FULL SET OF CLEAN ON BOARD OCEAN BILLS OF LADING MADE OUT TO ORDER AND
        ENDORSED IN BLANK, MARKED "FREIGHT PREPAID," NOTIFY ABC CORP.
```

图 8-17 信用证条款

或者，提单收货地一栏显示"纽约"，装货港一栏空白（或者显示其他港口），卸货港一栏空白，交货地一栏显示"上海"，同时，装船批注显示货物在纽约装载到名为"LINDOE

MAERSK"的船只上，并且在上海卸货，同样符合信用证规定，满足了涵盖港至港运输的要求。如果没有这一装船批注，则不符合信用证的规定，如图8-19所示。

SHIPPER/EXPORTER XYZ CO., LTD		BILL OF LADING NO. SEAU123456789
CONSIGNEE TO ORDER		GOLD LINE SHANGHAI CHINA
NOTIFY PARTY ABC CORP.		BILL OF LADING
PRE-CARRIAGE BY	PLACE OF RECEIPT	
OCEAN VESSEL VOY NO. LINDOE MAERSK 711E	PORT OF LOADING NEW YORK, USA	
PORT OF DISCHARGE SHANGHAI, CHINA	PLACE OF DELIVERY	*APPLICABLE ONLY WHEN THIS DOCUMENT IS USED AS A COMBINED TRANSPORT B/L

图 8-18　提单图例一

PRE-CARRIAGE BY	PLACE OF RECEIPT NEW YORK, USA	GOLD LINE SHANGHAI CHINA BILL OF LADING	
OCEAN VESSEL VOY NO. LINDOE MAERSK 711E	PORT OF LOADING	*APPLICABLE ONLY WHEN THIS DOCUMENT IS USED AS A COMBINED TRANSPORT B/L	
PORT OF DISCHARGE	PLACE OF DELIVERY SHANGHAI, CHINA		
MARKS & NOS.	NO. OF PKGS	DESCRIPTION OF PACKAGES AND GOODS	GROSS WEIGHT	MEASUREMENT
N/M	4760 BAGS	7×20' DC CONTAINERS S.T.C. DEMINERALIZED WHEY POWDER AS PER CONTRACT NO. CH/99/66908 SHIPPED ON VESSEL LINDOE MAERSK AT NEW YORK AND DELIVERED AT SHANGHAI	121380.00 KG	25.2 CBM

图 8-19　提单图例二

如果提单装货港一栏显示"纽约",卸货港一栏显示"香港",交货地一栏显示"上海",如图8-20所示。虽然香港也是海港,单据满足了涵盖港至港运输的要求,但因为卸货港和信用证规定的不同,所以单据不符合信用证的要求。

PRE-CARRIAGE BY	PLACE OF RECEIPT	GOLD LINE SHANGHAI CHINA BILL OF LADING
OCEAN VESSEL VOY NO. LINDOE MAERSK 711E	PORT OF LOADING NEW YORK, USA	*APPLICABLE ONLY WHEN THIS DOCUMENT IS USED AS A COMBINED TRANSPORT B/L
PORT OF DISCHARGE HONG KONG	PLACE OF DELIVERY SHANGHAI, CHINA	

图8-20 提单图例三

如果信用证错误地把内陆城市当作港口,或者说货物的收货地(最终交货地)是内陆城市,但是信用证把内陆城市写在了港口的域之中,同时要求提交港至港提单,属于信用证条款不够严谨。ISBP 745认为,此时应按照多式运输单据审核。但是为了避免引起歧义,受益人如果见到这样的信用证,严谨的做法是要求开证行改证,将内陆城市写在相关的域中,并且要求将提单改为提交多式运输单据。而开证行应避免开立这样会引起矛盾与歧义的信用证条款。

例如,信用证规定如图8-21所示。

```
44F: PORT OF DISCHARGE/AIRPORT OF DESTINATION
    XI'AN SHANXI CHINA
46A: DOCUMENTS REQUIRED
    +FULL SET OF CLEAN ON BOARD OCEAN BILLS OF LADING
```

图8-21 信用证条款

如果货物实际运到上海,再从上海通过火车运到西安,运输公司往往不会同意将内陆城市打印在港口栏位里,所以受益人很可能会提交如图8-22所示的单据。虽然信用证条款是要求海运提单,单据的标题也是海运提单,但是是不能按照海运提单的审核方法来审核的,应该按照多式运输单据来审核。

如果提单载有关于船名或者装货港的限定语,如"预期的"或类似用语,说明该船或者装货港不一定是真正的运输船或装货港,所以需要通过已装船批注表明信用证规定的装货港、装运日期及实际船名,不论提单是否以事先印就的文字表明了货物已装运于具名船只。例如,信用证规定如图8-23所示。那么,图8-24所示的提单,船名和装货港之前都出现了"预期的"(INTENDED)字样,所以需要加注装船批注,该批注表明货物是在2015年11月25日在东京装在一艘名为"LINDOE MAERSK"的船上,东京是实际的装货港,也是信用证所规定的装货港,所以符合信用证要求。如果提单没有通过装船批注说明实际的船名和装货港,那么即使"预期"修饰的不是大阪而是东京,同样是不符合信用证要求的。

OCEAN VESSEL VOY NO.	PORT OF LOADING	GOLD LINE
LINDOE MAERSK 711E	NEW YORK, USA	SHANGHAI CHINA BILL OF LADING
PORT OF DISCHARGE	PLACE OF DELIVERY	*APPLICABLE ONLY WHEN THIS DOCUMENT IS USED AS A COMBINED TRANSPORT B/L
SHANGHAI, CHINA	XI'AN	

图 8-22 提单图例四

```
44E: PORT OF LOADING/AIRPORT OF DEPARTURE
        TOKYO
44F: PORT OF DISCHARGE/AIRPORT OF DESTINATION
        SHANGHAI
```

图 8-23 信用证条款

OCEAN VESSEL VOY NO.	PORT OF LOADING	GOLD LINE		
INTENDED LINDOE MAERSK	INTENDED OSAKA	SHANGHAI CHINA BILL OF LADING		
PORT OF DISCHARGE	PLACE OF DELIVERY	*APPLICABLE ONLY WHEN THIS DOCUMENT IS USED AS A COMBINED TRANSPORT B/L		
SHANGHAI, CHINA				
MARKS & NOS.	NO. OF PKGS	DESCRIPTION OF PACKAGES AND GOODS	GROSS WEIGHT	MEASUREMENT
N/M	4760 BAGS	7×20' DC CONTAINERS S.T.C. DEMINERALIZED WHEY POWDER AS PER CONTRACT NO. CH/99/66908 SHIPPED ON VESSEL LINDOE MAERSK AT TOKYO ON 25 NOV, 2015	121380.00 KG	25.2 CBM

图 8-24 预期的提单

2. 装船批注及提单的日期

装船批注是在提单上对于装船细节进行补充说明的注释性文字，一般没有固定的栏位，多数使用加盖印戳或者打印的方式。当提单预先印就的栏位（如装货港）显示的内容和信用证不一致，而事实上确实是在符合信用证要求的装货港装运时，可以利用装船批注进行注明；或者出具提单时某些信息是预计的，如预期船只，需要利用装船批注进行澄清。完整的装船批注包括：船名、装货港、装运日期，必要时可显示卸货港。但是如果提单本身已经通过预先印就的栏位注明了相关信息，装船批注可以省略相关信息。

UCP 600 第 20 条要求提单必须通过预先印就的文字或者注明货物装运日期的已装船批注表明货物已在信用证规定的装货港装上具名船只。需要加列装船批注的常见情形有以下两种。

① 当提单的收货地和装货港相同，并且没有说明前程运输（PRE-CARRIAGE）方式时；或者二者虽不相同，但是没有说明前程运输方式时，如果单据是预先印就"收妥待运"的，必须显示带日期的装船批注表示装船日期（单独加盖的或者在固定栏位内）。

② 当注明了前程运输方式（在前程运输栏或收货地栏），并且注明了不同于装货港的收货地或者没有注明收货地时，不论提单是"已装船"还是"收妥待运"的，必须显示带日期的装船批注注明船名以及信用证规定的装货港（单独加盖的或者在固定栏位内）。

提单一般有装运日期和出具日期之分，二者直接的关系需具体对待。

① 如果提单是预先印就"SHIPPED ON"字样的提单（已装船提单），提单的出具日期将被视作装运日期，无须单独加注装船批注。但是如果已装船提单带有单独加注日期的装船批注，此时，不论该装船批注的日期是早于还是晚于单据的出具日期，都将其视为装运日期。

表明货物已经装船的词语有"shipped on board""shipped in apparent good order""laden on board""clean on board"或其他包含"shipped""on board"之类的措辞。这一要求对所有的运输单据都适用，在以后各章节介绍其他运输单据时不再赘述。

如图 8-25 所示的提单是预先印就"SHIPPED ON"的提单，出具日期 2015 年 3 月 26 日即为装运日期，但是该提单已经有了单独注明日期的批注，所以将 2015 年 3 月 25 日视为装运日期。如果该提单只注明了"SHIPPED ON BOARD"但是没有注明日期，则以出具日期（2015 年 3 月 26 日）作为装运日期。

② 如果提单是预先印就"received the goods in apparent"字样的提单（收妥待运提单），表明货物已被运输公司收讫等待运输，需要单独加注日期的装船批注。此时，不论该装船批注的日期是早于还是晚于单据的出具日期，都将其视为装运日期。

实务中印就"received the goods in apparent"字样的提单大量存在，应该单独加注表明日期的装船批注才能满足 UCP 600 的规定。

如图 8-26 所示的提单，2015 年 3 月 25 日是装箱日期。和已装船提单不同，如果"SHIPPED ON BOARD"批注没有显示日期，或者连"SHIPPED ON BOARD"批注都没有，都是不符合 UCP 600 规定的。

如果提单显示诸如"如果收货地栏位被填写，则单据上任何'已装船'之类的词语，将视为装运于自收货地至装货港之间的运输工具上"之类的措辞，而且收货地栏位确实被填写了，那么提单应显示带日期的装船批注注明船名及信用证规定的装货港（单独加盖的或者在固定栏位内），装船批注的日期视为装船日期。

3. 正本提单的签署

UCP 600 第 20 条对正本提单的签署问题做了详细的规定，但是无论如何签署，首先要求

	SHIPPED the goods by the Carrier in apparent good order and condition as specified below unless otherwise stated herein.
	The Carrier, in accordance with the provision contained in this document:
	1) undertakes to perform or to procure the performance of the entire transport from the place at which the goods are taken in charge the place designated for delivery in this document, and
	2) assumes liability as prescribed in this document for such transport. One of the Bills of Lading must be surrendered duly indorsed in exchange for the goods or delivery order.
	(CONTINUED ON REVERSE SIDE)
Declared Value/Charge	Freight Payable at	Number of Original B(s)/L
SHIPPED ON BOARD MAR 25, 2015		Place and Date of Issue TOKYO MAR 26, 2015

图 8-25 已装船提单举例

	RECEIVED the goods in apparent good order and condition as specified below unless otherwise stated herein.
	The Carrier, in accordance with the provision contained in this document:
	1) undertakes to perform or to procure the performance of the entire transport from the place at which the goods are taken in charge the place designated for delivery in this document, and
	2) assumes liability as prescribed in this document for such transport. One of the Bills of Lading must be surrendered duly indorsed in exchange for the goods or delivery order.
	(CONTINUED ON REVERSE SIDE)
Declared Value/Charge	Freight Payable at	Number of Original B(s)/L
SHIPPED ON BOARD MAR 25, 2015		Place and Date of Issue TOKYO MAR 26, 2015

图 8-26 收妥待运提单举例

提单必须表明承运人的名称；否则，属于典型的不符点。很多受益人在通过运输公司出具提单时经常会忽略这一点。

提单的签署格式不尽相同，语序和位置也不是统一的，但是都可以归类为以下 4 种签署方式，审单人员把握住这 4 种方式即可解决常见提单的签署问题。

1) 由承运人自己签署，并且注明自己是承运人

例如，提单以图 8-27 所示方式签署。

该提单通过"Signed for the Carrier GOLD LINE SHANGHAI"的方式表明了签署人"GOLD LINE SHANGHAI"的承运人身份，符合 UCP 600 的规定。对于承运人身份的说明

Declared Value/Charge	Place and Date of Issue
In WITNESS whereof the number of original Bills of Lading stated left have been signed, one of which being accomplished, the other(s) to be void.	Signed for the Carrier GOLD LINE SHANGHAI KENNY WANG

图 8-27 承运人自己签署提单

也可以采用诸如"GOLD LINE SHANGHAI AS CARRIER"或"CARRIER：GOLD LINE SHANGHAI"等方式来表示，而且位置不一定是在署名这一栏，可以出现在提单正面的任何位置。审单时不要拘泥于位置，而是关注是否表明了承运人的身份。

2）由承运人的具名代理人代表承运人签署

代理人必须表明他是代表承运人签署提单这一事实，并且注明承运人名称。例如，提单以如图 8-28 所示方式签署。

SHIPPER	COSCO SHANGHAI，CHINA BILL OF LADING
In WITNESS whereof the number of original Bills of Lading stated left have been signed, one of which being accomplished, the other(s) to be void.	GOLD LINE SHANGHAI KENNY WANG AS AGENT FOR THE CARRIER COSCO SHANGHAI, CHINA

图 8-28 承运人的代理人签署提单

该提单由"GOLD LINE SHANGHAI"签署，"AS AGENT"说明其是代理；"FOR THE CARRIER"说明其是代表承运人签署，也可以用"AS AGENT ON BEHALF OF THE CARRIER"来表示；"THE CARRIER COSCO SHANGHAI, CHINA"注明了承运人的名称是"COSCO SHANGHAI, CHINA"，也可以表示为"AS AGENT FOR COSCO SHANGHAI, CHINA, THE CARRIER"，都是符合 UCP 600 规定的。如果遗漏了"AS AGENT FOR"则表示没有说明代理的关系；如果遗漏了"COSCO SHANGHAI, CHINA"，如只有"AS AGENT FOR THE CARRIER"，则说明提单可能没有注明承运人的名称。因为承运人的名称同样可以出现在提单正面的任何部分，所以审单人员在签字栏没有找到承运人名称时，需要浏览提单正面的其他地方，确认没有后才可以提不符点。

3）由船长自己签署，并且注明自己是船长

须注意的是在船长签署的情况下，提单仍必须看起来表明了承运人的名称，如果提单没有通过 carrier 字样证实上面印就的船公司就是承运人，船长签署时必须加以表明。例如，提单以图 8-29 所示方式签署，提单右上方显示的"COSCO SHANGHAI, CHINA"没有被证实为承运人，因此，右下方签署时必须表明其为承运人（carrier）的身份。反之，提单右上方如果标明"COSCO SHANGHAI, CHINA, THE CARRIER"，那么右下方签署栏显示"KENNY WANG AS MASTER（CAPTAIN）"或者"KENNY WANG AS MASTER (CAPTAIN) OF THE CARRIER NAMED ABOVE"即满足要求。

SHIPPER	COSCO SHANGHAI，CHINA
	BILL OF LADING
In WITNESS whereof the number of original Bills of Lading stated left have been signed, one of which being accomplished, the other(s) to be void.	KENNY WANG AS MASTER (CAPTAIN) OF THE CARRIER COSCO SHANGHAI，CHINA

图 8 - 29　船长自己签署提单

4）由船长的具名代理人代表船长签署

代理人必须表明他是代表船长签署提单这一事实，但是不需要注明船长的姓名，承运人身份仍需明确。例如，提单以如图 8 - 30 所示方式签署，因为提单右上方已经证实"COSCO SHANGHAI，CHINA"为承运人，因此，右下方签署栏表明以船长代理人签署即可，而无须再显示具体的承运人公司名称。以"AS AGENT FOR THE MASTER（CAPTAIN）OF COSCO SHANGHAI，CHINA"签署也是可以的，无须再显示"CARRIER"字样。

SHIPPER	COSCO SHANGHAI，CHINA (THE CARRIER)
	BILL OF LADING
In WITNESS whereof the number of original Bills of Lading stated left have been signed, one of which being accomplished, the other(s) to be void.	GOLD LINE SHANGHAI KENNY WANG AS AGENT FOR THE MASTER (CAPTAIN) OF THE CARRIER

图 8 - 30　船长的代理人签署提单

4. 必须提交全套正本

例如，信用证要求如图 8 - 31 所示。

```
46A: DOCUMENTS REQUIRED
    +FULL SET OF CLEAN ON BOARD OCEAN BILLS OF LADING MADE OUT TO ORDER AND
    ENDORSED IN BLANK, MARKED "FREIGHT PREPAID", NOTIFY ABC CORP.
```

图 8 - 31　信用证条款举例

其中"FULL SET OF"的含义是全套正本，根据 UCP 600 第 20 条的规定，受益人提交的提单应该是唯一的正本，或者如果运输公司出具了多份正本提单，那么受益人应提交提单中表明的全部正本。此规定引申出来一个要求，即提单必须注明正本份数。一般来说全套提单为 3 份正本居多，因此如果每一份分别注明"first original""second original""third original"或者"original""duplicate""triplicate"等类似表述，都属于正本。用"3/3 CLEAN ON BOARD BILLS OF LADING"代替"FULL SET OF"的表述也是信用证中常见的，或者用"2/3 CLEAN ON BOARD BILLS OF LADING"表示3份正本中的2份等,但是此时提单的正本份数必须是3份。有的提单会注明正本只有1份,所以审单人员不能形成全套提单一定是3份的印象,须在审核提单时注意提单相关信息。

有时出于实务的需要,信用证可以规定提交部分提单甚至是电放提单或者副本提单。例如,信用证要求如图8-32所示。

```
46A: DOCUMENTS REQUIRED
    +2/3 CLEAN ON BOARD OCEAN BILLS OF LADING 或者
    +1 COPY CLEAN ON BOARD OCEAN B/L 或者
    +1 COPY OF SURRENDERED B/L
或者:
46A: DOCUMENTS REQUIRED
    +3/3 CLEAN ON BOARD OCEAN BILLS OF LADING
47A: ADDITIONAL CONDITIONS
    +SURRENDERED B/L IS ACCEPTABLE
```

图8-32 信用证条款举例

副本提单和电放提单都属于非正本提单,因此,对于签署、装船批注等问题不适用UCP 600的相关规定。

5. 托运人、收货人、指示人和到货通知人

这几项内容一般按照信用证的相关要求来审核即可,但是需要注意以下事项。

① UCP 600允许任何单据(包括提单)的托运人或者发货人可以和受益人不同。

② 如果信用证要求提单以某一个具名人为收货人(记名提单),如"consigned to Bank X"(发至给×银行),而不是"to order"(凭指示)或"to order of XXX"(凭具名实体指示),那么无论是打印还是预先印就,都不得在该具名人的名称前出现"to order"或"to order of"的字样。同样,如果信用证要求提单收货人为"to order"或"to order of XXX"那么提单不得做成以该具名人为收货人的记名形式。

③ 如果提单做成"to order"或"to order of shipper"(凭托运人指示)的空白指示方式,那么提单必须由托运人背书,代理人代表托运人所做的背书也是可以接受的,但必须说明其代理人身份和代表托运人背书的行为。背书时,仅仅加盖企业公章而没有签字,也是可以接受的。如果有多人在提单上背书,那么只要背书是连续的,且最后一手是空白背书,即满足信用证空白背书的要求。

④ 如果信用证未规定到货通知人,那么提单的相关栏位可以空白,或者以任何方式填写都可以。如果信用证规定了具体的到货通知人,那么提单必须注明该到货通知人,但是可以同时注明其他到货通知人;如果信用证规定了一个或多个到货通知人,那么提单除了注明规定的一个或多个到货通知人,也可以同时注明另外的一个或多个到货通知人的细节。

⑤ 如果信用证规定"开证行""申请人"为收货人或到货通知人,或者收货人凭"开证行""申请人"指示时,提单应在相应栏位注明他们的名称,但是无须注明信用证已经规定的地址和联络细节。

⑥ 如果申请人地址和联络细节作为提货人和到货通知人细节的一部分时,不得同信用证的规定相矛盾。

6. 转运和部分装运

UCP 600 根据不同的运输方式对转运有不同的规定，提单项下的转运是指在信用证规定的装货港到卸货港之间的运输过程中，将货物从一艘船上卸下再装上另一艘船的行为。如果卸货和再装船不是发生在装货港和卸货港之间，那么不视为转运。只要同一提单涵盖运输全程，那么该提单可以表明货物将要或可能被转运。当信用证允许转运时，提单的装货港一栏往往显示转运港，而信用证规定的装货港一般显示在收货地一栏，回顾一下本节关于港至港运输的内容，提单必须通过装船批注表示货物是在收货地的港口装运的。

例如，信用证规定如图 8-33 所示，则图 8-34 所示的转运提单是符合要求的。

```
43T: TRANSSHIPMENT
        ALLOWED
44E: PORT OF LOADING/AIRPORT OF DEPARTURE
        HONG KONG
44F: PORT OF DISCHARGE/AIRPORT OF DESTINATION
        SHANGHAI
```

图 8-33　信用证条款举例

PRE-CARRIAGE BY GUANGFU　213E	PLACE OF RECEIPT HONG KONG	**GOLD LINE** **SHANGHAI CHINA** **BILL OF LADING**
OCEAN VESSEL VOY NO. LINDOE MAERSK　712W	PORT OF LOADING SINGAPORE	*APPLICABLE ONLY WHEN THIS DOCUMENT IS USED AS A COMBINED TRANSPORT B/L
PORT OF DISCHARGE SHANGHAI	PLACE OF DELIVERY	
MARKS & NOS.	NO. OF PKGS	DESCRIPTION OF PACKAGES AND GOODS	GROSS WEIGHT	MEASUREMENT
CH/99/66908 DALIAN CHINA	4760 BAGS	7×20' DC CONTAINERS S.T.C. DEMINERALIZED WHEY POWDER AS PER CONTRACT NO. CH/99/66908 SHIPPER LOAD STOW & COUNT FREIGHT PREPAID	121380.00 KG SHIPPED AT HONG KONG PER VESSEL GUANGFU 213E 2016-03-22 TRANSSHIPMENT AT SINGAPORE PER VESSEL LINDOE MAERSK 712W 2016-03-24	25.2 CBM

图 8-34　转运提单举例

有的信用证会禁止转运，但国际商会也认可当货物是由集装箱、拖车或子船运输，再装运到真正的远洋运输船只这种"转运"方式。因为集装箱一般堆放在专门的堆场，如 SHANGHAI CY，CY 表示集装箱堆场（国际商会认为 SHANGHAI CY 可以视作 SHANGHAI PORT）。堆场和港口一般有一段距离，所以需要通过拖车等工具将集装箱运送到港口。有时远洋运输船只由于吨位等问题，可能会停泊在距离港口海岸较远的地方，那么就会用子船把集装箱运送到船上。只要提单表明这一事实，那么注明将要或可能发生转运的提单也可以被接受。如果进口商对这种转运方式也要禁止，那么仅仅规定信用证禁止转运还不够，还必须通过信用证条款来排除这种运输方式。

如果提单中声明承运人保留转运的权利，这与审单人员审核提单是否构成转运无关。

如果信用证禁止部分装运，同一次交单提交了多套正本提单，覆盖了在一个或多个港口（信用证特别允许的港口或者在规定的地理区域内）的装运。只要提单涵盖的货物运输是使用相同的运输工具，经同一航程，前往同一个卸货港，那么这些提单可以接受。如果提交了一套以上的提单，并且这些提单表明了不同的装运日期，那么以这些日期中的最晚一个来计算交单期。

如果信用证允许部分装运，同一次交单提交了多份提单时，若单据显示的货物装运日期不同，运输工具不同或运输工具相同而行程不同，其中以最早的日期计算交单期，这些日期必须不能迟于信用证规定的最晚装运日期。

如果由多艘船只运送货物将构成部分装运，即使这些船只同一天在同一地点出发驶往同一地点。

7. 其他内容

1）有关运费的记载

申请人和开证行在开立信用证时如要求提单表明运费预付或者到付（prepaid or collect），那么提单必须有相应批注。

如果信用证规定运费之外的额外费用不可接受，那么提单不得表示已经产生或将要产生运费之外的其他费用。此类表示可以通过明确提及额外费用或使用与货物装卸有关的装运术语表达。例如：free in、free out、free in and out、free in and out stowed 等。提单上如果提到因为延迟卸货或者货物卸载之后的延误所可能产生的费用，不属于额外费用。例如：集装箱延期归还的费用。

2）不得表明受租船合同关系约束

审单人员必须注意查找提单上是否有提单受租船合同关系的约束，因为一旦出现这种条款或者批注，如 THIS BILL OF LADING IS SUBJECT TO CHARTER PARTY NO. CP14122001 或者类似用语，那么这份提单就将被归类为租船提单（请参考 8.4.3 节），而不是港至港海运提单。

3）清洁批注

载有明确声明货物或包装状况有缺陷的条款或批注的提单是不可接受的；没有明确声明货物或包装状况有缺陷的条款或批注（如"包装状况可能无法满足海运航程"）不构成不符点；但是如果说明包装"无法满足航程要求"，那么是不可接受的。

如果提单出现"清洁"（CLEAN）字样，但是又被删除了，如果没有出现货物或包装缺陷的批注，那么并不视为单据不清洁。

4) 关于货物涉及多套提单

有些时候，因为集装箱的容积较大，受益人出口的货物体积不大，包租整个集装箱不够经济，所以会有两个或多个存在类似情况的出口商合用一个集装箱，即所谓的"拼箱"。对于"拼箱"的货物，运输公司会给每一个参与拼箱的出口商一套提单，当集装箱抵达目的地时，只有与该集装箱有关的所有进口商都持提单到运输公司提货时，运输公司才会开箱放货。如果只有一个或几个进口商持提单到运输公司想提取属于自己的部分货物，运输公司是可以拒绝的。这种情况运输公司在出具提单时一般会在提单上注明某一集装箱内的货物由该提单和另外一套或数套提单一起代表，所有提单都需提交或类似表述。但这种提单不应接受，除非这些提单属于同一信用证项下的单据并且同时被提交才可以。因此，如果出口商发货不得不采用了拼箱方式，应该征求进口商同意并且在信用证规定多套提单一起代表集装箱货物是被允许的。

5) 不可转让的海运单

不可转让的海运单和提单相比，除了不是物权凭证，所以提货人一栏必须做成记名抬头之外，其他内容几乎完全相同。如果实务中遇到不可转让的海运单，除了记名抬头的要求外，其他审核标准可以直接参照本章对提单审核的介绍。

6) 运输行提单

如果信用证规定"运输行（货运代理）提单可以接受"或使用了类似措辞，那么提单可以由出具人签署，而不必表明其签署身份或承运人的名称。

如果信用证规定"运输行（货运代理）提单不可接受"或使用了类似措辞，信用证应该同时明确规定应该如何出具和签署提单。如果没有规定如何出具和签署提单，那么"运输行（货运代理）提单不可接受"这一规定，对提单的名称、格式、内容或签署没有任何意义，此时提单应按照 UCP 600 第 20 条的要求审核。

7) 卸货港交货代理人

如果信用证要求提单显示卸货港的交货代理人或类似机构的名称、地址和联络细节，那么其地址无须位于卸货港，甚至无须和卸货港在一个国家。

8.4.2 涵盖至少两种不同运输方式的运输单据

1. 两种不同运输方式、货物发送、接管或者装运地点和最终目的地

UCP 600 第 19 条所规定的涵盖至少两种运输方式的运输单据，包括了多式运输单据（multimodal transport document）和联合运输单据（combined transport document）（以下统一称为多式运输单据）。多式运输单据需要明确表明涵盖自信用证规定的收货地、发运地或装货地至最终目的地的运输方式。因此，多式运输单据不能表明运输仅仅是用一种运输方式完成的，但是可以不表明都使用了哪些种类的运输方式。和港至港提单类似，即使信用证使用了"多式联运单据"或"联合运输单据"的名称，多式运输单据也无须使用相同的名称。

如果信用证要求的是港至港的海运提单，但是货物运输路线清楚地表明应使用一种以上的运输方式时，如信用证显示内陆收货地或内陆最终目的地，或者装货港或卸货港栏位显示的地点实际上是一个内陆地点而非港口，那么该单据的审核应适用 UCP 600 第 19 条。

如果信用证规定了收货地、发运地、装货地和最终目的地是地理区域（如"任一欧洲港口"），那么多式运输单据必须注明实际的收货地、发运地、装货地和目的地，而且这些地点必须位于信用证规定的地理区域（但是无须显示地理区域）之内。和提单要求一样，无须注明这些地点所在的国家，即使信用证上出现了国家名称。

即使多式运输单据已经载明了一个不同的收货地、发运地、装货地和最终目的地，或者多式运输单据载有"预期的"或类似的关于船名、装货港或者卸货港的限定语，多式运输单据也必须表明信用证规定的收货地、发运地、装货地和最终目的地。

例如，信用证规定如图 8-35 所示。

```
44A: PLACE OF TAKING IN CHARGE/DISPATCH FROM .../PLACE OF RECEIPT
     SOUTHAMPTON
44E: PORT OF LOADING/AIRPORT OF DEPARTURE
     LONDON
44F: PORT OF DISCHARGE/AIRPORT OF DESTINATION
     SHANGHAI
44B: PLACE OF FINAL DESTINATION/FOR TRANSPORTATION TO .../PLACE OF DELIVERY
     ZHANGJIAGANG
46A: DOCUMENTS REQUIRED
     +FULL SET OF MULTIMODAL TRANSPORT DOCUMENTS MADE OUT TO ORDER AND
     ENDORSED IN BLANK, MARKED "FREIGHT PREPAID", NOTIFY ABC CORP.
```

图 8-35 信用证条款举例

如图 8-36 所示，提交的单据虽然名称是"BILL OF LADING"，但是收货地显示"南安普敦"，装货港一栏显示"伦敦"，卸货港一栏显示"上海"，最终目的地显示"张家港"，前程运输显示"空运"，符合信用证规定，满足了表明涵盖信用证规定的自货物接管地、发运地或装货地至最终目的地的运输要求，属于多式运输单据。

PRE-CARRIAGE BY	PLACE OF RECEIPT	GOLD LINE SHANGHAI CHINA
AIR	SOUTHAMPTON	BILL OF LADING
OCEAN VESSEL VOY NO.	PORT OF LOADING	
	LONDON	*APPLICABLE ONLY WHEN THIS DOCUMENT
GUANGFU 168S		IS USED AS A COMBINED TRANSPORT B/L
PORT OF DISCHARGE	PLACE OF DELIVERY	
SHANGHAI	ZHANGJIAGANG	

图 8-36 多式运输单据举例

2. 装运批注

装运批注的作用是在多式运输单据上对于装运细节进行说明，一般没有固定的栏位，可以通过加盖印戳或者打印的方式。

UCP 600 要求多式运输单据通过预先印就的文字或者带有日期的表明货物已经被接管、发送或者装运的批注表明货物已经在信用证规定的地点发送、接管或者已经装运。

运输单据的出具日期将被视为发送、接管或装载的日期和装运的日期。但是如果单据以带有日期的印戳或批注的方式表明了货物已被发送、接管或装载，那么该日期将被视为货物被发送、接管或装载的日期，不论该日期是早于还是晚于多式运输单据的出具日期。

如果第一程运输是海运的，那么多式运输单据预先印就"SHIPPED ON"（已装运）字样时，那么多式运输单据的出具日期将被视作货物装运的日期，不需要再单独加注印戳或批注。但是，如果多式运输单据仍然带有单独加注日期的印戳或批注，此时，不论该批注的日期是早于还是晚于多式运输单据的出具日期，都将其视为货物发送、接管或装载的日期。同时有关装货港的规定也是和海运提单相同的，具体图例参见本章 8.4.1 的相关内容。

3. 正本多式运输单据的签署

UCP 600 对正本多式运输单据的签署问题作了规定，但是无论如何签署，首先要求多式运输单据必须表明承运人的名称，否则不符合 UCP 600 的规定，属于典型的不符点。很多受益人在通过运输公司出具多式运输单据时经常会忽略这一点。

多式运输单据的签署格式不尽相同，语序和位置也不是同义的，但是同提单的签署一样都可以归类为 4 种签署方式之一，审单人员把握住这 4 种方式即可解决多式运输单据的签署问题。

4. 必须提交全套正本

参见 8.4.1 节的相关内容。

5. 转运和部分装运

UCP 600 对多式运输方式下的转运定义为自信用证规定的接管地、发运地或装货地至最终目的地之间的运输过程中，将货物从一种运输工具上卸下，再装上另一种运输工具（无论是否同一种运输方式）。只要同一多式运输单据涵盖全程运输，那么该多式运输单据可以表明货物将要或可能被转运。即使信用证禁止转运，注明将要或者可能发生转运的多式运输单据仍然可以被接受。实际上根据多式运输的特点，UCP 600 定义的转运一般都会发生，所以信用证规定禁止转运但是要求多式运输单据是不够严谨的。

如果信用证禁止部分装运，同一次交单提交了多套正本多式运输单据，涵盖了在一个或多个地点（信用证特别允许的地点或在给定的地理区域内）的装运、发运或接管地。只要每套单据涵盖的货物使用了相同的运输工具，经同一运输路程，前往同一目的地完成运输，那么不构成部分装运。如果表明了不同的装运、发运或接管日期，那么以这些日期中的最晚一个来计算交单期。

如果信用证允许部分装运，同一次交单提交了多套多式运输单据，而且多式运输单据表明不同的装运、发运或接管日期，以这些日期中的最早一个计算交单期。

由多件运输工具（一辆以上的卡车、一艘以上的轮船、一架以上的飞机）进行的运输即为部分装运，即使这些运输工具在同一日期出发并驶向同一目的地。

6. 其他内容

参见 8.4.1 节的相关内容。

8.4.3 租船提单

1. 受租船合同约束

UCP 600 所规定的租船提单,是指提单本身表明受租船合同约束的运输单据。租船提单一般应用于港至港运输。不论运输单据的名称是什么,如 BILL OF LADING、COMBINED B/L、CONGENBILL 或者 TANKER B/L,只要单据声明受租船合同约束,就属于租船提单;没有该声明就不属于租船提单。如果运输单据显示"运费按照_____年_____月_____日的租船合同(显示或不显示日期)支付"或者"运费按照租船合同支付",都属于租船提单。

审单人员不审核租船合同,即使信用证要求租船合同作为一份单独的单据提交。

2. 装货港和卸货港

表明货物是从信用证规定的装货港运输到规定的卸货港,与提单和多式运输单据不同,租船合同提单的卸货港也可以显示为信用证规定的港口范围或地理区域,因为在租船运输实务中存在可能在货物装运后,尚不清楚具体的目的地的可能性。

例如,信用证规定如图 8-37 所示。

```
44E: PORT OF LOADING/AIRPORT OF DEPARTURE
     LONDON
44F: PORT OF DISCHARGE/AIRPORT OF DESTINATION
     ANY PORT OF CHINA
46A: DOCUMENTS REQUIRED
     +FULL SET OF CHARTER PARTY BILLS OF LADING MADE OUT TO ORDER AND ENDORSED IN
      BLANK, MARKED "FREIGHT PREPAID", NOTIFY ABC CORP.
```

图 8-37 信用证条款举例

如图 8-38 所示的单据,虽然名称是"BILL OF LADING",但是表明了受租船合同约束,因此属于租船提单;装货港一栏显示"伦敦",卸货港一栏显示"中国"(如果卸货港显示中国的具体港口,也是可以接受的),符合 UCP 600 对租船合同提单的要求。

3. 装船批注

参见 8.4.1 节的相关内容(预期船只的内容除外)。

4. 正本租船提单的签署

UCP 600 对正本租船提单的签署问题作了规定,租船提单不存在承运人,所以不需要表明承运人的名称,这一点和提单、海运单及多式运输单据不同。

OCEAN VESSEL VOY NO. GUANGFU 168S	PORT OF LOADING LONDON	GOLD LINE SHANGHAI CHINA BILL OF LADING
PORT OF DISCHARGE CHINA	PLACE OF DELIVERY	*APPLICABLE ONLY WHEN THIS DOCUMENT IS USED AS A COMBINED TRANSPORT B/L
MARKS & NOS.	NO. OF PKGS	DESCRIPTION OF PACKAGES AND GOODS	GROSS WEIGHT	MEASUREMENT
N/M		IRON ORE (IN BULK) MAGNETITE LUMP THIS BILL OF LADING IS SUBJECT TO CHARTER PARTY NO. CP08122001	130000 DMT	

图 8-38 租船合同提单举例

租船提单的签署格式不尽相同，语序和位置也不是同一的，但是可以归类为以下 6 种签署方式之一，审单人员把握住这 6 种方式即可解决租船合同提单的签署问题。

租船提单由以下人员签署：

① 由船长自己签署，并表明自己的船长身份；
② 由船长的具名代理人代表船长签署，不必注明船长的姓名；
③ 由船东自己签署，表明自己的船东身份；
④ 由船东的具名代理人代表船东签署，同时注明船东的名称；
⑤ 由租船人自己签署，表明自己的租船人身份；
⑥ 由租船人的具名代理人代表租船人签署，同时注明租船人的名称。

5. 必须提交全套正本

参见 8.4.1 节的相关内容。

6. 转运和部分装运

根据租船提单的定义和作用，租船提单运输方式是没有转运的情况发生的。部分装运的内容请参考 8.4.1 节的相关内容。

7. 其他内容

有关运费的记载除了集装箱的要求被删除外，和提单的要求相同；其他内容请参考 8.4.1 节的相关内容。

8.4.4 空运单据

1. 空运单据的名称、机场到机场的运输

UCP 600 所规定的空运单据必须涵盖机场到机场的运输，即货物从一个机场装上飞机，运送到另一个机场卸下飞机，但是不一定要使用"air waybill"或"air consignment note"等类似用语命名。

空运单据必须表明信用证要求的出发地机场和目的地机场，但是无须表明机场所在的国家，即使信用证上表明了国家。可以使用 IATA[①] 代码代表机场名称（如用 LHR 代表伦敦希思罗机场，SHA 代表上海虹桥机场，PVG 代表上海浦东机场）。如果信用证给出了出发地机场或目的地机场的地理区域（如"任一欧洲机场"），那么空运单据必须表明实际的出发地机场或目的地机场，而且该机场必须位于信用证规定的地理区域之内。

例如，信用证规定如图 8-39 所示。

```
44E: PORT OF LOADING/AIRPORT OF DEPARTURE
     ANY AIRPORT IN ENGLAND
44F: PORT OF DISCHARGE/AIRPORT OF DESTINATION
     PUDONG AIRPORT
46A: DOCUMENTS REQUIRED
     +CLEAN AIR WAYBILL MADE OUT TO ABC CORP. AND MARKED "FREIGHT
     PREPAID", NOTIFY ABC CORP.
```

图 8-39　信用证条款举例

如图 8-40 所示的空运单据，名称是"Air Waybill"，出发地机场一栏显示"LHR"，符合信用证所规定的地理范围，目的地机场一栏显示"PVG"，符合信用证规定，满足了信用证对出发地机场和目的地机场的要求。

2. 装运日期

空运单据必须表明货物已经收妥待运，和提单不同，空运单据没有"已装运"单据，其出具日期将被视为装运日期。如果空运单据载有专门注明实际装运日期的批注，此时批注中的日期将被视为装运日期，无论其早于还是晚于出具日期。在没有专门注明实际装运日期的批注时，空运单据中与装运日期有关的其他任何信息，如航班号和航班日期（FLIGHT/DATE），将不被用来确定装运日期。

如图 8-41 所示的空运单据，签发日期是 2015 年 5 月 18 日，而在"航班号/日期"一栏显示的结果是 2015 年 5 月 17 日，由航班号为 MU855 的飞机运输。但是根据 UCP 600 的要

[①] IATA 是国际航空运输协会（International Air Transport Association）的简称。IATA 是一个由世界各国航空公司所组成的大型国际组织，其前身是 1919 年在海牙成立并在第二次世界大战时解体的国际航空业务协会，总部设在加拿大的蒙特利尔，执行机构设在日内瓦。与监管航空安全和航行规则的国际民航组织相比，IATA 更像是一个由承运人（航空公司）组成的国际协调组织，管理在民航运输中出现的诸如票价、危险品运输等问题。

Shipper's Name and Address	Shipper's Account Number		NOT NEGOTIABLE
ABC CORP. HEATHCOAT HOUSE, NO.20 SAVILE RD, LONDON TEL:0040-20- 77349638 FAX: 0040-20- 77344290			Air Waybill Issued by ON TIME WORLDWIDE LOGISTICS, LTD.
			Copies 1, 2 and 3 of this Air Waybill are originals and have the same validity.
Consignee's Name and Address	Consignee's Account Number		It is agreed that the goods described herein are accepted for carriage in apparent good order And condition (except as noted) and SUBJECT TO THE CONDITIONS OF CONTRACT ON THE REVERSE HEREOF. ALL GOODS MAY BE CARRIED BY AND OTHER MEANS INCLUDING ROAD OR ANY OTHER CARRIER UNLESS SPECIFIC CONTRARY INSTRUCTIONS ARE GIVEN HEREON BY THE SHIPPER. THE SHIPPER'S ATTENTION IS DRAWN TO THE NOTICE CONCERNING CARRIER'S LIMITATION OF LIABILITY. Shipper may increase such limitation of liability by declaring a higher value for carriage and paying a supplemental charge if required.
XYZ CO., LTD. ZHONGHUAN MANSION RM1801 NO.85 CAOAN ROAD, SHANGHAI 200000, CHINA TEL: 0086-21-4715004 FAX: 0086-21-4711363			
Issuing Carrier's Agent Name and City			Accounting Information
			FREIGHT PREPAID
Agent's IATA Code	Account No.		
Airport of Departure (Addr. of First Carrier) and Requested Routing LHR			

To PVG	By First Carrier Routing and Destination	to	by	to	by	Currency GBP	CHGS Code	WT/VAL PPD COLL X	Other PPD COLL X	Declared Value for Carriage	Declared Value for Customs
	Airport of Destination PVG	Flight/Date FX0910	For carrier Use Only	Flight/Date APRIL 7, 2015		Amount of Insurance			INSURANCE - If Carrier offers insurance, and such insurance is requested in accordance with the conditions thereof, indicate amount to be insured in figures in box marked "Amount of Insurance".		
Handing Information											

图 8-40　空运单举例

求，航班号和航班日期不作为判断装运日期的依据。而且这份空运单据没有加盖单独的装运批注，所以签发日期 2015 年 5 月 18 日将被视作装运日期。

TO PVG	By first carrier KE	to	by	to	by	Currency	Declared Value for Carriage	Declared Value for Customs
Airport of Destination PVG	Requested Flight/Date MU855/MAY,17,2015					Amount of Insurance	INSURANCE—if carrier offers insurance and such insurance is requested in accordance with the conditions thereof, indicate amount to be insured in figures in box marked "Amount of Insurance".	
Total Other Charges Due Carrier						AWB CO. LTD as Agent for the Carrier NORTH AIRLINE CO. LTD KENNY WANG Signature of Shipper or agent		
Total Prepaid	Total Collect AS ARRANGED					MAY 18, 2015		

图 8-41　空运单装运日举例

这一点需要受益人和审单人员特别注意，很多受益人误以为航班日期就是装运日期，所以在缮制其他单据时，往往会把航班日期当作装运日期写在其他单据的装运日期一栏中。即使事实确实如此，但是必须清楚该日期不是 UCP 600 所承认的装运日期。

3. 正本空运单据的签署

UCP 600 对正本空运单据的签署问题做了规定,但是无论如何签署,和提单的要求类似,首先要求空运单据必须表明承运人的名称,没有表明承运人名称的空运单据不符合 UCP 600 的规定,很多受益人在通过航空公司出具提单时经常会忽略这一点。

曾经有航空公司向国际商会咨询是否可以用 IATA 代码代替承运人名称,结果被国际商会否定了。因此,审单人员必须寻找完整的承运人名称,如果看到 MU 等航空公司的缩写,而没有完整名称的,仍然可以视之为不符点。

空运单据的签署格式不尽相同,语序和位置也不是同一的,但是都可以归类为以下两种签署方式之一,审单人员把握住这两种方式即可解决一般常见的空运单据签署问题:
① 由承运人自己签署,并且注明自己是承运人;
② 由承运人的具名代理人代表承运人签署,并且注明承运人名称。

需要注意的是,在空运单的右下角承运人签署栏位的上方有一个栏位是"signature of shipper or his agent",这一栏位是供发货人或者其代理人使用的,不是用来签署空运单的。因为该栏位和签署栏位相邻,有时作为发货人代理人的运输公司只在此栏盖章签字,而不在签署栏位盖章签字,这种做法会导致空运单据的签署不符合 UCP 600 关于签署的要求,实务中应当避免。

4. 供发货人或托运人使用的正本

空运单一般一式 12 份,3 份正本 9 份副本,正本分别是发货人或托运人留存联、承运人留存联、收货人留存联。UCP 600 规定提交空运单据时,受益人必须提交供发货人或托运人使用的正本。如果信用证要求提交全套正本空运单据,那么只要提交一份表明是供发货人或托运人使用的正本即可。

5. 托运人、收货人和到货通知人

这几项内容一般按照信用证的相关要求审核即可,少数特别事项需审单人员注意。
① UCP 600 允许包括空运单据的托运人或者发货人可以和受益人不同。
② 空运单据不是物权凭证,因此不应做成"to order"或"to order of XXX"的指示抬头。即使信用证要求空运单据做成指示抬头,提交的空运单据表明收货人为具名人,但是没有做成指示抬头,也可以被接受。

到货通知人的审核参见 8.4.1 节的相关内容。有些空运单没有印刷到货通知人一栏,那么需要在其他位置标注到货通知人。

6. 转运和部分装运

UCP 600 对空运单据项下的转运定义是:在信用证规定的起飞机场到目的地机场的运输过程中,将货物从一架飞机卸下再装上另一架飞机的行为。如果卸货和再装货不是发生在出发地机场和目的地机场之间,那么不属于转运。

只要全程运输由同一空运单据涵盖,空运单据可以注明货物将要或可能转运。即使信用证禁止转运,注明将要或可能发生转运的空运单据仍然可以接受。

如果信用证禁止部分装运,但是同一次交单提交了多套正本空运单据,涵盖了在一个或

多个机场（信用证允许的机场或者在规定的地理区域内）的装运，只要空运单据涵盖的货物使用相同的运输工具，经同一航程，前往同一个目的地机场，那么该空运单据可以接受。如果提交了一套以上的空运单据，并且这些空运单表明了不同的装运日期，那么以这些日期中的最晚一个来计算交单期。

如果信用证允许部分装运，同一次交单提交了多套空运单据，并且这些空运单据表明了不同的装运日期，那么以这些日期中的最早一个来计算交单期。

由多架飞机进行运输属于部分装运，即使这些飞机在同一天起飞，飞往同一个目的地。

7. 有关运费的记载

申请人和开证行在开立信用证时应明确要求空运单据是表明运费预付还是到付，空运单据必须有相应批注。

如果信用证规定运费之外的额外费用不可接受，那么空运单据不得表示已经产生或将要产生运费之外的其他费用。

空运单据通常印就"预付"（total prepaid）运费和"到付"（total collect）运费或类似措辞的栏位。如果信用证要求空运单据表明运费预付/到付，则在相应栏位内填写运输费用（数额或按约定等）即符合信用证要求。

如图 8-42 所示的空运单据，在"Total Collect"一栏填写了"按约定"的字样（填写具体数字也可），表明了运费是按照预先约定到付的。此时如果信用证要求空运单据注明运费到付，该空运单据就是符合要求的。

Total Other Charges Due Carrier		AWB Co. Ltd as agent for the Carrier North Airline Co., Ltd KENNY WANG
Total Prepaid	Total Collect AS ARRANGED	Signature of Shipper or agent
Currency Conversion Rates	Collect Charges in Destination Currency	Sep. 18, 2015

图 8-42 空运单运费显示方法举例

8. 其他内容

请参考 8.4.1 节的相关内容。

8.4.5 公路、铁路和内河运输单据

1. 单据的正副本

UCP 600 规定了提交涵盖公路、铁路或内河运输的单据的要求。和其他运输单据不同的是，如果信用证要求公路、铁路或内河运输单据，那么不论提交的运输单据是否注明正本单据，都将作为正本单据接受。但是公路运输单据必须表明是签发给托运人或发货人的正本，或者没有标注出具给何人。

对于铁路运输单据而言,许多铁路运输公司的做法是仅向托运人或发货人提供加盖铁路公司印章的第二联(常常是复写联)。所以注明"第二联"(duplicate)的铁路运输单据可以被作为正本接受。如果公路、铁路和内河运输单据上未注明出具的正本数量,那么提交的份数即视为全套正本的份数。

如果信用证要求全套的上述运输单据,那么提交公路运输单据的签发给托运人或发货人的正本,或铁路运输单据第二联即可。

2. 运输路径和装运日期

公路、铁路和内河运输单据必须表明货物在信用规定地点的装运日期,或者收讫待运或待发送的日期。运输单据的出具日期将被视为发运日期,除非运输单据上盖有带日期的收货印戳,或者单独注明收货日期或装运日期。

必须表明信用证规定的装运地及目的地。

3. 公路、铁路和内河运输单据的签署

和提单等运输单据类似,首先必须表明承运人名称。但是"承运人"一词不需要一定出现在签字处,承运人一词包括运输单据中的"issuing carrier""actual carrier""succeeding carrier" "contracting carrier"等用语。公路、铁路和内河运输单据应该按照以下3种方式签署:

① 由承运人自己签署,并且表明自己的承运人身份;

② 由承运人的具名代理人签署,并且注明自己是代表承运人签署的以及所代表的承运人的名称和身份;

③ 如果铁路运输单据没有指明承运人,可以由铁路运输公司或出发地火车站的任何签字、印戳或批注作为承运人签署单据的证据。

4. 运费

申请人和开证行应在信用证里明确要求公路、铁路和内河运输单据是表明运费预付还是到付,公路、铁路和内河运输单据必须有相应的标注。

5. 转运和部分装运

UCP 600对公路、铁路和内河运输单据项下转运的定义是:在信用证规定的发运、发送或运送的地点到目的地之间的运输过程中,在同一种运输方式中从一个运输工具卸下再装上另一个运输工具的行为。

只要全程运输由同一运输单据涵盖,公路、铁路或内陆水运单据可以注明货物将要或可能被转运。即使信用证禁止转运,注明将要或可能发生转运的公路、铁路或内陆水运单据仍可接受。

如果信用证禁止部分装运,但是同一次交单提交了多套正本公路、铁路和内河运输单据,涵盖了在信用证允许的运输地点,只要这些单据涵盖的货物是使用相同的运输工具,经同一行程前往同一个目的地,那么这些单据可以接受。如果提交了一套以上的单据,并且这些单据表明了不同的装运日期,那么以这些日期中的最晚一个来计算交单期。

如果信用证允许部分装运,同一次交单提交了多套正本公路、铁路和内河运输单据,并且这些单据表明了不同的装运日期,那么以这些日期中的最早一个来计算交单期。

由多件运输工具(一辆以上的卡车、一辆以上的火车、一艘以上的轮船等)进行的运输

构成部分装运，即使这些运输工具同日出发并驶向同一目的地。货物装在同一列火车的不同车皮（车厢）之内，不属于部分装运。

6. 其他内容

请参考 8.4.1 节的相关内容。

8.4.6 快递收据、邮政收据或投邮证明

无论何种名称的证明货物收妥待运的快递收据，都必须表明快递机构的名称，并在信用证规定的货物装运地点由该具名快递机构盖章或签字，并且表明取件、收件或类似词语的日期，该日期将被视为装运日期。如果要求显示快递费用已付，那么快递机构出具的表明快递费用由收货人以外的一方支付的快递单据可以满足该项要求。

除了小件货物外，快递收据并不是用在货物的运输方面，更多的是用来邮寄贸易单据。例如，信用证要求："1/3 BILL OF LADING MUST BE SENT TO APPLICANT VIA DHL DIRECTLY WITHIN 3 DAYS AFTER SHIPMENT DATE AND DHL RECIEPT MUST BE PRESENTED."受益人应该把 1/3 的提单通过 DHL 直接寄送给申请人，把 DHL 的收据作为一种贸易单据和信用证项下的单据一同提交，而且要注意 DHL 收据注明了取件日期，且该日期必须在装运日期之后的 3 天内。

8.5 保险单据的审核

8.5.1 根据信用证要求提交相应的保险单据

UCP 600 规定了保险单、保险证明或预约保险项下的声明书等保险单据。其中，保险单的效力最强，可以替代保险证明或预约保险项下的声明书。

当贸易术语是 CIF 或 CIP 时，信用证会要求受益人提交保险单，常见的条款如图 8-43 所示。

```
46A: DOCUMENTS REQUIRED:
    +INSURANCE POLICY OR CERTIFICATE IN DUPLICATE ENDORSED IN BLANK FOR
    110 PCT OF INVOICE VALUE SHOWING CLAIMS PAYABLE IN CHINA IN CURRENCY OF
    THE CREDIT COVERING ALL RISKS
```

图 8-43 信用证条款举例

8.5.2 保险单据的出具

保险单据必须由保险公司、承保人或者他们的代理人、代表（proxy[①]）出具并签署。任

---

① proxy 的代理方式在欧洲常见，但是在东亚地区没有这种代理方式，所以姑且译成"代表"。

何代理人或者代表的签署必须表明其签署的行为是代表保险公司或者承保人做出的,并注明其所代理或代表的保险公司或承保人的名称。如果表明出具人是保险人(insurer),那么保险单据无须说明出具人是保险公司或承保人。

保险单据在签署栏中可以仅显示保险公司的商号(trading name),只要在其他地方标明其为保险公司即可。例如,当保险单据在签署栏显示由"AA"出具并签署时,在其他地方显示"AA Insurance Ltd"及地址和联络信息是可以接受的。

如保险单据本身有要求副签或者信用证条款要求副签,那么所有正本必须副签。

如果保险单据用保险经纪人的信笺出具,只要单据是由保险公司、承保人或者他们的代理人、代表签署是可以接受的。保险经纪人也可以作为具名保险公司或者具名承保人的代理人角色在信笺上签署。但是保险经纪人自己签发的暂保单是不可以被接受的。

保险单据表明由多个共同保险人承保时,可以由一个代理或代表代所有共同保险人签署,也可以由一个保险人代一个或多个共同保险人签署。后者如:保险单据注明由"AA Insurance Ltd,作为牵头保险人,代理所有共同保险人出具并签署",是可以接受的。保险单据表明由多个共同保险人承保时,无须显示每一个共同保险人的名称,也无须显示各自的承保比例。

8.5.3 提交所出具的全套正本

和提单不同,UCP 600 并没有强制要求保险单据必须注明正本份数。但是,如果保险单据自身标明了正本份数,那么所有正本都须提交,很多受益人往往会忽略这一点。以图 8-43 信用证条款为例,INSURANCE POLICY IN DUPLICATE,表示可以提交一正一副保险单或者两份正本保险单。假设保险单注明签发了 3 份正本,那么该如何提交呢?显然提交一正一副或者两正都是不可以的,必须提交全部 3 份正本,除非信用证规定了第 3 份正本的去向。

8.5.4 按信用证要求的形式出具,必要时应恰当背书

由于 CIP 或 CIF 条件下保险单据是由受益人申办的,而被保险货物在装运地或装运港被装上运输工具运输后,进口商享有可保利益。因此,保险单据需要通过背书或其他方式进行转让(直接开立成以进口商为被保险人的除外,此种情形应禁止)。所以,实际业务中,信用证条款常会要求保险单据开立成保险单据项下的索赔权利在放单之时或之前能够被转让的形式。如图 8-43 的信用证条款要求保险单需空白背书,以方便转让。

信用证不应要求保险单据出具成"to bearer"(凭来人)或"to order"的形式,而应规定被保险人的具体名称或者不规定被保险人名称(这种情形下一般会以受益人为被保险人)。当信用证要求保险单据出具成"凭×××指示"时,保险单据无须显示"凭×××指示"字样,只要保险单据表明该具名实体为被保险人,或者表明将赔付给该具名实体且没有明确禁止背书转让即可。

当信用证对被保险人未做规定时,提交的保险单据不得表明将赔付给信用证的受益人或开证行和申请人以外的其他实体,除非受益人或该实体做了空白背书或已经背书给了开证行或申请人。保险单据必须做成或背书成索赔权利在放单之时或之前得以转让。

8.5.5 保险单据的日期

如果保险单据没有出具日期和保险生效日期，那么副签日期将视作保险生效日期。

保险单据的出具日期不能晚于装运日期。如果保险单据的出具日期晚于装运日期，只要保险单据表明保险责任不迟于装运日期生效，是可以接受的，如图 8-44 所示。所以审单人员在看到保险单据日期晚于装运日期时，不要急于提不符点，应该先浏览保险单据寻找是否有不迟于装运日生效的声明。但是保险单据显示保险基于"仓至仓"条款或类似条款，并不表示保险生效日期早于装运日期[①]。

```
                    INSURANCE POLICY
SHIPPED PER MV HANJIN BASEL ON MAY 12,2015
COVER IS EFFECTIVE FROM MAR 12,2015
                                        DATE: MAY 13, 2015
```

图 8-44　载有保险责任生效的保险单

有些保险单据会规定一个有效期，可能会导致不同的理解，所以为了规范这种行为，国际商会要求载有有效期的保险单据必须清楚地说明这一有效期限是关于货物装船、发运或接管的最迟日期，而不是保险单据项下提出索赔的期限。换句话说，保险单据不应注明一个索赔的期限。

8.5.6 投保比例和金额

保险单据必须使用信用证规定的币种，至少按信用证要求的金额或者比例投保，但是 UCP 600 没有规定投保的最高上限，所以保险单据可以按照比信用证要求更高的金额或者比例投保。而且保险金额不要计算至两位已上的小数，出现三位小数时需要变为两位小数，第三位向上进位或向下舍去现在都是允许的。这一规定和以往的要求（取整）完全不同，需要特别注意。

如果信用证对投保金额没有做出规定，那么投保金额必须至少为货物的 CIF 或 CIP 价格的 110%。如果从单据中不能确定 CIF 或者 CIP 价格是多少，那么投保金额必须基于要求承付或议付的金额，或者基于发票上显示的货物毛值（gross value）来计算，两者之中取金额较高者。所谓货物毛值，是指发票所涵盖的所有货物的全部价值，而不是本次交单实际索汇的金额。例如，75% 发票金额索汇，25% 已经通过预付货款的方式由进口商支付给了受益人。此时，要按照 100% 的发票金额为基础投保，而不是 75%，否则显然低估了货物的价值。如果从信用证条款中可以得知最后的发票金额仅仅是货物毛值的一部分（如折扣、预付或类似情况，或部分价款晚些支付），也必须以货物的总价值为基础来计算投保金额。

同一运输的同一保险应当由同一份保险单据所承保，除非提交了承保相关部分保险的一

---

① 这一点国际商会的意见是有反复的，ICC 曾经提出"仓至仓"条款是可以表示保险在装运日前生效的，但 ISBP 745 的发布修正了这一意见。

份以上的保险单据，且每份保险单据都以百分比或其他方式明确地表明：

① 每一保险人的承保金额；

② 每一保险人自己分别承担的责任份额，且不受其他保险人在该次运输项下可能已承保的保险责任的影响；

③ 每一份保险单保险金额的合计，至少为信用证要求或者 UCP 600 规定的保险金额。

8.5.7 承保险别

保险单据必须投保信用证规定的险别。所以信用证应规定受益人需要投保的具体险别及附加险（如需）。如果信用证使用诸如"通常风险"（usual risks）或"惯常风险"（customary risks）等含义不确切的用语，无论是否存在漏保的风险，保险单据即使没有标明"通常风险"都将被接受。

如果信用证要求投保"一切险"（all risks），则只要提交任何带有"一切险"条款或批注的保险单据，即使该单据声明不包括某些风险，也符合信用证要求。保单显示投保 Institute Cargo Clauses（A），或 Institute Cargo Clauses（Air），也符合信用证对于"一切险"的要求。但是如果信用证明确要求投保 CIC All Risks，那么投保 ICC（A）是不符合要求的。

保险单据必须表明承保的风险区间至少涵盖从信用证规定的货物接管地或装运地开始到卸货地或最终目的地为止。

8.5.8 除外条款和免赔率条款

保险单据可以援引任何除外责任条款。事实上，保险单据很少不包含除外条款。常见的除外条款有：

① Institute Classification Clause；

② Cargo ISM Endorsement Clause；

③ Institute Radioactive Contamination, Chemical, Biological, Biochemical & Electromagnetic Weapons Exclusion Clause；

④ Institute Cyber Attack Exclusion Clause；

⑤ Termination of Transit Clause （Terrorism）。

保险单据可以注明受相对免赔率（额）或绝对免赔率（额）的约束。然而，当信用证要求保险不计免赔率（irrespective of percentage）时，保险单据不应含有表明保险受免赔率或免赔额（扣减额）约束的条款。保险单据也无须注明"不计免赔率"。

8.5.9 其他

银行不审核保险单据的一般性条款和条件。

保险单据上任何有关保费支付事项，银行都不予理会，除非保险单据显示保费未付且注明保费未付则不生效。

8.6 原产地证明的审核

8.6.1 原产地证明必须清楚地注明产地

原产地证明（亦称"产地证"）必须经过签署，以及清楚地表明货物原产地。ICC 已出版的 R320 号意见曾经涉及了产地证没有清楚地表明货物原产地的案例。该案例提到信用证要求提交产地证，受益人确实提交了产地证，但是除了显示"200 包苏丹生棉"外，没有其他有关产地的信息。议付行以产地证没有证明产地为由拒付。受益人不服，认为产地证已经很明确地表明了货物产地是苏丹，并且向 ICC 提出了咨询。该意见的结论是："苏丹生棉"这一描述可能是某种产品的品牌，不一定代表货物是苏丹生产的，不能要求银行对此进行判断，所以该产地证没有清楚地表明货物原产地。因此，产地证必须非常明确地说明货物产地。

如果信用证要求特定格式的产地证，如 GSP Form A，那么只能提交该特定格式的单据。

如果信用证规定了货物原产地而没有要求提交原产地证明，则任何规定单据上显示的货物原产地不得与其矛盾。例如，当信用证规定"货物原产地：德国"，而没有要求提交产地证时，任何单据显示了不同于德国的货物原产地，都将视为内容矛盾。

8.6.2 原产地证明的出具人

产地证必须由信用证规定的人出具；如果信用证没有规定产地证的出具人，可以由任何人（包括受益人）出具。

如果信用证要求产地证由受益人、出口商或制造商来出具，那么商会类似机构（包括但不限于：行业商会、行业协会、经济商会、海关当局和贸易部等）出具的产地证是可以接受的，只要该单据相应地注明受益人、出口商或制造商。如果信用证要求由商会出具，由上述机构出具也可以。

8.6.3 对原产地证明的基本要求

原产地证明必须看似与发票的货物相关联。原产地证明中的货物描述可以使用与信用证规定不矛盾的货物统称，或通过其他方式表明产地证与信用证及其要求的单据中的货物相关联。

收货人的信息不得与运输单据中的收货人信息相矛盾。但是产地证是不可以流通转让的，所以如果信用证要求运输单据做成"to order"、"to order of shipper"、"to order of issuing bank"或"consigned to the issuing bank"等指示抬头形式，那么产地证可以信用证中除受益人以外的任何一个具名实体为收货人。如果信用证已经转让，那么以第一受益人作为收货人也是可以接受的。

产地证可用信用证受益人或运输单据上的托运人之外的实体作为发货人或出口方。

只要产地证显示的出口商或发货人不是受益人，其就可以显示不同于其他一种或多种规定单据上注明的发票号码、发票日期和运输路线。

有些国家的进口商会要求产地证和发票一起被出口地使领馆认证，请参考本章 8.3.6 的相关内容。

8.7 汇票的审核

8.7.1 汇票的期限

1. 即期汇票

汇票的期限必须与信用证条款一致，如果信用证规定汇票的期限是即期的，汇票上显示"At sight"即可。有的汇票在 At 和 sight 之间画了条横线，预留了空间，其目的是如果汇票的期限不是即期时，有足够的空间写明远期期限。只要在横线上打印一些"＊＊＊＊＊＊"或者"XXXXX"字符，就可以表示汇票是即期的。

2. 远期汇票的到期日计算

如果信用证要求汇票是见票后若干时间付款，那么汇票本身是不需要确定到期日的，因为开证行或者付款行、偿付行、保兑行等见到汇票的时间是受益人所无法判断的。但是必须遵守以下两个原则：

① 对于相符的单据，或者虽然单据不符但是开证行没有拒付的，到期日应为付款银行收到单据后的第××日；

② 对于不相符且付款银行拒付过但随后又同意接受的单据，汇票到期日最晚为付款银行承兑汇票日后的第××日。汇票承兑日不得晚于同意接受单据的日期。

如果信用证要求汇票是固定到期日付款，即信用证直接规定了付款的日期，无须计算，那么在汇票上必须注明付款的日期。

如果信用证要求汇票是提单日（国际商会对提单日的定义是装船日期）后若干时间付款，那么汇票自身内容必须能够确定付款的到期日。

以下是 ISBP 745 所举的通过汇票自身内容确定汇票到期日的一个例子。

如果信用证要求汇票的付款期限为提单日后 60 天，假设提单日为 2015 年 5 月 14 日，那么按照这一期限，汇票可以用下列任一方式表明期限：

① "提单日 2015 年 5 月 14 日后 60 天"；
② "2015 年 5 月 14 日后 60 天"；
③ "提单日后 60 天"，并且汇票表面的其他地方表明"提单日 2015 年 5 月 14 日"；
④ 在出票日期与提单日期相同的汇票上标注"出票日后 60 天"；
⑤ "2015 年 7 月 13 日"，即提单日后的第 60 天。

"从……起"和"在……之后"在确定汇票到期日时都是从提及的日期的次日起计算，如：5 月 14 日起 10 天或者 5 月 14 日后 10 天，都是从次日即 5 月 15 日起算，到期日均为 5 月 24 日。

以下是一则汇票期限计算的实例。

假设信用证要求汇票付款期限做成提单日后 60 天或从提单日起 60 天：

① 信用证要求从任一欧洲港口发运，而提单显示货物于 5 月 14 日在都柏林装上 A 船，5 月 16 日在鹿特丹转运装上 B 船，那么汇票付款期限应当做成在欧洲港口的最早装船日期，即

5月14日后60天。

② 信用证要求从任一欧洲港口发运，而提单显示部分货物于5月14日在都柏林装上A船，其余部分于5月16日在鹿特丹装上同一条船，那么汇票付款期限应当做成在欧洲港口的最迟装船日期，即5月16日后60天。

③ 一张汇票下提交了多套提单时，其中的最迟提单日，将被用来计算付款到期日。

上述例子中提及的尽管是提单日，但是相同原则适用于所有运输单据。

在所有的情况下付款银行都必须向交单人通知汇票到期日。上述汇票期限和到期日的计算方法也适用于延期付款信用证，即也适用于不要求受益人提交汇票的情况。

3. 银行工作日、宽限期、付款的延迟

如果到期日是付款地的银行工作日，那么银行的付款应该于到期日支付；如果到期日不是银行工作日，则应在到期日后的第一个银行工作日进行支付。付款不应出现延迟，如宽限期、划款过程所需时间等，不得在汇票或单据所载明或约定的到期日之外。

8.7.2 议付信用证和承兑信用证项下的汇票

议付信用证的汇票付款人应不同于议付行。

允许任意银行承兑的信用证，汇票付款人应为同意按指定行事承兑汇票的银行。

当信用证规定由以下银行承兑：

① 某一家被指定银行或任何银行，且汇票付款人做成了该被指定银行（不是保兑行），而该被指定银行决定不按指定行事时，受益人可以选择按以下方式行事：

● 把汇票付款人改做成保兑行（如有），或者要求将单据原样照转保兑行；

● 将单据改交给其他同意承兑以其为汇票付款人并按指定行事的银行（只适用于自由兑用信用证）；或者将单据原样照转开证行，附带或不附带以开证行为付款人的汇票。

② 保兑行，且汇票付款人做成了该保兑行，但是交单不符，该保兑行决定终止保兑时，受益人可以要求单据原样照转开证行，附带或不附带以开证行为付款人的汇票。

8.7.3 其他问题

汇票应由受益人出具和签字，并注明出具日期。如果受益人或第二受益人更改了名字，而信用证使用的是以前的名字，汇票可以用新名字出具，但是需要注明"原来的名字是（受益人或第二受益人）"或类似措辞。

必要时汇票必须背书，请参考本书第3章。

金额必须和信用证的要求一致，如果汇票载有大写金额，那么大写金额必须准确反映小写金额。如果大小写金额不一致，那么应以大写金额作为信用证付款金额（我国票据法规定大小写不一致时，汇票无效）。无论大写还是小写都需要表明信用证规定的币种。

汇票必须以信用证42A/42D域规定的人为付款人。当信用证规定的汇票付款人是银行的SWIFT代码时，汇票付款人可以显示相同的SWIFT代码，也可以显示该银行的全称。但是，以申请人为付款人的汇票不可以接受。如果开证行确实需要一份以申请人为付款人的汇票，应该把汇票作为信用证需要的商业单据的一种，绝不能要求凭以申请人为付款人的汇票支取信用证的金额。因为信用证的第一付款人是开证行（或者开证行指定的付款行或者偿付行，有时也是保兑行），所以用来要求支取信用证款项的汇票不能以申请人为付款人。

汇票如有修正和变更，必须在表面看来经过出票人的证实。但是有些国家即使有出票人的证实也不接受带有修正和变更的汇票。因此，这些国家的开证行应在信用证中声明汇票中不得出现修正和变更，当看到信用证有这样的规定时，受益人必须做到汇票没有任何修正和变更。

8.8 装箱单/重量单的审核

8.8.1 基本要求和出单人

当信用证要求装箱单/重量单时，提交单据使用信用证规定的名称，显示相似名称，或没有名称，只要包含与其功能对应的货物包装信息/货物的重量信息，即满足要求。

应由信用证规定的人出具。

如果信用证没有规定出单人，任何人都可以出具。

8.8.2 单据的内容

当信用证规定了具体的包装/重量要求，但没有规定相应的单据，如果提交了装箱单/重量单，其关于货物包装/重量的内容不能和信用证矛盾。

可以显示与其他规定单据上不同的发票号码、发票日期和运输路线，只要出单人不是信用证受益人即可。

银行只审核总量，包括但不限于总数量、总重量、总尺寸或总包装件数，以确保相关的总量与信用证中和任何其他规定单据上显示的总量没有矛盾。

8.9 受益人证明的审核

当信用证要求受益人证明时，提交经过签署的单据，使用信用证规定的名称，或反映其证明类型的名称，或没有名称，只要包含与其功能对应的信用证要求的内容和证明文句，即满足要求。

应由受益人或其代理人签署。受益人证明的内容不得与信用证矛盾。受益人证明上的内容或证明文句：

① 无须与信用证要求的等同一致，但必须清楚表明信用证规定的要求已经获得满足；

② 无须包含货物描述，也无须包含指向信用证或其他单据的援引。

8.10 其他证明书的审核

其他证明书包括分析证、检验证、健康证、植物检疫证、数量证、质量证和其他任何种类的证明书（以下均统称为"其他证明书"）。

8.10.1 基本要求和功能体现

当信用证要求其他证明书时，则提交经过签署的、使用信用证规定的名称或相似名称抑或没有名称，只要包含与其功能对应的检验内容，比如分析、检验、健康、植物检疫、数量或质量的评估结论，即满足要求。

当信用证要求其他证明书表明与装运日或装运前的事件关联时，提交的证明应当显示：

① 一个不晚于装运日的出具日期；或者

② 一段措辞表明事件发生于装运日或装运前，此时，如果还显示了出具日期，则其可以晚于装运日，但不得晚于交单日期；

③ 一个表明事件的单据名称，如"装船前检验证明"。

8.10.2 出单人

应由信用证规定的人出具；如果信用证没有规定出单人，任何人包括受益人都可以出具。当信用证使用"独立的""官方的""合格的"或类似措辞描述出单人时，其他证明书可以由受益人以外的任何人出具。

8.10.3 内容

其他证明书可以显示以下内容：

① 仅测试、分析或检验了所要求货物的样品；

② 一个比信用证中规定的或其他规定的单据上显示的更大的数量；

③ 多于提单或租船提单上显示的货舱、厢柜、罐桶数目。

当信用证规定了关于分析、检验、健康、植物检疫、数量、质量内容或类似特定要求，无论是否规定单据必须显示该内容，其他证明书或任何其他规定单据上显示的相关内容不得与其矛盾。

当信用证没有要求其他证明书显示特定内容，包括但不限于分析、检验和质量评估所依据的标准时，其他证明书可以声明"不适合人类消费""化学成分可能无法满足需要"或类似措辞，只要与信用证、其他规定单据或 UCP 600 不矛盾即可。

其他证明书如果显示收货人，则不得与运输单据中的收货人信息互相矛盾。但是，当信用证要求运输单据收货人做成"凭指示""凭托运人指示""凭开证行指示""凭指定银行（或议付行）指示"或"开证行"时，其他证明书可以显示信用证中除受益人外任何一个具名实体作为收货人。当信用证已经转让时，也可以显示第一受益人作为收货人。

只要其他证明书显示的出口商或发货人不是受益人，该证明书就可以显示不同于其他一种或多种规定单据上注明的发票号码、发票日期和运输路线。

8.11 不符点及其处理

8.11.1 不符点

所谓不符点（discrepancy），就是银行在按照"单证相符，单单一致"审单过程中发现的单据不符合信用证条款、UCP 和国际标准银行实务要求的内容，以及单据与单据之间相互不一致的内容或者同一单据内冲突的内容。每一项不相符内容称之为一个不符点。

例如，信用证规定最晚装运日是 10 月 7 日，提交的提单显示装运日期是 10 月 10 日，晚于信用证规定的 10 月 7 日，这就是一个不符点，一般表述为"LATE SHIPMENT"（迟装船）；再如，提交的单据中，发票显示货物的毛重是 2 000 kg，而重量单显示货物的毛重是 1 700 kg，这也是一个不符点，一般表述为"GW ON THE WEIGHT LIST DIFFERS THAT ON THE INVOICE"。

不符点的表述没有统一的要求，但是必须尽可能用简短的语言把不相符的内容描述清楚，否则提出的不符点是无效的。以上一段毛重的案例为例，如果不符点写作"WEIGHT LIST DIFFERS FROM INVOICE"或者"WEIGHT LIST DIFFERS OTHER DOCUMENTS"，就是无效的不符点，因为没有说清楚究竟重量单上哪一项内容和其他单据不相符。

8.11.2 不符点的处理

当按照指定行事的被指定银行、保兑行（如有）或者开证行审核单据后确定单据存在不符点时，可以拒绝承付或者议付。但是，因为他们和进出口商有着不同利益关系，所以在实务中的处理会有一些不同。

1. 被指定银行的处理

当按照指定行事的被指定银行，或者没有按照指定行事但是为受益人提供了审单服务的被指定银行发现单据存在不符点时，首先会通知受益人修改单据，将不相符的内容改成相符的内容。但不是所有的不符点都是受益人可以修改的，如本章 8.11.1 的两个例子，晚装船是客观事实，所以受益人无法修改；但如果是重量单的毛重有误，那么可以请出单人修改，而且一般情况下重量单的出单人就是受益人自己。

如果受益人能够修改不符点直至单据完全相符，被指定银行可以直接寄单给开证行或者保兑行（如有）。如果受益人无法修改不符点，被指定银行往往要求受益人出具一份不符点单据出单保函，授权被指定银行寄单，并且声明能否收回货款与被指定银行无关。有的被指定银行也会凭受益人的担保函有保留地履行被指定的义务，如议付。

2. 保兑行的处理

保兑行发现单据存在不符点后，往往会通知交单人和开证行因为单据存在不符点，所以将解除他的保兑责任，同时收取高额的保兑费用。保兑行一般不愿意给交单人时间去修改单据，因为保兑本身存在很多风险，而保兑行对信用证加保兑的一项重要原因是高额收费。如果单据存在不符点，保兑行既可以解除保兑责任，又可以收取费用，是一种自己独赢的处理方式。

3. 开证行的处理

当开证行确定交单不符时，可以自行决定联系申请人放弃不符点，但是这一行为并不能延长5个工作日的审单期限。信用证的最终付款人是申请人，所以如果申请人决定支付时，开证行通常还是予以承付的。但是申请人的决定并不能左右开证行最终的决定，所以即使申请人同意付款，开证行也有权拒付。实务中，很多开证行在发现不符点后，首先在5个工作日的审单期限内对交单人拒付，解除自己的承付责任，再联系申请人是否放弃不符点。有的开证行不是先拒付，而是先联系申请人，但是在第5个工作日如果还没有联系到申请人，开证行也会在当天拒付，解除自己的承付责任。实务中，有的开证行已经不再审单，而是将审单的权利释放给申请人。如果申请人在5个工作日内同意付款，则开证行会对外承付。如果申请人在5个工作日内认为单据存在不符点并且不同意付款，那么开证行才会审核单据以确认申请人提出的不符点是否成立，成立则拒绝承付，不成立还是要承付的。

8.11.3 银行的拒付通知

当按照指定行事的被指定银行、保兑行（如有）或开证行决定拒绝承付或议付时，必须通知交单人，这种通知称之为拒付通知，该通知是一次性的，并且须符合 UCP 600 的相关要求，具备3个关键要素。而且拒付通知必须以电信方式在不迟于第5个银行审单工作日结束前发出，如果不可能使用电信方式，那么银行应该尽可能地采取其他快捷方式。一般首选的快捷方式是 SWIFT 电报，MT 734 格式的报文就是专门为银行发送拒付通知而设计的。

拒付通知的三要素包括：

① 银行声明拒绝承付或议付；

② 银行拒绝承付或者议付所依据的每一个不符点，而且提出的不符点必须有效；

③ 银行将对收到的单据如何处理，具体4种单据处理方式参见以下 MT 734 报文中最后部分的说明。

如果开证行和保兑行未能按照上述要求及时发送有效的拒付通知，那么其拒付无效，必须对信用证予以承付或者议付。

开证行的拒付电报举例如下。

MT 734 Advice of Refusal

:20:Sender's TRN
   ILC9141200036-02
:21:Presenting Bank's Reference
   152001BP12000012
:32A:Date and Amount of Utilisation
   151207USD20000,00
:77J:Discrepancies
  1. LATE SHIPMENT

2. GW ON THE WEIGHT LIST DIFFERS THAT ON THE INVOICE

:77B:Disposal of Documents
　　/HOLD/
　　/NOTIFYAP/
　　/RETURN/
　　/PREVINST/

注释：上述电报中77B域列出的这4种代码，发送电文时只需要从中选择一个即可，分别对应以下4种开证行将要采取的处理方式，不需要使用大段的文字进行描述。

- HOLD 代表银行留存单据听候交单人的进一步指示；
- NOTIFYAP 代表开证行留存单据直到其从申请人处接到放弃不符点的通知并同意接受申请人的放弃，或者在同意接受不符点的放弃之前从交单人处收到的进一步指示；
- RETURN 代表银行将退回单据；
- PREVINST 代表银行将按事前从交单人处获得的指示处理。

此外，使用MT 799也可以发送拒付通知。由于MT 799是自由格式，因此报文内容必须明确表明拒付的意思。这和MT 734是不同的，需要引起注意。以上面MT 734的内容为例，MT 799的报文内容如下所示。

Message Type：799
Sender Institution：HVBKVXXX
Receiver Institution：ABOCCNBJXXX
------------------------ Message Content ------------------------
20：Transaction Reference Number
　　ILC9141200036-02
21：Related Reference
　　152001BP12000012
79：Narrative
　　ATTN LC DEPT.

　OUR LC NO. ILC9141200036-02
　　YR BILL REF. 152001BP12000012
　　BILL AMT：USD20000,00

　　PLS BE ADVISED THAT AFTER CHEKING YR DOCS,
　　WE FOUND SUCH DISCRES：
　　+LATE SHIPMENT.
　　+GW ON THE WEIGHT LIST DIFFERS THAT ON THE
　　　INVOICE.
　　WE NOW CONTACT WITH THE APPLICANT
　　FOR A WAIVER OF SUCH DISCREPANCY (IES)
　　AND IF THE APPLICANT ACCEPTS FOR A WAIVER
　　OF SUCH DISCREPANCY (IES), REMIT THE PROCEEDS

AS PER YR INSTRUCTION LESS USD30 CABLE AND USD50 DISCRE. FEE.

DOCUMENTS ARE HELD AT YR RISKS AND DISPOSAL.

THANKS AND REGARDS

本章习题

1. 信用证项下审单的原则是什么?
2. 什么是"严格相符"和"实质相符"?
3. 你倾向于在信用证审单实务中使用"严格相符"还是"实质相符"? 为什么?
4. 阐述信用证规定的交单时间和交单截止日之间的关系。
5. 所有单据都需要显示与信用证一样的货物描述吗?
6. 什么是"非单据条件"? 银行和受益人该如何处理?
7. 单据如何进行修改和变更?
8. 什么是海运提单的装船批注? 装船批注应该包括哪些要素?
9. 正本海运提单应该如何签署?
10. 为何当第一程运输为海运时,多式运输单据装运日期的判断和海运提单是相同的?
11. 实务中多式运输单据和海运提单的标题经常是一致的,需要通过单据的内容来区分究竟是多式运输单据还是海运提单,你认为原因是什么?
12. 正本租船提单应该如何签署? 哪些事项尤其需要关注?
13. 空运单据装运日期的认定和海运提单有何不同?
14. 请分析保险单据的投保比例没有上限的主要原因。
15. 对产地证的出单人有什么特殊要求?
16. 结合本书第3章,你认为信用证业务中的汇票什么时候必须背书?
17. 你认为受益人证明信的内容必须和信用证相关条款如镜像般一致吗? 为什么?
18. 开证行如何处理不符点单据?
19. 请分组讨论"开证行依靠申请人的审单结果处理信用证单据"对银行的优点和风险,并制作PPT在课堂上演示。

第 9 章 银行保函和备用信用证

本章要点
(1) 银行保函的定义、实质和属性；
(2) 银行保函的国际规则；
(3) 银行保函的当事人及结构；
(4) 银行保函的主要内容和种类；
(5) 备用信用证的种类；
(6) 备用信用证和跟单信用证及银行保函的比较。

9.1 银行保函概述

9.1.1 银行保函的定义

银行保函（letter of guarantee，L/G）是指担保人（银行）根据申请人的要求，向受益人开出的担保申请人正常履行合同义务的书面证明，是担保人与受益人之间建立的担保人有条件承担向受益人支付保函金额的合同。当申请人未能履行其所承诺的义务时，担保人负有向受益人赔偿的义务。

《见索即付保函统一规则》（Uniform Rules for Demand Guarantees，URDG 758）中对见索即付保函（demand guarantee）或保函的定义是："不论其如何命名或描述，指根据提交的相符索赔进行付款的任何签署的承诺。"（Demand guarantee or guarantee means any signed undertaking, however named or described, providing for payment on presentation of a complying demand.）

9.1.2 银行保函的实质

银行保函是一种以款项支付为手段并由银行所做出的在一定期限内承担一定金额付款责

任的书面信誉承诺，是一种货币支付保证书，对银行是一种或有负债。其目的就是使保函的受益人获得一种保证，银行充当信用中介的角色，并以银行信用代替商业信用，解决了合同双方互不信任的问题，便利了合同的执行。

由于担保银行往往与申请人关系密切，可能是申请人的开户银行，这种关系必然会促使担保银行严格监督申请人认真履行义务。

9.1.3 银行保函的属性

所谓银行保函的属性，即保函与基础合同的关系。根据合同具体条款，银行保函往往因为某项具体的条款而产生属性的改变，一般分为从属性和独立性两种。

1. 从属性保函

从属性保函（accessory guarantee）又称附属性保函，该保函从属于基础合同项下，担保银行的付款责任取决于基础合同的执行情况。在此保函下，基础合同是主合同，保函是从合同，主合同无效，担保合同无效。我国担保法项下的合同就属于此类。

从属性保函的保证方式可分为一般保证和连带责任保证两种。在一般保证方式下，当事人在保证合同中约定债务人（申请人）不能履行债务或赔偿损失时，才由担保人承担保证责任，即担保人享有先诉抗辩权。而在连带责任保证方式下，当事人在保证合同中约定，担保人和债务人对债务承担连带责任，债务人和担保人对债权人（受益人）履行债务没有先后和主次之分，担保人没有先诉抗辩权。

从属性保函在各国国内使用比较广泛，但在国际银行担保中使用得越来越少。

2. 独立性保函

独立性保函（independent guarantee）根据基础合同开出，但又不依附于基础合同而存在，是具有独立法律效力的文件。

独立性保函的最大特点是申请人违约或未履行合同，银行无条件地履行偿付责任，实质上就是银行放弃先诉抗辩权，使受益人不必像从属性保函那样，须首先对申请人的财产强制执行后，如果尚不足以清偿债务时，才能要求银行清偿，而是可以直接向银行请求清偿。因此，保函本身虽来源于基础合同，但又独立于该合同而存在，银行的责任并不取决于基础合同是否被履行，而是取决于受益人的付款要求。只要受益人提出要求，银行即须付款（通常为见索即付），而无须过问申请人是否确有违约事实。9.1.1节中URDG所规定的保函就是一种独立性保函，本书主要介绍此类保函。

相比较从属性保函，独立性保函更多用于国际担保业务。

9.2 银行保函所适用的国际规则

9.2.1 合约保函统一规则

《合约保函统一规则》（Uniform Rules for Contract Guarantees，URCG 325）由ICC于

1978 年制定并执行。

URCG 325 是针对投标保函、履约保函以及还款保函制定的规则。它为涉及大型工程项目的国际性招标、投标、承包签约等有关环节相应的担保规定了统一的做法，以平衡各有关当事人的权利和义务。其适用于任何保证、担保、赔偿、作保或类似性质的文件。不论此类文件如何命名或描述，只要注明遵循 URCG 325，该规则即适用，并对各有关当事人具有约束力，除非在保函中另有约定或修改。

由于 URCG 325 要求受益人在索赔时，必须提供申请人违约情况的证明，与见索即付的原则相冲突，影响了保函的独立性，且一边倒的偏向了保证人利益的维护，因此不被受益人和银行广泛接纳，最终使得其一出台就遭到了实践的冷落；但对处理合约保函业务，在一定程度上起到了积极的作用。

9.2.2 见索即付保函统一规则

在业务中，担保人为了避免被卷入商务纠纷中，将保函的赔付条件变得越来越单据化，即银行保函的赔付仅凭保函中规定的单据，而不是申请人违约的事实。因此，为了保护银行的正当权益，ICC 又于 1992 年制定了《见索即付保函统一规则》(Uniform Rules for Demand Guarantees，URDG 458)。

与 URCG 325 相比，URDG 458 反映了国际见索即付保函市场的真实情况，把握了保函所有关联方利益的平衡。作为 ICC 为独立保函实务制定规则的首次尝试，URDG 458 无论在内容上还是条款上经历多年实践后，都需要做出调整、澄清、扩展和修正。在此背景下，ICC 于 2007 年启动了对 URDG 458 的修订，新版本 URDG 758 于 2010 年 7 月 1 日起正式实施。

URDG 758 适用于明确表明适用该规则的见索即付保函或反担保函，在起草中借鉴了 UCP 600 的体例，增加了定义和解释章节，具体涵盖了保函的开立、修改、通知、索赔、转让等各个环节，规定了索赔的审核时间，明确了拒付的操作办法，区分了保函转让和款项让渡两种不同模式，加入了不可抗力条款等；体现了见索即付保函的独立性和单据化特征，对单据化的要求非常严格，与 URDG 458 相比，操作规则更加详尽。URDG 758 更加清晰，对交单一致性的审核程序进行了必要的解释和说明；URDG 758 更加精确，剔除了所有不严密的标准以树立确定性和可预见性（如索赔的审核时间，遇到不可抗力情况下保函的延期等）；URDG 758 更加全面，涵盖了 URDG 458 未能规范的内容，如保函的通知、修改、交单的审核标准，部分、多重和不完整的索赔，单据间的关联性，以及保函的转让，并明确了适用保函的条款同样适用于反担保函；URDG 758 还继承并发扬了 URDG 458 平衡各方利益的特点，纠正了原先的不合理情况，担保人的独立性地位得到了进一步的强化和明确。新规则对担保人的工作时效提出了更高的要求，如担保人拒绝不相符索赔时，应在 5 个工作日内发出拒付通知并列出所有不符点；URDG 758 为顺应实务的发展，还进行了一系列的创新，如无法按保函指明的货币进行付款时，可以使用其他货币替代。此外，其还制定了一套全新的在未明确失效日期或失效事件情况下的保函失效机制。

URDG 758 还同时包含了适用于 URDG 758 的见索即付标准保函格式和反担保函格式。

9.2.3 合同保函统一规则

《合同保函统一规则》(Uniform Rules for Contract Bonds，URCB 524) 由 ICC 保险委员

会于 1993 年制定，1994 年 1 月 1 日起实施。

URCB 524 是适用于保险业特殊做法的从属性保函统一规则，将保函的性质确定为从属性的，即保险人（保证人）承担的责任是第二性的，债务人依据基础交易产生的任何抗辩，保证人均可援引。因此，要求受益人在索赔时，需提供申请人违约的事实证明。

由于涉外保函业务多为独立性的，因此 URCB 的影响力远不及 URDG。

9.2.4 联合国独立保证与备用信用证公约

《联合国独立保证与备用信用证公约》（United Nations Convention on Independent Guarantees and Stand-by Letters of Credit）是联合国国际贸易法委员会拟订，1995 年 12 月 11 日由联合国大会第 50/48 号决议通过并开放供各国签字。

该公约包含 7 章，共 29 条，内容涉及适用范围、承保的形式和内容、权利义务和抗辩、临时司法措施、法律冲突及生效、保留和退出等条款。

该公约的目的在于促进独立担保和备用信用证的使用，强化了对共同原则的确认和独立担保与备用信用证所共有的特点。为了强调对独立担保和备用信用证均可适用的一套共同的总规则并克服术语上存在的差异，公约使用了"承保"这个中性词语来泛指这两种单证。

该公约目前只适用于少数缔约国，如白俄罗斯、厄瓜多尔、萨尔瓦多、科威特、巴拿马和突尼斯，在全球的影响力也很有限。我国目前尚未签署该公约。

9.3 银行保函的当事人及开立方式

9.3.1 银行保函的当事人

在银行保函项下，最基本的当事人有申请人、受益人和担保人 3 个。本节主要依据 URDG 758 来介绍银行保函的主要当事人。

1. 申请人

申请人（applicant）指保函中表明的、保证其承担基础关系项下义务的一方。一般情况下，申请人就是被担保人，并与受益人相对应。其主要责任是履行合同项下的有关义务，并在担保人为履行担保而向受益人做出赔付时向担保人偿付其所做的任何支付。

2. 受益人

受益人（beneficiary）指接受保函并享有其利益的一方，即根据保函条款可以向担保人提出付款请求的人。受益人最好只有一个，这样可以避免索赔时不同受益人之间就索赔款项的分割而产生纠纷。

3. 担保人

担保人（guarantor）指开立保函的一方，包括为自己开立保函的情况。其责任是保证保函的申请人履行有关合约，并在申请人违约时，根据受益人提出的符合保函规定的索赔文件，向受益人做出不超过保函担保金额的经济赔偿。担保人在向受益人做出上述赔偿后有权向申请人或反担保人索偿。通常情况下,担保人对保函条款的修改必须在申请人和受益人都同意的情况下才能进行。

银行保函除了上述3个主要的当事人外,根据具体情况还可能涉及以下当事人。

4. 通知方

通知方(advising party)指应担保人的请求对保函进行通知的一方。通常为受益人所在地的银行。通知行只负责保函表明的真实性,如代受益人核定担保人的印鉴、密押是否真实正确等,若因种种原因不能通知受益人时,通知行应及时告知担保人,以便担保人及时采取其他的措施。通知行对保函内容正确与否不负责任。通知行在将保函通知给受益人后,可按规定向担保人或受益人或申请人收取通知费用。

5. 反担保人

反担保人(counter-guarantor)指开立反担保函的一方,可以担保人为受益人或是以另一反担保人为受益人,也包括为自己开立反担保函的情况。反担保人的责任是:保证申请人履行合同义务;同时,向担保人做出承诺,即当担保人在保函项下做出了付款以后,担保人可以从反担保人处得到及时、足额的补偿,并在申请人不能向担保人做出补偿时,负责向担保人赔偿损失。

6. 指示方

指示方(instructing party)指反担保人之外的,发出开立保函或反担保函指示并向担保人(或者反担保函情况下向反担保人)承担赔偿责任的一方。指示方可以是申请人,也可以不是申请人。

9.3.2 银行保函的开立方式

根据申请人和受益人的合约规定及受益人国家习惯,担保银行开立保函的方式基本可以划分为直开和转开两种。

1. 直开保函

直开保函(三方当事人保函)是指根据申请人委托,担保人直接向受益人开出保函,由担保人通知给受益人或由通知行(如以SWIFT方式开立)通知给受益人。一般情况下,担保人是申请人的银行,和申请人在同一国家或地区开办业务,而受益人则在另一个国家或地区开办业务。

直开保函至少包括三方当事人,即申请人、担保人和受益人,又称"三方结构保函"。

例如,中国C公司为给巴西B公司在巴西建一座工厂,签订了一份合同,为了保证C能如期履约,B要求C要提交一份银行保函来担保这份合同。C作为申请人,指示国内J银行开立以B为受益人的保函。当然,在J银行未同意的情况下,可以不执行C的指示,如同意,J银行会要求C交纳押金或提供其他抵押物以保证其在保函项下的将来责任。J银行可以把保函直接寄给B,也可以通过其在巴西的代理行(通知行H)通知给B,合同执行过程中,如果B认为C已违约,需向J银行提交一份文字索赔要求即索赔书和保函要求的其他文件(如违约声明和质量检验证明等），只要该索赔要求和其他文件与保函规定相符并且是在保函失效或撤销前提交的，J 银行必须付款。J 银行赔付后在赔偿担保协议或偿付协议下向 C 提出索赔。

直开保函的业务流程如图 9-1 所示。

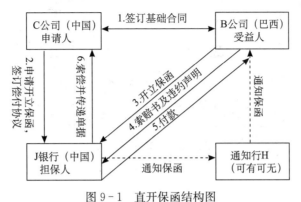

图 9-1 直开保函结构图

当索赔发生时，B 向 J 银行索赔，J 银行赔付后向 C 索偿。

需要注意的是，这里有 3 份独立的合同：C 和 B 签订的基础合同、C 与 J 银行签订的赔偿担保协议或偿付协议、J 银行以 B 为受益人所开保函建立的合同。这 3 份合同是完全独立的。

J 银行可以选择巴西当地一家 H 银行将保函通知给 B，也可以自己通知保函，但这并不改变原有的三方结构。

2. 转开保函

转开保函（四方当事人保函）是指根据申请人的申请，担保人向受益人所在国的一家银行开出反担保函，委托该银行根据反担保函向受益人转开保函并通知给受益人。反担保函的受益人应为开立最终保函的银行，在反担保函中一般应引入所需开立最终保函的内容，到期日应晚于最终开出保函的到期日。

当受益人要求一份由其本国银行开立的保函，而申请人与该银行又无业务关系的时候，或者受益人只接受本国银行开立的保函时，申请人可以要求他的往来银行去指示一家受益人所在地银行开出这份保函。这一指示是由申请人的银行（URDG 758 中定义为"指示方"）向受益人所在地银行发出的，指示方有权向他的客户——申请人要求赔偿。

例如，引用前述的说明，C 要求其往来银行 J 银行（指示方）开立保函，但是受益人 B 不接受国外银行开立的保函。因此，应申请人 C 的请求，J 银行要求 B 所在国的 H 银行凭 J 银行开立的反担保函向 B 开出保函。这时保函有 4 个基本当事人，即申请人、受益人、反担保人和担保人。这种保函就是转开保函，又称"四方结构保函"。此时，H 银行又称转开行，J 银行就是反担保人。

转开保函的业务流程如图 9-2 所示。

这一结构中包括 4 份不同的合同：C 与 B 之间签订的基础合同、C 与 J 银行之间订立的赔偿担保协议或偿付协议、J 银行开给 H 银行的反担保函、H 银行开给 B 的保函。这些合同彼此独立，每个合同只涉及本合同的订约人，与其他合同订约人无关。

若发生索赔，B 向 H 银行提出索赔要求，如果索赔要求与保函规定相符，则 H 银行应付款；然后 H 银行在反担保函项下向 J 银行提出索赔要求，若此要求与反担保函规定相符，J 银行必须向其付款；最后，J 银行根据其与 C 订立的赔偿担保协议或偿付协议向 C 索赔。

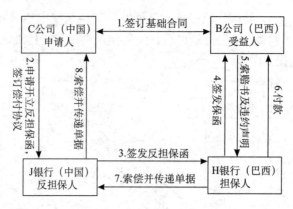

图 9-2 转开保函结构图

9.4 银行保函的主要内容和种类

9.4.1 银行保函的主要内容

银行保函虽然种类很多，条款各异，但其基本内容是相同的，根据 ICC 所推荐的适用 URDG 758 的见索即付保函和反担保函格式，归纳起来主要包括以下几个方面。

1. 保函的开立时间和种类

保函开立的时间是银行承担赔偿责任的时间。至于保函开立后是否生效，还要看保函中的具体约定。依据 URDG 758，开立的保函一经脱离担保人的控制即为开立，且不可撤销，受益人有权自保函开立之时或自保函约定的开立之日后的其他时间或事件提交索赔。也就是说，保函一经开立，担保人对受益人的赔偿责任就已开始。保函的种类要标明具体类别，如投标保函、预付款保函或履约保函等。

2. 有关当事人

一般包括申请人、受益人和担保人的名称地址。担保人的名称是受益人提出索赔的对象，担保人的地址是受益人提交索赔文件的地点，同时也是保函失效的地点。

3. 基础关系

基础关系即申请人与受益人之间的合同、招标条件或其他关系，是保函开立的依据。在保函条款中，有时虽只有短短的几句描述，但却是担保人重点审查的部分。

4. 保函的金额和币别

保函担保的最高赔付金额和支付货币币别主要依据合同、招标文件或授标书来确定。保函可以规定在特定日期或特定事件发生时金额减少或增加，如在预付款保函中会涉及金额递减条款。

5. 索偿条款

这是保函的核心内容，规定了担保人在什么样的条件下应该履行付款义务，应注意要求付款条件的单据化。此外还应说明提交单据的语言和形式，以及交单地点。根据 URDG 758，单据包括索赔书和支持声明。适用 URDG 758 的保函，如果未明确交单方式，只能使用纸质交单。如果要限定采用某种纸质交单的方式，应在保函中明确排除其他纸质交单的传递方式。如果允许电子交单，保函应明确交单样式、信息传递系统和电子交单地址，不能被证实的电子单据将被认为没有提交。

6. 保函失效日及/或失效事件

根据 URDG 758，失效日是指保函中规定的在该日或该日之前可以交单的日期，意指交单的截止日而非担保人付款责任的截止日。失效事件指保函条款中约定导致保函实效的事件，无论是在该事件发生之后立即失效，还是此后指明的一段时间内实效。URDG 758 规定，如果保函或反担保函没有规定失效日和失效事件，保函应自开立之日起 3 年之后终止，反担保函自保函终止后 30 个日历日之后终止。需注意的是如果保函同时规定了失效日和失效事件，那么将在二者较早发生时失效。

例如，一保函规定：The guarantee shall expire on whichever of the following first occurs：

i) 15th March 201X；

ii) presentation of a certificate to the guarantor by the beneficiary or the applicant certifying that the applicant has shipped the underlying goods of the full guaranteed value.

201×年 3 月 15 日当天仍未有证明提交，则保函于该日失效。如果受益人或申请人于 3 月 15 日前向担保人提交了该证明，则保函于担保人收到该证明之日时失效。

7. 费用负担

保函项下的费用是指指示其他方在本规则下提供服务的一方有责任负担被指示方因执行指示而产生的费用。如果保函标明费用由受益人负担，但该费用未能收取，则指示方仍有责任支付该费用。如果反担保函标明保函有关费用由受益人负担，但该费用未能收取，则反担保人仍有责任向担保人支付该费用，而指示方有责任向反担保人支付该费用。

8. 适用的法律或惯例

由于各国对保函的司法管辖地域及所适用的法律尚无统一规定，为避免当事人日后产生争议，保函中通常要明确适用的法律或相关国际惯例及诉讼的专属管辖地。而规定受受益人所在国法律管辖的条款在中东和东南亚一些国家的保函业务中较为常见。

除了以上主要内容外，保函还会涉及保函自动延展条款、转让条款、利息条款、关于基础合同的修改与变更条款等内容。

国际银行保函还没有统一的格式，ICC 在 URDG 758 中虽然推荐了见索即付保函和反担保函的格式，但能否得到广泛运用还有待时间的检验。本节主要介绍 URDG 758 的推荐格式，国内外银行的保函基本格式见 9.4.2 节。

> **案例分析**
>
> ICC 未出版意见 TA745 中，一份依据 URDG 758 开立的保函中有以下条款：
>
> This guarantee is valid until completion of the contract.
>
> 银行委员会的分析中指出，该保函没有明确规定所提交的单据表明事件的发生（合同的完成）。事件的发生不能以担保人自身的记录来确定。如果当事人想使保函在提交某一单据时失效，比如一份单据声明"合同完成"，那么该保函应清晰地表达这一要求。只提到"completion of the contract"（合同完成）不能理解为代表了某一项要求。该条款是非单据条件，因此，根据 URDG 758，被认为未予要求并不予置理。

9.4.2 银行保函的种类

银行保函包括履约保函、预付款保函、付款保函、投标保函、维修保函、留置金保函、借款保函、租赁保函、关税保函、海事保函、透支保函等。本节保函格式主要参考了国内外银行的基本格式。

1. 投标保函

投标保函（bid/tender guarantee）是指担保人向招标人（受益人）做出保证，在投标人（申请人）报价的有效期内，投标人将遵守其诺言，不撤标、不改标，不更改原报价条件，并且在其一旦中标后，将按照招标文件的规定及投标人在报价中的承诺，在一定时间内与招标人签订合同。如投标人违约，担保人将在担保额度的范围内向招标人支付约定金额的款项。投标保函的金额通常为投标报价的 1‰~5‰ 不等。

在招标中，招标人为防止中标者不签合同而使其遭受损失，故要求投标人提供一份银行保函，保证投标人履行招标文件所规定的义务：

① 在标书规定的期限内，投标人投标后，不得修改原报价、不得中途撤标；

② 投标人中标后，必须与招标人签订合同并在规定的日期内提供银行的履约保函。

若投标人未能履行上述义务，则担保银行在受益人提出索赔时，须按保函规定履行赔款义务。

投标保函通常从开出之日起生效，其有效期一般为开标日起的 3~6 个月。这主要视招标文件规定而定，通常为评标期加 30 天左右。若投标人中标，则保函效期自动延长至投标人与招标人签订合同并提交规定的履约保函为止。

一般情况下，投标保函的格式在招标人的招标文件中有统一的格式和要求，原则上不能改动，若要改动需事先征得招标人的同意。否则，招标人有权予以拒绝。

2. 履约保函

履约保函（performance guarantee）是担保人应申请人的请求，向受益人开立的保证申请人履行某项合同项下义务的书面保证文件。在保函的有效期内，如发生申请人违约的情况，担保人将根据受益人的要求向其赔偿保函规定的金额。

履约保函的应用范围非常广，既可用于进出口货物买卖合同，也可用于工程承包等合同。保函的生效日期一般规定为合同生效日，或规定出口商在规定时间内收到进口商开来信用证后保函生效。因为，有时在合同生效前便需要开出履约保函，如果保函的生效日为开出之日，就有可能出现合同还没有生效，而受益人就已经根据保函条款提出索赔的情况。

在进出口贸易项下，履约保函主要是保证出口方（保函的申请人）按时、按质、按量地履行贸易合同项下的交货义务。一般情况下，履约保函的担保金额为合同总价的10%左右。失效日期一般为出口商交货之日或规定以提单日期为保函失效日。如履约保函包括质量保证，则一般为货到目的港12个月左右保函失效。

在承包工程项下，担保人的主要责任是保证承包人按期、按质、按量地完成所承包的工程。一旦承包人违约或无力履行合同，担保人就得根据保函条款向业主赔偿一定的经济损失。此类履约保函的担保金额一般为承包工程的10%~25%。承包工程项下的履约保函失效期有两种情况：一种是工程完工，保函也随之失效，在这种情况下，业主一般都要求承包人另外提供一份由银行开立的工程质量维修保函，保证承包人完成的工程在规定期限内不会出现质量问题；另一种情况是，保函的失效期为工程完工后再加一年左右的时间（具体时间视合同规定而定）。

通常在保函中可以规定如下：This guarantee shall become automatically null and void, if the guarantor receive no claim from the Employer on or before XXXX（保函的失效日期）。

这样做对申请人和担保人都比较有利，同时也不损害受益人的合法权益，也便于担保人在保函到期后及时核销。

3. 预付款保函

预付款保函（advance payment guarantee）也称定金保函（down payment guarantee）或还款保函（repayment guarantee）。

这种保函的开立一般有两种情况：一种是进出口贸易中，买卖双方签订了买卖合同之后，出口商为了确保进口商在其备好货后却不要货物而使其遭受损失，在交货前要求进口商支付一定比例的货款作为定金。而进口商为了确保在支付了定金后一定能收到符合合同规定的货物，在支付该笔定金时要求出口商提供一份由银行出具的保函，保证一旦出口商不履行合同或未能按合同规定发货，担保人将这部分定金及相应利息退还给进口商。

另一种情况是在国际承包工程项目中，一般在签订项目承包合同后，按约定，工程业主要向承包人支付一笔工程预付款，用于购买有关物资。但承包商必须向业主提供一份预付款保函，保证如果承包人不履约或未能按合同规定使用预付款时，工程业主便可凭此预付款保函向担保人提出索赔。

预付款保函的金额一般为合同总价的10%~30%。此类保函还经常含有金额递减条款，担保金额起初是预付款金额，随着工程进展或货物交付而金额递减。在分批交付货物下，当预付款保函适用于整个合同金额下的某一部分时，尤其如此。金额减少的比率根据合同履行的进度而定。例如，可以规定为：The amount guaranteed shall be reduced at 6, 12, 18 and 24 months after the entry into force of the guarantee, each time by 25% of the initial amount.

此外，为防止不当求偿，保函生效期限的规定需非常谨慎，以便银行能准确确定其保函下的义务是否有效。例如，可以规定为：This guarantee does not enter into force until we have received the advance payment amount of XXX in favor of XXX。

承包工程类的预付款保函的有效期一般为业主从支付给承包人的工程款中扣完该笔预付款为止。而进出口货物买卖中的预付款保函一般应注明，在出口方履行了合同规定的义务后失效。但上述保函最好都列明具体的失效日期，以便担保人到期注销保函。

以上介绍的投标保函、履约保函、预付款保函是保函中最常见的保函种类，此外，还有其他类型的保函。

4. 借款保函

目前，国际资金借贷业务发展很快，融资金额也逐渐增大。但贷款人在放款之前，从未放松过对借款人资信情况以及偿还能力等方面的调查了解。为了确保贷款能够按期归还，贷款人往往要求借款人提供一份银行保函作为还款的保证，这种保函就是借款保函（loan guarantee）。

借款保函是担保银行应借款人的要求，向贷款人出具的一份保证借款人一定按照借款协议的规定偿还贷款本金及利息的书面保证文件。如果借款人违约，担保银行必须向贷款人偿还借款人应该归还而没有归还的全部款项。

借款保函的金额一般为借款总额加上贷款期间所产生的相应利息。保函自开立之日起生效，在借款人还清最后一笔贷款本息之日失效。担保银行在保函项下的付款责任随贷款的部分偿还而相应递减。

5. 付款保函

付款保函（payment guarantee）是担保人应申请人的要求向受益人出具的一份书面保证文件，保证受益人在履行了基础合同项下规定的义务后得到合同价款的支付。一旦申请人不付款，就由担保人在收到受益人的索偿书后进行赔付。此类保函常用于赊销项下的进出口货物买卖或技术交易中。

付款保函的金额即为合同金额，有效期一般为合同规定付清款项的日期另加半个月。保函中还应规定受益人在索赔时需提交的有关资料和单据复印件。这在技术引进合同项下尤为重要。

6. 租赁保函

租赁业务项下的担保主要是偿还租赁费的担保，是担保人出具的书面保证函即租赁保函（leasing guarantee）。当承租人到期未履行或没有完全履行其应承担的支付租赁费的责任时，担保人保证履行此项支付租赁费的责任。

租赁业务项下的保函，是担保人根据出租人与承租人双方签订的租赁合同而开立的，但保函一经开出，便是一种独立的信用保证文件。一般来说，担保人并不介入出租人与承租人之间的商业性或技术性的纠纷。为此，担保人在出具保函之前，应要求租赁合同中双方的权利和义务，特别是有关租赁费的支付条款要明确、合理。在租赁合同中订立有关担保条款之前，承租人应取得担保人的同意，有关担保函的具体条款，最好由担保人一起参与协商，以免造成被动。

租赁保函的金额即为租金总额，有效期一般为按租赁合同规定的全部租金付清日期另加半个月。

7. 质量保函/维修保函

质量保函（quality guarantee）用于货物买卖中。买方为了确保收到质量完好的货物，常常要求卖方提供银行的质量保函，保证若卖方提交的货物质量达不到合同规定的标准，卖方应及时退换或补偿损失，否则，担保银行负责赔偿。

维修保函（maintenance guarantee）则用于劳务承包工程中。工程业主为了保证工程的质量，常常要求承包方提供银行保函，保证在工程质量不符合合同规定时，承包方负责维修，否则，承包方或担保银行负责向业主赔偿损失。

有时，在成套项目的出口或飞机、船舶等大型项目的出口上也使用维修保函。

上述两种保函的金额一般为合同金额的 5%～10%，有效期通常至合同规定的质量保证期满或工程维修期满另加 3～15 天索偿期。

8. 留置金保函

在国际贸易的大型机械设备进出口业务以及国际承包工程中，进口方或工程业主在支付货款或工程款时，总要留置一定比例的款项，待进口设备安装调试、验收合格并投入正常生产或等工程完工一定时期后，再视具体情况将这部分款项支付给出口方或工程承包方。但由于项目都比较大，占压的资金也比较多，从而给出口方或工程承包方带来许多不便。为了能提前收回这部分留置款项，出口方或承包商通常向本国银行申请开出以进口方或工程业主为受益人的留置金保函（retention money guarantee），保证如果卖方提供的货物或承包工程达不到合同规定的质量标准，出口商或承包商将把这部分提前收回的留置款项退回给进口方或工程业主，否则，担保银行负责赔偿。

此类保函的金额一般为合同总价的 5%左右，有效期通常为合同规定的索赔期满另加 3～15 天索偿期。

9. 关税保函

此类保函适用于国际承包工程或国际展览、展销等活动，比如，在国际承包工程中，一个国家的施工部门在另一个国家施工，将施工机械运往工程所在国时，该国的海关要对施工机械征收一笔关税，作为押金，待工程完工、机械设备运回本国时，海关再将这笔押金退还给承包商。若这些机械设备不运回本国，这笔押金就作为进口货物的关税被征收。

这种情况下，承包商为了加速资金周转，不垫付这笔押金，常要求其本国银行向工程所在国的海关出具关税保函（guarantee for the customs duties），保证承包商在工程完工之后，一定将施工机械设备运回本国，否则，担保银行将支付这笔税金。

同样的，在国际展览或展销活动中，一国将展品运往他国，也会遇到类似的情况。展销方为了避免占压资金，也会提供同样的银行担保。

此类保函的金额通常为各国海关规定的关税金额，有效期为合同规定施工机械或展品等撤离该国的日期另加半个月。

10. 海事保函

海事保函（guarantee for maritime accident）是一国银行为了保释因海上事故（撞损海港码头设施/其他船只、船舶合同纠纷、海滩事故、海洋污染或涉嫌走私等触犯他国法律）而被扣留的本国船只向当地法院或港务当局出具的保函。

由于海上事故发生后，有关部门都要先扣留船只。然后，经过一段时间的调查、取证，及至最后的法院判决，有时会拖延很久。船公司为了避免长久被扣留船只，影响自己的经济效益，常常向本国银行申请开立以扣船国法院或港务当局为受益人的保函，保证船方或运输公司将按照法庭的判决赔偿损失，否则，担保银行将支付这笔赔偿金。当地法院或港务当局接到这样的海事保函后，即可以此作为保释金，将被扣的船只放行。

海事保函的金额由当地法院或港务当局确定。

11. 透支保函

透支保函（overdrawn guarantee）是借款保函的外延。虽然它在形式上与借款保函不同，但实质上是以账户透支形式来达到融资目的的资金借贷方式。

一般来说，当一国公司派驻另一国的分支机构开展业务，或一国的承包工程公司在另一国家施工时，为了得到当地银行的资金融通，派出单位常申请在当地银行开立透支账户，由当地银行提供一定的透支限度。但是，在开立透支账户时，当地银行通常要求申请单位提供其本国银行开立的一份透支保函，保证申请人按透支契约的规定及时向透支账户补足所欠金额。否则，担保银行将代为补足。

开立透支保函可为申请人提供融资便利。对申请人来说，尤其在外汇紧缺或非自由兑换货币国家，由于当地严格的外汇管制，有可能出现调入流动资金而调不出来的现象。因此，开立透支保函可避免调汇风险，还可减轻本国的资金压力。

透支保函的金额为透支契约规定的限额。

9.5 银行开立保函实务

在具体办理银行保函业务时，各银行的工作程序都有所不同，但其主要的内容还是基本相似的。

9.5.1 银行保函的申请

申请人要求银行出具保函时，必须向银行提交书面申请。该申请书是担保银行与申请人之间的一种契约，也是银行对外开立保函的法律依据。

保函的申请书一般应包括以下几项内容：

① 申请人和受益人的名称、地址；
② 保函的类别；
③ 保函的金额、币别；
④ 与保函有关的协议，如投标文件或合同等的名称、日期及号码等；
⑤ 有关商品或工程的名称、数量等；
⑥ 保函的开立方式，即是以 SWIFT 开立还是以信函开立、是由担保银行直接开给受益人还是经由另一家银行进行通知或转开给受益人；
⑦ 保函的有效期，包括保函的生效日期和失效日期；
⑧ 申请人的责任保证，即当保函的受益人按保函规定的条件向担保人提出索赔时，申请人保证偿付担保人因履行担保责任而做出的任何支付，并注明偿付的具体办法；
⑨ 申请人必须声明担保人的免责事项，即担保人只处理保函所规定的单据和证明，而对

其所涉及的合同标的不负责任，并且对保函所涉及单据、文件或证明的真伪及其在邮递过程中可能出现的遗失和延误等不负责任，担保人对发出的要求通知/转开的指示未被执行而造成的损失，亦不负责任；

⑩ 申请书必须经申请人的法定代表人签字并加盖公章。

9.5.2 银行保函的审查

由于保函业务涉及面广，风险较大，因此，银行在对外出具保函时，首先要对申请人的资信情况及项目的可行性等进行审查；然后，再决定是否接受申请人的申请。银行保函的审查工作主要有以下几个方面。

1. 对申请人资格的审查

申请出具保函的企业，应是按国家批准程序、准许经营的企业，有履行合约的条件，有偿还借款的能力。

2. 对申请手续的审查

凡申请人向银行申请开立保函时，均应填写书面申请，并加盖公章，作为银行开立保函的法律依据。申请书的内容除表示请求银行按合同规定出具保函外，还应明确申请人的责任义务，即一旦担保银行按保函规定对受益人付款后，申请人须立即偿付担保银行。

此外，申请人还应提交有关部门的正式批件、合同副本等。

3. 审查项目的可行性

主要侧重两个方面：一是项目是否符合国家的有关规定和批准程序；二是担保项目的有关配套资金、原材料等是否已全部落实，市场情况如何。

4. 审查反担保函及抵押

反担保函或抵押是银行对外出具保函所必不可少的前提条件，也是维护银行利益不受损失的基本保证。因此，银行须对反担保函及抵押品进行严格的审查，要求落到实处。在审查时应注意以下几点：

① 反担保函应由银行、非银行金融机构或其他有经济偿还能力的经济实体出具，受益人必须是对外出具保函的银行；

② 反担保函中的金额、币别应与银行对外出具的保函金额、币别一致，以防可能出现的汇价风险；

③ 反担保函必须是不可撤销的，其责任条款也应与银行对外出具保函的责任条款一致；

④ 反担保函中应明确规定反担保人在收到银行书面索偿通知后若干天内应立即无条件支付所有的款项，否则，银行有权凭反担保函从反担保人在任何银行开立的账户中主动扣款；

⑤ 反担保函的有效期应略长于银行对外出具保函的有效期，以免银行在保函效期末对外赔付时来不及向反担保人索赔的情况发生；

⑥ 如果申请人以财产抵押给担保银行，担保人应审查所拟抵押财产的合法性。

5. 审查保函条款

银行保函开出后，可能存在因政治、汇率、违约或保函文本导致的各种风险。在审查保函条款时应注意以下几点：

① 保函条款是否符合我国的政策，有无歧视我国的条款或有不能接受的条款；
② 保函内容是否与合同有关条款一致，如支付条款、责任条款是否明确等；
③ 保函金额是否明确；
④ 有无金额递减条款，有些保函，如借款保函、预付款保函、租赁保函等，申请人的责任随合同的执行而逐渐减少，在这类保函中，应列明担保人的担保责任随申请人对外付款的增加而减少的金额递减条款；
⑤ 有无必要的约束性条款，如预付款保函须注明：当收到对方汇付的预付款后，该保函才正式生效等；
⑥ 保函有无明确的实效日。从属性保函的实效日一般随主合同的到期日而定，如保函未规定明确的到期日，则应注明在规定的某种事项完成以后若干时间内失效。

9.5.3 银行保函的开立

银行对申请人提供的有关资料审查无误后，开始编号、登记、缮制，正式对外出具保函。一般国内保函以信开方式开立，涉外保函多以 SWIFT 方式开立，SWIFT 开立保函的格式有 MT 760 或 MT 799。

9.6 银行保函案例

9.6.1 见索即付保函客户纠纷案

1. 案情介绍

2008 年 12 月 14 日，E 公司与约旦 I 公司签订了一份出口燃气蒸汽锅联合机组设备的合同。12 月 19 日，G 行根据 E 公司的申请，开立了以 I 公司为受益人的一笔 500 万美元的预付款保函。

保函开出后，I 公司迟迟未按合同要求将 500 万美元的预付款汇入指定账户，致使保函无法生效。G 行查询后得知，I 公司通过其主办银行曾以 MT 103 报文发出付款指令，但随后又发出了撤销付款的报文。G 行立即通知 E 公司，并向其提示可能存在 I 公司违约的风险。

经 E 公司多次催收，1 月 6 日，I 公司将 500 万美元预付款汇入 G 行，G 行及时通知 E 公司入账并结汇。

几天后，E 公司向 G 行咨询：I 公司以找到报价更便宜的交易对手为由，要求退回预付款，否则将向 G 行索偿。如果 I 公司索偿，G 行能否拒绝偿付。G 行分析认为，I 公司的目的可能有两种：一是受金融危机影响，资金缺乏，项目暂缓；二是以索偿保函、追偿预付款为由，让 E 公司降价。同时，G 行明确告知 E 公司，根据保函所适用的 URDG 458 规定

(URDG 758 当时未修订完毕），一旦 I 公司向 G 行出具符合保函文本的相关索偿文件，不论 E 公司是否实际违约，作为担保银行的 G 行必须向 I 公司付款，除非 E 公司在法院申请到欺诈止付令。之后，G 行积极协助 E 公司咨询办理止付令的有关事宜。

2009 年 1 月 22 日，受益人 I 公司代表来 G 行提交索赔申请。G 行慎重采取以下措施：① 通知 E 公司前来与 I 公司代表洽谈并了解对方的真实意图；② 告知 I 公司代表，其身份和索偿函的真实性有待进一步确认；③ 建议 E 公司与 I 公司通过协商解决问题，尽可能保证合同正常履行。双方沟通后，E 公司指出：自身没有违约，且其先期投入已远超过 500 万美元的预付款，如果对方恶意索偿，将立即向法院申请止付令，并将发起诉讼要求赔偿其先期准备中的损失及对方违约责任。I 公司自知理亏，称放弃索偿。

之后的一个多月，E 公司向 G 行多次咨询，做好两手准备：一方面做最坏打算，联系当地法院做好申请止付令的前期准备工作；另一方面多次与 I 公司高层协商沟通，以求协商解决。最后，E 公司做出适当降价的让步后，I 公司于 2009 年 3 月按照合同约定，开出 700 万美元的信用证，该笔合同得以顺利履行。

2. 分析

国际商会 URDG 458 规定，当提交书面的付款要求及保函所规定的其他单据后，担保人即有义务进行付款，而不以基础交易中被担保人是否实际违约为转移。此案中，I 公司就是想滥用这一规则，以达到终止合同、取回预付款的目的。而担保行一方面坚持保函的独立性原则，反复告诫申请人，本行必须维护自己在国际金融市场上的形象与声誉，如果索赔函符合保函要求，银行必须按照国际惯例对外付款；另一方面，在与保函受益人的交涉中，有理有节，坚决维护自己客户的利益，并根据欺诈例外原则，积极协助客户申请法院止付令，对抗恶意索赔。

3. 结论和启示

第一，对外开立保函应尽量使用中国法律并由中国法院管辖。尽管该保函条款并未明确适用法律和管辖法院，但 URDG 458 第 27 条规定，除非担保函或者反担保函另有规定，否则其适用的法律应当是担保人或者指示方（视情形而定）营业地的法律，如果担保人或者指示方有一个以上的营业地，则为出具担保函或者反担保函的分支机构营业地的法律。因此，此案应适用担保人所在地法律，由担保人所在地法院管辖，从而担保行和申请人在与国外受益人的交涉中处于较为有利、主动的地位。

第二，银企之间保持密切的沟通和联系非常重要。此案中，不论保函开立前还是开立后，E 公司与 G 行都保持了频繁联络，通报情况，协调行动，为双方采取及时有效的应对措施打下了基础。

第三，银行内部上下联动，部门协作也非常重要。此案中，G 行的下级行及时将情况报告总行，经过总行指导，在保函可能遭索赔的情况下，经办行将该业务所涉及的保函申请、开立保函协议书等文件和抵押担保状况进行了缜密梳理和审核，避免了工作中的纰漏；同时经总行推荐，帮助企业找到全国知名的通晓保函业务的律师进行咨询，有助于纠纷的顺利解决。

第四，经资信调查，I 公司是中东地区信用良好的大企业，但也出现了毁约的倾向和举动，说明在金融危机下，市场风险、信用风险急剧上升，毁约、违约事件频发，银行必须进一步强化风险防范意识和提高风险管理水平。

9.6.2 转开保函案

1. 案情介绍

中国甲公司与 A 国的进口商签订了出口电视机合同。按照合同约定，A 国进口商开立了以甲公司为受益人的不可撤销信用证，但该信用证的生效条件是 A 国进口商收到 A 国乙银行开立的以其为受益人的不可撤销履约保函，金额为合同总价的 10%。

为此，甲公司向丙银行申请开立此项履约保函。丙银行经过审查甲公司的经营状况、生产能力和产品质量等相关情况后，向 A 国乙银行开出了反担保函，保函到期日为某年 5 月 10 日，委托乙银行以丙银行的反担保函为依据，向 A 国进口商开立履约保函，并规定了索赔条件是收到受益人出具的证明申请人未能履约的书面文件后付款。

4 月 30 日，甲公司按照合约规定装运货物并议付单据。5 月 2 日，丙银行收到乙银行的来电要求将保函展期 3 个月，否则要求赔付。丙银行征求申请人意见，申请人对此不予接受。理由是申请人已经履行了合约，因而其合约责任已经解除，保函没有必要展期。丙银行根据申请人的要求，对乙银行的展期要求予以拒绝，并向乙银行提供了证实甲公司履约的提单等影印件，同时提醒乙银行注销保函，乙银行对丙银行的拒绝电没有答复。

5 月 15 日，乙银行又向丙银行提出索赔，理由是受益人已经提交了一系列证明，并且申请人没有在原有效期内提交履约证明，所以乙银行认为履约保函仍然有效，而且乙银行已经赔付受益人，故丙银行必须赔付乙银行。

丙银行立即去电拒付索赔款，并驳斥了乙银行的索赔理由：保函已于 5 月 10 日到期，申请人已经履行了合约义务，并且在保函有效期内，受益人未能提交符合要求的索赔单据。因此，受益人无权得到赔付。

此后，乙银行未再索赔，该保函业务顺利结束。

2. 转开保函业务中如何防止无理索赔

本案例涉及的是转开保函的问题。国际贸易中的合同双方当事人往往处于不同的国家和地区，由于不同国家的法律规定不同或出于对他国银行的不了解和不信任，一些受益人往往只接受本地银行开立的保函。然而，申请人直接去受益人所在地银行申请开立保函往往是不现实或不可能的，于是，只有要求本国银行委托其在受益人所在地的往来银行向受益人出具保函，并同时做出在受托行遭到索赔时立即予以偿付的承诺。转开保函使受益人的境外担保变为国内担保，产生争议和纠纷时受益人可在国内要求索赔。这样不仅可以使索赔迅速，而且还可利用本国法律来进行仲裁。在转开保函发生赔付时，受益人可以凭转开行开立的保函向其索偿；转开行赔付受益人之后，凭借反担保向反担保行索偿。

因此，转开保函可以有效保障受益人的利益。但是在本案例中，转开保函的担保行乙银行为了满足其客户 A 国进口商的要求，向反担保行丙银行提出了无理的索赔要求，这是违反国际惯例和银行操作规范的。

转开保函涉及的当事人比较复杂，包括申请人、受益人、反担保行和担保行（转开行），受益人和担保行往往关系比较密切。因此，当受益人提出开立转开保函时，申请人和反担保行必须仔细调查了解受益人和转开行的资信状况，以免其相互包庇提出无理索赔。在委托转开行开立保函时，必须小心谨慎，特别是对保函的有效期和索赔条件做出明确指示。在发生无理索赔时，应该据理力争，争取自己的合法权益。

9.7 备用信用证

9.7.1 备用信用证的起源

作为商业信用证的一个分支，备用信用证最早产生于 19 世纪中叶的美国。当时，美国的联邦法律禁止美国银行为其客户提供担保或保证书（surety bonds）。但银行为了满足客户的要求，变相做担保业务，于是创立了这种实际上属于保函性质的支付承诺——备用信用证。

现在，美国法律相关的限制已被取消。在实际业务中，美国银行只给信誉良好的客户开具备用信用证，因为开具备用信用证可视为对客户发放中、短期贷款。如果客户到期未能履行付款责任，银行则或者贷款给客户用于偿还债务，或者根据受益人的索偿，在备用信用证项下代客户履行付款责任。

第二次世界大战后，随着国际贸易规模的不断扩大，交易的方式也越来越多样化。今天，备用信用证已发展成为一种全面的金融工具，其应用范围比一般的银行保函更为广泛，可用于支持委托人的融资和非融资性契约责任，并提高这种资金保证的信用等级。

9.7.2 备用信用证的定义

备用信用证（standby letter of credit，SLC），又称担保信用证，是指银行根据申请人的请求，向受益人所出具的，目的在于保证申请人履行某种义务并在该方未履约时，凭受益人所提交的表面上单单一致、单证一致的单据或文件代其向受益人做出支付一定金额的书面付款保证。

备用信用证无论其如何命名或描述，都是一种信用证或类似安排，代表了开证人对受益人承担以下责任：① 偿还申请人的借款或预支给申请人的款项，或将款项记在申请人的账户上；② 支付由申请人所承担的任何负债；③ 由于申请人未履行契约而付款。

备用信用证属于银行信用，开证人保证在申请人未履行其义务时，由开证人付款。因此，此证对受益人来说就是备用于申请人发生毁约时，取得补偿的一种方式。

备用信用证的重要特点在于其本质上独立于销售合同或其他基础合同之外，即使备用信用证中含有关于该合同的任何援引，银行也与该合同完全无关，并不受其约束。

SWIFT 没有单独为备用信用证设立报文格式，因其和保函一样属于担保类产品，因而常以 MT 760 开立，有时也以 MT 700 或 MT 799 开立。

9.7.3 备用信用证的国际规则

1. 联合国独立保证与备用信用证公约

参见 9.2.4 节的相关内容。该公约一经认可即成为国家法律的组成部分，其效力高于商业法或民法中普遍适用于合同或商业交易的规定，也高于现行国家法律或其他法律中专门关于担保的规定。

2. 国际备用证惯例

为了配合备用证在国际贸易中的使用，ICC 于 1998 年出版了《国际备用证惯例》（International Standby Practices，ISP 98）。这是目前使用最多、最重要的有关备用证的国际惯例，但该惯例最初是由美国的国际银行法律与惯例学会起草的。

ISP 98 结合了备用信用证业务的特点，参照了《跟单信用证统一惯例》和《见索即付保函统一规则》对信用证和银行保函的有关规定，在此基础上制定出来的，ISP 98 既可适用于国际备用信用证业务，也适用于国内备用信用证业务，体现了国际经济界普遍接受的实务和惯例，它的出版标志着国际信用证领域又出现了一个"世界共同语言"。

作为第一个备用信用证国际统一惯例，ISP 98 比以往的有关规则更全面、更超前、更明确，因此，尽管有的备用信用证格式上已印就适用于 UCP 600，但只要备用信用证同时加注适用于 ISP 98，则 ISP 98 优先于 UCP 600。只有在 ISP 98 条款未涉及或另有明确规定的情况下，才可依据 UCP 600 原则解释、处理有关条款。

9.7.4 备用信用证的主要当事人

① 申请人（applicant）：指申请开立备用信用证的人或由他人代为申请开立备用信用证的人，包括：以自己名义但是为他人申请的人；为自己办理申请开证的人。

② 开证人（issuer）：应申请人申请开立备用信用证的人，承担对受益人提交的相符单据予以承付的责任。

③ 受益人（beneficiary）：根据备用信用证有提款权利的具名的人。

④ 通知人（advisor）：通知备用信用证的人。

⑤ 保兑人（confirmer）：指经开证人指定，在开证人的承诺上加上其自身保证承付该备用信用证的承诺的人。

⑥ 被指定人（nominated person）：备用信用证指定的通知、接受提示、执行转让、保兑、付款、议付、承担延期付款义务或承兑汇票的人。

9.7.5 备用信用证的种类

1. 履约备用信用证

履约备用信用证（performance standby）用于担保履约责任而并非担保付款，包括对申请人在基础交易中违约所造成的损失进行赔偿的担保。

2. 预付款备用信用证

预付款备用信用证（advance payment standby）用于担保申请人对受益人预付款所应承担的责任和义务。

3. 投标备用信用证

投标备用信用证（bid bond/tender bond standby）用于担保申请人中标后执行合同的责任和义务。

4. 反担保备用信用证

反担保备用信用证（counter standby）用于对受益人开出的另一单独备用证或担保函提供担保。

5. 融资备用信用证

融资备用信用证（financial standby）用于担保付款，包括任何偿还已借款项义务的文件。

6. 直接付款备用信用证

直接付款备用信用证（direct payment standby）用于担保到期付款义务，尤其是与融资备用信用证有关而与违约无关。

7. 保险备用信用证

保险备用信用证（insurance standby）用于担保申请人的保险或再保险的义务。

8. 商业备用信用证

商业备用信用证（commercial standby）用于担保不以其他方式支付时，申请人对货物或服务支付的义务。

9.7.6 备用信用证的特点

1. 不可撤销性

除非备用证另有规定（如备用证明确表明该证可因使用金额的增减、到期日的展延等而"自动修改"，则该修改自动生效，无须任何进一步的通知或备用证明确规定以外的同意），或经受益人、保兑人（如有）和开证人的同意，开证人不得修改或撤销其在该备用证项下的义务。

2. 独立性

备用信用证传承了信用证"独立抽象性"的原则。尽管备用信用证是为担保申请人和受益人之间的基础合同而开立，且备用信用证条款中常引述基础合同，但备用信用证一经开立，即独立于基础合同。也就是说，开证人对受益人的付款责任是以受益人提交的与备用信用证条款表面相符的单据为依据，而不介入确定申请人是否违约的事实。可见，凭单付款这一单据化特征，是包括备用信用证在内的所有跟单信用证的共同本质。

3. 跟单性

开证人的义务取决于单据的提示，以及对所要求单据的表面审查，使得银行无须介入进出口商之间的基础合同关系中。ISP 98 中所定义的单据是指提示（书面形式或是电子媒介形式）的汇票、索款要求、所有权凭证、投资担保、发票、违约证明，或其他事实、法律、权利或意见的陈述，凭以审核是否与备用证的条款一致。

4. 具有约束力

备用证和修改在开立后即对开证人产生约束力，无论申请人是否授权开立、开证人是否收取了费用，或受益人是否收到或因信赖备用证或修改而采取了行动，它对开证人都是有强制性的。与 UCP 不同的是，ISP 98 规定，备用证或原证无自动修改条款时的修改在其脱离开证人控制时起开立并对开证人产生约束力。

以下案例充分说明了备用证的独立性和跟单性。

案例分析

案情：应 B 公司之邀，P 公司递交了一份标价为 1 000 万欧元的建筑工程投标书，随附一份 G 银行开立的金额为 50 万欧元的备用信用证。最后，B 公司在证下提出索款要求，P 公司抗辩道：B 公司已与 T 公司签约，所以备用信用证已经失效。请依据 ISP 98 分析 G 银行可否拒付？

分析：按照 ISP 98 的规定，备用信用证具有独立性和单据化的特点，开证人对受益人的付款责任是以受益人提交的与备用信用证条款表面相符的单据为依据，而不介入确定申请人是否违约的事实。因此，除非 P 公司能证明 B 公司的欺诈或其他权利滥用行为，并以此凭有关适用法律构成对 B 公司索款要求的有效抗辩，否则 G 银行必须付款。

9.7.7 备用信用证与跟单信用证的比较

备用证与跟单信用证相比都具有不可撤销、独立和跟单性等特点，但又有所不同。

1. 付款的条件不同

在跟单信用证条件下，受益人只要履行信用证所规定的条件，即可向开证行要求付款；备用信用证下，受益人只有在申请人未履行义务时，才能行使信用证规定的权利。尽管备用信用证的开证人形式上承担着见索即付的第一性付款责任，但其开立意图实质上是第二性的，具有保函的性质。

2. 用途不同

跟单信用证一般只适用于货物的买卖；而备用信用证既可用于货物买卖，还可用于其他交易，如用作投标、履约及还款等担保业务，或用于赔偿金的支付，备用证用得最多的交易之一是建筑工程承包。

3. 付款的依据不同

跟单信用证一般以符合信用证规定的代表货物的一整套商业单据为付款依据；而备用信用证一般凭受益人出具的说明申请人未能履约的证明文件和其他少量备用证所需单据为付款依据。

4. 有效期限不同

跟单信用证的有效期限一般较短,通常为几个月,很少有超过一年的;备用信用证常用于担保工程的实施或贷款的偿还,项目周期较长,因而备用信用证的有效期限也较长。

5. 对风险的承担不同

跟单信用证开证行因为有物权单据作保障,可减少风险;而备用信用证中申请人一旦破产,开证行无法利用单据降低其支付款项的风险。

6. 开立的行为主体不同

备用信用证的开立者并不限于银行,也可以是保险公司等非银行机构;UCP 600 虽未明确规定信用证只能由银行开立,但从其条款的措辞中仍可判断 ICC 鼓励由银行开立跟单信用证。

7. 适用的国际惯例不同

跟单信用证适用于《跟单信用证统一惯例》的约束,而备用信用证既可受《跟单信用证统一惯例》的约束,也可受《国际备用证惯例》的约束。

除了以上主要差异外,ISP 98 对备用证项下受益人交单的一些具体规定也有别于 UCP 600,鉴于篇幅所限,不再对其作进一步介绍。

9.7.8 备用信用证与银行保函的比较

银行保函和备用信用证作为国际结算和担保的重要形式,在国际金融、国际租赁和国际贸易及经济合作中应用十分广泛。由于两者之间日趋接近,以至于时有被混同。事实上,两者之间既有相同之处,又有许多不同之处。

1. 相同之处

1) 定义和法律当事人

保函和备用信用证虽然在定义的具体表述上有所不同,但总的来说,它们都是由银行或其他实力雄厚的非银行金融机构应某项交易合同项下的当事人(申请人)的请求或指示,向交易的另一方(受益人)出立的书面文件,承诺对提交的在表面上符合其条款规定的书面索赔声明或其他单据予以付款。银行保函与备用信用证的法律当事人基本相同,一般包括申请人、担保人或开证行(两者处于相同地位)、受益人。申请人与担保人或开证行之间是契约关系,他们之间的权利义务关系是通过开立保函申请书或开立备用信用证申请书确立的。担保人或开证行与受益人之间的法律关系则是通过银行保函或者备用信用证的条款确立的。

2) 应用

银行保函和备用信用证都是国际结算和担保的重要形式,在国际经贸往来中可发挥相同的作用,达到相同的目的。

在国际经贸交往中,交易当事人往往要求提供各种担保,以确保债项的履行,如招标交易中的投标担保、履约担保,设备贸易的预付款还款担保、质量或维修担保,国际技术贸易中的付款担保等。这些担保都可通过银行保函或备用信用证的形式实现。从备用信用证的产生看，它正是作为银行保函的替代方式而产生的，因此，它所达到的目的自然与银行保函有一致之处。实践的发展也正是如此。

3) 性质

国际贸易中的银行保函大多是见索即付的，和备用信用证一样，它们虽然是依据申请人与受益人订立的基础合同开立的，但一旦开立，则独立于基础合同；再者，它们是纯粹的单据交易，担保人或开证行对受益人的索赔要求是基于银行保函或备用信用证中的条款和规定的单据，即只凭单付款。因此，有人将银行保函称为"担保信用证"。

2. 不同之处

1) 担保责任强度

银行保函在性质上有从属性保函和独立性保函之分。

备用信用证作为信用证的一种形式，并无从属性与独立性之分，它具有信用证的"独立性、自足性、纯粹单据交易"的特点。当申请人不履行义务时，受益人可凭备用信用证取得补偿，当申请人履行了其义务，受益人就不必要使用，备用信用证也正是因此得名的。从担保的法律角度而言，备用信用证具有明显第一性付款责任的性质。

2) 对单据的要求

备用信用证一般要求受益人在索赔时提交汇票和证明申请人违约的书面文件；银行保函则不要求受益人提交汇票，有时可依据合同执行的证明文件进行抗辩，如完工证明、交接证书、提单副本等，但对于表明申请人违约的证明单据的要求比备用信用证下提交的单据要严格一些。

3) 适用的国际惯例

银行保函适用各国关于担保的法律规范。由于各国关于保函的法律规范各不相同，到目前为止，尚缺乏一个可为各国银行界和贸易界广泛认可的保函国际惯例。独立性保函虽然在国际经贸实践中有广泛的应用，但大多数国家对其性质在法律上并未有明确规定，此类银行保函目前多受《见索即付保函统一规则》（URDG）的约束；而备用信用证一般受《国际备用证惯例》（ISP）的约束，且 ISP 的规定比 URDG 更详细。而且，备用信用证也可表明同时受 UCP 的约束。

4) 生效条件

按照英美法的传统理论，合同要有对价的支持才能有效成立，银行提供独立保函必须要有对价才能生效。在英国，法律要求担保合同中要有对价条款，否则就不能生效。

但开立备用信用证则不需要有对价即可生效。如《美国统一商法典》规定，开立信用证，或增加或修改其条款，可以没有对价。

5) 兑用方式

备用信用证可以在即期付款、延期付款、承兑、议付 4 种方式中规定一种作为兑用方式，而银行独立保函的兑用方式只能是付款。相应地，备用信用证可指定议付行、付款行等，受益人可在当地交单议付或取得付款；银行独立保函中则只有担保行，受益人必须向担保行交单。

6) 融资作用

备用信用证适用于各种用途的融资：申请人以其为担保取得信贷；受益人在备用信用证名下的汇票可以议付；以备用信用证作为抵押取得打包贷款；另外，银行可以没有申请人而自行开立备用信用证，供受益人在需要时取得所需款项。而银行独立保函除了借款保函的目的是以银行信用帮助申请人取得借款外，不具有融资功能，而且不能在没有申请人（委托人或指示方）的情况下由银行自行开立。

7) 保兑的适用

URDG 项下的见索即付银行保函并无保兑的做法，但是 ISP 项下的备用证却有保兑行为。

9.7.9 备用信用证的相关案例

1. 止付令带来的风险案

1) 案情

国内一家国有银行（以下简称"A 行"）凭美国一家银行（以下简称"B 行"）开立的备用信用证向某船舶工程有限公司（以下简称"船厂"）发放贷款。因船厂无法归还贷款本金，A 行向 B 行进行索赔，索赔因法院止付令遭拒，后法院撤销止付令，B 行履行付款责任。

开证日期：2004 年 6 月 9 日

备用证金额：USD350 000.00

申请人：JAFFE

受益人：某船厂

备用证有效期及到期地点：2007 年 6 月 7 日，美国

信用证开立规则：遵循 UCP 500

索赔只能在备用证到期的前一个月内提出。

第一次修改日期：2004 年 6 月 16 日；内容：把原受益人改为"A 行"。

第二次修改日期：2004 年 8 月 27 日；内容：增额为 USD6 030 500.00；同时部分修改索赔证明的陈述内容。

第三次修改日期：2004 年 9 月 23 日；内容：增加"可以通过加押电传或加押 SWIFT 报文进行索赔；如果以加押电传或加押 SWIFT 报文方式进行索赔，无须提交正本单据"的条款。

A 行某支行凭该笔备用证向船厂发放了贷款人民币 4 550 万元和美元 31 万元，贷款用途为"船厂"与 Jaffe 签订的编号为 S125-1 合同项下船舶的建造。

鉴于贷款经办行已确定客户无法正常归还贷款本金，并提交了索偿申请书，A 行于 2007 年 5 月 10 日向开证人 B 行发出索赔函电。但 B 行于 5 月 12 日发来了拒付电文，拒付中提到了美国×××州区域法庭实施暂时禁止令的事宜。

2007 年 4 月 Jaffe 夫妇提出原始诉讼，起诉当时的唯一被告 B 行，以寻求法院止付令，制止 B 行向船厂或 A 行兑付金额为 USD6 030 500.00 的备用信用证。

原告声称其授权 B 行开立备用信用证以支付在中国购买豪华游艇的款项，并进一步指出：虽然合同约定游艇将于 2006 年竣工并交付至迈阿密，但是船厂根本没有开展游艇的建造工作。因此，备用证项下交单构成船厂的欺诈行为，而兑付该备用证的交单则构成船厂欺诈原告的物质基础。

原告及其律师称：船厂及 A 行申谋诈骗 Jaffe 夫妇，如果不采取发布止付令，Jaffe 将会损失 600 万美元款项。为支撑其对止付令的申请，原告向法院提出关于止付令及听证会的紧急动议。

2) 启示

① 变更受益人。受益人由船厂改为 A 行，备用信用证也从一般贸易项下履约担保转变为

融资性担保。担保性质转变,相应的担保责任也发生重大变化。对申请人来讲,应慎重思考评估信用证修改的后果,对担保银行来讲,应认真评估申请人的真实需求。

② 增加担保金额。在担保标的没有变化的情况下,备用信用证金额由 35 万美元陡增到 603 万美元,不论是保函申请人,还是担保人都应对贸易基础及担保责任增加的后果进行认真和审慎的评估。

③ 重新认识银行担保项下融资业务风险。

银行担保项下贷款一向被认为是低信用风险业务,但其隐含的风险不容忽视,如借款人存在诈骗、偷漏税款等违法行为,在第一还款来源缺失的同时,借款行将面对保证金、有价单证被执法机构冻结扣划、担保银行拒付款项等丧失第二还款来源的被动局面。一旦第二还款来源存在合法合规问题,难以保证其真实性和充足性,信贷资产面临极大的损失可能。

本案中,由于船厂未能履行合约,导致对方法院止付,尽管最终法院撤销了止付令,但 A 银行在保函到期 2 年多后才获得赔款,整个过程耗时耗力,不仅蒙受汇率上较大损失,同时还有较大的费用支出。

④ 发出风险提示,强化涉外担保项下贷款业务借款行对企业的贷后监管工作。涉外担保项下贷款业务绝不是零风险业务。KYC(know your customer)工作必须落实。严格落实第二还款来源的核查工作,认真做好贷款的尽职调查、审查工作。

⑤ 办理银行担保项下的融资业务。

在放款前要对借款人的基本情况和贷款用途进行深入细致的调查,关注信用申请是否符合法律法规、产业政策及其他内外部监管规定,借款申请用途是否反映了客户的真实信用需求,是否与客户的经营规模、经营特点、发展计划等因素相一致等;对借款人的还款来源进行调查分析,核实还款计划是否合理。

在放款后要加强对借款人资金账户的监管,关注信贷资金的流向和日常结算资金的往来及余额变化情况,对资金去向与用信申请不符的情况,及时采取相应措施化解风险。切实落实贷后定期检查工作,及时了解和分析企业经营及财务情况,按规定对质押权利凭证定期核保,发现风险信号必须及时预警,并采取必要的处理措施。

2. 国际商会未出版意见

1) 案情

某备用证由 A 行开立,即期付款方式于开证行柜台兑用,47A(附加条款)含有除其他条款以外的下列要求。

一旦单据显示货物经由船只运输,一份正本提单的副本必须连同其他单据一并提交。

该副本提单将以所交方式被我行接受,除非不符合接下来的两个条件:

① 如果经由海运,运输单据必须标明载货船只的 IMO(International Maritime Organization)的船舶编号;

② 禁止货物由美国/欧盟/联合国制裁的船公司或船舶运输。

受益人向通知行提交了连同其他所需单据在内的一份租船提单的副本。开证行拒绝承付,提出了不符点:"提交了租船合约下的提单,该提单并没有在备用证条款中出现。"

通知行向开证行发电:"兹提请注意你行备用证条款 47A 附加条款:该副本提单将以所交方式被我行接受,除非运输单据的副本并不是 UCP 600 第 19~25 条和第 14 条 c 款所指的运输单据。UCP 600 关于运输单据的条款仅适用于有正本运输单据提交时。如果信用证允许提交副本而不是正本单据,则信用证必须明确规定应当显示哪些细节。当提交副本(不可转让的)单据时,无须显示签字、日期等。因此,ISBP 681 第 115 段不适用,请你行重新审核此事并确认付款。"

开证行维持拒付,并未对单据付款。

2) 分析

根据该备证的附加条款,在运输方式为海运的情况下要求提交一份正本提单的副本。该备用证对副本有两项要求(是否满足不在此次争议中),但同时又表明副本提单将按所提交的方式接受。UCP 600 关于运输单据的条款仅适用于信用证要求提交至少一份正本运输单据的情形。要求提交一份运输单据的副本将适用于 UCP 600 第 14 条 f 款,即:"如果信用证要求提交运输单据、保险单据或者商业发票之外的单据,却未规定出单人或其数据内容,则只要提交的单据内容看似满足所要求单据的功能,且其他方面符合第 14 条 d 款,银行将接受该单据。"对于提交正本运输单据的副本的交单情形,UCP 600 第 14 条 f 款适用,该条表明了审核此类副本单据的标准。运输单据的副本在备用证项下除了显示运输已经发生之外,没有明显的功能。

术语"按所交方式被我行接受"在 UCP 600 项下本身没有确定含义。没有对该术语定义,开证行不应将其用于信用证中。ISBP 745 在缺少定义的情况下提供了澄清:交单可以包括一种或多种规定的单据,只要其在信用证的截止日之内且支款金额在信用证的可兑用范围之内。单据的其他方面,包括是否提交所要求的正副本份数,将不会根据信用证或 UCP 600 进行审核以确定其是否相符。

该备用证指出了正本提单的副本的两项确定要求,任何一项都不是依据 UCP 600 第 20 条审核副本单据的要求。加上这些特定要求,开证行已经阻止其自身依据所提及的这两项要求之外的其他不符点拒付单据。

3) 结论

开证行所提出的不符点根据本备用证的条款无效,开证行应对交单承付。

本章习题

1. 什么是银行保函?银行保函的实质是什么?
2. 银行保函有哪些属性?URDG 758 下的保函具有什么属性?
3. 银行保函常见的种类有哪些?
4. 银行保函的主要当事人有哪些?他们各自的权责是什么?
5. 银行保函的基本要素有哪些?受理银行保函业务申请,银行主要应审查哪些方面?
6. 银行保函可以用于哪些合同项下?与跟单信用证有哪些异同点?
7. 什么是备用信用证?备用信用证的特点是什么?
8. 备用信用证的种类有哪些?
9. 备用信用证可以用于哪些合同项下?它和跟单信用证有哪些异同点?
10. 请比较银行保函与备用信用证的异同。

第 10 章

国际贸易融资

本章要点
(1) 国际贸易融资的定义和特点;
(2) 国际贸易融资的一般流程;
(3) 传统国际贸易融资产品;
(4) 结构性国际贸易融资产品;
(5) 供应链国际贸易融资。

在国际贸易领域,一手交钱一手交货的场景除了在两国毗邻的边境地区或特定场合之外,是很少真正出现的。所以,从事国际贸易的出口商和进口商必然会面对多种多样的风险,其中由于交货和付款之间的时间差而引起的结算风险是各种风险中最突出的。对于出口商而言,在收到货款之前,任何出售的货物都是送出去的"礼物";而对于进口商而言,在收到货物之前,任何付款都是一种"捐献"。出口商希望能尽快收回货款,最好是在签署合同或订单时,或者最晚在货物送达进口商之前;而进口商希望尽快收到货物,尽可能晚付款,最好是把收到的货物转卖或处置之后再将货款支付给出口商。为了规避上述风险,进出口商可以选择使用银行或其他金融机构提供的各种国际贸易融资产品或服务。

10.1 国际贸易融资概述

10.1.1 国际贸易融资的定义

国际贸易融资是银行对进口商或出口商提供的与货物进出口相关的信用便利或资金融通。国内贸易融资和国际贸易融资仅仅是交易的背景和使用的货币不尽相同,产品和服务往往是类似的。本章专门介绍货物贸易项下的国际贸易融资,为了简便,也会用实务中常用来代替国际贸易融资的"贸易融资"(trade finance)一词。

信用便利主要是指银行将自己的信用提供给进出口商使用,如信用证、保函、备用信用证,以及银行付款责任(BPO)等。资金融通则是银行把自己的资金先借给进出口商使用,在规定的到期日由进出口商再归还资金给银行,或者是银行买断进出口商的债权债务。在西方,提到"trade finance"时,往往是包括信用便利和资金融通两个方面的。在我国,如果没有特别的说明,"trade finance"一般是指资金融通方面。本书仍然以我国的习惯分类,主要围绕资金融通这个方面来介绍贸易融资。关于信用便利方面,除减免保证金开证外,均请参见本书其他各相关章节。

10.1.2 国际贸易融资的特点

1. 以具体交易为基础

贸易融资是在具体的进出口交易的基础上产生的,所以任何一笔贸易融资都是以具体交易为基础的。

2. 流程化特征

国际贸易本身具有一定的固有流程,如询盘、发盘、还盘、接受、准备货物、仓储、运输、货物交付、结算等,贸易融资则可以在这一固有流程的某个或某些时点介入。

3. 自我清偿与自我担保

例如,出口商的应收账款、进口商的应付账款,以及进出口交易的货物,都是在上述固有流程中完成的。只要交易是真实的,并且能够顺利完成。那么它们都可以作为银行贸易融资的还款来源或者担保品。因此,贸易融资具有自我清偿和自我担保的特点。

4. 低风险

因为贸易融资基于真实的交易背景,加之自我清偿与自我担保的特点,所以对银行来说,贸易融资具有较普通流动资金贷款风险更低的特点。

5. 资本使用效率高

贸易融资具有低风险的特征,但是在巴塞尔协议Ⅱ与巴塞尔协议Ⅲ中,1年期以下的信用证和非融资性保函的信用风险转换系数分别为20%和50%,这两个数值在贸易融资界是公认的偏高了。不过巴塞尔协议Ⅱ鼓励银行通过内部数据建模计量风险,即所谓的初级内评法和高级内评法。所以,银行可以通过实施高级内评法充分体现贸易融资的低风险特征[①]。

6. 组合性强

贸易融资有多种多样的产品,他们可以根据进出口商的需要自由组合,甚至于可以和银行的非贸易融资产品(如交易产品、理财产品等)相互结合,非常灵活。

7. 广阔的全球背景

因为是以国际贸易为背景的,所以贸易融资拥有广阔的全球背景。

8. 交叉销售机会

通过为进出口商提供贸易融资,银行可以巩固与进出口商的关系,从而向其销售其他的

---

① 目前中资银行普遍使用初级内评法,而国际大银行往往使用高级内评法。

银行产品，而且进出口商也可以主动要求银行提供更多的产品。

9. 期限灵活

根据货物销售周期的不同，贸易融资的期限也不尽相同。一般普通的货物买卖，从货物交付到资金支付需时 1~6 个月，因此它们对应的贸易融资期限较短。如果是涉及大型机械设备，或者大型工程，期限可能在 1 年以上，甚至 10 年或更长，因此它们对应的贸易融资期限将会很长。

10.1.3 国际贸易融资的一般流程

无论银行的内部管理体制如何、中资还是外资、规模大小，办理贸易融资一般要经过"接单""审核""放款""回收"4 个主要环节和其他一些辅助环节，参见图 10-1。请注意图 10-1 中提到的银行前台、中台、后台为泛指，各银行分工不尽相同，甚至某些环节可以通过计算机系统完成，但是以下流程基本均要经历。在"审核"阶段，经办行会根据具体融资方式要求申请人（进出口商）提交合同或订单、发票、正本运输单据或仓单等单据，以落实基础交易背景的真实性，具体提交资料因不同的贸易融资产品而不同。有些银行为了确保自己提供的融资不会遭受损失，还会要求进出口商提供其他抵押品或质押物，或者要求第三方为进出口商进行担保等。这些内容涉及银行对国际贸易融资风险管理方法和内部制度设计，因银行而异，所以本书不作展开介绍。

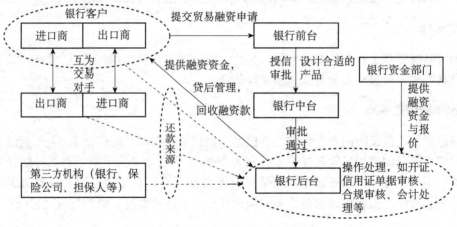

图 10-1 国际贸易融资的一般流程

10.2 传统国际贸易融资产品

10.2.1 针对出口商的融资产品

1. 出口发票融资

出口发票融资（invoice financing）主要用于汇款业务中的赊销方式，出口商在发货后，向银行提交商业发票等出口单据，以该发票对应的应收账款作为还款来源，由银行为其提供短期贸易融资业务，又称"应收账款融资"（account receivable）。至于银行提供的融资额占发票金额的比例，由银行根据企业的资信状况和贸易背景等具体情况灵活制定，一般从80%至100%均可。

发票融资在形式上和保理融资及结构性融资有相似之处，但本质上有区别。和保理融资相比，发票融资业务中银行仅仅为出口商提供融资，没有提供应收账款的催收、管理和坏账担保等服务，请参考本书第12章"国际保理"的相关内容。和结构性融资相比，发票融资并没有改变出口商的资产负债表结构，应收账款并未减少，而现金的增加在负债方向体现为"银行借款——发票融资"，所以不属于结构性融资业务，请参考10.3节的相关内容。

发票融资具有以下特点：
① 加快了出口商的资金周转速度，增加了出口商当期的现金流入量；
② 融资手续相对于保理融资和结构性融资等更加简便；
③ 可以提前办理外汇结汇，规避汇率风险。

发票融资业务中，银行对贸易背景真实性的审核仅依靠企业提供的商业发票等单据是很难判断的。因为发票、贸易合同等都是由出口商自己制作的，而且在出口商要求银行融资时，根据赊销方式的特点，出口商往往已经将正本运输单据寄送给进口商，所以提交给银行的经常是副本运输单据。因此，出口发票融资往往只提供给那些资信状况非常好的出口商，并且赊销的时间一般不超过半年。如果出口商是银行供应链融资链条中的核心企业或者中下游企业，那么银行也可以为出口商提供出口发票融资。

2. 应收账款"池"融资

应收账款"池"融资（account receivable pool financing）是在出口发票融资的基础上产生的一种升级方式，因此，也称为"出口发票'池'融资"（invoice pool financing）。具体是指出口商可以将连续、分散的多笔出口发票集合在一起，形成一个集合体，即所谓的"应收账款池"或"出口发票池"，然后将"池"整体质押给银行，银行根据出口商的资信状况和贸易背景等按照"池"内金额的一定比例提供融资。融资的比例不是根据单笔发票金额设定的，而是根据"池"的整体金额确定的。例如，银行提供的融资比例是80%，如果一个出口商在"池"内有1 000万美元的出口发票，那么可以从银行获得800万美元的融资。实际上，相当于出口商提供给银行1 000万美元的应收账款作为融资的担保，建立了相应的银行授信额度，在这一额度内可以通过非常简单的手续获得银行融资。

"池"融资业务一般适用于出口商和固定进口商从事的长期贸易，关于进口商的数量并没有特殊要求，可以仅限于针对一个进口商的贸易，也可以针对两个以上的同一个国家的进口商，或者不在同一个国家的两个以上的进口商。

"池"融资业务可以有效拓宽出口商的融资渠道，改善现金流，减少资金占用，提高资金使用率，规避汇率风险，增加贸易机会。对于应收账款笔数较多，累计金额较大的出口企业非常适用。

3. 出口信用证打包贷款

出口信用证打包贷款（packing loan under export L/C）是指出口商收到开证行开出的信用证之后，以该信用证为质押，向银行申请短期融资，专门用于出口货物的原材料购买、生产加工、包装及运输等环节的费用开支，其还款来源即为出口商交单后开证行的付款。

银行审批授信时必须审慎，因为单凭出口商交来的信用证难以确定日后必定能收回货款。银行需要承受出口商取得贷款后不买料、不生产以及不装运，以至不能提交信用证项下单据的风险,或者出口商延期发货的风险、出口商日后提交的单据与信用证条款不符导致开证行拒付的风险、出口商最终无力偿还贷款的风险等。因此,银行须将信用证打包贷款视为一种无抵押的信用放款,而出口商的生产能力和制单能力则是授信审查的重要考虑因素。

信用证打包贷款比例一般不超过信用证金额的80%,并且每笔信用证打包贷款的最长贷款期限一般不超过90天。同时必须审慎检查信用证条款,确定信用证是否存在对出口商不利的软条款,因为软条款将影响贷款的回收,因此对含有软条款的信用证一般不予接受出口商的打包贷款申请。

出口信用证打包贷款流程参见图10-2。

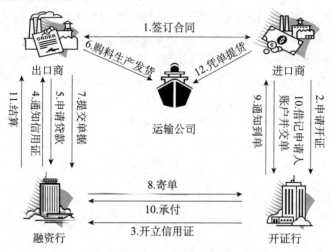

图10-2 出口信用证打包贷款流程

4. 出口合同打包贷款

出口合同打包贷款(packing loan under contract)也称作无信用证打包贷款(packing loan without L/C),是指在非信用证结算方式下的出口贸易中,银行以出口合同项下的预期收汇款项作为还款来源,发放给出口商的用于支付收购款、组织生产、货物运输等用途的短期装运前贷款,又称为订单打包贷款或订单融资(P. O. financing),是基于非信用证结算方式的一种装运前融资。

以往,银行向出口商提供的装运前融资多是通过出口信用证打包贷款方式进行。随着国际贸易市场格局逐渐向买方市场转变,汇款、托收等非信用证方式成为主流的国际结算方式。然而,进出口商的贸易融资需求并未随着结算方式的转变而改变,这就要求银行开发出新的产品来填补信用证淡出国际结算过程中形成的需求空档,出口合同打包贷款就是这样一种填补空档的产品。

出口合同打包贷款业务的处理程序与出口信用证打包贷款基本相同。不同之处在于,由于没有信用证作为融资依据和质押物,所以如何确定贸易背景的真实性就成为融资银行需要面对的难题。为了防止出口合同打包贷款成为不法商人便利的套现工具,银行一般在选择客户时十分慎重。出口合同打包贷款应依据出口商信用等级、担保条件并结合该业务的产品风险特征进行管理和发放,并纳入客户统一授信管理。有些银行对纯贸易型企业的订单融资可能会不予受理。

5. 信用证项下出口押汇

信用证项下出口押汇(export bill purchase under L/C)亦称为出口信用证买单,是指出口商将单据提交给银行（押汇行），以相符单据作为质押，由押汇行按照信用证索汇金额将款项先行垫付给出口商之后向开证行寄单索汇，以开证行承付信用证的款项作为出口商还款来源的一种融资方式。融资比例一般占信用证索汇金额的 80%～100%，押汇行对出口商的融资是否有追索权，由二者协商决定。

出口商在按照信用证条款办理货物出运和单据准备后，即可向银行申请办理出口押汇，以取得资金的融通。银行之所以能够接受出口商的要求，垫付信用证资金，除了对出口商的资信情况了解外，更重要的是有货运单据作质押，货运单据代表了货物①。承做出口押汇的银行，实际上是向出口商提供了一笔质押贷款，这笔贷款归还的保证，就是相符单据寄往开证行后开证行所付的货款。在整个押汇过程中，银行的质押品就是出口商交来的汇票（如有）和商业单据，银行本身并不介入国际货物贸易。

信用证项下出口押汇流程参见图 10-3。

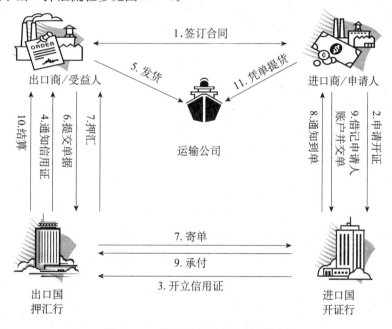

图 10-3　信用证项下出口押汇流程

出口商在申请办理出口押汇时，应向银行提交出口押汇申请书及出口押汇合同。也有银行没有单独的出口押汇合同，而是通过和出口商签订一份总的贸易融资协议来约束双方有关国际贸易融资方面的权利和义务。这些合同或协议的内容一般都载有"除非另有约定，本契约应遵照跟单信用证统一惯例办理"之类文句。因此跟单信用证统一惯例的有关规定，构成了合同的一部分。假如押汇单据被开证行拒付，押汇行可凭出口押汇申请书、出口押汇合同及押汇总协议，向出口商追回押汇垫款。万一开证行倒闭，押汇行仍持有货运单据，可处理货物来抵偿垫款。

6. 托收项下出口押汇

托收项下出口押汇（export bill purchase under collection）亦称为无信用证出口押汇

---

① 并非所有货运单据都代表物权，那么质押给银行有何作用？出口押汇究竟押的是什么？单据本身、货物还是代表货物的物权？对此一直没有统一定论，本书不做进一步探讨，感兴趣的读者可以从法律层面进行思考。

(export bill purchase without L/C)，是指出口商采用托收结算方式，将单据委托给托收行向进口商收取款项的同时，托收行按照出口商托收索汇的金额先行垫付资金给出口商，以进口商未来支付的托收款项作为还款来源的一种融资方式。其业务流程和信用证项下出口押汇流程相似，只是没有了信用证的开立、通知及开证行承付的环节。

托收项下出口押汇与信用证项下出口押汇相比，二者的根本区别在于信用证项下出口押汇有开证行开立的信用证作付款保证，属于银行信用；而托收项下出口押汇则没有银行信用保证，付款与否完全取决于进口商，属于商业信用，其风险比信用证项下出口押汇要大。因此，托收项下出口押汇期限不应该比信用证项下长，利率也需比信用证项下高，押汇金额的比例也可以适当降低，一般不超过托收索汇金额的80%，而且必须保留押汇行对出口商的追索权。

此外，银行在受理托收项下出口押汇时，还需注意以下几点。

① 出口商的资信状况须优良，以保证在托收单据遭到进口商拒付的情况下，能够从出口商那里追回融资款。在这一前提下，融资比例也可适当提高。

② 付款交单和承兑交单相比，融资风险相对较小，但是采用付款交单的托收业务必须包括全套海运提单，否则仍然可能面临不能控制物权导致资金无法收回的风险。从这个意义上说，办理托收项下出口押汇的银行和出口商面临着同样的风险。

③ 如果出口商提供的代收行资信较差，办理托收项下出口押汇的银行可以自主在进口商所在地选择一家资信良好的银行作为代收行，以便于保证托收指示的执行，减少收汇风险。当出口商对进口商所在地银行不了解时，最好请委托托收行代为选择代收行。

7. 出口票据贴现

出口票据贴现（export bills discounting）是指银行有追索权地买进尚未到期的已承兑远期汇票或者本票。因为票据流通性较强，并且受票据法的保护，所以容易被银行接受。非货物贸易的情况下也可以使用汇票和本票结算，银行也可以提供贴现业务。在国内的实务中，出口票据贴现一般应用于短期贸易融资项下，而且通常限于远期信用证项下的已承兑汇票和跟单托收项下的已承兑汇票，因为后者是进口商承兑的，所以往往要求在付款人承兑远期汇票的同时，由第三方银行或担保机构在汇票上加具保付（aval），对已承兑汇票的到期付款承担担保责任。很少有接受本票贴现的情况。

8. 福费廷

1) 定义

福费廷（forfaiting）业务至今缺乏一个统一的定义，传统意义上的福费廷一般被定义为包买银行（又称包买商）从出口商那里对已经进口方银行承兑的汇票或已保付的本票进行的无追索权的贴现，属于票据的包买业务。

国际商会制定的国际惯例《福费廷统一规则》（Uniform Rules for Forfaiting，URF 800）对福费廷交易的定义为：根据本规则，在无追索权的基础上，卖方出售、买方购买付款请求。该定义中的买方是指购买付款请求的一方；卖方是指出售付款请求的一方。而付款请求指：① 主债务人在规定日期或见索即付特定金额款项的义务；② 向主债务人索取或收回款项的一切权利、所有权和利益。主债务人是指在付款请求项下承担主要付款义务的一方当事人。

URF 的广泛性意味着能够被广泛用于所有的贸易融资工具，例如汇票、本票、跟单信用证和发票融资。

根据上述定义，我们认为现代意义上的福费廷是一种对票据或者应收账款的无追索权的贴现。

由于目前福费廷业务贴现的对象主要是票据，尤其是汇票，因此本节介绍以票据为主，有时也会使用应收账款一词来表示未到期的金钱债权及其产生的收益。

我国现有的福费廷业务主要基于远期信用证项下，少数承兑交单的托收业务也可酌情办理。

2) 特点

① 福费廷业务并非只有银行可以办理，其他金融机构也可以办理。目前国内从事福费廷业务的包买商主要是各家政策性银行与商业银行[①]。

② 融资期限可长可短，一般从90天到5年不等，个别甚至长达8年，中长期融资是其优势。

③ 票据通常需要进口商所在地银行提供担保或者出口地保险公司提供保险。

④ 可以帮助出口商规避因政治、商业、利率或汇率变化导致的风险，且不影响出口商在银行的其他信贷额度，实现将应收账款转变为现金收入，改善了财务报表。

⑤ 可获得高达100%的融资，但融资成本通常高于其他出口融资成本。

⑥ 包买银行对票据的买断无追索权，但福费廷资产具有可流通性，包买银行可以在买入的同时或持有一段时间后再转卖给其他金融机构。

3) 包买方式

在实务中，福费廷有以下3种包买方式。

① 银行独立包买（又称自营福费廷）：包买银行根据出口商的申请，无追索地买入出口商的已承兑/已保付票据，是福费廷业务的最基本的包买方式。

② 包买让渡（又称代理福费廷）：包买银行在收到出口商的申请后，向承兑行/保付行以外的金融机构（所谓的"二级包买银行"）询价，包买银行在二级包买银行报价的基础上加上自己的利差（margin），无追索地购买出口商收到的票据。包买银行买入后，通过款项让渡或背书将收款权利无追索权地转让给二级包买银行，在票据到期日由二级包买银行向包买银行收取款项。这种方式对于包买银行希望在叙做福费廷业务后及时回笼资金时非常实用，而且也可以将风险转移给二级包买银行，不过因为包买银行类似于中间人的地位，因此收益不如直接买断高。国内商业银行在引进福费廷业务时，一般都是以这种方式开始，由一家外资银行作为二级包买银行。根据这种方式的特点，也有称之为"one touch forfaiting"（碰一下的福费廷）的，很适合刚刚开展国际贸易融资业务的银行使用。

以包买让渡为例，远期信用证的福费廷基本操作流程如图10-4所示。

图10-4中第8步的福费廷单据是指出口商和一级包买银行、一级包买银行和二级包买银行之间签署的融资协议和款项让渡声明书等，表示应收账款已经从出口商让渡给一级包买银行，以及一级包买银行又让渡给了二级包买银行。

③ 风险参与：在福费廷业务中，买断票据的银行出于某种考虑，有时会邀请当地的一家或多家银行对自己打算叙做或已经叙做的买断业务提供风险担保，以缩小业务风险敞口，这种做法就叫作风险参与。风险参与银行（participating bank）提供的担保是独立于开证行付款担保之外的独立、完整的担保法律文件，对于由任何信用风险和国家风险造成的款项迟付或拒付承担不可撤销和无条件的赔付责任。风险参与的实质作用相当于购买出口信用保险，叙做福费廷的包买银行因此享有来自开证行和风险参与银行的双重风险保障。风险参与银行不可撤销和无条件的付款保证可以有效地消除包买银行对于开证行的信用风险和进口地的国家

---

① 本书在接下来的介绍中，统一使用"包买银行"一词。

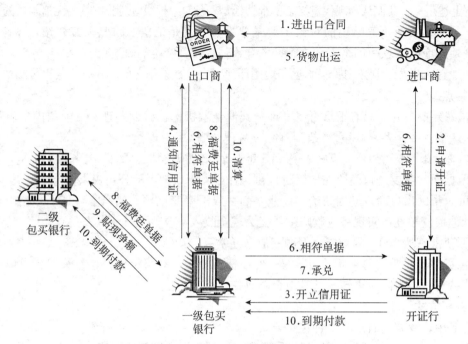

图 10-4　包买让渡的远期信用证的福费廷基本操作流程

风险的担忧。值得注意的是，风险参与银行承担的是第二性付款责任，即只有在开证行违约的前提下才履行付款责任。

包买银行通常在下述情况下会考虑邀请其他银行进行风险参与。

● 包买银行对开证行或开证行所在进口国核定的信用额度余额不足，但由于某种原因（主要是出于盈利方面的考虑）又不愿将票据在二级市场上转售。

● 应收账款凭证的形式不宜在二级市场上转让流通，例如应收账款凭证的形式是发票。

● 包买银行对进口地的国家风险存在顾虑，但出于对时间、费用和手续的考虑，又不想申请购买出口信用保险单，或由于条件的限制买不到出口信用保险。

风险参与带给包买银行的益处是显而易见的：因为包买银行的邀请对象均是一流的银行或金融机构，可以说没有银行信用风险；包买银行与风险参与银行同在一地，所以也不存在国家风险。通过风险参与，包买银行把开证行的信用风险和进口地的国家风险都转嫁给了风险参与银行。作为代价，包买银行必须向风险参与银行支付一定金额的担保费。这部分费用出自于其业务收益，即福费廷银行从业务收益中切出一块来作为对风险参与银行提供担保的报酬。由于风险参与银行没有审核单据的义务，因此包买银行必须对风险参与银行承担另外一个责任，即确认并保证票据/应收账款凭证对开证行具有有效的债务求偿权。否则，包买银行将无权向风险参与银行进行索赔。

包买银行与被邀请银行达成一致意见后，双方要签订一份风险参与协议书，以明确双方各自的权责。若票据/应收账款在到期日遭开证行拒付或迟付时，包买银行通常凭拒付通知或拒绝证书向风险参与银行索赔。后者必须立即无条件付款并像保险商那样自动获得对开证行的代位求偿权（the right of subrogation）。包买银行在此后收到的任何有关该拒付的款项均应及时通知并转交风险参与银行，或按其指示处理。若未发生拒付，风险参与银行的担保责任则按照每期付款的比例相应递减，并于最后一期付款收妥后完全解除。

4) 收费

福费廷业务的收费包括贴现利息（贴息）、承诺费和宽限期贴息 3 部分，具体各项收费标准通过合同约定。

① 贴息（discount interest）：由票据的承兑金额按一定贴现率计算而成。贴现率一般在 LIBOR（伦敦同业拆借利率）的基准上加一定点数（margin）。贴现率一般有复利贴现率和直接贴现率两种。前者以年利率计算，通常每半年滚利计息一次。后者系根据面值和到期日得出的百分比贴现率。

② 承诺费（commitment fee）：是指包买银行为与申请人签订福费廷协议之日到包买银行贴现付款日期间所做出的保证而收取的费用。包买银行一旦与申请人签订了福费廷协议，需事先安排贴现资金头寸，如申请人因故未能如期办理福费廷业务，将导致包买银行资金损失，作为成本补偿，包买银行向申请人收取承诺费。承诺费一般以年利率表示，范围在 0.5%～1.5%。其计算公式为：

$$承诺费 = （承兑/承付金额）\times 费率 \times 承诺天数/360（或365）$$

由于文化的差异，国内企业对于这种做法不是很认同，所以为适应中国国情，有的银行将此项费用更名为取消费（cancel fee），或者虽然保留了承诺费的名目，但是和取消费一样，只有出口商在承诺期内没有做该笔福费廷业务时，或者因为包买银行的原因无力为申请人融资，那么相应的支付给对方一定的费用。如果签订协议的日期就是银行融资的日期，那么就不会产生这样的费用，有些银行则干脆不收这一费用。

③ 宽限期贴息（discount for days of grace）：宽限期是指从票据到期日到实际收款日的估计延迟天数。包买银行通常将宽限期计算在贴现期中，收取贴息。其目的在于补偿在到期日向进口方银行索偿时可能遇到的拖延和其他麻烦。

9. 远期信用证保兑项下贴现

我们知道保兑行承担和开证行一样的承付义务，或者也可以承担议付义务。对于远期信用证来说，保兑行是在承兑或承诺后的付款到期日支付资金给出口商的。如果出口商有提前获得资金的需求，那么保兑行可以为出口商提供无追索权的贴现。

10. 出口信用保险项下融资

出口信用保险项下融资亦称为出口应收账款保险融资，是指以出口信用保险单作为质押，银行提供的短期出口贸易融资。如果出口商投保了出口信用保险，应要求出口商将保单提交给银行叙做质押，并将保单项下的相关权益转让给银行。如应收账款因商业信用风险和国家信用风险而形成呆账坏账，保险公司通常赔付 90% 左右的应收账款。考虑到银行在办理押汇业务期间产生的利息和费用，对此类业务的融资比例应不超过发票金额的 80%。尤其需要注意的是，出口商必须在融资协议中保证：作为卖方，出口商已经或将会全部正确履行有关买卖合同项下的契约责任。否则，由出口商自身违约造成的呆账坏账，保险公司将不予赔偿。这时作为受让人，押汇行的地位、权益均不能优于前手，即出口商。因此出口商在保单项下的索赔落空也就意味着押汇行的索赔失败。

在中国境内，能够办理出口信用保险的有中国出口信用保险公司（简称"中信保"），中国人民财产保险股份有限公司也已被国务院批准可办理 1 年期以内的短期出口信保。根据中信保确定的承保范围，现阶段银行可以办理的出口信用保险项下的国际贸易融资包括：

① 短期出口信用保险贸易融资，即中信保已经承保的信用期在 1 年以内的信用证、跟单托收、赊销（货到付款）项下的贸易融资，包括信用证和跟单托收的出口押汇、赊销项下的出口商业发票贴现；

② 中长期出口信用保险贸易融资，即中信保已经承保的信用期在 1~15 年的出口收汇贸易融资；中信保同意承保的信用期超过 180 天但不超过 360 天的跟单托收或赊销项下的出口融资。

10.2.2 针对进口商的融资产品

1. 减免保证金开证

信用证一经开立，就由开证行承担有条件的付款责任。因此，开证之后开证行如何保证进口商会偿付开证行就成了一个重要问题。假如进口商破产、倒闭、主观上拒绝付款等，都会导致开证行在相符交单的情况下被迫垫付货款。所以开证行往往会要求进口商在申请开立信用证的同时就将和信用证金额等值的资金作为保证金存入银行专用的账户。这样，如果单据到达开证行，并且构成相符交单，开证行就可以利用这笔保证金对外支付，而无须担心进口商无力或不愿偿付开证行的风险。所谓"减免保证金开证"，就是指银行根据对进口商的授信情况及业务的风险状况分析，按比例减收甚至免收保证金为进口商开立信用证。

2. 进口信用证押汇与信托收据

进口信用证押汇（import bill advance under L/C）是指开证行在收到交单行寄来的单据后，应申请人（进口商）要求为其提供短期资金融通，由开证行代进口商支付该信用证项下的款项，进口商在约定的时间将资金归还给开证行。进口押汇的金额即为出口商寄单索汇的金额，期限一般不超过 180 天。

为了保证在安全收回押汇款项的前提下使进口商能够顺利提取货物，开证行在将货权单据释放给进口商时一般会要求其签署信托收据。依据此项文件，进口商在未能清偿银行押汇款项之前，单据及货物的所有权归属银行。进口商作为受托人，接受开证行的委托，代银行持有单据及其所代表的所有货物，负责卸货、储存、出售，并在规定的期限内将处理货物所得款项，即所谓的信托收益，归还银行。

进口信用证押汇的一般流程参见图 10-5。

一般来说，对于远期信用证，因为付款期限本来就相对即期信用证较远，并且进口商已经按照开证行的要求履行了相关手续获得了信用证项下单据，从而提取了货物。因此，在远期信用证项下不适合为进口商提供进口押汇融资。

3. 进口代收押汇和进口汇款押汇

进口代收押汇（import bill advance under collection）是指代收行在收到托收行寄来的托收单据后，应进口商要求由代收行代替进口商向出口商支付托收款项，进口商在约定的时间将资金归还给代收行。进口代收押汇的金额即为出口商通过托收行寄单索汇的金额，期限一般不超过 180 天。进口代收押汇方式仅适用于付款交单方式（D/P）的托收单据，因为承兑交单（D/A）方式下，进口商已经通过承兑取得了货物，所以银行不宜在承兑到期日为进口商垫付资金。与进口信用证押汇相似，代收行和进口商之间可以签署信托收据，利用信托的方式保护代收行的利益。

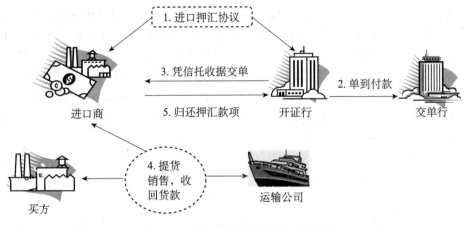

图 10-5 进口信用证押汇的一般流程

进口汇款押汇（import bill advance under T/T）是指银行在进口商采用货到付款的汇款方式支付贸易款项时，应进口商要求向其提供的一种融资垫款，是模仿进口代收押汇和进口信用证押汇产生的一种进口融资。融资行和进口商之间可以签署信托收据，利用信托的方式保护融资行的利益。

4. 海外代付

海外代付（overseas refinancing）是指国内的银行根据进口商资信状况，指示其海外代理行或者分支行代进口商在信用证、进口代收、T/T 付款等结算方式下向出口商支付进口货款的一种短期贸易融资方式。虽然名义上是海外银行代进口商付款，但是又不能算作进口商的外债，因为国内进口商向外借债是需要向中国外汇管理局登记的，并且有金额上限的控制。所以海外代付实质上是对进口商银行的一种融资，这种产品既可以突破国内银行外债额度的控制，又不需要进口商办理外债登记。而且在会计处理上，多数银行认为海外代付属于表外业务，不占用当局规定的存贷比指标，银行也愿意把这种融资放在表外，因此很快就流行开来，而且还扩散至非贸易领域，甚至发展出来在中国境内一家银行代另一家银行付款的国内代付业务。

中国外汇管理局对海外代付的监管主要是：期限超过 90 天的货物贸易项下和所有期限的非货物贸易海外代付将纳入到进口商银行的外债总额度控制，因此只要是海外银行代付资金是货物贸易项下，并且期限没有超过 90 天，就不会归类为进口商或者进口商银行的外债。海外代付的融资利率按照相关海外机构的利率报价执行，进口商银行收取一定的利差。当出口商希望获得即期付款，但进口商及进口商银行希望远期付款时可以考虑海外代付的方式，或者在我国资金成本高于出口方所在国家和地区时亦可采用。

5. 供应商融资

供应商融资（vendor financing）是指进口商的银行以进口商资信为基础，应进口商的要求，为向进口商的供应商（出口商）支付资金的一种融资方式，最后由进口商向垫付银行支付本金和利息。这种方式和假远期信用证比较相似，有些银行也将假远期信用证划分到供应商融资的分类中。不过假远期信用证很早就已经出现，所以本书将供应商融资归类为适用于托收和赊销的一种进口融资。有的银行把供应商融资设计成为供应商将应收账款委托进口商向进口商的银行申请办理债权转让,从而定义其为"进口保理",但是最终的逻辑关系还是出口商转让债权给进口商银行,因此这一定义未必准确。供应商融资和其他进口融资还有一点不同就是进口商需要在和出口商开展交易之前,就和银行签订供应商融资协议,进口商和出口商谈合同时可以告知出口商其已经和银行签署了供应商融资协议,请出口商放心采用赊销的方式将货物卖给进口商,待出口商发货之后,进口商就可以依据商业单据或者出口商出具的汇票向银行申请付款,银行垫付后根据供应商融资协议规定的期限借记进口商的账户,收回本金和利息。供应商融资的流程参见图10-6。

实务中,还有一种广义的供应商融资概念,即把所有进口贸易融资(提货担保除外)统称供应商融资,因为他们的共同特点就是进口商银行替进口商付款给供应商(出口商)。

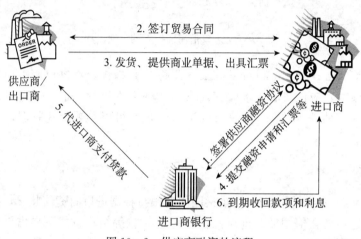

图10-6 供应商融资的流程

6. 提货担保

提货担保(shipping guarantee)是指当信用证项下正本货运单据尚未收到,而货物先行到达目的港时,进口商可以凭银行开立的提货担保函先行通关提货。实际上是一种开证行开立的保函,但是习惯上将其归入到进口贸易融资的范畴。

办理提货担保的贸易背景一般为近洋贸易,并且要求出口商提交全套海运提单,提单的提货人凭开证行指示。因为近洋贸易,如日本到中国,运输距离短,往往一至两天船只就可以从装货港到达目的港。港口保管货物的免息期一般只有两个星期,超过两周提货的话,港口会收取保管费用,同时海关也会收取罚金。因此,如果全套提单正本需要按照信用证一般流程中转,很有可能到达进口商手中时已经超过了货物到港的免息期,进口商将会面临额外的费用支出。为此,进出口商可以通过使用海运单或者电放提单来解决。但是,如果出口商坚持使用全套正本提单和信用证结算的方法时,进口商则可以利用开证行的提货担保业务,凭银行的担保函提前从船公司处提取货物并办理通关,待正本提单到达后,再将正本提单交给船公司收回开证行的担保函并解除银行的担保责任。同时,开证行往往会要求进口商保证无论出口商提交的单据是否有不符点都必须支付,因为货物在开证行担保之下已经被进口商提取了。

提货担保业务主要面临的是进口商的信用风险。例如,进口商提货后经营出现问题,信用证单据到达后无力支付,或者进出口商合谋欺诈开证行。

10.3　国际贸易结构性融资

10.3.1　结构性融资概述

1. 结构性融资的定义

结构性融资（structured finance）是指企业将拥有未来现金流的特定资产从资产负债表中剥离出来，在资产负债率不变的情况下，以该特定资产为标的，利用一定的金融工具，通过银行等媒介，在资产负债表中实现以现金资产替换该特定资产的一种表外融资方式。从而既可以满足企业融资的需求，又可以美化资产负债表结构。

从定义中可以看出结构性融资的以下几个特点：
① 结构性融资可以美化企业的资产负债表，这也是命名的由来；
② 结构性融资需要进行一定的资产置换，必要时可借助一定的金融工具；
③ 结构性融资属于一种表外融资。

2. 结构性融资的常见形式

可供企业用于剥离的资产包括房产、存货、应收账款等，也可以通过经营租赁、资产支持的证券化（asset-backed securitization，ABS）等方式进行。不同行业的企业可以根据自己的经营特点，选择合适的方式开展结构性融资。本书重点介绍商业银行为企业提供的以贸易商品为标的的结构性融资，其他种类的结构性融资不做详细介绍。以下是结构性融资的几个代表性案例。

【例 10-1】　经营旅店的企业可以将手中的部分旅店出售给企业内部的董事或高层管理人员，之后再将出售的旅店租回，出售旅店的资金可以用于偿还企业的债务，抹去资产负债表中的负债，同时通过租回旅店而保留这些旅店的经营收入，达到了融资的目的。

【例 10-2】　住房抵押贷款证券化（mortgage-backed security，MBS）是 ABS 的最早品种，产生于 20 世纪 60 年代的美国。其基本形式是把贷出的住房抵押贷款中符合一定条件的贷款集中起来，利用它们定期发生的本金及利息收入为基础发行证券，由政府机构或金融机构对该证券进行担保。其偿付给购买证券的投资者的资金来源于贷款者偿还的住房抵押贷款本金和利息。MBS 的重要工具包括 CDO（collateralized debt obligation，债务抵押债券）和 CDS（credit default swap，信用违约交换）等。美国著名的"两房"——"房利美"与"房地美"，就是从事这种业务，它们本身并不向购房者发放抵押贷款，而是从贷款机构（如银行）手中收购贷款债权（收购这些机构的资产），打包成债券出售给投资者，帮助贷款机构把长期债权在短时间内变现。

【例 10-3】　以经营进出口贸易为主的企业，特别是一些从事大宗商品贸易的企业，自身没有其他资产，因此可以选择将自己的应收账款或者存货剥离给银行获得融资。这就是所谓的"结构性贸易融资"。如果资产标的是大宗商品，则称之为"大宗商品融资"。

10.3.2　结构性贸易融资与大宗商品融资

1. 结构性贸易融资

结构性贸易融资（structured trade finance）是指银行以货物的出口商已经持有的或者未

来将要持有的货物权利作为担保,为出口商发放的短期结构性融资。传统的贸易融资偏重于对贸易中的某一个环节提供融资,而结构性贸易融资更偏重于以货物作为抵押品或者以货物未来的权利作为质押。例如,打包贷款是针对出口商组织生产或收购货物而发放的融资,出口押汇是针对货物发运之后的融资。而结构性贸易融资关注的重点的是货物的保值或者未来权利的兑现。根据融资商品的不同,可能会涉及期货、期权交易,特别是涉及大宗商品的融资,提供融资的银行也可以与交易所合作。

2. 大宗商品融资

根据国家质量监督检验检疫总局 2003 年 7 月发布的《大宗商品电子交易规范》,大宗商品的解释是:"可进入流通领域,但非零售环节,具有商品属性用于工农业生产与消费使用的大批量买卖的物质商品。"大宗商品包括 3 个类别,即能源商品、基础原材料和农副产品,如原油、有色金属、钢铁、农产品、铁矿石、煤炭等。

对于大宗商品融资,《巴塞尔协议》定义为:"大宗商品融资是指对储备、存货或在交易所交易应收的商品(如原油、金属或谷物)进行的结构性短期贷款。大宗商品融资中用商品销售的收益偿还银行贷款,借款人没有独立的还款能力。借款人没有其他业务活动,在资产负债表上没有其他实质资产。大宗商品融资的结构化特征是为了补偿借款人欠佳的资信水平。"

实际上,大宗商品融资不过是一种以大宗商品为标的的结构性贸易融资。10.3.4 节所介绍的几种基本的结构性贸易融资应用并没有刻意区分商品的种类。

10.3.3 大宗商品融资的独有特点

前面已经说明了大宗商品融资是一种以大宗商品为标的的结构性贸易融资,但是相对于以普通商品为标的的结构性贸易融资来说,大宗商品融资有着自己的特点,而且实务中有很多专门从事大宗商品交易的企业,除此之外没有其他的业务活动,所以《巴塞尔协议》才会提出"大宗商品融资的结构化特征是为了补偿借款人欠佳的资信水平"这一论断。因此,银行针对这类企业,经常把大宗商品融资作为单独的产品进行营销。和其他普通商品的结构性贸易融资相比,大宗商品融资有 2 个特点。

① 因为大宗商品的价格波动变化较大,基本上每天都有不同的价格,从而会导致大宗商品价值经常波动。银行提供的融资金额是以当时的大宗商品价值确定的,利率的设定则可以采用和大宗商品价格变动相关联的浮动方式:如果大宗商品的价格上涨,那么借款人需要支付更高的利息;如果大宗商品的价格下跌,那么借款人可以支付更低的利息。

② 由于大宗商品可以在期货交易所开展交易,银行还可以通过期货合约来规避大宗商品市场价格波动所带来的融资风险,将结构性贸易融资和期货交易有机地结合起来。在银行持有大宗商品提供融资的期间,一旦大宗商品市场价格下跌,借款企业可能出现经营利润下降,甚至出现亏损,给贷款的回收带来较大的不确定性。因此,银行可以要求借款企业持有与作为大宗商品融资标的相应的期货头寸进行保值。

10.3.4 结构性贸易融资的应用

1. 应收账款融资

应收账款融资是指出口商发货后通过转让出口合同及应收账款给银行作为担保，银行向出口商提供有追索权的融资，进口商付款时直接向银行的专用账户支付（可以分期支付），作为出口商还款付息的资金。这种融资的金额一般要小于出口商的应收账款金额，因此出口商不需要另外再向银行还款，其利息也包含在进口商支付的货款中。出口商可以根据自己的需要决定是否用足应收款的数额，如果没有用足，银行会将进口商支付的超过融资本金及利息部分的货款再转付给出口商。

与保理业务的应收账款管理不同，银行并不需要提供进口商的资信评估或者为出口商担保收回额度内的应收账款，也不需要进行应收账款的追讨，而是把该笔应收账款监控起来，保证进口商的付款作为出口商的还款来源而不是用于其他用途。作为出口商，则把这部分应收账款从资产方向变为现金，在负债方向无须作任何反映。应收账款融资流程参见图10-7。

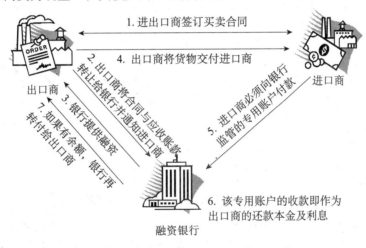

图 10-7 应收账款融资流程图

为了便于理解，这里我们虚拟一个出口商的资产负债表，假设融资金额为100万元，融资前、传统融资后和结构性应收账款融资后的资产负债表如图10-8、图10-9和图10-10所示。

单位：万元

现金：100 存货：100 应收账款：100	长期借款：200
	负债合计：200
资产合计：300	股东权益合计：100

资产负债率：$\dfrac{200}{300} \approx 66.67\%$

图 10-8 出口商资产负债表（融资前）

单位：万元

现金：100＋100＝200 存货：100 应收账款：100	长期借款：200 短期借款：100 负债合计：300
资产合计：400	股东权益合计：100

资产负债率：$\dfrac{300}{400}=75\%$

图 10-9　出口商资产负债表（传统融资后）

单位：万元

现金：100＋100＝200 存货：100 应收账款：100－100＝0	长期借款：200 负债合计：200
资产合计：300	股东权益合计：100

资产负债率：$\dfrac{200}{300}\approx 66.67\%$

图 10-10　出口商资产负债表（结构性应收账款融资后）

从以上 3 份资产负债表的结构可以看出，出口商借款之前的资产负债率已经接近 66.67%，对于银行来说，一般不会考虑为资产负债率接近 70% 的企业提供融资。如果真的如本书中的假设一样，银行确实提供了短期贷款（如流动性资金贷款或者发票融资等），这些短期贷款在负债方向都要有所反映。那么出口商的资产负债率将达到 75%，这对企业来说也是一个非常难堪的比率。但是，通过应收账款融资，企业的资产负债率仍然是 66.67%，非常完美地改善了资产负债表。有些银行为了争取客户，扩大贷款业务量，对于一些资产负债率不符合银行授信标准的企业，往往推荐结构性融资方案。但是，需要注意的是，上述方案是在出售具有追索权的应收账款的基础之上的，因为只有出售了的应收账款才可能以上述方式反映在资产负债表中。由于这种出售实质上属于融资的性质，为了使其能够作为表外融资业务处理，银行在为企业办理应收账款融资时，和企业签署的相关协议中至少应该包括以下 3 方面的内容：

① 企业向银行出售应收账款，即表示放弃对应收账款未来收益的控制，以后无权从银行主动要求买回应收账款；

② 出售应收账款的企业必须负担的被追索义务，如坏账损失、销售折扣等，可以预先做出合理的估计；

③ 银行除了可以行使追索权之外，不得要求出售应收账款的企业买回应收账款。

2. 存货融资

存货融资是指出口商以存储在仓库（一般由银行指定）中的货物作担保，依靠进口商的付款作还款来源。与应收账款融资不同，出口商融资时，货物还没有运出。但是还款方式和应收账款融资一样，是货物出口后收回的资金，所以存货融资必然包括应收账款的管理。存货融资流程参见图 10-11。

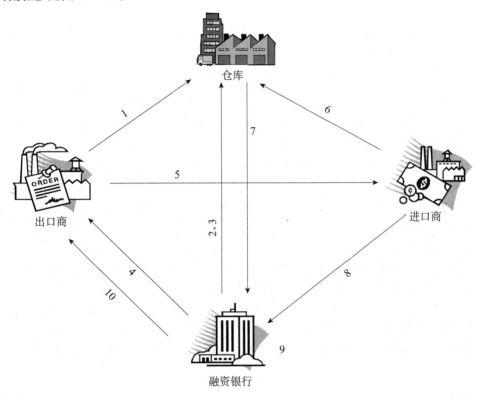

图 10-11 存货融资流程图

1. 出口商将货物存入仓库（如果是中国企业，出口货物一般放入保税仓库）；2. 银行获得仓库中货物的担保权益；3. 银行需要对货物进行检验与监控，以保障自己的担保权益；4. 银行向出口商提供融资资金；5. 出口商销售货物给进口商；6. 进口商提货；7. 仓库将提货信息通报银行（主要是帮助银行掌握货物的实际销售情况）；8. 进口商支付相应货款至银行的专用账户；9. 该专用账户的收款即作为出口商的还款本金及利息；10. 如果有余额，银行再转付给出口商

如果出口商要求融资时已经找好买家，也可以选择应收账款融资。不过对银行来说显然存货融资比单纯的应收账款融资风险要小，因为银行已经检验过仓库中的存货，仓库协助银行监控货物的销售情况，当然相应的成本银行将转移到出口商的融资成本之中。如果出口商要求融资时还没有找到买家，那么存货融资是非常恰当的融资方式，因为出口商可以先获得资金，再进行销售，利用销售款归还银行。特别在出口商本身是中间商，需要资金向货物提供者付款，但是又没有找到买家时，可以考虑存货融资方式，在货物销售之前利用银行融资对外支付。

再以图 10-9 和图 10-10 为基础，参见图 10-12，看一看存货融资是如何"结构化"出口商的资产负债表的。

单位：万元

现金：100＋100＝200	长期借款：200
存货：100－100＝0	
应收账款：100	
	负债合计：200
资产合计：300	股东权益合计：100

资产负债率：$\frac{200}{300} \approx 66.67\%$

图 10-12　出口商资产负债表（结构性存货融资后）

参考银行在为企业办理应收账款融资时的注意事项，银行在和企业签署的存货融资相关协议中也至少应该包括以下 3 方面的内容：

① 企业向银行出售存货，即表示放弃对存货未来收益的控制，以后无权从银行手中主动要求买存货；

② 出售应收账款的企业必须负担的被追索义务，如货物损失、销售折扣等，可以预先做出合理的估计；

③ 银行除了可以行使追索权之外，不得要求出售存货的企业买回货物。

如果企业并不需要真正的出售货物，而仅仅是为了将手中的存货临时变现，待现金流宽裕的时候还要将存货买回来，那么可以考虑同另一家企业合作，而不是向银行申请存货融资，这种方式就是所谓的"产品融资合约"（products financing arrangements）。根据产品融资合约，企业出售产品给另一家企业，约定在一定时期之后按照一定的价格（通常为原始售价加上存储费用和融资费用）将产品买回。这种合约名义上是出售，实质上是融资协议，同样属于结构性融资。

3. 仓单融资

仓单是仓储合同的保管人于接受存货人交付的仓储物时填发给存货人的收据。仓单既是保管人收货的证明，又是存货人提取货物的有效证明，是一种物权凭证。仓单融资是指出口商把货物存放在仓库（因为银行已经控制仓单，所以银行可以不用指定仓库，和存货融资相比更加灵活）之后，仓库将出具的仓单交给银行质押，出口商从而获得资金的融资方式，仓库要按照银行的指令交付货物。仓单融资流程参见图 10-13。

仓单融资方式同存货融资方式相比，银行不需要自己检验与监管货物，而是掌握代表货物的仓单，从而控制了货物的所有权，但是最终也是以存货为标的的结构性贸易融资，因此对企业的资产负债表的影响和存货融资相同，参见图 10-12。

4. 预付货款融资

以上几种方式是针对出口商提供的结构性贸易融资，预付货款①融资则是针对进口商设计的结构性贸易融资，银行可以代进口商向出口商支付预付货款。其流程参见图 10-14。

---

① 在资产负债表中，预付货款属于资产，预收货款属于负债。

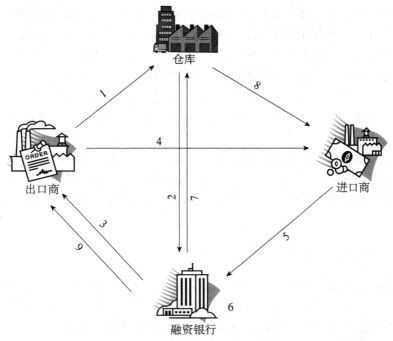

图 10-13 仓单融资流程图

1. 出口商将货物存入仓库；2. 仓库将仓单交给银行，并承诺保证货物的完好，担保按照银行的指令行事；3. 银行向出口商提供融资资金；4. 出口商销售货物给进口商；5. 进口商支付相应货款至银行的专用账户；6. 该专用账户的收款即作为出口商的还款本金及利息；7. 银行释放仓单给仓库，指令仓库放货给进口商；8. 仓库放货给进口商；9. 如果有余额，银行再转付给出口商

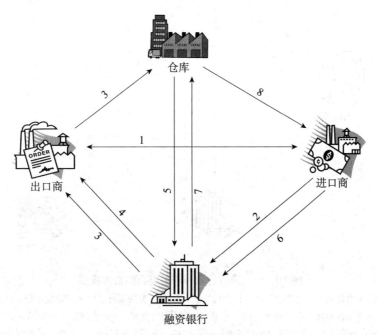

图 10-14 预付货款融资流程图

1. 进出口商签订买卖合同，约定由进口商支付预付货款；2. 进口商向银行提出预付货款申请；3. 银行对货物检验后由出口商将货存入仓库（一般由银行指定）；4. 银行向出口商支付预付货款；5. 仓库出具仓单给银行；6. 进口商支付相应货款至银行的专用账户；7. 银行释放仓单给仓库，指令仓库放货给进口商；8. 仓库放货给进口商

238 国际结算教程

为了保障银行的利益，银行应该在付款前对出口商的货物进行适当的检验并要求存入指定仓库。银行也可以先向出口商支付预付货款，出口商再将货物存入银行指定的仓库，如可以将上述流程中的第 3 和第 4 两个步骤调换一下顺序。具体采用哪种方式取决于银行对出口商的信用、商品保值程度、进口商的偿债能力等方面的具体分析和判断。银行也可以和进口商约定清楚，在预付货款之后，如果出口商不能提供货物或者提供的货物价值不足，银行可以向进口商进行追索。在进口商偿债能力很高的情况下，银行也可以采用先付款再收货的方式。

这种融资方式不会对企业的资产负债表产生影响，因为银行的融资款是直接支付的，货物也是保存在银行指定的仓库，在进口商向银行支付货款前，进口商并没有控制货物的所有权。进口商向银行还款提取货物后，资产负债表的变化是现金减少，存货增加，没有影响资产负债率。

5. 预付货款和仓单组合融资

在前面的预付货款融资流程中，进口商是使用自有资金向银行支付的，如果进口商并非自己使用货物，或者自己没有现金，需要将货物转卖给第三方买家才能收回资金还款，那么就可以采用预付货款和仓单组合融资的方法。假设银行是先行向出口商支付货款再由出口商将货物放入仓库的，预付货款和仓单组合融资流程如图 10 – 15 所示。

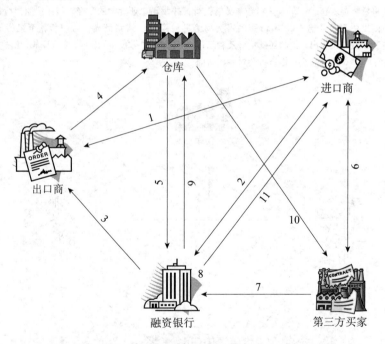

图 10 – 15　预付货款和仓单组合融资流程图

1. 进出口商签订买卖合同，约定由进口商支付预付货款；2. 进口商向银行提出预付货款申请；3. 银行向出口商支付预付货款；4. 银行对货物检验后由出口商将货存入仓库（一般由银行指定）；5. 仓库出具仓单给银行；6. 进口商同第三方买家签订买卖合同，约定由第三方买家直接付款给银行；7. 第三方买家支付相应货款至银行的专用账户；8. 该专用账户的收款即作为出口商的还款本金及利息；9. 银行释放仓单给仓库，指令仓库交货给第三方买家；10. 仓库放货给第三方买家；11. 如果有余额，银行再转付给进口商

10.3.5 结构性贸易融资和传统贸易融资的比较

结构性贸易融资和传统贸易融资的比较如表 10-1 所示。

表 10-1 结构性贸易融资和传统贸易融资的比较

传统贸易融资	结构性贸易融资
重点关注的是借款企业的资信状况	重点关注的是作为融资标的的商品交易后的收益和权利
需要资产负债表符合一定的条件,如资产负债率不得高于60%等	不关注资产负债表的状况,更关心的是商品交易的价值和收益
借款企业的经营状况、金融依赖程度、国家风险等因素都会影响融资额度	只需关注影响商品交易的外部因素,国家风险一般都可以接受
对相关人员的专业要求相对较低	对相关人员的专业要求相对较高,包括会计知识、期货交易、衍生产品等方方面面的专业知识
融资成本相对较高	融资成本相对较低

10.4 国际贸易融资产品的综合应用——供应链融资

10.4.1 供应链管理概述

所谓供应链(supply chain),是指商品生产和流通过程中所涉及的原材料供应商、商品生产商、物流公司、仓储企业、分销商、零售商、维修商与最终消费者之间的顺序或交叉衔接而形成的一种链条状供需关系。供应链中各个参与者之间的关系可以类比为生物学中的食物链。食物链中的生物相互依存,如果其中某一种生物受到毁灭性打击,那么整条食物链将失去平衡,最终导致生态环境被破坏。而供应链中的参与者面临着同样的问题,在一条供应链中,规模较大的企业因其竞争力强,往往在交货时间、成交价格、结算账期等方面对上下游配套企业提出苛刻的条件,从而给这些企业造成了巨大的资金压力,此类企业被称为供应链中的"核心企业"。而为核心企业上下游配套的企业往往是中小型企业,从银行获得融资的门槛较高,核心企业的苛刻条件可能造成上下游企业的现金流紧张,从而导致整个供应链出现失衡甚至断裂。20世纪80年代中后期,产生了供应链管理(supply chain management)方法,即在满足客户需求的条件下,为了使整个供应链以最大效率和最小成本运作,把供应商、生产商、物流公司、仓储企业、分销商、零售商等组织在一起来进行产品制造、储运、分销及销售的管理方法。

10.4.2 供应链融资概述

供应链融资(supply chain finance)就是银行通过审查整条供应链的管理程度,掌握核心企业的信用状况,对核心企业和其上下游多个企业提供灵活运用的融资产品和服务的一种模式。由于供应链中除核心企业之外,基本上都是中小企业,因此从某种意义上说,供应链融资也是一种面向中小企业的融资服务。从融资产品来看,也可以说是将各种融资产品在供应链之内的综合运用。处于不同位置的企业需求不尽相同,因此银行提供的融资产品也不同。

通过供应链融资，银行也可以扩展客户渠道，增加其他产品和服务的销售。

供应链融资的运作思路主要有以下几点：

① 银行应掌控供应链参与企业的信息流、资金流和物流；

② 银行要分析供应链参与企业的应收、应付账款信息及现金流状况，并与银行的资金流信息进行整合；

③ 银行通过考察贸易背景、物流和资金流，分析供应链参与企业的信用状况；

④ 银行根据供应链参与企业的不同信用状况和需求提供融资，同时也会附加结算等普通服务。

10.4.3 供应链融资模型

这里以一个简化的汽车行业供应链为例来设计一个供应链融资的方案。假设材料供应商、汽车制造商和销售商（4S店）组成了一个供应链，其中汽车制造商属于核心企业。汽车制造商从材料供应商处进口零部件等材料生产某款汽车，再将汽车运到4S店销售。该款汽车市场反映良好，销量激增，很多消费者向4S店下订单。但是制造商产能有限，消费者往往要等2个月左右才能提到现车，因此制造商需要扩大产能，有融资需求，为此材料供应商也需要资金扩大产能。同时制造商对供应商的支付条件是货到180天之后付款，对4S店的要求是预付货款，也促使供应商和4S店必须考虑自己的现金流。银行经过调查了解和授信评估，提出如图10-16所示的融资方案。请注意：银行对各方的融资实际上并没有严格的先后关系，甚至是同时发生的，为了讲解方便，图中假设了一定的先后关系，并不是实际顺序的反映。

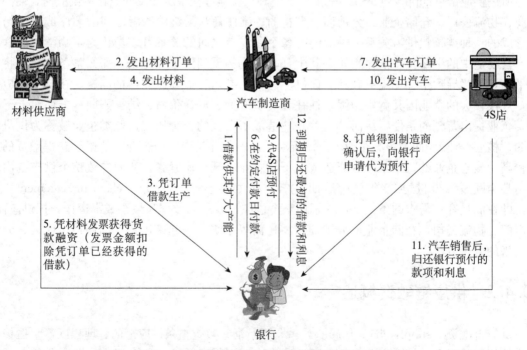

图10-16 以汽车生产为例的供应链融资流程模型

图10-16的模型中，银行为供应链的参与者提供了4种融资：

① 银行为核心企业汽车制造商提供的用于扩大产能的普通商业贷款；

② 银行根据汽车制造商的订单为材料供应商提供的融资，可以称之为"订单融资"；

③ 银行根据材料供应商的发票为材料供应商提供的融资，可以称之为"发票融资"，因为成本部分已经通过"订单融资"提供了资金，所以模型中"发票融资"仅仅涉及差额部分；

④ 银行为4S店提供的预付货款融资，可以称之为"汇款项下的进口押汇"。

在供应链融资中，银行提供的融资方式是多种多样的，而且供应链参与企业之间的结算方式也是非常灵活的。例如，4S店和汽车制造商之间采用的若是信用证结算方式，那么4S店可以向银行申请减免保证金开证及信用证项下的进口押汇业务；如果汽车制造商和材料供应商之间也采用的是信用证结算方式，那么材料供应商就可以向银行申请办理出口打包贷款，等等。各种融资产品是否需要银行保留追索权也可以根据供应链的实际管理状况灵活决定。所以，供应链融资没有固定的融资方式以及必须保留追索权。银行要根据对不同供应链的风险评估、供应链参与企业的不同需求，设计不同的供应链融资模型。这需要银行具备供应链管理方面的知识，是一项综合能力要求非常高的业务。

本章习题

1. 什么是国际贸易融资？国际贸易融资有什么特点？
2. 你认为银行或者其他金融机构为什么要从事国际贸易融资业务？
3. 请将10.2节和10.3节所介绍的所有国际贸易融资按照以下标准进行分类：
   ① 买方融资和卖方融资；
   ② 控货融资和账款融资；
   ③ 表内融资和表外融资；
   ④ 债权融资和资产融资；
   ⑤ 一般性融资和结构性融资；
   ⑥ 有追索融资和无追索融资；
   ⑦ 发货前融资和发货后融资。
4. 设计出口发票融资业务流程图并进行解释说明。
5. 设计应收账款"池"融资业务流程图并进行解释说明。
6. 设计出口合同/订单打包贷款业务流程图并进行解释说明。
7. 设计出口托收项下出口押汇业务流程图并进行解释说明。
8. 介绍一下福费廷业务的包买方式。除了本章介绍的方式之外，你还可以设计出其他方式吗？
9. 请自己或者几名同学组成小组，设计一个福费廷业务案例，讨论福费廷业务的各种包买方式及3种贴现计算方式各有什么样的特点。
10. 设计远期信用证保兑项下贴现业务流程图并进行解释说明。
11. 设计出口信用保险项下融资流程图并进行解释说明。
12. 进口信用证押汇行与开证行应该承担的付款责任是什么关系？
13. 设计海外代付在汇款、托收、信用证3种结算方式下的业务流程图并进行解释说明。

14. 你认为应该如何定义狭义的供应商融资和广义的供应商融资?
15. 你认为提货担保只能在信用证项下办理吗?为什么?
16. 结构性融资和结构性贸易融资是什么样的关系?能否设计资产方向不发生变动,只有负债方向变动的融资产品?为什么?
17. 为什么结构性应收账款融资可以不计入资产负债表,而一般的发票融资需要计入资产负债表?
18. 有人说大宗商品比普通商品更适用于结构性贸易融资,你怎么看待这个问题?
19. 你认为供应链融资和其他贸易融资相比有什么特点?
20. 分成若干小组,每组各选一条供应链(如钢铁行业、船舶行业、纺织行业、光伏行业、房地产行业、核电行业等),设计该供应链的简单融资模型。每组制作一份PPT,在课堂上宣讲。

第 11 章

贸易服务平台与银行付款责任

> **本章要点**
> (1) 贸易服务平台的概念；
> (2) 贸易服务平台的运行模式；
> (3) 贸易服务平台银行的支付模式；
> (4) 银行付款责任的定义；
> (5) 银行付款责任的运行模式和相关惯例；
> (6) TSU/BPO 所提供的服务；
> (7) BPO 的保兑。

国际贸易中，应用最广泛的运输单据是海运提单，随着物流方式和技术不断地发展与进步，货物运输的时间已被大大缩短。而且区域经济交流日趋紧密，在同一经济区内的货物贸易不断膨胀。例如亚太地区，大部分的货物贸易都是在亚太经济区域内完成的，货物运输的路径相对较短。物流技术的进步和运输路径的缩短，使得通过银行传递海运提单或者其他贸易单证的传统结算方式受到了挑战：货物已经运抵进口国目的港，但是单据还在银行之间周转，导致进口商承担滞港费等不必要的支出。虽然银行可以提供诸如提货担保等产品帮助进口商在没有收到正本提单的情况下提前提货，但是提货担保的费用较高，对进口商来说也是不小的负担。

银行传统的结算产品，如托收与信用证在某种程度上已经滞后于物流的发展，难以满足进口商尽早提货的需求，因此不断让位于赊销贸易。这一趋势潜在地威胁到银行传统贸易服务的收益，同时有可能导致银行脱媒（disintermediation）[①] 现象。

为了应对这一挑战，银行必须针对客户的要求，设计一体化的金融供应链管理解决方案，发展新的国际结算渠道，提供更多、更广泛的贸易与融资的增值服务，以改善客户的供应链与现金流管理。而基于贸易服务平台（trade service utility）的银行支付与银行付款责任（bank payment obligation）则是比较成熟的、具有一定影响和未来发展潜力的新型国际结算渠道。

---

① "脱媒"一般是指在进行交易时跳过所有中间人而直接在供需双方间进行，本章是指进出口商有可能不再使用或者减少使用银行的贸易服务，从而导致银行的收益降低。

11.1 贸易服务平台

11.1.1 贸易服务平台的概念

贸易服务平台（trade service utility，TSU），是银行之间应用的一种判断进出口商分别提供的贸易数据是否相匹配的数据自动处理平台，该平台由 SWIFT 组织设计开发。在该平台自动判断出贸易数据完全匹配的基础上，银行可以提供进出口结算及贸易融资方面的一系列金融服务。为了明确 TSU 参与各方的权责，SWIFT 于 2009 年在此前第 1 版的基础上制定了《TSU 2.0 服务描述》（TSU 2.0 Service Description）进行指导。

11.1.2 TSU 的产生

2003 年，SWIFT 组织了 12 家银行成立"贸易服务建议小组"（Trade Services Advisory Group，TSAG），专门研究如何为赊销项下交易和供应链融资提供更好的服务。TSAG 提出了目标集中于通过数字化银行之间贸易单据的 TSU 方案。2004 年 12 月，SWIFT 公告其已经批准开发一个全新的 SWIFT 平台——SWIFTNet TSU（简称 TSU）。根据计划，TSU 首次运作试验于 2005 年 12 月展开，在 2006 年中期开始商业化运作。最初共有 13 家银行参与试验 TSU。

11.1.3 TSU 的基本运行模式

TSU 的基本运行模式是由进口商和出口商分别将合同或者订单的数据通过买方银行和卖方银行输入 TSU 平台做第一次的匹配。在确认进出口双方分别提供的合同或者订单数据是完全匹配的情况下，TSU 平台会向双方的银行出具匹配报告。出口商得到银行通知的匹配报告后安排发货。

出口商发货之后，向买方寄送商业单据正本，同时通过卖方银行将涉及货物运输的各种商业数据导入 TSU 平台做第二次的匹配。TSU 平台对商业数据和订单数据、商业数据相互之间都进行判断，如果都匹配，则出具匹配报告给进出口商双方的银行。进口商在得到买方银行通知的匹配报告后立即安排付款给出口商。由于邮寄单据的时间往往长于电子数据传输的时间，因此进口商在安排汇款时一般还没有收到正本商业单据。

这里介绍和解释以下几个 TSU 平台的专门术语。

① 基线（baseline）：通过银行录入到 TSU 平台中的与贸易相关的数据。

② 已建立的基线（established baseline）：当 TSU 对双方提供的基线做出数据匹配的判断后，会自动出具匹配报告（match report），这一动作也称之为"基线建立"（baseline established），对于通过判断的基线，称之为"已建立的基线"。

③ 数据包（data set）：是指在"基线建立"之后，提交给 TSU 平台的各类商业单据所包含的数据，包括发票、运输单据、保险单据、证明或其他单据所包含的数据；实务中，出口商往往把上述单据的副本交给卖方银行，由卖方银行完成数据包的提交。

④ 卖方银行（seller's bank）：为出口商（卖方）提供 TSU 服务的金融机构。
⑤ 买方银行（buyer's bank）：为进口商（买方）提供 TSU 服务的金融机构。
⑥ 基础银行（primary bank）：卖方银行和买方银行合称为 TSU 业务的"基础银行"。
⑦ 提交银行（submitting bank）：指在一个单独的 TSU 交易中同意为基础银行提交指定数据包的金融机构，但是这并不构成基础银行和提交银行之间的代理关系。
⑧ 金融机构（financial institution）：与 SWIFT 建立了使用 TSU 平台合同关系的拥有 BIC 代码的 SWIFT 客户。

TSU 的基本运行模式如图 11-1 所示（图中流程序号"9/14"表示第 9 步和第 14 步的行为是一样的，下同）。

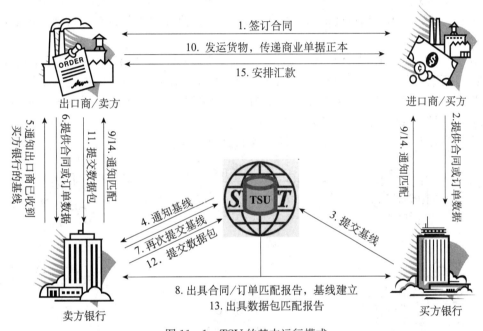

图 11-1　TSU 的基本运行模式

图 11-1 中，只有买方银行和卖方银行两家金融机构参与了 TSU 交易的基线建立，这种模式被称为"Push Through"模式。如果一笔 TSU 交易中买方银行和卖方银行恰好是同一个银行，即只有一个金融机构参与了 TSU 交易的基线建立，这种模式被称为"Lodge"模式。如果在这两种模式的基础上，有提交银行参与了基线建立，则被称为带有提交银行的 Push Through 模式或 Lodge 模式。

如果 TSU 平台判断出基线或者数据包不匹配，那么将出具不匹配报告（mismatch report）。需注意的是，TSU 平台没有设计独立的单据不匹配报告，而是只有一个匹配报告，然后在报告中特别注明数据匹配与否。在此情况下，进出口双方可以由某一方选择重新提交基线或者由出口商重新提交数据包，直到数据匹配为止；也可以仿照信用证业务中申请人选择接受不符点的方式，由进口商同意接受数据不匹配的事实。

虽然银行在此基本运行模式下没有直接介入买方的支付，但是银行可以基于 TSU 平台传递和管理信息，在货物贸易流程的不同时间触发点（trigger points）提供多种贸易增值服务，帮助客户改善现金流和进行风险控制。

11.1.4 TSU 银行支付模式

在图 11-1 中，TSU 仅仅是一个数据匹配的平台，进口商的付款并没有和买方银行完全结合。例如，进口商可以在数据匹配后通过非买方银行的其他银行安排汇款给出口商，而且也没有任何强制性的措施来保证进口商在数据匹配后一定会安排付款。因此在实务中，发展出一种在数据匹配的情况下，由买方银行直接借记进口商账户向出口商支付货款的 TSU 银行支付方式。这种银行增值服务需要买方银行与进口商签署付款协议，以约束双方的权利义务。如果进口商账户没有足够的头寸，买方银行是不会对出口商支付的，除非其与进口商在付款协议中约定了相关的解决方案，如对进口商提供短期融资等。也就是说，TSU 银行支付方式下，买方银行并不承担对出口商的付款义务，如同 D/P 业务中代收行对出口商不承担付款义务一样。

如果 TSU 平台判断出基线或者数据包不匹配，那么将会出具不匹配报告，在此情况下，可通知进口商数据不匹配。如果进口商同意接受数据不匹配的事实，买方银行则借记进口商账户向出口商支付货款。如果进口商不接受数据不匹配的事实，买方银行不承担向出口商付款的义务，只是将进口商的决定通知卖方银行。

图 11-2 为 Push Through 模式下 TSU 银行支付方式。

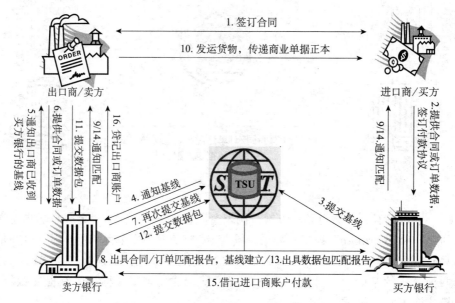

图 11-2 Push Through TSU 银行支付方式

11.2 银行付款责任

11.2.1 银行付款责任的定义

根据《银行付款责任统一规则》（Uniform Rules for Bank Payment Obligations，URBPO），银行付款责任（bank payment obligation，BPO）是指付款行在提交的已建立的基线所

需要的所有数据包数据匹配时，或者虽然数据不匹配，但是根据本规则已被接受时，对收款行承担付款或承诺延期付款并于到期日支付一定金额的一项不可撤销的独立承诺。

与跟单信用证不同的是，URBPO 将 BPO 业务严格定义为银行间的权利义务关系，BPO 业务的受益人是卖方银行，而非信用证项下的卖方。

11.2.2 BPO 的基本运行模式

这里先介绍和解释以下几个术语（基于 URBPO 定义条款，请注意与 TSU Rulebook 的区别）。

① 付款行[1]（obligor bank）：指开立 BPO 的银行，该银行不一定是买方银行，可以是其他银行，而且可以一笔交易平台下存在多家付款行。

② 收款行[2]（recipient bank）：指作为 BPO 受益人的银行，只能是卖方银行。

③ 买方银行：指买方的银行，买方银行可以是付款行。

④ 卖方银行：指卖方的银行，卖方银行在已建立的基线的付款责任段中标明为收款行。

⑤ 提交银行：指唯一角色为提交已建立的基线所要求的一个或多个数据包的参与行。

⑥ 参与行（involved bank）：指一家卖方银行或收款行（取决于其在给定时间内的角色）、买方银行、付款行或提交银行。

由于参与行众多，所以 URBPO 包括 TSU 使用了角色确认的概念，即一个参与行通过发送特定格式的报文确定他承担的角色是付款行、提交银行还是收款行。

和 TSU 银行支付模式一样，BPO 也是在 Push Through 模式或 Lodge 模式的基础上进行的。如果有买方银行以外的付款行参与，可以被称为带有付款行的 Push Through 模式或 Lodge 模式。如果同时又有提交银行参与了基线建立，则可以被称为带有提交银行和付款行的 Push Through 模式或 Lodge 模式。

以不带提交银行的 Push Through 模式为例，TSU 加 BPO 基本运作流程如图 11-3 所示。

在图 11-3 中，假设由买方银行作为付款行在提交基线的同时就开出了一个即期付款的 BPO。实务中也可以开出一个远期付款的 BPO，如果基线建立后数据包是匹配的，那么付款行必须在 BPO 中设定的付款到期日安排付款。数据包匹配报告即可起到远期信用证项下承兑汇票或承诺电文的作用，无须再另外发送电文。付款行可以只对交易金额的一部分提供付款承诺，而无须对全部金额提供付款承诺，这一点和信用证业务相似。与信用证不同的是，BPO 可以同时由多家银行按交易金额分比例出具，甚至于买方银行并没有出具 BPO，而是由其他一家或多家银行出具 BPO。

以下假设有两家付款行参与到了一笔 TSU 交易当中，TSU 交易的金额为 100 万美元，A 银行开出的付款承诺是 30 万美元，B 银行开出的付款承诺是 60 万美元[3]，分 3 次装运，参见表 11-1。

---

[1] 也有译作"买方银行"或"债务行"，本章统一译作付款行。
[2] 也有译作"卖方银行"或"接受行"，本章统一译作收款行。
[3] 两家银行合计 BPO 金额为 90 万美元，即没有对全部发票金额做出付款承诺。

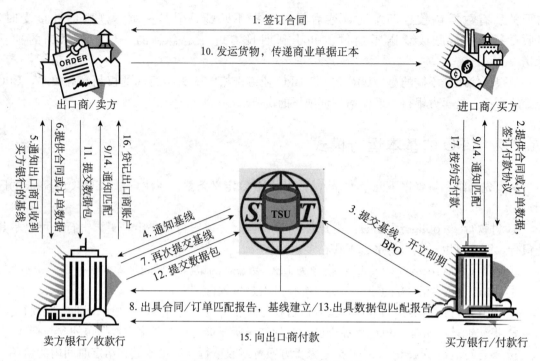

图 11-3　TSU 加 BPO 基本运作流程

表 11-1　两家银行 BPO 承担责任计算表

	金额	A 银行的付款承诺	B 银行的付款承诺
第一次装运	27	27×(30/90)=9	27×(60/90)=18
第二次装运	21	21×(30/90)=7	21×(60/90)=14
最后一次装运	52	(90−27−21)×(30/90)=14	(90−27−21)×(60/90)=28
合计	100	30	60

三次装运的总金额为 100 万美元，即 27+21+52=100 万美元，两家付款行应承担的付款金额为：

A 银行　9+7+14=30 万美元
B 银行　18+14+28=60 万美元

11.2.3　关于 BPO 的国际惯例

1. TSU 2.0 服务描述

SWIFT 推出 BPO 时，并没有配套的国际惯例出台，只有 SWIFT 在《TSU 2.0 服务描述》中制定了一份规则手册，该手册对 TSU 及 BPO 业务做出了规范，11.1 节中的各种名词定义就是来源于此。

《TSU 2.0 服务描述》一共有 9 章 50 页，其中第 7 章共 6 页即为"规则手册"。

2. 银行付款责任统一惯例

随着 BPO 业务在银行间的试用，制定一份专门的国际惯例来代替 TSU 2.0 规则手册的呼声越来越高，很多银行认为没有专门的国际惯例会限制 BPO 的发展。因此，2011 年，SWIFT 和 ICC 合作，组成起草小组专门研究制定关于 BPO 的统一惯例"Uniform Rules for Bank Payment Obligations，URBPO"。URBPO 750 于 2013 年 7 月 1 日起正式生效。

虽然 BPO 是基于 TSU 平台产生的，但是市场普遍认为 BPO 将会是未来供应链融资的翘楚。例如，银行可以通过一定的平台介入供应链当中核心企业与上下游企业之间合同的签订、商业单据的制作、会计处理等贸易管理服务，从而缩短供应链中单据的流转时间，更便利地提供各种供应链金融服务。但是 BPO 作为银行付款的承诺，并非一定要基于 TSU 平台产生。因此，在 URBPO 750 中，并没有出现 TSU，而是使用了"交易匹配平台"（transaction matching application，TMA）。而 TSU 作为现在已经开始应用的贸易数据匹配平台，属于 TMA 的一种。也就是说，URBPO 750 预想了未来可能会有不同于 TSU 的多种交易匹配平台，而 BPO 则是在这些交易匹配平台判断数据匹配之后，由付款行做出的付款承诺，甚至于从中蕴含了 BPO 将来在非货物贸易领域应用的可能性。

URBPO 750 对 BPO 业务涉及的基本概念、主要参与方及其责任、适用法律、数据要求等事项进行了描述与规范。

11.2.4 BPO 业务的主要特点

1. 严格限于金融机构间

URBPO 将 BPO 业务严格定义为银行间的权利义务关系，BPO 是付款行对收款行的付款责任。因此，与 UCP 600 等国际惯例不同，URBPO 中并未对买方、卖方、船运公司等贸易的实际参与方的相关权利义务关系进行表述，仅规范银行等金融机构之间的权、责、利关系。银行与买方、卖方之间的关系需要另行通过法律文本约定，不在 URBPO 的管理范围之内。

2. 银行不对数据及单据负责

URBPO 付款行及收款行的一项职能是接受并代替买方及卖方向系统平台提交数据，职责定位于数据的传输方，在这一过程中，银行仅根据买方或卖方提供的数据进行录入，不对买方或卖方提供数据的来源、真实性、准确性负责，也不需要审查或传递相关贸易单据。

3. 对卖方银行无责任要求

URBPO 详细规定了付款行到期付款责任的成立条件、独立性、金额上限等条款，而对收款行责任未做单独说明，仅在对所有参与行角色的统一描述中一并带过，针对因收款行操作失误而导致付款行损失等相关责任，URBPO 没有进行界定。

4. 无仲裁条款

由于 URBPO 仅适用于银行间金融机构，不涉及实际贸易参与主体。因此，在 URBPO 中并没有约定争议的仲裁条款。根据 URBPO 的规定，付款行与收款行通过事先约定适用法律对未来可能发生的风险事项进行处理。

11.3 基于 TSU/BPO 的进口服务

前面章节阐述了 TSU 贸易服务平台的基本运作方式,并且介绍了两个基于 TSU 平台的银行结算服务——TSU 和 BPO。它们都属于为进口商提供的服务,也可以视为和汇款、托收、信用证并列的结算方式,如图 11-4 所示。

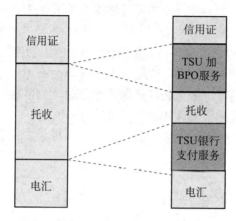

图 11-4 TSU、BPO 与其他结算方式的定位图

除此之外,银行还可以基于 TSU 平台为进出口商提供更多的增值服务,如贸易管理、贸易融资等。目前,银行基于 TSU 的进口服务主要包括两个方面:
① TSU 反融资;
② TSU 买方融资。

11.3.1 TSU 反融资

TSU 反融资是指当基线建立,TSU 平台出具数据包匹配报告后,由买方银行为出口商提供应收账款的融资服务,参见图 11-5。

TSU 反融资具体可以分为以下几种情况。

① 进出口双方使用 TSU 基本运作模式,并且约定赊销结算方式,当基线建立,TSU 平台出具数据包匹配报告后,由买方银行向出口商提供融资,利息可事先商定由进口商或者出口商承担。这种方式类似于传统贸易融资中的狭义供应商融资业务。

② 在双保理业务中,如果进出口保理商利用了 TSU 平台,当基线建立,TSU 平台出具数据包匹配报告后,由作为进口保理商的买方银行向出口商提供融资,利息由出口商承担。这种方式类似于保理业务中的反保理融资业务。

11.3.2 TSU 买方融资

TSU 买方融资是指在基线建立,TSU 出具数据包匹配报告后,由买方银行为进口商提供用于支付货款的短期融资服务,由进口商承担利息,参见图 11-6。

TSU 买方融资具体可以分为以下几种情况。

第 11 章　贸易服务平台与银行付款责任　251

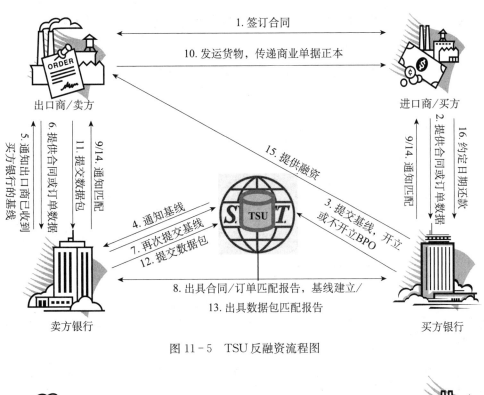

图 11-5　TSU 反融资流程图

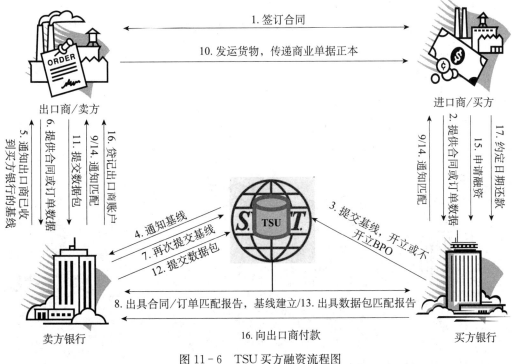

图 11-6　TSU 买方融资流程图

① 当买卖双方利用 TSU 基本运作方式或者 TSU 银行支付方式时，这种融资服务类似于传统贸易融资中的进口代收押汇。

② 当买卖双方利用 TSU 加 BPO 方式时，如果是即期 BPO 或者是远期 BPO 在到期日支付，那么这种融资服务类似于传统贸易融资中的进口信用证押汇；如果是远期 BPO 提前支

付,那么这种融资服务类似于传统贸易融资中的假信用证项下的开证行即期支付。

11.4 基于 TSU/BPO 的出口服务

目前银行基于 TSU/BPO 的出口服务主要包括 4 个方面:
① TSU 装船前融资;
② TSU 装船后融资;
③ TSU 应收账款催收服务;
④ BPO 保兑业务。

11.4.1 TSU 装船前融资

TSU 装船前融资是指在合同签订之后、货物装运之前由卖方银行向出口商提供的短期融资。装船前融资既可以对出口商保留追索权,也可以无追索权,由出口商和卖方银行协商决定,参见图 11-7。

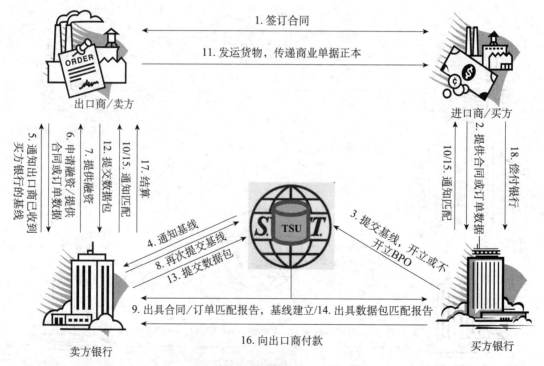

图 11-7 TSU 装船前融资流程图

TSU 装船前融资具体可以分为以下几种情况。
① 买卖双方采用 TSU 基本运作方式或 TSU 银行支付方式,卖方银行可以在 TSU 提供了对进出口双方的订单数据完全匹配的报告后,即基线建立后,向出口商提供融资,这种方式类似于传统贸易融资的订单融资或合同融资。
② 如果买方银行开立了 BPO,那么卖方银行既可以在基线建立后提供融资,也可以在收

到 BPO 通知后就提供融资，这种方式类似于传统贸易融资的信用证打包贷款。

11.4.2 TSU 装船后融资

TSU 装船后融资是指在货物装运之后，卖方银行基于 TSU 提供的订单数据和商业数据完全匹配的报告，向出口商提供的应收账款短期融资。装船后融资既可以对出口商保留追索权，也可以无追索权，由出口商和卖方银行协商决定，参见图 11-8。

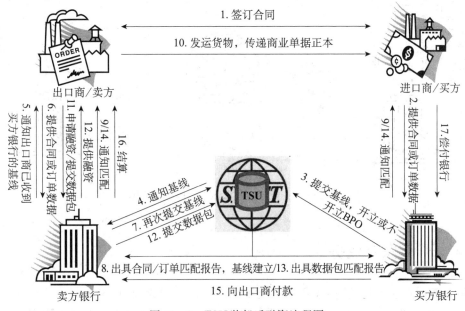

图 11-8 TSU 装船后融资流程图

TSU 装船后融资具体可以分为以下几种情况。

① 买卖双方采用 TSU 基本运作方式或 TSU 银行支付方式，卖方银行可以在出口商提供数据包时，或者在 TSU 平台出具数据包完全匹配报告后，向出口商提供融资，这种方式类似于传统贸易融资的出口托收押汇。

② 如果买方银行开立了 BPO，那么卖方银行可以在 TSU 平台出具数据包完全匹配报告后向出口商提供融资。如果保留了追索权，那么这种方式类似于传统贸易融资的出口信用证押汇；如果放弃了追索权，完全凭付款行的信用为出口商提供无追索的融资，也可以称之为 TSU 加 BPO 项下的福费廷业务。

11.4.3 TSU 应收账款催收服务

买卖双方采用 TSU 基本运作方式或 TSU 银行支付方式时，在 TSU 平台提供订单数据和数据包完全匹配的报告之后，卖方银行可以为通过电报的方式委托买方银行通知进口商付款；或者为出口商提供保理方面的应收账款管理和催收服务，并且可以在保理项下提供相应的有追索权或者无追索权的出口融资。图 11-9 是没有提供保理融资服务的流程图。

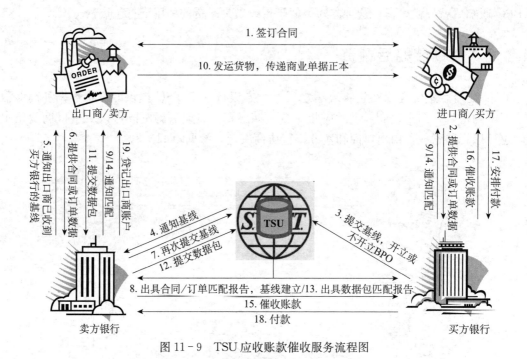

图 11-9 TSU 应收账款催收服务流程图

11.4.4 BPO 保兑业务

信用证的保兑业务是受到 UCP 600 约束的,但是 BPO 保兑(BPO confirmation)目前是 TSU 业务之外的领域。因此,规则手册没有对此进行约束。而 ICC 制定 URBPO 时,也没有关于 BPO 保兑的内容。实务中如同信用证的开证行不会被所有出口商信任一样,并非所有付款行开立的 BPO 都会被出口商接受。因此寻求付款行之外另一家信誉良好的银行提供类似信用证保兑一样的 BPO 保兑业务应该是有市场的,这样可以将第一付款责任转移到保兑行。但是在目前缺少国际惯例明文规定的情况下,如果有参与行愿意为付款行开立的 BPO 加保兑,那么需自负风险或者事先同付款行签署相关协议以保护自身利益。

目前针对 BPO 的保兑有两种形式。

1. 保兑行直接支付给出口商

① 保兑行意指为付款行开立的 BPO 加具保兑的参与行,可以是收款行,也可以是其他银行。加具保兑的时间点在基线建立之后、提交数据包之前比较合适。

② 如果保兑行不是卖方银行或收款行,那么在卖方银行或收款行收到付款行支付的资金后,再负责划拨给保兑行。

③ 如果卖方银行自己不是收款行,但是承担了保兑行的角色,那么卖方银行应先行支付资金给出口商,收款行收到付款行支付的资金后,再负责划拨给卖方银行。

④ 如果卖方银行自己同时作为收款行和保兑行的角色,那么卖方银行应先行支付资金给出口商,然后再从付款行处收回资金。

2. 在 BPO 的付款行拒绝履行支付义务时，保兑行向出口商支付

图 11-10 是假设卖方银行自己同时作为收款行和保兑行的角色，并且直接支付给出口商的流程图。

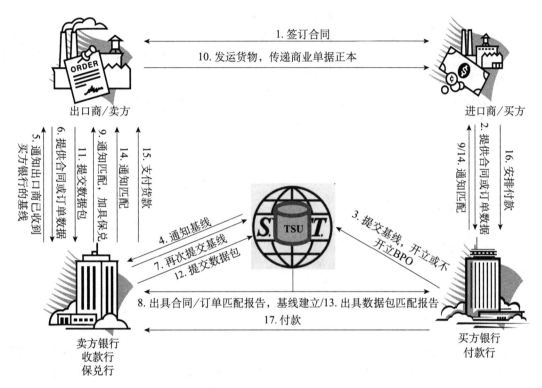

图 11-10 BPO 保兑业务流程图

11.5 BPO 的优势及局限性

11.5.1 BPO 的优势

1. 对于进口商而言

① 比预付货款方式安全，可以在商业数据与合同数据完全匹配的情况下才安排付款，类似于托收和信用证；
② 可以利用更多方式的银行融资产品；
③ BPO 巩固了进出口商的关系，保证了供应链的安全；
④ BPO 可以帮助扩展交易机会，增加进口商在国际贸易市场的竞争力；
⑤ BPO 开立方式简便，内容简单，与信用证相比，可以降低进口商的操作成本。

2. 对于出口商而言

① BPO 增加了付款的保障，由付款行的银行信用代替了进口商的商业信用；
② 可以灵活运用装船前或装船后融资；
③ 降低了进口商临时终止或更改合同或订单的风险；
④ 可以通过使用出口商所在国家货币的 BPO 降低汇率风险；
⑤ 与信用证相比，无须在单据的制作上耗费大量的人力、物力，避免了不符点的风险，降低了操作成本；
⑥ 付款速度比其他结算方式更快，有利于出口商的现金流管理；
⑦ 使用 BPO 可以获得更多的交易机会。

3. 对于银行而言

① 稳定费用来源；
② 提供了更多的产品销售机会；
③ 加强了与客户的关系，在供应链融资中可以加强与核心企业的关系；
④ 与信用证相比，降低了操作成本；
⑤ 可以满足客户多样化的市场需求。

11.5.2 BPO 的局限性

URBPO 750 的出台为商业银行开展 BPO 业务实践提供了有力的制度支持。随着 URBPO 的实施和推广，BPO 业务更加为市场熟悉和重视，一些国际知名客户，特别是大型卖方对 BPO 表现出了浓厚的兴趣。国际银行业也围绕 BPO 业务广泛开展讨论与市场推广，BPO 业务发展呈现出新的气象。但是，BPO 业务自身固有的局限性有待被重视和深入研究，具体而言，表现在以下两方面。

1. 收款行面临的问题

① 卖方的接受程度问题。URBPO 将受益人权利赋予了卖方银行，虽然收款行与卖方之间的关系可以通过 URBPO 框架之外的合同另行约定，但这在一定程度上仍然会影响卖方对叙做 BPO 业务的意愿。

② 法律的适用性问题。URBPO 无仲裁条款，银行间通过约定适用法律作为出现争议后的法律依据。在某些法律体系下（如大陆法系诸法律），卖方银行必须向卖方支付相应对价，如为卖方提供买断类融资等，以获得 BPO 业务项下的"合法"受益人地位。这一方面增加收款行在与卖方签订合同过程中的法律风险，另一方面无形中"绑架"了银行融资，使得收款行难以仅仅作为中介协助卖方完成贸易款项回收动作。

2. 付款行面临的问题

根据 URBPO，在约定条件被满足时，付款行即承担独立的、不可撤销的第一性付款责任，不论其是否能够从买方处得到偿付，因此加大了付款行的责任。相比之下，URBPO 对收款行的相关责任则没有明确的要求。在这种重点"保护"收款行的制度安排下，付款行很可能在完全见不到单据的情况下就已承担对外付款责任，对贸易背景的控制相对于信用证等传统结算方式要更弱，因此付款行的业务风险除了客户本身的信用风险外，还面临一定的卖方及收款行风险。例如，卖方为确保 BPO 成立，向收款行提交虚假或与实际发货情况不符的数据；或者收款行操作失误导致数据录入错误或收款行恶意录入虚假数据。

3. 技术手段的问题

TSU 需要银行录入进出口商的合同或订单与商业数据，银行目前多半是手工录入，这个工作量非常大，而且还要保证录入准确无误。而托收、信用证业务下银行不需要录入大量的数据（合同或订单基本不看），只需肉眼审核即可，因此操作时间上要节省很多。如果要发展 TSU 和 BPO 业务，那么银行需要思考如何实现电子银行与进出口企业的业务处理系统相连接，从而实现数据自动导入 TSU 系统的批量处理，以减少手工录入成本。如此看来，TSU 和 BPO 还有很长的路要走。

4. 其他问题

由于 BPO 处理的只是电子数据的匹配，因此银行无法掌握货权单据，且 BPO 的实施会影响其他传统结算业务的中间收入。此外，也存在进口商付款后却得不到订单所规定的实际货物的风险。在部分国家，由于缺乏单据电子化方面的法规，容易引发相关的法律风险。

本 章 习 题

1. TSU 基本运行模式是不包含银行支付服务的，请思考这种运行模式在实务中有何作用。

2. 请比较 TSU 银行支付模式和托收业务。

3. 请比较 TSU 加 BPO 模式和信用证业务。

4. TSU 和 BPO 业务涉及的银行角色非常多，本章节的流程未能将所有银行角色都涵盖在流程图中，那么请你在本章节的流程图基础上，至少设计两个包含所有银行角色的流程图。

5. 假设有 3 家付款行参与了一笔 TSU 交易，TSU 交易的金额为 100 万美元，A 银行开出的付款承诺是 30 万美元，B 银行开出的付款承诺是 50 万美元，C 银行开出的付款承诺是 10 万美元，分 4 次装运，每次装运的货物价值由你决定。请计算每一家银行在每一次装运时应该承担的付款金额是多少。

6. 在第 5 题中，假设有 10 万美元的差额没有付款行开出 BPO，那么出口商为了顺利收回这 10 万美元，可以向收款行申请什么样的增值服务？

7. 在第 5 题中，如果 B 银行拒绝履行付款承诺，那么出口商可以向 A 银行和 C 银行索要这 50 万美元吗？为什么？出口商该怎么做？

8. 本章图 11-4 介绍了 TSU、BPO 与其他结算方式的关系，你认为这种关系分类是否合适？如果不合适，请说明为什么，并且提出你认为合适的关系。

9. 除了本章列出的银行增值服务外，请思考如果你是银行的贸易服务产品开发人员，应该如何开发出更多的增值服务，并对你想到的增值服务用流程图进行说明。

10. 在没有BPO保兑业务国际惯例的情况下，请思考除了本章列出的保兑形式之外，能否设计其他的保兑形式。如果需要你代表保兑行和付款行商谈合作，你会从哪些方面提出合作要求？

11. 本章的流程图都是假设在出口商得知基线已经建立的情况下就把正本单据寄送给进口商的，你认为出口商还可以在其他时点寄送正本单据吗？如果可以，请说明其他时点寄送正本单据的理由，并和本章的流程图做一个对比。

12. 如果你是银行一名负责销售BPO业务的产品经理，你会如何向你的客户营销BPO？请分别向进口商和出口商营销。

13. 如果你是银行的一名产品经理，在学习了本章之后，如何向你的上司或银行的管理层推荐BPO？请制作一份PPT在课堂上宣讲。

14. 你认为托收业务和信用证业务会在未来被TSU及BPO所取代吗？为什么？请持两种不同意见的同学分成两组，就此问题开展一次辩论。

第 12 章

国际保理

本章要点
(1) 保理业务的定义;
(2) 国际保理机构和惯例;
(3) 国际保理业务的当事人和分类;
(4) 国际双保理业务的业务流程;
(5) 国际保理业务的优势、风险及防范措施。

近年来,随着全球经济由卖方市场向买方市场转变,进口商赊销付款逐步成为主导的结算方式,国际贸易结算形式也呈现出多元化发展的趋势。对于出口商来说,为适应这一市场格局变化,需要寻求在赊销项下合适的结算与融资方法。除了国际贸易之外,非贸易领域的应收账款结算也需要比电汇方式更加安全的方法。在此背景下,关于应收账款管理方面的综合性金融服务产品——国际保理业务因其特有的优势,在全球范围内得到了广泛的认可和应用。自 2004 年以来,国际保理业务在全球和我国都呈现出稳步快速增长的态势。

12.1 保理业务概述

12.1.1 保理业务的定义

保理(factoring)业务是一项发源于欧美等国的综合性金融服务,又叫作"保付代理"。但是对于到底什么是保理业务,实务中一直没有统一的定义。我们首先来看看中国银行业监督管理委员会对保理业务的定义。

2014 年 4 月 10 日发布的《商业银行保理业务管理暂行办法》中指出:

"保理业务是以债权人转让其应收账款为前提,集应收账款催收、管理、坏账担保及融资于一体的综合性金融服务。债权人将其应收账款转让给商业银行,由商业银行向其提供下列服务中至少一项的,即为保理业务:

"(一)应收账款催收:商业银行根据应收账款账期,主动或应债权人要求,采取电话、函件、上门等方式或运用法律手段等对债务人进行催收。

"(二)应收账款管理:商业银行根据债权人的要求,定期或不定期向其提供关于应收账款的回收情况、逾期账款情况、对账单等财务和统计报表,协助其进行应收账款管理。

"(三)坏账担保:商业银行与债权人签订保理协议后,为债务人核定信用额度,并在核准额度内,对债权人无商业纠纷的应收账款,提供约定的付款担保。

"(四)保理融资:以应收账款合法、有效转让为前提的银行融资服务。

"以应收账款为质押的贷款,不属于保理业务范围。"

该定义明确了以应收账款合法、有效转让为前提的银行融资也属于保理业务。

国际保理商联合会(Factors Chain International,FCI)在其颁布的《国际保理业务通用规则》(General Rules for International Factoring,GRIF)里把保理业务定义为"无论是否融资,至少提供下列服务中的一项:应收账款催收、应收账款管理、坏账担保",可见,仅仅提供融资而没有提供应收账款的催收、管理和坏账担保三者之一的,不属于 GRIF 所定义的保理业务。

此外,《商业银行保理业务管理暂行办法》对应收账款也做出了规范性的定义:企业因提供商品、服务或者出租资产而形成的金钱债权及其产生的收益,但不包括因票据或其他有价证券而产生的付款请求权。

由保理业务和应收账款这两个定义可以看出,保理业务是一项可以应用于多种经济往来中的为收款人提供应收账款方面综合性服务的业务,并不仅仅限于货物贸易项下,而且保理业务也不一定会有融资行为发生。即使有融资,也不一定是贸易项下的融资。因此,以往将保理业务等同于贸易融资业务是不准确的。

从事保理业务的机构不仅仅是银行,国外有很多专门从事保理业务的保理服务公司,所以 GRIF 并非专门为商业银行制定的,而是为保理商制定的。不过,在中国,最先从事保理业务的是商业银行。因此,才会先后由中国银行业协会和中国银监会出台相关规范。《商业银行保理业务管理暂行办法》结尾提到政策性银行、外国银行分行、农村合作银行、信用社、财务公司等其他银行业金融机构参照执行,因此《商业银行保理业务管理暂行办法》是中国金融机构从事保理业务的监管法规。我国的商业保理公司主要从 2011 年开始正式运营,发展势头十分迅猛。国内开展业务量较大的商业保理公司主要包括中信保理、鑫银保理、渤海保理、快钱金融、IBM 保理等。由于商业银行在办理保理业务时,实际上也是属于保理商的角色,所以本书在措辞上不再刻意区分从事保理业务的保理商是商业银行还是非银行机构,接下来的内容将统一使用"保理商"一词。

12.1.2 国际保理机构

现今规模较大且较有影响力的国际保理机构是:国际保理商联合会(FCI)和国际保理商组织(International Factors Group,IFG 或 IF-Group)。其中,FCI 是该行业最大的国际保理组织,会员主要以银行为主,兼有其他金融机构;而 IFG 的会员主要为独立保理商,其影响力和业务规模远远不如国际保理商联合会。

1. 国际保理商联合会

FCI 成立于 1968 年,总部设在荷兰阿姆斯特丹。其目的是为会员公司提供国际保理服务的统一标准、程序、法律依据和规章制度,负责组织协调和技术培训。FCI 有 5 个首要任务:

① 颁布实施 GRIF;

② 维护保理业务代理系统(correspondent factoring system)的技术发展水平;

③ 为会员提供稳定的网上学习（e-learning）培训平台；
④ 通过创新的营销计划、会议和游说等方法推广保理业务；
⑤ 公布国际保理业务的统计数据。

2. 国际保理商组织

IFG 于 1963 年成立，总部设在比利时的布鲁塞尔，已在 60 多个国家拥有 157 个成员，这些成员基本上都是大型跨国公司，具有优良的商誉。IFG 创立了国际保理业务双保理体系，并于 1979 年开发了电子数据交换系统，用于各计算机之间的数据交换以支持业务系统的运行。IFG 还制定了系统的法律规则和文件，适用于所有组织成员及与成员进行保理交易的其他人，用以规范和保证保理服务的标准化、高质量，同时也明确和简化了成员从事保理业务时涉及的相关法律文件和法律程序。

12.1.3 国际保理所适用的规则

1. 国际保理业务通用规则

在保理业务中，目前最有影响力的国际惯例是由 FCI 和 IFG 专门为双保理业务共同制定的《国际保理业务通用规则》。

GRIF 最早由 FCI 和 IFG 为创立保理业的全球标准而共同制定。此后 IFG 对该规则通用版本进行了改动，产生了多个不同版本，因此导致了差异。目前所说的 GRIF 一般指 FCI 所修订的版本。

2013 年 6 月，FCI 又再次更新了 GRIF，该规则分为 8 节共 32 条，第 1 节为总则，共 11 条；第 2 节为应收账款的转让，共 4 条；第 3 节为信用风险，共 4 条；第 4 节为账款的催收，共 3 条；第 5 节为资金的划拨，共 4 条；第 6 节为争议，共 1 条；第 7 节为陈述、保证与承诺，共 1 条；第 8 节为杂项，共 4 款。

这一规则是国际保理业广泛接受的业务规则，特别是在 FCI 会员公司之间，是必须遵循的国际保理业务通用规则，为世界国际保理业的发展提供了良好的法规条件。

2. 国际保理公约

《国际保理公约》是保理业务唯一的国际公约，于 1988 年 5 月由国际统一私法协会在加拿大渥太华通过。该公约为国际保理业务提供了统一的法律框架，推动了国际保理的发展。然而，公约本身的一些缺陷使得公约在运行过程中产生了诸多问题，所以其影响力非常有限，无法与 GRIF 相比。

12.2 国际保理业务的当事人

国际保理业务通常有 4 个当事人：债权人、债权人的保理商、债务人和债务人的保理商。这也是标准的国际双保理业务所涉及的 4 方当事人。各方之间的法律关系共同形成了国际保理业务的法律关系链条。GRIF 对这 4 个当事人的定义则分别使用了供应商（supplier）、出口保理商（export factor）、债务人（debtor）和进口保理商（import factor）[①]来描述。

1. 供应商

供应商是对其供应的货物或提供的服务出具发票的一方。

供应商向出口保理商提出申办保理业务的申请书，申请书内容应包括：出口产品或提供的服务、债务人名称及地址、债务人的付款条件、付款期限、付款金额及供应商所要申请的坏账担保额度等。

供应商有从出口保理商处享受应收账款催收、应收账款管理、坏账担保三者之一（或任两者，或三者全部）及获取融资的权利。但是同时也承担其他义务：申请评估债务人信用风险额度时需要提供必要信息、转让应收账款债权、承担瑕疵担保责任、接受出口保理商对应收账款债权的反转让、信息披露、其他保证责任和支付保理费用。

应收账款的转让必须以书面形式进行。

2. 出口保理商

出口保理商是根据保理协议获得供应商转让的应收账款的一方。

出口保理商在接到供应商的申请后，可以立即同其签署保理协议，也可以在得到进口保理商同意后再同供应商正式签署保理协议。

出口保理商应按照供应商申请书的内容填制《信用额度申请书》（或类似名称的申请书），提交给进口保理商，代供应商向进口保理商申请应收账款催收、应收账款管理、坏账担保三者之一（或任两者，或三者全部）的服务。在进口保理商提供坏账担保额度的限额内，可以根据供应商的要求提供有追索权或无追索权的出口融资。

对于供应商，出口保理商在发生争议时有权暂停担保付款及办理反转让，特定情形下可撤销或缩减信用风险额度，还可要求供应商提供商业单据；但同时也负有联系办理信用额度核准事宜、受让应收账款债权并进行销售账务管理、担保付款和将争议通知供应商的义务。

对于进口保理商，出口保理商有权要求进口保理商承担信用风险情况下的坏账担保责任，有权要求进口保理商告知有效的转让形式和要求；但同时也负有向进口保理商支付保理佣金、提交债务人信用风险核准申请、在约定时间内传递有关单据、向进口保理商转让应收账款债权、对应收账款债权的真实性与无争议做出承诺和保证，以及确保应收账款债权转让手续的有效性的义务。

实务中，经常将出口保理商提供的服务称为"出口保理业务"。

3. 债务人

债务人是对由供应商供应的货物或提供的服务而产生的应收账款负有付款责任的一方。

当债务人得到进口保理商要求付款的通知时，有义务向其付款。但是，如果债务人对供应商的履约行为有异议从而影响其对供应商应收账款的支付时，则视为争议发生，需要由进出口保理商相互配合处理。

在公开保理项下，供应商或进出口保理商在办理保理业务之前，应以书面形式通知债务人已经选择了双保理方式作为双方债权债务关系的结算方式，声明进口保理商将代替供应商

---

① 这里的"出口"或"进口"并非单纯的货物贸易进出口的概念，请参见12.1节有关保理业务和应收账款的定义。

作为债权人，有关双方交易的应收账款，将由债务人按照进口保理商的指示支付。

4. 进口保理商

进口保理商是指接受出口保理商转让的应收账款的一方。

进口保理商需根据出口保理商的申请提供应收账款催收、应收账款管理、坏账担保三者之一（或任两者，或三者全部）的服务。如果进口保理商提供了对债务人的坏账担保额度，也可以在此基础上对供应商提供融资，即俗称的"反保理"。

进口保理商和出口保理商之间须签订保理商代理合约，约定双方的权利和义务。

进口保理商应根据债务人的资信情况，并根据自身与其进行业务往来的经验等来核准提供坏账担保的额度。进口保理商向出口保理商提供了所核准的应收账款坏账担保额度后，出口保理商应将应收账款转让给进口保理商，由进口保理商按规定的期限向债务人催收并向出口保理商付款。

如果发生由债务人提出的争议，且在争议涉及的应收账款到期日后 90 天内收到争议通知，则进口保理商不应被要求对债务人由于这种争议而拒付的款项进行担保付款。如果争议由债务人提出，且在担保付款后但在应收账款到期日后 180 天内收到争议通知，进口保理商有权索回由于争议而被债务人拒付的金额。

实务中，经常将进口保理商提供的服务称为"进口保理业务"。根据是否向出口保理商或出口商做出坏账担保，可以分为担保型的进口保理和代收型的进口保理。在债务人无力或者不能支付时，前者需要进口保理商赔付，后者不需要赔付。

12.3 国际保理业务的种类

12.3.1 国际保理和国内保理

按照基础交易的性质和债权人、债务人所在地，可分为国际保理和国内保理。债权人和债务人均在境内的，称为国内保理；债权人和债务人中至少有一方在境外的（在中国，"境外"包括保税区、自由贸易区、境内关外等），称为国际保理。国内保理开始于 20 世纪初的美国；国际保理开始于 20 世纪 60 年代的欧洲，FCI 则是将国际保理推广到了全球范围的主要组织。在实务中，国际保理和国内保理的业务流程基本相同，因此，本章后面介绍的国际双保理业务流程同样适用于国内保理。

12.3.2 融资保理和非融资保理

为债权人提供了融资服务的保理业务即为融资保理，又称折扣保理；没有提供融资服务的保理业务即为非融资保理，也称为到期保理。

12.3.3 有追索权和无追索权的保理

保理业务可以分为有追索权和无追索权的保理。但需注意的是，保理业务所说的追索权不仅限于针对提供了融资这一情况的。

有追索权的保理是指在应收账款到期无法从债务人处收回时，保理商可以向债权人反转让应收账款，或要求债权人回购应收账款或归还已经提供的融资，又称回购型保理。

无追索权的保理是指应收账款在无商业纠纷等情况下无法得到清偿的，无论是否融资，都由保理商承担应收账款的坏账风险，又称买断型保理。

12.3.4 公开型保理和隐蔽型保理

按照是否将应收账款转让的事实通知债务人，可分为公开型保理和隐蔽型保理。

公开型保理需要将应收账款转让的事实通知债务人，通知方式包括但不限于：向债务人提交银行规定格式的通知书，在发票上加注保理商规定格式的转让条款等。

隐蔽型保理则不需要将应收账款转让的事实通知债务人，但保理商可以保留一定条件下将会通知债务人的权利。

12.3.5 定期保理和预付保理

按照保理商向债权人支付资金的时间，保理业务可以分为定期保理和预付保理。

定期保理是指不论应收账款是否收妥，保理商都需要在一个事先约定的固定日期向债权人付款的保理方式；预付保理是指保理商在应收账款到期日或收款日之前向债权人提供预付款而非融资的保理方式。

定期保理项下，保理商与债权人约定一个固定的日期，这个日期通常根据自发票日或应收账款到期日起算的债务人平均付款天数来确定，无论债务人是否已经付款，保理商保证向债权人付款或收买债权。保理商一般要承担债务人无力支付或破产的风险。

12.4 国际双保理的业务流程

国际贸易保理业务早期的应用形式为单保理，即只有一个保理商（进口保理商）。因此，单保理业务只有债权人、进口保理商和债务人3个当事人。这种类型现在国内保理业务中比较常见。

12.2节对国际双保理业务的4个当事人作了介绍，需要注意的是，根据供应商需要的服务不同，即根据进出口保理商提供的服务不同，可以衍生出多种业务流程。图12-1是以货物贸易为背景，由出口保理商提供了融资、应收账款管理和应收账款催收服务，进口保理商提供了应收账款催收和坏账担保服务的业务流程图。

在图12-1中，假设出口商为中国某商品生产商，出口保理商为中国的某银行，进口商为法国某超市，进口保理商为法国某保理公司，进出口保理商均为FCI成员。进出口商之间已经对商品的销售进行了一系列的接触，经过询盘、发盘的过程，进入还盘的阶段，进口商期望采用赊销的方式结算，因此出口商打算利用保理业务。

具体操作流程如下：

① 出口商向出口保理商申请办理出口双保理业务，并与出口保理商签订保理协议，提供

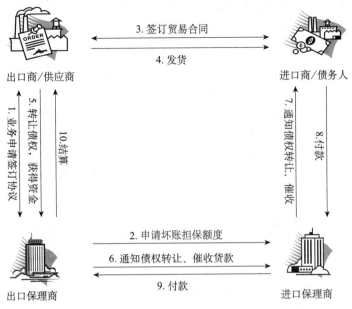

图 12-1 国际双保理业务流程

进口商的相关信息,委托出口保理商办理应收账款管理和应收账款催收服务,并且期望能够取得无追索的贸易融资。

② 出口保理商将进口商信息通知给进口保理商,并期望进口保理商能够提供应收账款催收服务和坏账担保额度。进口保理商接受了出口保理商的需求,调查了进口商资信状况、评估了进口商的风险后,提供了 80 万欧元的坏账担保额度。

③ 出口商得到了出口保理商的反馈后,与进口商签订贸易合同,约定采用提单日后 120 天赊销的电汇方式进行结算,合同金额为 90 万欧元。

④ 出口商根据贸易合同的约定一次性装运了货物,将正本商业单据寄送给了进口商,并通知进口商将会由进口保理商代为收款。

⑤ 出口商通过书面形式将其应收账款转让给出口保理商,并提供了出口保理商需要的贸易合同、出口发票(金额为 90 万欧元)、提单复印件等相关单据,出口保理商则为出口商提供了无追索的融资。但是由于进口保理商提供的坏账担保额度为 80 万欧元,因此,出口保理商提供的贸易融资金额也为 80 万欧元(也可以更少,取决于双方的约定),而不是发票的 90 万欧元。

⑥ 出口保理商将应收账款再次转让给进口保理商,同时将相关贸易单据信息提供给进口保理商(实务中保理商之间多使用 EDI 传递①),委托进口保理商收取应收账款 90 万欧元。

⑦ 进口保理商通知进口商,应收账款已被转让给进口保理商。在贸易合同约定的提单日后 120 天,进口保理商再次通知进口商,要求进口商支付货款。

---

① EDI 俗称"无纸化贸易",是英文 electronic data interchange 的缩写,中文可译为"电子数据交换"。EDI 就是按照商定的协议,将商业文件标准化和格式化,并通过计算机网络,在贸易伙伴的计算机网络系统之间进行数据交换和自动处理。EDI 的定义至今没有一个统一的标准,但是有 3 个方面是相同的,即资料用统一的标准、利用电信号传递信息、计算机系统之间的连接。联合国标准化组织则将 EDI 描述成"将商业或行政事务处理按照一个公认的标准,形成结构化的事务处理或报文数据格式,从计算机到计算机的电子传输方法"。

⑧ 进口商在接到进口保理商催收通知后，向其支付了货款 90 万欧元。

⑨ 进口保理商在扣除自己的费用后（假设是 1 万欧元）将余额 89 万欧元支付给出口保理商。

⑩ 出口保理商收到 89 万欧元后，扣除融资的本金、利息和费用（假设共计 85 万欧元），将余额 4 万欧元支付给出口商，交易流程结束。

从上述流程我们可以知道，出口商并不一定要在进口保理商提供的坏账担保额度内和进口商交易。假如图 12-1 中，进口商违约拒绝付款，进口保理商只会赔付 80 万欧元，其他 10 万欧元的差额是需要出口商自己承担的。如果出口保理商提供了超出坏账担保额度的融资，那么理论上应保留对出口商的追索权，否则出口保理商将承担超额的风险。

12.5　国际保理业务的优势

从货物贸易的角度来看，保理业务能为出口商和进口商带来增加营业额、风险保障、节约成本、简化手续、扩大利润等益处，如表 12-1 所示。

表 12-1　国际保理业务对进出口商的优势一览表

优势	对出口商	对进口商
增加营业额	对于新的或现有的客户提供更有竞争力的 O/A、D/A 付款条件，以拓展海外市场，增加营业额	利用 O/A、D/A 优惠付款条件，以有限的资本，购进更多货物，加快资金流动，扩大营业额
风险保障	进口商的信用风险转由保理商承担，出口商可以得到收汇保障	仅凭公司的信誉和良好的财务表现即可获得信贷支持，无须提供抵押或质押担保
节约成本	资信调查、账务管理和账款追收都由保理商负责，减轻业务负担，节约管理成本	避免了开立信用证和处理单据的费用
简化手续	免除了一般信用证交易的烦琐手续	在批准信用额度后，购买手续简化，进货快捷
扩大利润	由于出口额扩大、降低了管理成本、排除了信用风险和坏账损失，利润随之增加	由于加快了资金和货物的流动，生意更发达，从而增加了利润

12.6　国际保理业务的风险及防范措施

12.6.1　国际保理业务的风险

1. 进口保理商承担的风险

1) 买方风险

进口保理商在保理业务中主要承担的是进口商的信用风险及无履约能力的风险而非基础

交易风险，主要表现为买方在基础交易不存在瑕疵的情况下，拒绝或无力履行到期付款责任，甚至可能发出虚假争议通知。

2）出口保理商的作业风险

主要表现在出口保理商作业水平不高，不按国际惯例行事，不能及时发现并制止欺诈等风险，可能给进口保理商带来风险和损失。

3）欺诈风险

主要表现在进出口商相互串通，虚开发票，骗取保理融资及担保付款，造成风险。

4）操作风险

进口保理商对相关国际惯例规则不熟悉，未按国际惯例行事，导致风险。

5）商品市场或政治风险

买方的资信水平原本不错，但在履约过程中，由于进口的商品不适销或者商品市场价格出现下滑，买方无法实现预期利润，甚至出现亏损，其违约可能性就会增加；有时，进口国的政治、经济状况突然发生变化等客观原因也会使得买方资信水平下降，无法继续履约等。

2. 出口保理商承担的风险

1）进口保理商的信用风险

主要表现在进口保理商发生财务、信用危机，丧失担保能力；进口保理商作风恶劣，拒绝履行担保付款义务。

2）出口商的履约风险

如果出口商未能履约（如商品在品质或规格、数量方面与合同不符）从而导致进口商拒绝付款，则进口保理商可以提出争议，暂时解除其担保付款的责任由此给出口保理商带来风险和损失。

3）欺诈风险

主要表现在出口商（常常是与进口商串通）出具虚假发票或高开发票金额，骗取出口双保理融资。

4）操作风险

主要体现在出口保理商对相关国际惯例规则不熟悉，未按国际惯例行事，导致风险。

12.6.2 国际保理业务的风险防范措施

1. 进口保理商的风险防范措施

1）了解进口商的信用风险

可通过仔细分析进口商财务报表、进口商未来现金流状况，考察进出口商历史交易记录，以及尽可能采取信用授信模式为进口商核准保理额度。此外，在进行资信评价时，要对进口商进行动态监控。不仅要对其过去的资信状况作全面的了解和分析，也要根据其生产经营发展的变化趋势，对其未来的资信做出预测；不仅要对新发展的客户进行调查，对那些有过保理业务合作的进出口商也必须坚持信用调查，注意及时根据其信用状况的变化调整保理额度。

2) 控制出口保理商的作业风险

考察出口保理商的作业水平,尽可能选择作业水平较高的出口保理商合作;针对出口保理商的不同作业水平给予不同的风险报价。

3) 控制欺诈风险

审核进出口商的关系,避免为关联公司叙做业务;对于经常出现发票冲销、贷项清单或经常出现间接付款的出口商,要了解原因,严加防范。

4) 控制操作风险

根据国际惯例制定内部作业规则,严格遵照内部作业规则与国际惯例进行操作;此外要加强对操作人员的业务培训。

5) 控制商品市场或政治风险

着重审查买卖双方的基础贸易合同以便了解进口商品的适销性,尤其要注重了解进口国的政治经济状况是否会发生突变,以便及时调整保理额度。

2. 出口保理商的风险防范措施

1) 了解进口保理商的信用风险

核定并视情况及时调整进口保理商信用额度,对进口保理商的额度核准速度、核准比例、催收时间、付汇速度、纠纷处理能力等进行考察。

2) 控制出口商的履约风险

考察出口商品的可保理性,考察进出口双方历史交易记录,审核出口合同,重点审核其中的质量认证条款和纠纷解决机制条款等,审核相关商业单据,如发票、提单等,对专业外贸公司的业务要谨慎处理。

3) 控制欺诈风险

审核进出口商的关系,避免为关联公司叙做业务,审核相关商业单据,注意其一致性;对于经常出现发票冲销、贷项清单或经常出现间接付款的出口商,要了解原因,严加防范。

4) 控制操作风险

根据国际惯例制定内部作业规则,严格遵照内部作业规则与国际惯例进行操作,加强对操作人员的业务培训。

12.7 国际双保理业务案例

12.7.1 案情介绍

出口商 A 公司向进口商 C 公司出口商品,付款条件为 O/A 提单日后 60 天。A 公司向出口保理商 D 提出双保理业务申请,2013 年 7 月 31 日获得进口保理商 T 给予的正式核准额度 23 万欧元,额度到期日为 2014 年 7 月 30 日。

A 公司与 D 签订《出口保理业务协议》后,向 D 转让多笔应收账款,D 按比例向 A 公司提供融资;期间 D 分别收到 T 支付的部分账款,于是,D 在收回融资后即向 A 公司在额度范围内继续融资。

2013年10月22日，在未收到C公司付款和保理额度已满的情况下，A公司欲继续出单。D立即提醒A公司注意控制风险，但未被A公司采纳。根据GRIF的规定，一旦进口保理商已为某一债务人核准了信用额度，且该债务人所欠发票已转让给出进口保理商，则供应商对该债务人的所有应收账款必须转让给进口保理商，即使账款只获部分核准或根本未获核准。如不接受转让，将造成对GRIF的违反。基于保护出口商利益的考虑，D继续将上述事项提醒A公司。

期间，应A公司要求，D曾多次向T提出增额申请，T均以业务合作刚刚开始为由拒绝申请。

2013年11月17日，D收到T终止保理额度的通知，理由为C公司延迟付款。D立即将上述情况通知A公司，并获知A公司又已发运4批货物，其中3批单据尚未寄送，另一笔已寄送。

自T取消信用额度后，A公司意识到事态的严重性，开始向C公司催收，D也积极联系T，加大催收力度。在多方共同努力下，C公司又通过T向D支付了部分货款。按照GRIF，作为进口保理商的T对受核准的到期未能正常回收的应收账款作了担保付款，同时，经多次协商，A公司、D与T取得一致意见，为保证货款的正常回收，果断采取诉讼手段强制催收，最终已转让应收账款全部收回。

12.7.2 分析

① 本案例中的A公司是一家专业外贸公司，对专业外贸公司的出口保理业务务必慎重处理。保理业务不同于一般单证业务，对于出口商的履约能力有更高的要求，而外贸公司一般对货物本身的质量没有较大的把握，履约能力有限。故对专业外贸公司提供保理业务时，务必了解清楚其为代理还是自营出口，同时重点考察其履约能力。

② 进口保理商为进口商所核定的进口保理额度具有重要的参考价值，它一般体现了对该进口商的最高敞口风险值。故出口商应尽量在进口保理额度内对进口商出货。如进口商未及时付款，导致进口保理额度不足，则出口商应谨慎从事，不要贸然发货。如出口商需超进口保理额度发货，则应要求进口商通过开立信用证等其他方式进行结算，以降低自身风险。

本章习题

1. 请比较中国银行业监督管理委员会和FCI对保理业务的定义。
2. 你认为中国国内的商业银行在办理国际保理业务时，应注意什么问题（从保理业务定义方面分析即可）？
3. 保理业务可以办理所有种类的应收账款催收吗？
4. 请参考图12-1，画出国际单保理业务的流程图。
5. 在国际双保理模式下，根据保理商提供的服务种类，至少画出3种不同的业务流程图

（图 12-1 的流程除外）。

6. 你觉得"国际保理业务是一种出口贸易融资方式"的看法是否准确？为什么？
7. 本章提到了"反保理"业务，请根据介绍画出其业务流程图。
8. 你觉得国际保理业务属于结算方式的一种吗？为什么？
9. 你认为国际保理业务可以在信用证的基础上办理吗？为什么？
10. 你认为在 TSU 支付和 BPO 项下可以应用国际保理业务吗？为什么？
11. 请根据你的理解，比较一下出口保理商提供的贸易融资业务和福费廷业务。
12. 请根据你的理解，比较一下"反保理"业务和供应商融资业务。
13. 你认为国际保理业务未来有发展的潜力吗？为什么？
14. 你觉得出口商一定要在保理商提供的坏账担保额度内和进口商签订贸易合同吗？
15. 进出口商采用国际保理业务结算有什么好处？
16. 本章关于国际双保理流程的介绍是出口商先联系保理商的，你觉得可以由进口商先联系保理商再通知出口商吗？为什么？
17. 请分组讨论保理商经营国际保理业务有什么好处、将会面临哪些风险，以及应对这些风险采取什么样的措施，制作 PPT 在课堂上宣讲。

第 13 章

跨境人民币结算

> **本章要点**
> (1) 跨境贸易人民币结算概述；
> (2) 跨境贸易人民币结算的历史沿革；
> (3) 跨境贸易人民币结算试点方案的主要内容；
> (4) 跨境人民币清算模式介绍；
> (5) 跨境服务贸易及其他经常项目人民币结算概述；
> (6) 资本项目跨境人民币结算业务介绍。

跨境人民币结算最初是从经常项目项下结算开始的，自 2009 年启动试点以来，跨境人民币业务以跨境贸易人民币结算为主、跨境服务贸易及其他经常项目人民币结算为辅。随着对跨境人民币结算的需求越来越大，逐步发展到部分资本项目项下也可以通过人民币结算。因此，本章将按照贸易、服务及其他经常项目、资本项目的顺序展开。

13.1 跨境贸易人民币结算概述

13.1.1 跨境贸易人民币结算的含义

所谓跨境贸易人民币结算（cross-boarder trade CNY settlement）是指中国境内企业与境外（含港、澳、台地区，下同）企业在进出口货物贸易中，以人民币办理报关并以人民币作为结算货币的进出口货物贸易结算。各种海关特殊监管区域（如保税区、出口加工区等）内企业和区域外企业之间的贸易不属于跨境贸易。中国境内企业与境外企业之间签订合同、办理报关等各个环节都使用人民币作为计价单位，并在货款结算中将人民币作为结算货币。

目前，国际结算中使用的汇款、托收和信用证等结算方式（TSU、BPO 尚未在跨境人民币结算中应用）都可以用人民币作为结算货币。

跨境贸易人民币结算就是把企业在进出口货物贸易中的收付款从美元、欧元、日元等外币换成了人民币。跨境贸易人民币结算的基本流程请参见图 13-1。

但是，人民币国际化不仅是简单地将外币换成人民币，除了政治、经济方面的宏观因素之外，还需建立国际人民币清算渠道等硬件条件。由于未来跨境人民币的主要国际清算渠

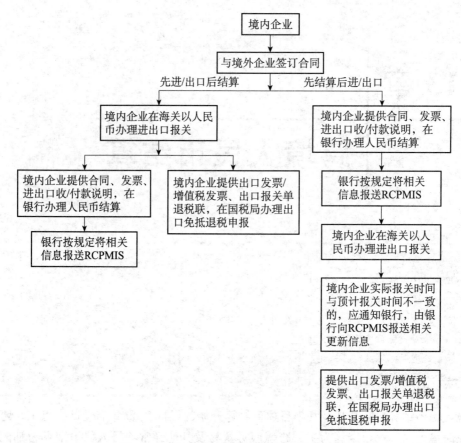

图 13-1 跨境贸易人民币结算的基本流程图

注：RCPMIS 是 RMB Cross-border Payments and Receipts Management Information System（人民币跨境收付信息管理系统）的缩写。

道——人民币跨境支付系统（CIPS）一期上线时间不长，因此，当前跨境人民币结算中主要采用境外清算行模式（通过 CNAPS-HVPS 作为清算渠道）与境内代理行模式并行；境外企业也可通过在中国境内的银行开立人民币非居民账户（non-resident account，NRA），由境内银行进行人民币直接清算。

13.1.2 跨境贸易人民币结算的意义

总体上说，跨境贸易人民币结算具有以下几个方面的重要意义。

① 加快推动人民币国际化进程，提升人民币在国际市场中的购买力。

② 有助于推动我国与其他国家和地区经贸关系的发展，保持对外贸易稳定增长。

③ 用人民币替代部分外汇收支，有助于改善国际收支平衡状况，减少国家宏观调控压力。

④ 使企业有效规避汇率风险，消除企业汇兑成本和外汇衍生产品交易的有关费用，有助于企业财务核算清晰化，加快企业资金运转速度，提升企业国际竞争力。

⑤ 给银行的国际业务带来新的市场需求，有助于提高我国银行业的整体竞争实力，加快国内金融业走向国际化的步伐。

随着中国经济的崛起，人民币在全球的地位也得到了相应的提升。但是，实现人民币国际化是一个漫长的过程，不能一蹴而就，只能分阶段逐渐实现。跨境贸易人民币结算试点的启动，就是实现人民币向全面国际化所迈出的第一步。

13.2 跨境贸易人民币结算的历史沿革

13.2.1 早期的进出口贸易人民币结算

第二次世界大战之后，在国际贸易结算中，基本上使用美元、英镑、德国马克、瑞士法郎、法国法郎等西方主要资本主义国家的货币。中国在进出口贸易中，也是使用上述各国家的货币报价和结算的。1950年12月，美国非法冻结中国在美国的资产，中国的进出口贸易被迫停止使用美元。20世纪60年代中国对资本主义国家的进出口收付汇超过50%以英镑结算，其次以港币结算，中国对社会主义国家则是使用卢布结算。

1967年11月，英镑大幅贬值，引起西方资本主义国家的连锁反应，约有30个国家和地区的货币随同英镑贬值，爆发了货币危机。面对西方的货币危机，中国银行于1968年3月提出了对港澳地区进出口贸易试行使用人民币计价结算的建议。同年4月12日，国务院决定在1968年春季广州交易会对港澳地区试行使用人民币计价结算。从1969年春季广州交易会开始，对远洋出口贸易也试用人民币计价结算。1969年的秋季广州交易会进一步对英国、法国、瑞士等国的进出口贸易试用人民币计价结算。对欧洲国家使用人民币计价结算的进出口贸易，由中国银行伦敦分行办理结算，出售人民币和吸收人民币存款。但是人民币仅仅用于结算，并不在境外流通。

13.2.2 跨境贸易人民币结算试点启动前的准备阶段

虽然以人民币办理国际结算业务被停止，但是边境贸易中人民币结算一直存在。1993—2005年，中国人民银行先后与8个毗邻国家的中央银行签署了双边本币银行结算协定。1993年，中国人民银行允许携带6 000元人民币现钞出入境，这是人民币走出国门的第一步，因此，1993年也被视为人民币国际化的开端。2005年，中国人民银行将人民币现钞携带限额提高到2万元。

1997年，外汇局明确边境贸易可以使用可自由兑换货币或人民币计价结算。2003年，外汇局允许边境省份和周边国家做边境小额贸易时，在商业自愿基础上可以选择使用双方的本币计价结算。此外，2003年外汇局还允许所有企业（不仅是边贸企业）的跨境贸易可以使用人民币计价，但是必须使用外币进行结算。中国的企业可以通过用人民币计价的方法锁定汇率风险，最后用可兑换货币进行结算，这种做法实际上间接地起到了人民币结算的作用。2008年和2009年，外汇局又分别批准在中蒙和中越边境贸易中，允许境外银行在中国境内开立边贸结算账户办理结售汇业务，鼓励将边境贸易纳入境内银行的结算渠道。

自2007年全球金融危机爆发以来，美元、欧元等主要国际结算货币汇率大幅波动，我国及周边国家和地区的企业在使用第三国货币进行贸易结算时面临较大的汇率波动风险。同时，随着我国与东盟国家的贸易、投资和人员往来关系迅速发展，以人民币作为支付手段的呼声也越来越高。因此，国务院于2009年决定在上海市和广东省广州、深圳、珠海、东莞4个城市先行开展跨境贸易人民币结算试点工作,境外地域范围暂定为港澳地区和东盟国家,并要求人民银行会同有关部门制定《跨境贸易人民币结算试点管理办法》进行监督管理。

13.2.3 跨境贸易人民币结算试点正式启动阶段

2009年7月1日,中国人民银行、财政部、商务部、海关总署、国家税务总局和银监会六部委(以下简称"六部委")联合下发了《跨境贸易人民币结算试点管理办法》(以下简称《试点办法》)。2009年7月3日,中国人民银行发布了《跨境贸易人民币结算试点管理办法实施细则》(以下简称《实施细则》),标志着跨境贸易人民币结算试点正式启动,中国向着人民币国际化的目标迈出了重要的一步。

13.2.4 跨境贸易人民币结算试点扩大阶段

2010年6月17日,六部委联合发布《关于扩大跨境贸易人民币结算试点有关问题的通知》,将跨境贸易人民币结算试点地区由上海市和广东省的4个城市扩大到18个省(自治区、直辖市),广东省的试点范围由4个城市扩大到全省。这样,跨境贸易人民币结算试点范围实际扩大到20个省(自治区、直辖市)。

文件不再限制境外地域的范围,由港澳、东盟地区扩展至所有国家和地区,企业可按市场原则选择使用人民币结算;同时增加上海市和广东省的出口货物贸易人民币结算试点企业数量。

13.2.5 跨境贸易人民币结算地区扩大至全国

2011年8月,六部委联合发布《关于扩大跨境贸易人民币结算地区的通知》,明确河北省、山西省、安徽省、江西省、河南省、湖南省、贵州省、陕西省、甘肃省、宁夏回族自治区和青海省具有进出口经营资格的企业可以开展跨境贸易人民币结算。

上述新增11个省(自治区)的具有进出口经营资格的企业可以人民币进行进口货物贸易、跨境服务贸易和其他经常项目结算;吉林省、黑龙江省、西藏自治区、新疆维吾尔自治区的具有进出口经营资格的企业也可以开展出口货物贸易人民币结算;上述新增11个省(自治区)和吉林省、黑龙江省、西藏自治区、新疆维吾尔自治区的经审定后的试点企业使用人民币结算的出口货物贸易按照有关规定办理出口报关手续,享受出口货物退(免)税政策。

2012年2月,六部委再次联合发布了《关于出口货物贸易人民币结算企业管理有关问题的通知》,取消了只有经审定后的试点企业才可以办理出口货物贸易人民币结算的限制,明确具有进出口经营资格的企业均可依法按照《试点办法》开展出口货物贸易人民币结算。不过,监管当局将对出口货物贸易人民币结算企业实行重点监管名单管理,凡列入重点监管名单的企业开展跨境贸易人民币结算业务所获得的人民币资金不允许存放境外。

至此,跨境贸易人民币结算境内地域范围扩大至全国,全国各地区的业务范围也趋于统一,囊括了所有经常项目的交易。跨境贸易人民币结算的概念已不再是本章开篇所介绍的仅仅涉及货物贸易,而是涵盖了所有经常项目交易的广义的"跨境贸易"了。

13.3 跨境贸易人民币结算试点方案的主要内容

13.3.1 跨境贸易人民币结算中的银行

根据《试点办法》，参与跨境贸易人民币结算的银行共有 4 种角色，即境内结算银行、境外参加银行、境外人民币清算银行和境内代理银行。

1. 境内结算银行

所谓境内结算银行，是指在中国大陆地区具备国际结算业务能力，为境内外进出口企业提供跨境人民币结算服务的商业银行。境内结算银行须遵守跨境贸易人民币结算的有关规定，对境内进出口企业的跨境人民币收付款进行贸易真实性审核，并且应按照反洗钱的有关规定，采取有效措施，了解自己的客户及其交易目的和交易性质，了解实际控制客户的自然人和交易的实际受益人，妥善保存客户身份资料和交易记录，重现每项交易的具体情况。

境内结算银行应将经办的跨境人民币收支信息、进出口日期、报关单号码及向进出口企业提供的人民币贸易融资等信息通过 RCPMIS 报送给中国人民银行。

境内结算银行可以采用汇款、托收和信用证等结算方式为中国境内进出口企业提供跨境人民币结算服务，也可以为中国境内进出口企业提供相关的人民币贸易融资服务。

对于跨境贸易人民币结算项下涉及的国际收支交易，境内结算银行应按照有关规定办理国际收支统计申报。按照外债统计监测的有关规定对跨境贸易人民币结算项下涉及的居民对非居民的负债办理外债登记，但不纳入外债管理。

这里所说的跨境贸易人民币结算项下涉及的居民对非居民的负债主要包括：与跨境贸易人民币结算相关的远期信用证、海外代付、协议付款、预收、延付等。

2. 境外参加银行

所谓境外参加银行，是指为境外企业提供跨境人民币结算服务的境外商业银行，无地域限制。境外参加银行可以在境内代理行开立人民币同业往来账户，也可以不开立。境外参加银行可以通过境内代理银行办理人民币资金划转（头寸调拨）业务，境内代理银行须向中国人民银行报送此类资金划转的信息。

3. 境外人民币清算银行

所谓境外人民币清算银行，是指经过中国人民银行批准的可以进行境外人民币清算的境外银行。

境外人民币清算银行经批准后即可加入全国银行间同业拆借市场及境内银行间外汇市场拆借人民币头寸和兑换人民币。拆入和拆出的人民币头寸余额均不得超过该清算银行所吸收人民币存款上年余额的 8%，期限不得超过 3 个月。并且应于每日日终将当日拆借发生额、余额等情况如实通过 RCPMIS 报送给中国人民银行。

4. 境内代理银行

所谓境内代理银行，是指与境外参加银行签订人民币代理结算协议，为其开立人民币同业往来账户，代理境外参加银行进行跨境人民币收付的中国大陆地区具备国际结算业务能力的商业银行。境内结算银行可以同时担任境内代理银行，非境内结算银行也可以担任境内代理银行。境内代理行的主要功能如下。

1) 为境外参加银行开立人民币同业往来账户

境内代理银行为境外参加银行开立人民币同业往来账户，应签订代理结算协议约定双方的权利义务、账户开立的条件、账户变更撤销的处理手续、信息报送授权等内容。而且必须表明该协议受中华人民共和国法律管辖，必须明确双方反洗钱与反恐怖主义融资审查的职责范围和遇到检查时的信息共享方针，必须明确当日起息的截止时间，必须明确账户交易需要向中国人民银行进行相应的信息披露等。2011年6月，《中国人民银行关于明确跨境人民币业务相关问题的通知》中，还增加了人民币购售业务涉及的贸易项下交易对象仅限于境内企业、只可办理3个月内有真实贸易支付需求的人民币购售业务、人民币购售业务办理银行与相关贸易支付银行须为同一家银行，以及境外参加银行应当追踪客户购售人民币后的资金流向等限制性条款，并且要求在境内代理银行和境外参加银行之间的人民币代理协议中必须明确这些限制性内容。

境内代理银行为境外参加银行开立人民币同业往来账户之日起5个工作日内，应当填制《开立人民币同业往来账户备案表》（备案表格式和内容由试点地区中国人民银行分支机构确定），连同人民币代理结算协议复印件、境外参加银行的开户证明文件复印件及其他开户资料报送中国人民银行当地分支机构备案。

境外参加银行的同业往来账户只能用于跨境贸易人民币结算，该类账户暂不纳入人民币银行结算账户管理系统。但境内代理银行应在本行管理系统中对该类账户做特殊标记。

2) 为境外参加银行提供铺底资金兑换、人民币购售等服务

境内代理银行可以对境外参加银行开立的账户设定铺底资金要求，并可为境外参加银行提供铺底资金兑换服务，可以为开立人民币同业账户的境外参加银行提供跨境人民币购售、账户融资等服务。

境内代理银行应当单独建立跨境贸易人民币结算业务项下的人民币敞口头寸台账，准确记录为境外参加银行办理人民币购售的情况。境内代理银行报送给中国人民银行的信息包括流量信息（人民币跨境购售业务信息）和存量信息（人民币境外债权债务信息）。

为防止热钱通过跨境人民币业务的形式进入中国，中国人民银行加强了对人民币购售业务的监管。在银发〔2011〕145号文件中，对通过境内代理银行与境外参加银行之间进行的人民币购售业务做出了新的限制性规定。主要内容为：银行开展人民币购售业务仅限于货物贸易项下的跨境人民币结算需求，境内代理银行应当要求境外参加银行加强对客户购售需求的真实性审核等。

3) 提供人民币融资服务

境内代理银行对境外参加银行的账户也可以提供人民币融资，融资比例和期限中国人民银行根据具体情况进行调整。目前，根据《中国人民银行关于简化跨境人民币业务流程和完善有关政策的通知》文件的规定，融资比例为不得超过该境内代理银行人民币各项存款上年末余额的3%，期限最长为1年。境内代理银行报送给中国人民银行的信息包括流量信息（人

民币账户融资（拆借）信息）和存量信息（人民币境外债权债务信息）。

境内代理银行需按照反洗钱和反恐融资的有关规定，采取有效措施，了解客户及其交易目的和交易性质，了解实际控制客户的自然人和交易的实际受益人，妥善保存客户身份资料和交易记录，确保能足以重现每项交易的具体情况。

对于跨境贸易人民币结算项下涉及的国际收支交易，境内代理银行应按照有关规定办理国际收支统计申报。同时，按照外债统计监测的有关规定对人民币跨境贸易项下涉及的居民对非居民的负债办理外债登记，但不纳入外债管理。

境内代理银行应按中国人民银行相关要求接入 RCPMIS 并报送人民币跨境收付信息。

13.3.2 对境内结算银行和境内代理行的要求

① 需要具备相应的国际贸易结算经验和能力；
② 需要能有效地区分境内外人民币资金来源；
③ 需要能有效地记载跨境贸易人民币收付业务；
④ 需要能按照中国人民银行规定的方式和要求报送跨境贸易人民币结算业务的相关信息，必须接入 RCPMIS；
⑤ 需要依据 KYC（know your customer）和 KYB（know your business）、尽职调查（due diligence）的展业原则，切实履行跨境结算中的贸易真实性审核责任及反洗钱和反恐怖主义融资审查责任。

13.3.3 银行进行人民币跨境清算的渠道

人民币跨境清算可自由选择 3 条路径：一是通过香港、澳门地区人民币业务清算行（以下简称"清算行"）进行人民币资金的跨境结算和清算；二是通过境内代理银行代理境外参加银行进行人民币资金的跨境结算和清算（具体内容参见 13.4 节）；三是通过 NRA 账户清算。所谓 NRA 账户，是指经人民银行当地分支机构核准，境外企业可申请在境内银行开立非居民银行人民币结算账户，直接通过境内银行清算系统或人民银行跨行支付系统进行人民币资金的跨境清算和结算。这一清算模式的主要特点是：境外客户跨境在境内银行开立人民币账户，而整个银行间清算链条完全处于境内，清算环节少，手续简便。如境内客户与境外客户在同一家境内结算银行开户，则在该行系统内转账即可完成清算。本章不再单独介绍此类模式。

13.3.4 境内企业从事跨境贸易人民币结算的要求

① 需要在境内结算银行开立人民币结算账户；
② 需要有用于支付的人民币头寸，可以使用企业自有人民币资金，也可以向境内结算银行结汇购买，或者向境内结算银行申请人民币贸易融资，其融资金额的上限是境内企业与境外企业之间的贸易合同金额；
③ 同境外企业签订以人民币计价的贸易合同，进出口报关采用人民币或外币报关，并且可以异地报关；

④境内企业使用人民币结算的货物出口，可以根据相关规定享受出口货物退（免）税政策；

⑤境内企业可以通过多家境内结算银行办理跨境贸易人民币结算，但是必须选择一家境内结算银行作为相关交易信息的主报告银行。

13.3.5 境内企业办理跨境贸易人民币结算需提供的资料

1. 收款

① 跨境业务人民币结算收款说明（见附录 A.6）；
② 涉外收入申报单；
③ 贸易合同；
④ 商业发票；
⑤ 人民币/外币出口报关单（重点监管名单之外的企业可以不提供）。

2. 特殊收款

① 货物出口后 210 天后仍未将人民币货款收回境内的，收款企业应当在自第 210 天开始的 5 个工作日内通过其境内结算银行经 RCPMIS 报送该笔未收货款的金额及对应的出口报关单号码，并向其境内结算银行提供相关资料；

② 重点监管名单之外的企业如需将出口人民币收入存放在境外，不调拨回中国境内，应通过其境内结算银行向中国人民银行当地分支机构备案，并通过 RCPMIS 报送存放境外的人民币资金金额、开户银行、账号、用途及对应的出口报关单号等信息；

③ 出口企业预收人民币资金超过贸易合同金额 25% 的，应当向其境内结算银行提供贸易合同，境内结算银行应当将该合同的基本要素通过 RCPMIS 报送；

④ 出口企业来料加工贸易项下出口收取人民币资金超过贸易合同金额 30% 的，应当自收到境外人民币货款之日起 10 个工作日内向其境内结算银行补交下列资料及凭证：

● 企业超比例情况说明；
● 出口报关单（境内结算银行审核原件后留存复印件）；
● 试点企业加工贸易合同或所在地商务部门出具的加工贸易业务批准证（境内结算银行审核原件后留存复印件）；
● 对于未在规定时间内补交上述资料或凭证的出口企业，境内结算银行不得为其继续办理超过合同金额 30% 的人民币资金收付，情节严重的，暂停为该企业提供跨境贸易人民币结算服务，并及时报告中国人民银行当地分支机构。

3. 付款

① 跨境业务人民币结算付款说明（见附录 A.7）；
② 境外汇款申请书或者对外付款/承兑通知书；
③ 贸易合同；
④ 商业发票；
⑤ 人民币/外币进口报关单（重点监管名单之外的企业可以不提供）。

4. 特殊付款

进口企业预付人民币资金超过贸易合同金额25%的，应当向其境内结算银行提供贸易合同，境内结算银行应当将该合同的基本要素通过RCPMIS报送。

13.4 清算行模式与代理行模式介绍

清算行模式主要是指境外参加银行在境外人民币清算银行开设人民币账户，通过境外人民币清算银行同境内结算银行之间完成跨境贸易人民币结算资金划拨的方式；代理行模式主要是指境外参加银行可以在境内代理行开立人民币同业往来账户，通过境内代理行同境内结算银行之间完成跨境贸易人民币结算资金划拨的方式。在这两种方式中，境外参加银行也可以不在境外人民币清算银行或境内代理行直接开户，而是通过其他已经在境外人民币清算银行或境内代理行开户的境外参加银行和境内结算银行之间完成跨境贸易人民币结算资金划拨。

在中国境内开设有分支行的境外参加银行采取代理行模式比较方便；而在中国境内没有开设分支行的境外参加银行采取清算行模式比较方便，也可以通过其他的境外参加银行进行结算。

13.4.1 清算行模式流程图

1. 境内企业收款

清算行模式下境内出口企业人民币收款流程如图13-2所示。

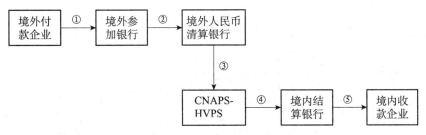

图13-2 清算行模式下境内出口企业人民币收款流程图

① 境外付款企业委托境外参加银行支付人民币货款（如果境外付款企业在境外人民币清算银行有账户，也可以直接委托境外人民币清算银行付款）；

② 境外参加银行通过SWIFT通知境外人民币清算银行借记其人民币清算账户，划拨人民币头寸；

③ 境外人民币清算银行通过人民币结算系统CNAPS-HVPS划拨人民币头寸给境内结算银行；

④ 境内结算银行通过CNAPS-HVPS确认收到人民币头寸；

⑤ 境内结算银行贷记境内收款企业人民币账户。

2. 境内企业付款

清算行模式下境内进口企业人民币付款流程如图 13-3 所示。

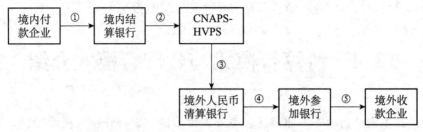

图 13-3 清算行模式下境内进口企业人民币付款流程图

① 境内付款企业委托境内结算银行支付人民币货款；

② 境内结算银行通过人民币结算系统 CNAPS-HVPS 划拨人民币头寸给境外人民币清算银行；

③ 境外人民币清算银行通过 CNAPS-HVPS 确认收到人民币头寸；

④ 境外人民币清算银行将人民币头寸贷记境外参加银行的人民币清算账户，并通过 SWIFT 通知境外参加银行（如果境外收款企业已在境外人民币清算银行开有账户，则直接贷记境外收款企业账户）；

⑤ 境外参加银行收到人民币头寸后，贷记境外收款企业人民币账户（如果境外收款企业不需要人民币，也可以向境外参加银行申请兑换成外币后贷记其外币账户）。

13.4.2 代理行模式流程图

1. 境内企业收款

代理行模式下境内出口企业收款流程如图 13-4 所示。

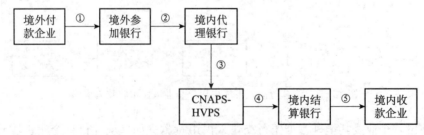

图 13-4 代理行模式下境内出口企业收款流程图

① 境外付款企业委托境外参加银行支付人民币货款；

② 境外参加银行通过 SWIFT 通知境内代理银行借记其人民币清算账户，划拨人民币头寸；

③ 境内代理银行通过人民币结算系统 CNAPS-HVPS 划拨人民币头寸给境内结算银行（如果境内收款企业已在境内代理银行开有人民币账户，也可以直接贷记境内收款企业的人民币账户）；

④ 境内结算银行通过 CNAPS-HVPS 确认收到人民币头寸;
⑤ 境内结算银行贷记境内收款企业人民币账户。

2. 境内企业付款

代理行模式下境内进口企业付款流程如图 13-5 所示。

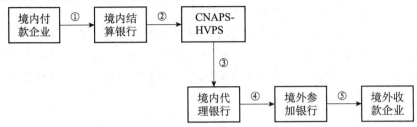

图 13-5　代理行模式下境内进口企业付款流程图

① 境内付款企业委托境内结算银行支付人民币货款;
② 境内结算银行通过人民币结算系统 CNAPS-HVPS 划拨人民币头寸给境内代理银行;
③ 境内代理银行通过 CNAPS-HVPS 确认收到人民币头寸;
④ 境内代理银行将人民币头寸贷记境外参加银行的人民币清算账户,并通过 SWIFT 通知境外参加银行;
⑤ 境外参加银行收到人民币头寸后,贷记境外收款企业人民币账户(如果境外收款企业不需要人民币,也可以向境外参加银行申请兑换成外币后贷记其外币账户)。

13.5　跨境服务贸易及其他经常项目人民币结算

在跨境贸易试点《管理办法》和《实施细则》公布时,并未对跨境服务贸易及其他经常项目人民币结算提出详细的监管要求,只是强调企业在办理此类业务时需要依法诚信经营,确保交易具有真实的背景,需要向银行提供收付款说明、能够证明此类业务真实发生的商务单据,如合同(协议)、发票,或者相关国家行业主管部门出具的审批、核准、登记、备案等文件资料。银行在办理此类业务时,应根据企业提供的收付款说明和各种单据、文件等进行真实性审核,在确认企业此类业务具有真实性背景的基础上为其办理跨境人民币收付业务,同时通过"人民币跨境收付汇信息管理系统"报送相关信息。和外币跨境服务贸易及其他经常项目人民币结算收付一样,应采用汇款的结算方式办理。

13.6　资本项目项下跨境人民币结算业务

跨境贸易人民币结算试点实施后,由于人民币并非国际上的硬通货,人民币在境外的被认可程度还很低,流出境外的人民币资金在境外运用渠道极为有限,投资渠道的不足严重制约了人民币的市场流动性。市场上,有关开放资本项下人民币业务、拓展人民币资金境外运用渠道和扩大人民币回流渠道的需求非常强烈。在此背景下,中国人民银行等相关主管部门开始着手研究逐步开放资本项下人民币业务的问题。人民币对外直接投资、人民币外商投资、人民币境外放款、以人民币举借外债、RQFII（RMB qualified foreign institutional investors,人民币合格境外机构投资者）等资本项下的人民币业务个案试点相继展开。与外币跨境服务贸易及其他经常项目人民币结算收付一样,应采用汇款的结算方式办理。

2014年10月,央行着手设计RQDII（RMB qualified domestic institutional investors,人民币合格境内机构投资者）机制,未来将允许境内企业到境外发行以人民币计价的股票。随着人民币国际化进程的加快,中国资本市场的双向开放也进一步加大,境内金融机构和境内企业也可以赴境外市场发行债券,部分试点地区还开始了境内企业从境外金融机构融入资金的尝试。

本 章 习 题

1. 什么是跨境贸易人民币结算？
2. 跨境人民币结算为什么会从货物贸易开始？谈谈你的看法。
3. 跨境贸易人民币结算业务中银行的角色是什么？
4. 你认为设立境外人民币清算行有意义吗？理由是什么？
5. 简述清算行模式的基本流程。
6. 简述代理行模式的基本流程。
7. 根据清算银行模式和代理模式分别绘出跨境人民币汇款业务的流程图。
8. 根据清算银行模式和代理模式分别绘出跨境人民币托收业务的流程图。
9. 根据清算银行模式和代理模式分别绘出跨境人民币信用证业务的流程图。
10. 根据清算银行模式和代理模式分别绘出跨境人民币TSU＋BPO业务的流程图。
11. 你认为跨境人民币结算的前景如何？
12. 你认为本书介绍的国际贸易融资产品适用于跨境人民币结算吗？理由是什么？

附录 A 相关单证

A.1 对外付款/承兑通知书

对外付款/承兑通知书

银行业务编号						日 期	
结 算 方 式	□信用证	□保函	□托收	□其他	信用证/保函编号		
来单币种及金额					开证日期		
索汇币种及金额					期 限		到期日
来 单 行 名 称					来单行编号		
收 款 人 名 称							
收款行名称及地址							
付 款 人 名 称							
□对公 组织机构代码 □□□□□□□□-□				□对私	个人身份证件号码 □中国居民个人 □中国非居民个人		
扣费币种及金额							
合 同 号					发 票 号		
提运单号					合同金额		
银行附言							

第二联 银行留存联

申报号码 □□□□□ □□□□□□□ □□ □□□□□□ □□□□		实际付款币种及金额	
付款编号		若为购汇支出,则购汇汇率	
收款人常驻国家(地区)名称及代码 □□□		本笔款项是否为保税货物项下付款 □是 □否	
是否为预付货款 □是 □否	外汇局批件号/备案表号/业务编号		
付款币种及金额		金额大写	
其中	购汇金额	账 号	
	现汇金额	账 号	
	其他金额	账 号	
交易编码 □□□□□ □□□□□	相应币种及金额	交易附言	
□同意即期付款 □同意承兑并到期付款 □申请拒付	付款人印鉴(银行预留印鉴)	银行业务章	
联系人及电话			
申报日期		经办 复核 负责人	

A.2 开证申请书

开证申请书
IRREVOCABLE DOCUMENTARY CREDIT APPLICATION

TO: BANK OF CHINA, ANHUI BRANCH
DATE: Sep. 15, 2015   ISSUED: BY SWIFT

Advising bank: XXX BANK, XXX BRANCH LGXX, 20, XXX, XXXX, SEOUL XXX-XXX, KOREA ACCOUNTEE: XXX CHEM, LTD. ACCOUNT JHJ: XXX C130	IRREVOCABLE DOCUMENTARY CREDIT NO.: Date and place of expiry of the credit: 20th, NOV, 2015
Applicant: HEFEI XXX CO., LTD Address: XXX ROAD, HEFEI ECONOMICS AND TECHNOLOGICAL DEVELOPMENT AREA, CHINA. Telephone No: 0551-XXXXXXX Fax No: 0551-XXXXXXX	Partial shipments: ☐allowed ☒ not allowed Transhipment: ☐allowed ☒ not allowed
Beneficiary: XXX CHEM, LTD Address: 16F, XXX, XXX, 20 XXXX, XXXX, SEOUL, XXX-XXX, KOREA TEL: 82-2-3773-XXXX FAX: 82-2-3773-XXXX	Loading on board/dispatch/taking in charge at/from: ANY KOREAN PORT For transportation to: WUHU PORT, CHINA Place of final destination/for transportation to.../place of delivery Latest date of shipment: Before 30th, OCT, 2015
Amount: USD328,320.00 THREE HUNDRED TWENTY EIGHT THOUSAND THREE HUNDRED TWENTY US DOLLARS ONLY	Credit available with ☐advising bank/ ☐any bank ☐by sight payment ☐by acceptance ☒ by negotiation ☐ by deferred payment and the beneficiary's draft at 30 DAYS AFTER B/L DATE

Documents required (marked with X)
1. (×) Signed commercial invoice in __5__ original(s) issued by the beneficiary and made out in the name of the applicant indicating L/C No. and contract No. SH04E&A081015-24.
2. (×) Full set of original 3/3 clean on board ocean bills of lading made out to order and blank endorsed, marked "Freight (×) to collect/( ) prepaid showing freight amount" notifying applicant with full address.
3. ( ) Air way bills showing "freight ( ) to collect/( ) prepaid ( ) indicating freight amount" and consigned to _____.
4. ( ) Insurance policy/certificate in _____ original(s) for _____% of the invoice value showing claims in ____ in currency of the draft, blank endorsed, covering [( ) Marine transportation/( ) Air transportation/( ) Over land transportation]all risks, war risks.
5. (×) Packing list/weight memo in __3__ original(s) and __3__ copies indicating quantity/gross and net weights of each package and packing conditions as called for by the L/C.
6. (×) Certificate of quality in __3__ original(s) and __3__ copies issued by (×) beneficiary/( ) manufacturer/( ) public recognized surveyor/( ) _____.
7. (×) Certificate of quantity & weight in __3__ original (s) and __3__ copies issued by beneficiary, indicating the actual surveyed quantity/weight of shipped goods as well as the packing conditions.
8. (×) Certificate of origin in __3__ original(s) and __3__ copies by beneficiary.
9. (×) Beneficiary's certified copy of fax/telex dispatched to the applicant within __48__ hours after shipment advising (×) name of vessel/(×) flight No./( ) wagon No., date, quantity, weight and value of shipment.
10. (×) Beneficiary's certificate certifying that extra copies of the documents have been dispatched according to the contract terms.
11. (×) Declaration of non-wooden packing material in __3__ original(s) and marking on the wood packing material with IPPC if the package is made of wood.
12. Other documents, if any.

续表

Name of Commodity	GRADE	Quantity	UNIT PRICE	TOTAL VALUE
ABS RS-656H	07 192	144MT	USD2,280.00	USD328,320.00

Price terms: FOB KOREA

Packing: 25KGS/BAG

Additional Conditions:

1. (×) All banking charges outside the issuing bank are for beneficiary's account.
2. (×) Documents must be presented within 21 days after the date of issuance of the transport documents but within the validity of this credit.
3. ( ) Both quantity and amount ___ % more or less are allowed.
4. ( ) Third party as shipper is not acceptable, short form/blank back B/L is not acceptable.
5. ( ) All documents to be forwarded in one lot, unless otherwise stated above.
6. ( ) Other terms, if any.

Applicable rules according to the Uniform Customs and Practice for Documentary Credits, 2007 Revision, ICC Publication No. 600 (UCP).

Sealed & Signed by

(Applicant: name, signature of authorized person)

开证申请人承诺书(背面)

中国银行:
　　我公司已办妥一切进口手续,现请贵行按我公司开证申请书内容开出不可撤销跟单信用证,为此我公司愿不可撤销地承担有关责任如下:
一、我公司同意贵行依照ICC最新修订版的《跟单信用证统一惯例》办理该信用证项下一切事宜,并同意承担由此产生的一切责任。
二、我公司保证按时向贵行支付该证项下的货款、手续费、利息及一切费用等(包括国外收益人拒绝承担的有关银行费用)所需的外汇和人民币资金。
三、我公司保证在贵行单到通知书中规定的期限之内通知贵行办理对外付款/承兑,否则贵行可认为我公司已接受单据,同意付款/承兑。
四、我公司保证在单证表面相符的条件下办理有关付款/承兑手续。如因单证有不符之处而拒绝付款/承兑,我公司保证在贵行单到通知书中规定的日期之前将全套单据如数退还贵行并附书面拒付理由,由贵行按国际惯例确定能否对外拒付。如贵行确定我公司所提拒付理由不成立,或虽然拒付理由成立,但我公司未能退回全套单据,或拒付单据退到贵行已超过单到通知书中规定的期限,贵行有权主动办理对外付款/承兑,并从我公司账户中扣款。
五、该信用证及其项下业务往来函电及单据如因邮、电或其他方式传递过程中发生遗失、延误、错漏,贵行当不负责。
六、该信用证如需修改,由我公司向贵行提出书面申请,由贵行根据具体情况确定能否办理修改。我公司确认所有修改当由信用证受益人接受时才能生效。
七、我公司在收到贵行开出的信用证、修改书副本后,保证及时与原申请书核对,如有不符之处,保证在接到副本之日起两个工作日内通知贵行。如未通知,当视为正确无误。
八、如因申请书字迹不清或词意含混而引起的一切后果由我公司负责。

开证申请人
(签字盖章)
年　月　日

A.3 信用证通知书

BANK OF CHINA
BANK OF CHINA ANHUI BRANCH
ADDRESS: 313 CHANGJIANG MIDDLE ROAD HEFEI 230061 ANHUI CHINA
CABLE: 6892
TELEX: 90026 BOCHFCN
SWIFT: BKCHCNBJ780
FAX: (0551) 2641012

2015 – 07 – 17

TO: 2468464 XXX 4828 – 2468XXXX095014/038		WHEN CORRESPONDING PLEASE QUOTE OUR REF NO	LA78083XXX
ISSUING BANK 800XXXX XXX BANK, (XXX DE BANQU 3 MONTAGNE DUPARC BOITE POSTALE 1455 1000 BRUSSELS, BELGIUM)		TRANSMITTED BANK REF NO	
L/C NO. FOBEFRM5834XX	DATED 2015 – 07 – 16	AMOUNT USD25,229.60	EXPIRY PLACE LOCAL
EXPIRY DATE 2015 – 09 – 18	TENOR 0 DAY	CHARGE RMB0.00	CHARGE BY BENE
RECEIVED VIA SWIFT	AVAILABLE VALID	TEST/SIGN YES	CONFIRM NO
DEAR SIRS: WE HAVE PLEASURE IN ADVISING YOU THAT WE HAVE RECEIVED FROM THE A/M BANK (A/N) LETTER OF CREDIT, CONTENTS OF WHICH ARE AS PER ATTACHED SHEET (S). THIS ADVICE AND THE ATTACHED SHEET (S) MUST ACCOMPANY THE RELATIVE DOCUMENTS WHEN PRESENTED FOR NEGOTIATION. REMARK: PLEASE NOTE THAT THIS ADVICE DOES NOT CONSTITUTE OUR CONFIRMATION OF THE ABOVE L/C NOR DOES IT CONVEY ANY ENGAGEMENT OR OBLIGATION ON OUR PART.			

THIS L/C CONSISTS OF   SHEET (S), INCLUDING THE COVERING LETTER AND ATTACHMENT (S).

IF YOU FIND ANY TERMS AND CONDITIONS IN THE L/C WHICH YOU ARE UNABLE TO COMPLY WITH OR ANY ERROR (S), IF IS SUGGESTED THAT YOU CONTACT APPLICANT DIRECTLY FOR NECESSARY AMENDMENT (S) SO AS TO AVOID DIFFICULTIES WHICH MAY ARISE WHEN DOCUMENTS ARE PRESENTED.

THIS L/C IS ADVISED SUBJECT TO ICC UCP PULICATION NO. 600.

A.4　信用证修改通知书

BANK OF CHINA
BANK OF CHINA ANHUI BRANCH
ADDRESS：313 CHANGJIANG MIDDLE ROAD HEFEI 230061 ANHUI CHINA
CABLE：6892
TELEX：90026 BOCHFCN
SWIFT：BKCHCNBJ780
FAX：(0551) 2641012   2015-08-04

TO：2468464 XXX 4828-2468XXXX095014/038		WHEN CORRESPONDING PLEASE QUOTE OUR REF NO	LA78083XXX
ISSUING BANK 800XXXX XXX BANK,　(XXX DE BANQU 3 MONTAGNE DUPARC BOITE POSTALE 1455 1000 BRUSSELS, BELGIUM)		TRANSMITTED BANK REF NO	
L/C NO. FOBEFRM5834XX	DATED 2015-07-16	AMOUNT USD25,229.60	EXPIRY PLACE LOCAL
EXPIRY DATE 2015-10-21	TENOR 0 DAYS	CHARGE RMB0.00	CHARGE BY BENE
RECEIVED VIA SWIFT	AVAILABLE VALID	TEST/SIGN YES	CONFIRM NO
AMEND NO 1	AMEND DATE 2015-08-03	INCREASE AMT USD0.00	DECREASE AMT USD0.00

DEAR SIRS：
WE HAVE PLEASURE IN ADVISING YOU THAT WE HAVE RECEIVED FROM THE A/M BANK (A/N) AMENDMENT TO THE CAPTIONED L/C, CONTENTS OF WHICH ARE AS PER ATTACHED SHEET (S).

THIS AMENDMENT SHOULD BE ATTACHED TO THE CAPTIONED L/C ADVISED BY US, OTHERWISE, THE BENEFICIARY WILL BE RESPONSIBLE FOR ANY CONSEQUENCES ARISING THEREFROM.

REMARK：

THIS AMENDMENT CONSISTS OF　　　SHEET (S), INCLUDING THE COVERING LETTER AND ATTACHMENT (S). KINDLY TAKE YOUR NOTE THAT THE PARTIAL ACCEPTANCE OF THE AMENDMENT IS NOT ALLOWED. THIS AMENDMENT IS ADVISED SUBJECT TO ICC UCP PULICATION NO.600.

A.5 客户交单联系单

致：中国银行　　安徽省分行

兹随附下列出口单据一套，信用证业务请按国际商会现行《跟单信用证统一惯例》办理，跟单托收业务请按国际商会现行《托收统一规则》办理。

信用证	开证行：XXX BANK (XXX DE BANQU 3 MONTAGNE DUPARC BOITE POSTALE 1455 1000 BRUSSELS, BELGIUM)		信用证号：L/C NO.：FOBEFRM5834××	
	通知行号：	提单日期：2015-09-30	有效期：10月21日	交单期限：21天
无证托收	付款人全名及详址：			
	代收行外文名称及详址（供参考）：			
	交单方式：（ ）D/P　（ ）D/A		付款期限：	
发票编号：		核销单编号：7036908××		金额：USD25,229.60

单据	名称	汇票	发票	提单	FCR	CO	GSP FORM A	CCPIT	检验/分析证	装箱单	保险单	受益人	重量单	运输单据	船公司	装船通知	传真报告	快递单
	份数	2	1+3	3+3			1+3			1+3			1+3					

委托事项：（打"×"者）
（ ）上述单据请按我司与贵行签订之总质押书办理押汇。
（ ）上述单据代理出口项下业务，收妥后请原币划＿＿＿＿＿＿
　　开户行：＿＿＿＿＿＿＿＿＿，账号：＿＿＿＿＿＿
（×）若付款人拒绝付款/承兑，不必做成拒绝证书，但须电传通知我司。
（ ）附信用证及修改书共　　页纸。
（ ）单据中有下列不符点：（ ）请向开证行寄单，我司承担由此产生的一切责任。
　　　　　　　　　　　　（ ）请电询开证行同意后再说。
（ ）＿＿＿＿＿＿＿＿＿＿＿＿＿＿＿＿＿＿＿＿＿＿＿
（ ）＿＿＿＿＿＿＿＿＿＿＿＿＿＿＿＿＿＿＿＿＿＿＿
（ ）＿＿＿＿＿＿＿＿＿＿＿＿＿＿＿＿＿＿＿＿＿＿＿

公司联系人：×××　　　　联系电话　2213×××

银行审单记录：	银行接单日期：		
	索汇金额：		BP NO.
	寄单日期：		OC NO.
	银行费用	通知/保兑：	索汇方式：
		议/承/付：	
		邮费	
		电传	寄单方式：
		小计：	
	费用由　　　　　　　承担		
退单记录：	银行经办：		银行复核：

A.6 跨境业务人民币结算收款说明①

收款日期： 年 月 日

收款企业名称：				组织机构代码：	
收款金额合计：		元			
	货物贸易金额：			元	
预收货款项下：	元	占合同金额比例：	%	预计 天后报关（结账期）	
已报关	出口日期： 年 月 日				
	一般贸易项下：	元		进料加工贸易项下：	元
	报关经营单位名称：			组织机构代码：	
	来料加工贸易项下：	元		实际收款占报关金额比例：	%
	边境贸易项下：	元			
	其他贸易项下：	元			
无货物报关项下：		元			
服务贸易金额：		元			
国际收支编码：			交易合同号：		
直接投资金额：		元			
国际收支编码：			批准证书号：		
间接投资金额：		元			
国际收支编码：			批准证书号：		
其他投资金额：		元			
国际收支编码：			批准证书号：		
收益与经常转移金额：		元			
国际收支编码：			交易合同号：		
资本账户金额：		元			
国际收支编码：			批准证书号：		
备注：					
本企业申明：本表所填内容真实无误。如有虚假，视为违反跨境贸易人民币结算管理规定，将承担相应后果。					

单位公章或财务专用章　　　填报人：　　　联系方式：

---

① 作者注：不同地区使用的版本可能会有差异。

A.7 跨境业务人民币结算付款说明[①]

填表日期：　　　年　　月　　日

付款企业名称：			组织机构代码：		
付款金额合计：		元			
货物贸易金额：		元			
预付货款项下：		元	占合同金额比例：　　%	预计　　天后报关（结账期）	
已报关	进口日期：　　年　　月　　日				
	报关经营单位名称：		组织机构代码：		
	一般贸易项下：	元	进料加工贸易项下：	元	
	报关经营单位名称：		组织机构代码：		
	来料加工贸易项下（来料付款时）：		元		
	边境贸易项下：		元		
	其他贸易项下：		元		
无货物报关项下：			元		
	服务贸易金额：		元		
国际收支编码：			交易合同号：		
直接投资金额：			元		
国际收支编码：			批准证书号：		
间接投资金额：			元		
国际收支编码：			批准证书号：		
其他投资金额：			元		
国际收支编码：			批准证书号：		
资本账户金额：			元		
国际收支编码：			批准证书号：		
备注：					
本企业申明：本表所填内容真实无误。如有虚假，视为违反跨境贸易人民币结算管理规定，将承担相应后果。					
公章或财务章专用章　　　　　填报人：　　　　　联系方式：					

[①] 作者注：不同地区使用的版本可能会有差异。

参考文献

[1] 谢怀栻. 票据法概论. 增订版. 北京：法律出版社，2006.

[2] 于强. UCP 600 与信用证操作实务大全. 北京：经济日报出版社，2007.

[3] 阎之大. UCP 600 解读与例证. 北京：中国商务出版社，2007.

[4] 林建煌. 品读 UCP 600. 厦门：厦门大学出版社，2008.

[5] 阎之大. 新 ISBP 解读与例证. 香港：中国文献出版社，2013.

[6] 林建煌. 品读 ISBP 745. 厦门：厦门大学出版社，2013.

[7] 于强，王可畏. 最新信用证典型案例解析与操作实务. 北京：经济日报出版社，2013.

[8] 于强. URDG 758 与银行保函实务操作指南. 北京：中国海关出版社，2010.

[9] 阎之大. URDG 758 解读例证与保函实务. 香港：中国文献出版社，2011.

[10] 林建煌. 品读信用证融资原理. 北京：中国民主法制出版社，2011.

[11] 阎之大. 国际结算焦点实务与风险技术案例. 香港：中国文献出版社，2012.

[12] 王学惠，王可畏. 国际结算实验教程. 合肥：中国科学技术大学出版社，2014.

[13] 苏宗祥. 国际结算. 5 版. 北京：中国金融出版社，2010.

[14] 国际商会中国国家委员会. 国际商会托收统一规则：URC 522. 北京：中国民主法制出版社，2003.

[15] 国际商会中国国家委员会. 国际商会托收统一规则评注. 北京：中国民主法制出版社，2004.

[16] 国际商会中国国家委员会. ICC 银行委员会意见汇编：1995—2001. 北京：中国民主法制出版社，2003.

[17] 于强. 香港银行押汇实务. 杭州：浙江大学出版社，2006.

[18] 孙天宏. 贸易融资产品设计. 北京：中国金融出版社，2011.

[19] 周红军. 福费廷. 北京：中国海关出版社，2008.

[20] 原擒龙. 国际结算与贸易融资案例分析. 北京：中国金融出版社，2010.

[21] 庄乐梅. 国际结算实务精要. 北京：中国纺织出版社，2004.

[22] 张燕铃，邱智坤. ISP 98 理论与实务研究. 北京：中国经济出版社，1999.

[23] 王善论. ISBP 解读. 国际商报，2007 (1).

[24] 王学惠. 信用证局限性及风险. 中国对外贸易，2005 (9).